本书得到以下机构、学科、项目或基金的资助：

1. 浙江省哲学社会科学研究基地"浙江省现代服务业研究中心"

2. 浙江省"十三五"一流学科"应用经济学"

3. 教育部人文社会科学研究青年基金项目"价值共创还是价值共毁：服务创新中企业－顾客互动的'双刃剑'影响效应研究"（编号：19YJC630038）

4. 浙江省科技厅软科学一般项目"浙江 KIBS 企业合作创新中机会主义行为产生机理及治理对策研究：'双刃剑'视角"（编号：2020C35010）

5. 浙江树人大学省属高校基本科研业务费专项资金

6. 浙江省重点创新团队"现代服务业创新团队"

7. 浙江树人大学著作出版基金

KIBS 企业服务创新研究

高孟立 ——————— 著

Research on the
Service Innovation of
KIBS Enterprise

ZHEJIANG UNIVERSITY PRESS
浙江大学出版社

图书在版编目（CIP）数据

KIBS 企业服务创新研究 / 高孟立著. —杭州：浙
江大学出版社，2021.12
　　ISBN 978-7-308-21116-1

　　Ⅰ.①K… Ⅱ.①高… Ⅲ.①服务业—企业创新—研
究　Ⅳ.①F719

中国版本图书馆 CIP 数据核字(2021)第 036864 号

KIBS 企业服务创新研究

高孟立　　著

责任编辑	郑成业	
责任校对	高士吟　　陆雅娟	
封面设计	春天书装	
出版发行	浙江大学出版社	
	（杭州市天目山路 148 号　邮政编码 310007）	
	（网址：http://www.zjupress.com）	
排　　版	杭州青翊图文设计有限公司	
印　　刷	杭州佳园彩色印刷有限公司	
开　　本	710mm×1000mm　1/16	
印　　张	21.25	
字　　数	419 千	
版 印 次	2021 年 12 月第 1 版　2021 年 12 月第 1 次印刷	
书　　号	ISBN 978-7-308-21116-1	
定　　价	59.00 元	

前　言

伴随着全球范围内服务经济、知识经济的快速发展,世界经济已经向"服务型经济"转变。我国服务业逐渐发展为最活跃的自主创新群体,不仅作为独立于制造业的产业部门,为国内生产总值以及劳动力就业做出重要贡献,而且已经由"传统型服务经济"转向"知识密集型服务经济"。众多传统制造业企业纷纷开始进行产业的转型升级,将未来的战略重点逐渐向服务业领域渗透,通过提供知识密集型服务以及实施制造服务化战略来构筑自身的竞争优势。众多的企业管理实践表明,企业开始关注服务创新研究,开始向服务领域寻求更多的商业价值。此外,尽管我国已经成为世界制造业大国,但很多企业依旧面临要素不足、效率低下与创新乏力三重矛盾,导致转型之路知易行难。同时,产品线和产业链延伸不足,外商投资企业对本地金融机构的信贷服务依赖程度较小,产品研发设计、关键技术和零部件依赖进口,对本地研发设计或技术服务需求少,这些状况从一定程度上说明了我国迫切需要加快具有高附加值的知识密集型服务业(knowledge intensive business service,简称 KIBS)的发展。众多学者研究发现:知识服务是创新和竞争力的关键驱动力,专业技术服务业对提升制造企业创新能力有显著的作用,知识服务对经济增长有显著正向影响。因此,加大对高附加值 KIBS 企业服务创新的研究,特别是推动 KIBS 与制造业之间的产业融合,发挥其对国家、区域和传统产业的知识基础、技术保障功能,是中国制造业摆脱低端制造、实现产业结构优化升级、提升综合竞争实力的必经之路。

服务创新研究经过了四十多年的发展,先后经历了基于技术引入视角的逆向产品周期模型、基于同化视角将制造业情境下的概念和理论转移到服务业、基于差异化视角的侧重服务业特性的研究、基于反向视角认为服务业在创新中起到引领作用以及基于技术与非技术整合视角的涵盖制造业和服务业的创新活动,基本上形成了"技术—同化—差异化—反向—整合"的服务创新理论发展轨迹。随着科学技术的快速发展以及现代服务业的迅速崛起,服务创新呈现出更加复杂化的特征:新服务产品中包含更多的以信息通信技术为基础的新兴技术;

服务创新的主体由单一主体逐步转向多主体;互联网技术使得服务创新参与主体之间的合作从实体化转向虚拟化;服务产品的结构呈现出组合型的复杂化发展趋势。Chesbrough(2010)基于开放式创新研究提出了开放式服务创新的视角,强调服务业中的创新需要考虑与创新相关的外部多主体的影响。由此可见,KIBS 企业的服务创新研究必须将视角从企业内部转到组织间的合作层面,开放、合作、互动将是今后服务创新理论研究的重要趋势。

企业纷纷开始延伸服务创新的组织边界,积极、主动吸收外部多种主体共同参与到企业的服务创新过程的各个环节。"共同创造(co-creation)"作为将多元化主体汇聚在一起的创造模式日益成为企业开展服务创新活动进而构筑自身竞争优势的首要选择,而在外部多元化创新主体中,顾客毫无疑问是企业最重要的"合作创造者"。在服务创新领域,作为向需求个性化顾客提供专业知识设计及知识定制服务的供应商,KIBS 企业在服务创新实践活动中发起与顾客积极、明晰且持续的对话,并合作创造与顾客之间的个性化体验来实现价值的共同创造。KIBS 企业与顾客合作创新中蕴含着一种"共生关系"。KIBS 企业如何与顾客积极互动进而整合顾客所拥有的知识、需求、体验等创新资源,构筑双方良好的组织间关系,提升服务创新绩效水平,日益成为影响 KIBS 企业服务创新成功的关键环节。

KIBS 企业的服务创新具有显著的专门化定制性质,且往往是一种基于特定顾客合作情境的实践创新活动,因此 KIBS 企业的服务创新活动不可能在缺失顾客的情况下进行,其与顾客紧密协作共同开发新服务是服务创新成功的根本要求与保障。由此可见,相对于制造企业与一般服务企业而言,KIBS 企业与顾客之间的合作关系更加密切,顾客是 KIBS 企业服务创新中最重要的战略性创新资源,服务创新中积极开展组织间的对话与协作,合作创造与顾客之间的个性化体验,通过与顾客的价值共创活动以实现组织间的集体行动是 KIBS 企业创新成功的关键之所在。

本书在研究过程中力求实现规范研究与实证研究相结合、定性研究与定量研究相结合,遵循"文献阅读与理论推演—形成假设—数据收集—实证分析—结论形成"的研究思路逐步深入,主要采用以下几种研究方法:文献研究法、访谈调查、问卷调查以及定量实证研究。本书主要探索的问题有:(1)在 KIBS 企业与外部知识源合作创新过程中,不同的外部知识源对企业服务创新能力的影响有何差异?在合作创新过程中外部知识源对企业服务创新能力的具体作用机制如何?企业—顾客互动类型如何影响外部知识源对服务创新能力的作用过程?(2)从客户企业参与视角嵌入,探讨客户企业参与对新服务开发绩效的影响以及具体作用机制。(3)不同的外部创新氛围对服务创新绩效有怎样的影响?双元学习能力是否在外部创新氛围与服务创新绩效中起到中介作用？知识获取与知识利用之间的平衡是否有助于提高服务创新绩效？（4）在合作创新过程中企业的知识惯性对服务绩效的影响如何？不同的知识惯性类型对服务绩效的具体作用路径又有何不同？（5）KIBS 企业的利用式学习与探索式学习如何影响服务创新绩效？利用式学习与探索式学习之间的平衡是否能够促进服务创新绩效的有效提升？利用式学习、探索式学习及其双元平衡影响服务创新绩效时又会受到何种因素的调节？

　　从本书的结构来看，第 1 章为绪论；第 2 章为文献与理论综述；第 3 章为外部知识源、知识转移与服务创新；第 4 章为客户企业参与、知识转移与服务创新；第 5 章为外部创新氛围、知识获取利用与服务创新；第 6 章为知识惯性、组织学习与服务创新；第 7 章为双元学习与服务创新。

　　本书是我所主持的在研项目——教育部人文社会科学研究青年基金项目"价值共创还是价值共毁：服务创新中企业—顾客互动的'双刃剑'影响效应研究"（项目编号：19YJC630038）、浙江省科技厅软科学一般项目"浙江 KIBS 企业合作创新中机会主义行为产生机理及治理对策研究：'双刃剑'视角"（项目编号：2020C35010）、浙江树人大学省属高校基本科研业务费专项资金项目（Zhejiang Shuren University Basic Scientific Research Special Funds）科研成果奖培育项目"KIBS 企业服务创新研究"（项目编号：2021XZ013），以及若干已完成科研项目的部分研究成果。这些成果大多已经发表在《情报学报》《科研管理》《科学学研究》《商业经济与管理》等期刊上，此次整理成书时进行了一定的扩充和修改。

　　感谢本人所在学校浙江树人大学浙江省哲学社会科学研究基地"浙江省现代服务业研究中心"、浙江省"十三五"一流学科"应用经济学"、浙江省重点创新团队"现代服务业创新团队"、浙江树人大学著作出版基金所提供的出版资助。也要感谢浙江大学出版社郑成业编辑，他的敬业精神是本书顺利出版的重要保证。

高孟立

浙江树人大学

2021 年 10 月

目　录

第1章 绪 论

1.1 研究背景

在全球服务经济兴起的背景下,知识密集型服务业(knowledge-intensive business service,简称 KIBS)成为传统制造业进行转型升级有力的助推器。伴随着全球范围内服务经济、知识经济的快速发展,世界经济已经向"服务型经济"转变。我国服务业逐渐发展成为最活跃的自主创新群体,不仅作为独立于制造业的产业部门,成为国家 GDP 以及劳动力就业最大的贡献者,而且已经由"传统型服务经济"转向"知识密集型服务经济"(魏江、胡胜蓉,2007;王琳,2012)。众多传统制造业企业纷纷开始进行产业的转型升级,将未来的战略重点逐渐向服务业领域渗透,通过提供知识密集型服务以及实施制造服务化战略来构筑企业竞争优势(李靖华等,2017)。阿里巴巴构建了一个多主体参与的创新平台,提供具有强大创新能力的电子交易市场(e-marketplace),进而为顾客提供整套服务,实现服务创新;苹果公司则通过"APP Store"模式来拓展已有服务,进一步延伸其商业价值;IBM 早在 2011 年就成立了服务创新实验室,专门研究企业内部服务创新问题(赵武等,2016)。据此,众多企业管理实践活动表明,企业纷纷关注服务创新研究,开始向服务领域寻求自身更多的商业价值。

我国尽管已经成为世界制造业大国,但许多企业依旧面临生产要素不足、效率低下与创新乏力三重矛盾,这将直接导致企业的转型升级之路知易行难。同时,由于产品线和产业链延伸的不足,外商投资企业对本地金融机构的信贷服务依赖程度较小,产品研发设计、关键技术和零部件依赖进口,对本地研发设计或技术服务需求少,这些状况从一定程度上说明了我国迫切需要加快发展具有高附加值的知识密集型服务业。众多学者研究发现：知识服务是创新和竞争力的关键驱动力,专业技术服务业对提升制造企业创新能力有着显著的作用,知识服务对经济增长也有着显著的促进作用。因此,加大对高附加值 KIBS 企业服务创新的研究,特别是推动 KIBS 与制造业之间的产业融合,发挥其作为国家、区域和传统产业的知识基础、技术保障功能,是中国制造业摆脱低端制造、实现产业结构优化升级,提升综合竞争实力的必经之路。

服务创新中企业与顾客价值共创范式是 KIBS 企业开展服务创新活动的重要基础。自从 Chesbrough(2006a)提出开放式创新理念以来,企业纷纷开始延伸服务创新的组织边界,积极、主动吸收外部多种主体共同参与到企业服务创新过程的各个环节。"共同创造(co-creation)"作为将外部多元化主体聚集在一起的创造模式正日益成为企业成功开展服务创新活动进而构筑起企业自身竞争优势的首要选择(Alam & Perry,2002;Prahalad & Ramaswamy,2000,2004;Matthing, et al. ,2004;Sawhney, et al. ,2005),然而在众多的外部多元化创新主体中,企业的顾客毫无疑问成为企业最重要的"合作创造者"(Ruekert,1992;Atuahene-Gima,1996)。

服务创新领域,作为向需求个性化顾客提供专业知识设计及知识定制服务的服务供应商,KIBS 企业在服务创新实践活动中发起与顾客积极、明晰且持续的对话,并合作创造与顾客之间的个性化体验来实现价值的共同创造。KIBS 企业与顾客合作创新中蕴含着一种"共生关系"(Muller & Zenker,2001),企业—顾客互动的界面是企业与顾客合作创新进行价值共创的新场所(范钧、聂津君,2016)。合作创新中 KIBS 企业如何与顾客积极互动进而整合顾客所拥有的知识、需求、体验等创新资源,构筑双方良好的组织间关系,提升服务创新绩效水平,正日益成为制约 KIBS 企业服务创新活动成功的关键环节。

由于 KIBS 企业的服务创新具有显著的专门化定制性质(Gadrey & Gallouj,1995),且往往是一种基于特定顾客合作情境的实践创新活动,因此,KIBS 企业的服务创新活动不可能在缺失顾客的角色中进行(Gallouj,2002),其与顾客紧密协作共同开发新服务是服务创新成功的根本要求与保障。由此可见,相对于制造业企业、一般服务企业而言,KIBS 企业与顾客之间的合作关系更为密切,互动程度更加频繁,顾客自然也成为 KIBS 企业服务创新活动中最重要的战略性创新资源。在服务创新活动中展开组织间积极的对话与协作,合作创造与顾客之间的个性化体验,通过与顾客价值共创活动来共同面对、调适以实现组织间的集体行动是 KIBS 企业创新成功的关键之所在(Lundkvist

& Yakhlef,2004;Prahalad & Ramaswamy,2004)。

服务创新研究经过了四十多年的发展,先后经历了基于技术引入视角的逆向产品周期模型(Barras,1984,1990),基于同化视角的将制造业情境下的概念和理论移植到服务业(Gallouj,1997;Coombs & Miles,2000;Drejer,2004),基于差异化视角的侧重服务业特性的研究(Gallouj & Weinstein,1997;Salter & Tether,2006),基于反向视角的认为服务业在创新中起到引领作用(Gallouj,2002;Djellal,et al.,2013),基于技术与非技术整合视角的涵盖制造业和服务业的创新活动(Nijssen,et al.,2006;Howells,2006),基本上形成了"技术—同化—差异化—反向—整合"的服务创新理论发展轨迹。随着科学技术的快速发展以及现代服务业的迅速崛起,服务创新呈现出更加复杂化的特征:新服务产品中包含更多的以信息通信技术为基础的新兴技术;服务创新的主体由单一性逐步转向多主体化;互联网技术使得服务创新参与主体之间的合作从实体化转向虚拟化;服务产品的结构呈现出组合型的复杂化发展趋势(Fitzsimmons,et al.,2008)。Chesbrough(2010)基于开放式创新研究提出了开放式服务创新研究的视角,强调服务业中的创新需要考虑与创新相关的外部多元化主体的影响。Sørensen 和 Torfing(2012,2016)、Gailouj 等(2013)、周冬梅等(2017)同样也强调了现代服务业的服务创新活动中与外部多元化的主体保持开放、合作的重要性。由此可见,KIBS 企业的服务创新研究必须将视角从企业内部转到组织间的合作层面,而这外部多元化主体中最为重要的就是顾客,通过与顾客的合作创新来提升企业自身服务创新的能力。开放、合作、互动将是今后服务创新理论研究的重要发展趋势。

1.2 研究框架

基于以上分析,全书共分为七章,各章的主要内容框架如图 1.1 所示,主要研究内容为第 3 章至第 7 章。

```
┌─────────────────────────────┐
│      第1章   绪论            │
└─────────────────────────────┘
              │
              ▼
┌─────────────────────────────┐
│    第2章   文献与理论综述     │
└─────────────────────────────┘
              │
              ▼
┌───────────────────────────────────────┐
│             第3章                      │
│   外部知识源、知识转移与服务创新        │
└───────────────────────────────────────┘
              │
              ▼
┌───────────────────────────────────────┐
│             第4章                      │
│   客户企业参与、知识转移与服务创新      │
└───────────────────────────────────────┘
              │
              ▼
┌───────────────────────────────────────┐
│             第5章                      │
│  外部创新氛围、知识获取利用与服务创新   │
└───────────────────────────────────────┘
              │
              ▼
┌───────────────────────────────────────┐
│             第6章                      │
│   知识惯性、组织学习与服务创新          │
└───────────────────────────────────────┘
              │
              ▼
┌───────────────────────────────────────┐
│             第7章                      │
│      双元学习与服务创新                 │
└───────────────────────────────────────┘
```

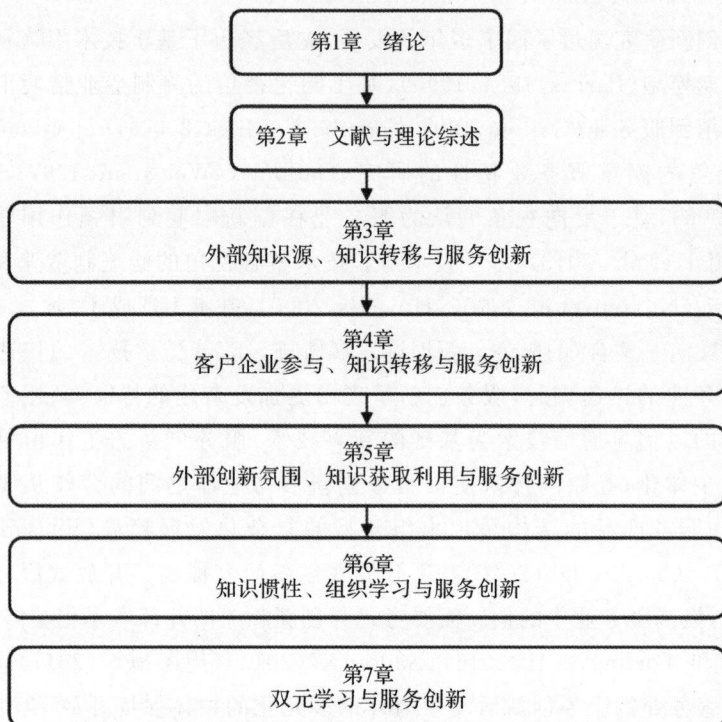

图 1.1   本书研究框架

1.3   研究内容与观点

1.3.1   外部知识源、知识转移与服务创新

开放式创新理念认为,企业应具有依据市场配置资源的能力,将外部有价值的资源通过外向型的开放式创新转移到企业内部以实现创新。与此同时,伴随着技术外溢加速、创新周期缩短、知识成果扩散,以往纯粹借助企业内部创新资源而进行研发活动的风险日趋增加,尤其是对 KIBS 企业这种高度知识密集型的服务企业而言,开展服务创新所需的创新资源变得日趋分散。因此,越来越多的 KIBS 企业开始跨越组织边界,拓展、利用企业的外部知识资源,进而实现服务创新。传统的服务创新模式也逐渐演变为"开放式创新范式",即强调通过寻

求与企业外部资源间的合作来开展服务创新的合作创新价值共创范式,而客户、供应商、大学和科研机构等外部主体正是 KIBS 企业成功开展服务创新所寻求的重要外部知识源。KIBS 企业通过与外部知识源之间的合作,实现创新知识的获取与积累,进而提升自身的服务创新能力。本书主要基于开放式创新理论,以 KIBS 企业的服务创新为研究情境,提升企业服务创新能力为研究目标,重点探讨以下三个问题:(1)在 KIBS 企业与外部知识源合作创新的过程中,不同的外部知识源对企业服务创新能力的影响有何差异?(2)在合作创新过程中外部知识源对企业服务创新能力的具体作用机制如何?(3)企业—顾客互动类型如何影响外部知识源对服务创新能力的作用过程?

本次研究的主要学术观点:企业与外部知识主体合作进行价值共创成为知识经济的价值创造范式,是企业有效利用外部知识成功开展服务创新的关键来源。本书以 KIBS 企业的合作创新为情境,利用实地调研所获得的数据,实证分析了外部知识源(供应链知识源与科学性知识源)对企业服务创新能力的影响及其具体作用机制,以及探讨企业—顾客互动在两者之间的调节作用。研究发现:外部知识源对企业服务创新能力具有明显的促进作用,但科学性知识源的促进效应要优于供应链知识源;外部知识源通过作用于组织间的知识转移促进企业服务创新能力的提升,但组织间知识转移在不同的外部知识源与企业服务创新能力之间所起的中介机制有所差异;合作创新过程中企业—顾客互动导向仅仅能够正向调节科学性知识源对组织间知识转移的影响作用。

1.3.2 客户企业参与、知识转移与服务创新

当前随着服务业的快速发展,服务企业之间的竞争也日趋激烈,特别是新服务开发成为服务企业创新、发展的重要驱动力量,而客户企业参与新服务开发过程被认为是一种改善和提高新服务开发绩效水平的重要方式。在新服务开发过程中嵌入客户企业参与,进而获取企业外部的知识资源,探索如何更好地消化、利用客户知识以更好地发现和满足客户的潜在需求,已受到越来越多创新研究者的关注。众多研究表明,客户企业参与新服务开发过程会积极影响服务产品的开发时间以及开发速度,能够有效降低成本,提高新服务的开发质量,然而也会产生一系列问题。本次研究通过梳理已有研究结论发现,学者们关于在服务企业开发新服务过程中客户企业参与所能发挥的作用所得出的结论并不一致:有些学者认为客户企业参与能起到积极有效的作用,知识转移效果较为明显;而有些学者认为其所起的作用是有限的,知识转移效果并不显著。究其原因,客户企业与服务企业之间缺乏链接关系。也就是说客户企业参与是一个多维概念,

必须对其参与形式进行细分,在此基础之上的知识转移机制研究才具针对性和有效性,才能更好地揭示不同客户企业参与形式与新服务开发绩效两者之间的作用关系。

本次研究的主要学术观点:本书结合信息服务企业的调研数据,从客户企业参与视角嵌入,探讨客户企业参与对新服务开发绩效的影响,并深入剖析知识转移在两者之间的作用机制,为信息服务企业提高新服务开发绩效提供有价值的参考。研究结果表明:(1)信息共享、责任行为和人际互动对新服务开发绩效均有显著正向影响。(2)知识转移内容和效率对新服务开发绩效均有显著正向影响。(3)知识转移内容和知识转移效率之间的平衡对新服务开发绩效具有显著负向影响。(4)知识转移内容和效率在信息共享和责任行为对新服务开发绩效影响中起到部分中介作用,而在人际互动对新服务开发绩效影响中起到完全中介作用。最后对六家典型信息服务企业采取跨案例研究法进行验证性分析,以提高研究结果的实践指导意义。

1.3.3　外部创新氛围、知识获取利用与服务创新

近年来世界上主要发达国家服务业增加值占 GDP 的比重逐渐提高并占据主导地位,经济发展重心开始转向服务业,经济发展结构已经出现"服务型经济"趋势。目前中国服务业增加值占 GDP 的比重也已经超过一半,显然中国经济发展处于关键的转型时期,而作为制造产业转型升级助力器的知识密集型服务业的发展速度更是惊人。对于推动知识密集型服务业良性发展,提升其服务创新能力,发挥其在引领产业结构调整及促进制造业转型升级方面的功能,已经达成广泛的理论共识。然而当前处于开放式创新范式和互联网经济模式环境,知识密集型服务企业的边界越来越模糊,信息和知识更新越来越频繁,因此如何跳出创新过程中的产品化陷阱,如何解构这种高度复杂和不确定性环境中的变革,构筑和维持自身竞争优势,提高服务创新水平,成为有待深入研究的一个问题。本研究主要借鉴组织行为研究领域中创新氛围理论,以双元学习能力为视角,综合运用资源基础观理论、组织学习理论、知识管理理论及服务创新理论,在开放式创新范式下,深入剖析在外部创新氛围中企业如何通过知识获取—知识利用这种双元学习能力获得创新资源,进而影响服务创新绩效,并对我国知识密集型服务企业进行实证。具体来说本次研究提出并拟解决以下几个问题:(1)不同的外部创新氛围对服务创新绩效有怎样的影响?(2)双元学习能力是否在外部创新氛围与服务创新绩效中起到中介作用?(3)知识获取与知识利用之间的平衡是否有助于提高服务创新绩效?

本次研究的主要学术观点：外部创新氛围对服务创新绩效有重要的影响，但对其具体的作用机理现有文献还未进行深入剖析。基于国内外相关文献梳理，探索性地提出以双元学习能力为中介变量的外部创新氛围对服务创新绩效影响的概念模型，并通过对知识密集型服务企业的实证研究发现：(1)政策氛围、竞争氛围和合作氛围均能对服务创新绩效产生积极的正向影响；(2)知识获取和知识利用均对服务创新绩效具有积极的正向影响；(3)同时追求知识获取和知识利用反而会对服务创新绩效产生负向影响；(4)知识获取在政策氛围、竞争氛围与服务创新绩效之间起到完全中介作用，而合作氛围对服务创新绩效的影响需要通过知识获取和知识利用的完全中介作用。

1.3.4　知识惯性、组织学习与服务创新

随着我国现代服务业的迅速发展，知识密集型服务业在推动国家和区域经济发展的过程中发挥着越来越重要的作用。然而，由于中国对外开放度的提高、进出口贸易限制的放宽，国际巨头开始纷纷抢占中国市场，这不仅直接加剧了国内终端企业激烈的竞争环境，而且还间接给 KIBS 企业带来巨大的市场压力。如何提高 KIBS 企业的绩效，进而提升其综合竞争实力，已俨然成为中国 KIBS 企业所需解决的迫切问题。根据开放式创新理念，KIBS 企业在探索如何提升企业绩效时，开始从传统意义的单边创新范式转向跨越组织边界的交互式创新范式，这其中组织学习受到了学术界的高度关注。如何积极拓展组织边界，从而有力获取异质性的知识与资源，进而有效整合组织学习中所获得的各种创新思想，最终提高组织学习的效率，已成为提高 KIBS 企业绩效的关键所在。然而知识惯性在某些情况下会妨碍组织对新知识的学习，具有一定的危害性，可能会对组织学习产生负向影响作用，进而阻碍企业绩效的提升。因此，在探讨组织学习和企业绩效问题时，不能忽视知识惯性给组织带来的破坏现象。已有知识惯性与企业绩效的关系研究一般将知识惯性作为前因变量或调节变量，且同时存在正向影响和负向影响两种并不完全一致甚至是矛盾的研究结论。目前学术界存在这种并不一致的结论，很可能是因为忽略了知识惯性不同类型与组织学习方式之间的匹配问题。同时 KIBS 企业的产品往往具有独特性、不可复制性等特点，导致知识惯性对 KIBS 企业组织的负面影响很可能会更明显。本研究选取 KIBS 企业为研究对象，以组织学习为中介变量，分析知识惯性对服务企业绩效的影响机制。本次研究探索性地将知识惯性划分为程序惯性、资讯惯性和经验惯性三种类型，以厘清不同知识惯性类型对服务企业绩效的作用路径关系，以期帮助服务企业合理利用或规避不同的知识惯性对绩效的影响，从而提高学习效

率并提升企业绩效。

本次研究的主要学术观点:基于知识管理和组织学习理论,针对知识惯性悖论,以组织学习为中介变量,构建知识惯性影响服务企业绩效的概念模型,并对长三角和珠三角地区 KIBS 企业进行实证研究。结果显示:(1)程序惯性和资讯惯性均会直接阻碍服务企业绩效的提升,程序惯性还会通过利用式学习和探索式学习这两种组织学习活动间接阻碍服务企业绩效的提升,资讯惯性则仅通过利用式学习间接阻碍服务企业绩效的提升;(2)经验惯性不仅不会阻碍服务企业绩效的提升,反而会通过利用式学习和探索式学习间接促进服务企业绩效的提升;(3)利用式学习和探索式学习均会对服务企业绩效产生显著的直接促进作用。

1.3.5 双元学习与服务创新

众多企业管理实践已经开始尝试服务创新研究,向服务领域寻求更多的商业价值。然而,自 Schumpeter 于 1934 年首次提出广义的创新概念以来,创新研究主要聚焦于与产品密切相关的技术创新领域,较少关注服务创新领域,这也就直接导致了服务创新相关理论的匮乏。从服务业发展来看,全球范围内的服务业发展正逐渐呈现出向知识密集型服务业转型发展的趋势。随着知识经济时代的到来,知识密集型服务业的服务创新更加离不开对知识的管理,而组织学习则是知识管理过程中非常重要的一个环节。利用式学习和探索式学习两种组织学习方式是知识存量改变视角下组织或企业基本的学习机制,自提出至今一直受到学术界和管理实践领域的广泛关注。然而,一直以来关于利用式学习与探索式学习双元平衡对创新绩效的实证研究相对较少,且所得出的结论也不尽相同。已有研究关于利用式学习与探索式学习及其双元对创新或绩效的影响既存在正向、负向,也存在线性或非线性的不同结论。那么,利用式学习与探索式学习及其双元对企业服务创新绩效的影响又会如何? 正向或负向? 线性或非线性? 本次研究借鉴以上研究思路,着重探讨以下几个问题:(1)利用式学习与探索式学习如何影响服务创新绩效? (2)利用式学习与探索式学习之间的平衡是否能够促进服务创新绩效的有效提升? (3)利用式学习、探索式学习及其双元平衡影响服务创新绩效时又会受到何种因素的调节?

本次研究的主要学术观点:基于有机平衡观视角,对我国长三角地区的知识密集型服务企业进行问卷调查,探讨利用式学习、探索式学习及其双元平衡度对服务创新绩效的影响作用,并检验组织冗余、战略柔性对两者之间关系的调节作用。研究结果发现:(1)利用式学习对服务创新绩效具有正向线性影响作用,而探索式学习对服务创新绩效则具有正向二次曲线的影响作用;(2)利用式学习与探索式学习的双元平衡度对服务创新绩效具有正向线性影响作用;(3)组织冗余、战略柔性对利用式学习、探索式学习及其双元平衡度与服务创新绩效之间的关系均起到了正向调节作用。

1.4 研究方法

本次研究力求实现规范研究和实证研究相结合、质化研究和定量研究相结合、文献梳理和实地调研相结合的方法,总体上将遵循"文献梳理与理论推演——质化研究(探索性案例研究)——假设提出——问卷调研——实证研究——形成结论"这一主要的研究思路逐步深入展开。

1.4.1 文献梳理与理论推演

首先需要对与研究主题密切相关的国内外文献资料进行系统的收集和整理,并加以反复、深入地研读。首先,本书作者在主持 2016 年浙江省科技厅软科学重点课题、2014 年浙江省高校重大人文社科青年重点项目、2016 年杭州市哲学社会科学规划课题、2017 年浙江省哲学社会科学规划课题的过程中进行了逐步的积累,通过广泛查阅、研读服务创新理论、资源依赖理论、服务主导逻辑、知识基础观等理论以及国内外的相关文献,对合作创新研究的演变进行了详细的梳理与归纳,基本厘清了合作创新过程中企业与顾客之间角色定位、合作方式等方面的发展历程和特征。其次,通过重点精读与泛读相结合的方式,对诸如 AMJ、AMR、SMJ、JOM、OS、MS、ASQ、ASR、*Research Policy*、《管理世界》、《科研管理》、《科学学研究》、《外国经济与管理》等管理学领域权威期刊上近十年来涉及企业与顾客合作创新、组织间关系、服务创新、KIBS 创新研究等主题的文献进行深入阅读,在此基础上准备企业与顾客合作创新的演进、服务创新等主题及其相互间关系的文献综述。最后,结合本次研究的主题与现实背景,进一步收集了国内外文献资料,剖析了 KIBS 企业服务创新绩效的内在作用机理,为研究 KIBS 服务创新奠定了扎实的文献基础。

1.4.2 案例研究方法

案例研究方法是针对具体的管理问题与决策过程的描述和再现,是关于管理实践过程及其情境的分析,本书采用探索性案例研究的方法(Siggelkow,2007;Yin,2015;Eisenhardt,2016),从企业实践视角出发进一步发展了 KIBS 企业与顾客合作创新的相关理论。在大量田野调查基础之上,选择了分别代表 KIBS 四大行业门类的四家典型案例企业的服务创新项目进行探索性案例研究,进而构建了初始的概念模型,同时基于案例内分析和案例间分析初步验证了理论假设。

1.4.3　访谈调查和问卷调查相结合法

首先,通过理论分析、专家讨论和深度访谈,基于相关文献的理论基础,参考领域专家的意见,同时结合代表性企业访谈对象的实际经验,形成调查问卷。其次,对相关企业开展访谈并发放问卷,了解每一类顾客知识获取视角对创新绩效的影响,在大样本调查之前通过小样本测试,删除信度和效度较低的问项,净化问卷。

1.4.4　定量实证研究

在文献梳理与理论推演、探索性案例研究基础之上,本次研究界定了相关变量的内涵、类型与特征,结合规范的文献推演与探索性案例研究提出了各变量之间的逻辑关系,最终构建研究模型、提出研究假设。通过对 KIBS 四大行业门类企业服务创新项目的大样本问卷调查获得相关数据,采用定量化的统计分析来检验各假设的合理性。针对实证研究大样本数据,采用 SPSS 19.0 软件、AMOS 21.0 软件进行因子分析、相关分析、结构方程模型统计分析与假设检验。

1.5　研究结论与创新点

1.5.1　外部知识源视角

1.主要研究结论

本次研究以 190 家 KIBS 企业与外部主体合作开展的服务创新项目为研究

样本,以合作创新过程中外部知识源对企业服务创新能力的具体作用机制为研究对象,以提升 KIBS 企业服务创新能力为研究目标,分析了外部知识源对 KIBS 企业服务创新能力的直接影响作用,明确了外部知识源与 KIBS 企业服务创新能力之间的组织间知识转移机制,探讨了企业—顾客互动在外部知识源与组织间知识转移的调节效应,得到如下结论。

(1)外部知识源对 KIBS 企业服务创新能力具有明显的促进作用,但这种促进效应在供应链知识源与科学性知识源之间有所差异。本次研究以 KIBS 企业的服务创新为背景,从与其合作创新的外部知识源主体视角出发,具体研究了外部知识源对 KIBS 企业服务创新能力的直接影响,发现合作创新过程中外部知识源会显著促进 KIBS 企业的服务创新能力的提升,但是科学性知识源的促进效应强于供应链知识源。

(2)外部知识源通过作用于组织间的知识转移促进 KIBS 企业服务创新能力的提升,组织间知识转移在两者之间起了桥梁作用。为深入了解外部知识源对 KIBS 企业服务创新的影响本质,本次研究引入组织间知识转移这一中介变量,揭示了 KIBS 企业与外部主体在合作创新过程中外部知识源促进企业服务创新能力提升的具体内在作用机制,即外部知识源通过作用于合作创新双方组织间的知识转移促进企业服务创新能力的提升。

(3)组织间知识转移在不同的外部知识源与 KIBS 企业服务创新能力之间所起的中介作用有所不同。在合作创新过程中,尽管组织间知识转移在外部知识源与 KIBS 企业服务创新能力之间起了中介桥梁作用,但是这种中介作用在不同的外部知识源之间有所差异。在供应链知识源对 KIBS 企业服务创新能力的影响过程中,组织间知识转移起到了完全中介的作用,而在科学性知识源对 KIBS 企业服务创新能力的影响过程中,组织间知识转移则起到了部分中介的作用。

(4)企业—顾客互动导向越明显的 KIBS 企业,其外部科学性知识源对企业服务创新能力的促进作用越明显。本次研究引入交易型互动与关系型互动两类企业—顾客互动方式作为调节变量,深入剖析外部知识源对组织间知识转移的具体影响过程。研究发现,在 KIBS 企业与外部主体的合作创新过程中,供应链知识源对组织间知识转移的影响中企业—顾客互动方式几乎没有调节效应,而在科学性知识源对组织间知识转移的影响中,交易型互动与关系型互动均起到了明显的正向调节作用。

2.理论意义

(1)针对现有文献缺乏关于外部知识源与服务创新能力之间关系的研究,本次研究通过实证明确了外部知识源对 KIBS 企业服务创新能力的具体影响作用,且发现了这种影响作用在不同外部知识源之间的差异性。已有研究都比较认同将企业的外部知识源划分为供应链知识源与科学性知识源。然而已有文献缺乏外部知识源与 KIBS 企业服务创新能力两者间关系方面的研究,导致对外部知识源对服务创新能力的影响作用认识不清。本次研究遵循学者们已做的关于外部知识源的分类,利用通过大样本调研所获得的数据,实证分析了外部知识源对 KIBS 企业服务创新能力的具体影响作用,明确了供应链知识源与科学性知识源对服务创新能力的不同影响作用,为后续基于外部知识源视角的企业服务创新能力方面的研究奠定了一定的基础。

(2)学术界一直未明确外部知识源对服务创新的具体作用机制,进而导致外部知识源具体如何作用于服务创新,或者说外部知识源如何促进企业服务创新绩效提升的机理问题一直尚未明晰。本次研究首次通过引入组织间知识转移作为中介变量,来揭示外部知识源影响 KIBS 企业服务创新能力过程中的具体作用机制,揭示了组织间知识转移架构了外部知识源与服务创新能力两者之间的桥梁,同时发现组织间知识转移在不同的外部知识源与服务创新能力之间所起到的中介作用有所差异。研究结果有助于解释、理解 KIBS 企业合作创新过程中外部知识源的具体作用机制问题。

(3)现有研究中较少有文献提及影响外部知识源对服务创新作用效果的具体因素,本次研究引入合作创新中企业—顾客互动(交易型互动与关系型互动)作为调节变量,剖析了企业—顾客互动在外部知识源对组织间知识转移影响过程中的调节机制,且厘清了在不同外部知识源之间的不同调节效应。合作创新的本质就是企业—顾客互动。本次研究在研究外部知识源影响 KIBS 企业服务创新能力的过程中引入企业—顾客互动作为调节变量,将企业—顾客互动划分为交易型互动与关系型互动,深入剖析其在外部知识源作用于组织间知识源进而影响企业服务创新能力过程中的调节机制,厘清了交易型互动、关系型互动在不同外部知识源之间的不同调节效应。研究结果为学术界深入展开对外部知识源的研究提供了一个新的研究视角。

3. 实践意义

本次研究结论对 KIBS 企业与外部主体间的合作创新实践提供了一定的管理启示。

(1)在合作创新中充分利用外部知识源可以有效地提升企业的服务创新能力。科学性知识源对服务创新能力的促进效应要优于供应链知识源。这其中可能的原因是:当前我国 KIBS 企业的服务创新能力整体水平不高,特别是自主创新能力水平还较低,大部分新服务项目的开发延续的是以顾客企业模块化创新为主的项目,所提供的独创性服务创新知识相对不多,创新空间尚有待拓展。因此,KIBS 企业需要积极地从外部大学、科研机构等科学性知识源处获取服务创新所需的知识,特别是独创性知识的获取,同时加大对与外部科学性知识源主体合作创新成果的应用性转化,这对提升 KIBS 企业服务创新能力、赢得市场竞争优势具有明显的促进作用。

(2)减少或降低影响组织间知识转移的障碍因素,有效地促进外部知识源对企业服务创新能力的提升作用。在 KIBS 企业服务创新过程中外部知识源通过作用于组织间知识转移进而影响企业的服务创新能力,意味着组织间知识转移在两者之间起了中介桥梁作用。这就提示企业,组织间知识转移顺畅与否,将会直接关乎企业服务创新成果的绩效水平,所以 KIBS 企业在与外部知识主体合作过程中应该减少、降低影响组织间知识转移的因素,保证组织间知识转移的顺利进行。因此,首先,在合作过程中外部知识源在保护自己知识的前提下,尽可能地降低合作知识的模糊性,以保障知识能够在组织间进行有效的转移;其次,在合作过程中 KIBS 企业应当重点发展与外部合作伙伴间的长期合作关系,提升双方组织间的信任水平,进而保证合作双方组织间知识的顺利转移;最后,KIBS 企业应当强化自身识别、获取、整合、利用外部创新知识的能力,提升自身对外部创新知识的吸收、转化能力,通过借助外部知识源的知识提升服务创新能力,构筑自身核心竞争优势。

(3)企业所采取的企业—顾客互动导向要与合作的外部知识源相匹配。企业—顾客互动导向越是明显的企业,科学性知识源对组织间知识转移的效果越发显著,这其中关系型互动的促进作用要明显强于交易型互动。在合作过程中奉行企业—顾客互动导向的 KIBS 企业,无论是侧重交易型互动的企业,还是侧重关系型互动的企业,都应该展开与大学、科研机构等外部知识源之间的密切合作,加强从外部科学性知识源处对服务创新知识的获取、利用,这更有利于快速提升 KIBS 企业自身的服务创新能力,以帮助企业能够开发出更加迎合市场、顾客企业需求的服务创新产品。

1.5.2　客户企业参与视角

1.主要研究结论

已有研究普遍认为顾客参与对新服务开发绩效具有显著正向影响作用,但是已有研究中的顾客主要是指个别、零星的消费者。对于信息服务企业而言,其顾客往往是企业购买者,而这又有别于一般意义上的顾客。因此,本次研究从客户企业参与的视角切入,具体运用知识转移理论,剖析影响新服务开发绩效的内在机制。本次研究通过文献梳理构建理论模型,并利用长三角地区实际所收集到的 183 家信息服务企业作为实证样本,探讨了客户企业参与、知识转移与新服务开发绩效之间的关系,有以下发现。

(1)客户企业参与对服务企业新服务开发绩效具有直接的显著影响。无论是信息共享、责任行为还是人际互动对服务企业的新服务开发绩效都具有显著的正向影响,其中责任行为对服务企业新服务开发绩效的影响作用最大,其次为信息共享,人际互动的影响作用最小。因此,对于服务企业特别是信息服务企业来说,为了积极提升新服务开发绩效,应该更加强调客户企业参与过程中与服务企业之间的责任行为,积极鼓励客户企业参与过程中双方的信息共享行为。

(2)知识转移内容和知识转移效率对服务企业新服务开发绩效均具有显著的正向影响。因此,在客户企业参与新服务开发的过程中,服务企业不仅要积极获取客户企业的需求信息、客户企业特征、客户企业关系以及客户企业关于市场、企业服务产品的知识,更要鼓励客户企业在参与过程中与服务企业之间跨越组织边界的知识共享行为,有效吸收、利用客户企业知识,使所开发的新服务更易于被市场、客户接受,缩短新服务在市场中的导入期和成长期时间,进而促进企业新服务开发绩效的提升。

(3)知识转移在信息共享与新服务开发绩效之间起到部分中介作用,从回归系数变化可以看出这个中介作用效果不是非常显著。这可能是由于知识转移内容关注转移知识的完整性,知识转移效率关注转移知识的有效性。然而,在客户企业参与服务企业新服务开发的过程中,这种简单的双方信息共享行为不能完全达到完整性和有效性的要求,故导致知识转移在这中间所起的作用非常有限。在责任行为与新服务开发绩效之间,知识转移内容和知识转移效率都起到部分中介作用,且这种中介效果比较明显,因此服务企业应加强并完善企业内部获取、吸收和利用客户企业知识的有效机制,明确客户企业参与合作开发过程中双方的责任。在人际互动与新服务开发绩效之间,知识转移内容和知识转移效率都起到完全中介的作用。这可能的解释是人际互动相对于信息共享是一种双方更为深入的知识共享过程,通过客户企业参与过程中双方的交流、互动以及信息反馈等一系列行为,充分保障传递给服务企业知识的完整性和有效性。客户企业与服务企业之间的人际互动行为,必须通过知识转移的过程,才能将客户企业的知识,特别是一些对于创新有重要作用的隐性知识,完整、高效地传递给服务企业,进而促进服务企业新服务开发绩效的提升。

（4）知识转移内容与知识转移效率之间的平衡对新服务开发绩效具有显著负向影响。这主要原因可能是前者关注转移知识的完整性，后者关注转移知识的有效性，而信息服务企业这种典型的知识密集型服务企业，其产品往往是与客户企业之间的一种服务项目，具有独特性和唯一性，因此双方追求一种较为短期的合作，比较注重短期的效益。在这种急功近利追求短期利益目标的驱使下，客户企业和服务企业都比较关注成果的产出，导致往往不能兼顾转移知识的完整性和有效性，这可能就是知识转移平衡反而阻碍新服务开发绩效的主要原因。当然还有一种可能是知识转移内容和知识转移效率两者之间还有更为复杂的内在作用机理，有待进一步探究。

2.主要研究价值

本次研究基于知识转移视角的实证研究，揭示了客户企业参与、知识转移内容和效率对新服务开发绩效的内在影响机制，丰富了新服务开发绩效影响要素的理论研究，对信息服务企业新服务开发绩效的提升具有一定的实践指导意义。信息服务企业要提高新服务开发绩效首先要从信息共享、责任行为和人际互动层面创造客户企业参与企业新服务开发的良好机制；在此基础上加强服务企业内部知识转移机制建设，提高企业对客户知识的获取、消化和利用能力，从而提高企业新服务开发的绩效，并由此促进服务企业创新绩效水平的提升。

1.5.3 外部创新氛围视角

1.主要研究结论

本次研究通过考察长三角和珠三角地区 212 家知识密集型服务企业的样本，探索企业外部创新氛围对服务创新绩效的影响，以及企业双元学习能力对它们的中介作用，得到以下结论。

（1）企业外部创新氛围对服务创新绩效具有显著的正向影响作用。开放式环境下的企业外部创新氛围能给企业提供更多的成功机会，更加有助于企业开展服务创新活动。本次研究所得的 212 家知识密集型服务企业的实证数据显示，政策氛围、竞争氛围和合作氛围均能提高服务企业的服务创新绩效。但是这种促进效果并不完全相同：竞争氛围对服务创新绩效的促进效果最为显著，竞争氛围给企业带来了强烈的危机感，这种危机感激发企业的主观能动性，成为企业主动开展服务创新活动的驱动力，在这种驱动力作用下企业开始不断创新，积极搜寻外部环境中的创意，以进一步提高创新绩效。合作氛围对服务创新绩效的促进效果稍弱于竞争氛围,外部合作氛围给企业提供了重要的外部创新来源。开放式环境下来自供应商、客户等外部合作者的信息能明显影响企业的服务创新行为,这些外部创新资源对企业创新能否取得成功非常关键。政策氛围对服务创新绩效的促进效应最弱,外部政策氛围尽管给企业的创新活动提供了一定的支持和保障,但从某种意义上来说仅仅提高了企业开展创新活动的信心,只是带动了创新积极性而已,对企业的刺激作用远不及竞争氛围那么强烈,创新资源的提供范围也远不如合作氛围那么丰富。

(2)外部创新氛围对服务创新绩效的促进作用是间接的,需要借助于企业双元学习能力来实现。政策氛围和竞争氛围对服务创新绩效的促进作用只能通过企业的知识获取能力来实现,可能的解释是:其一,外部政策氛围往往会释放一些有助于企业创新的信息,比如宽松的政策法律环境、有利的行政规章制度,但这种信息需要企业凭借敏锐的洞察力及时去捕获和挖掘,可并不是所有企业对这种信息都有相同的转化能力,所以最终导致知识处理效果的差异;其二,竞争氛围往往代表了企业所处行业的垄断、竞争水平以及企业参与竞争的投入程度,会激发企业强烈的竞争意识,企业是在这种竞争意识的支配下积极开展创新活动,而并非是从这种竞争环境中利用现成的创新资源。政策氛围和竞争氛围无法直接给企业提供现成可利用的创新资源,前者只是从正面创造有利于创新的环境,而后者从负面塑造出一种激发企业创新意识的氛围,间接激发企业开展创新活动的能力,进而提高服务创新绩效。合作氛围对服务创新绩效的促进作用可以通过知识获取和知识利用双元学习能力的中介作用来实现。诸如客户企业、供应商、科研机构等一些企业的外在合作者能给企业提供一些现成的或者是潜在的创意或想法,企业可以通过知识获取能力或知识利用能力进行重复利用或深度开发。

(3)双元学习能力对服务创新绩效具有显著的正向影响作用。知识利用这种学习能力能明显促进服务创新绩效的提升,说明企业为了开发新服务或设计新流程而对已拥有知识进行深度整合和利用能力对企业创新的推动作用非常明显。知识获取这种学习能力对服务创新绩效的影响显著,说明企业突破组织边界,积极搜寻创新资源的能力对企业开展服务创新活动的促进作用也较为明显。开放式环境下企业的服务创新活动越来越依赖企业的双元学习能力,强调组织学习的企业往往会对外部创新氛围中的创新资源进行整合,从而进一步采取适应环境变化的行动。特别是当外部环境不确定性较强时,重视双元学习能力的企业可以准确把握外部环境中的创新知识,及时跟踪、引进市场上最为先进的服务理念。由此可见知识获取、知识利用并以此为基础的双元学习能力的提升对服务创新绩效具有积极显著的促进作用。

(4)双元学习能力之间的平衡对服务创新绩效具有显著的负向影响作用。研究的其中一项结果令人费解,即将知识获取和知识利用两者之间的交互项放入回归模型中时,发现其系数为负值,且十分显著,这与大部分学者的观点相悖。产生这种现象的原因:对于企业来说一方面须通过知识获取能力获得创新资源,改进现有服务的设计,为现有细分顾客提供更好的服务;另一方面必须通过知识利用能力整合、开发已拥有的知识,努力开发新服务,开辟更多的细分市场。前者会使企业专注于当前短期的利益,而忽视对未来顾客和市场的培育,后者会使企业过于考虑长远利益,而忽视了对当下市场的深度开发,究其实质,知识获取和知识利用这两种学习能力存在一定的竞争性,这种竞争性导致双元学习能力具有一定的冲突性。这种冲突性主要体现为:知识获取和知识利用对创新资源的需求关系存在一定的竞争性;企业如若过于追求知识获取会造成短期成功却无法长期生存,相反企业如果过多追求知识利用就会陷入短期业绩不佳的失败陷阱。

2. 实践意义

本次研究对 KIBS 企业服务创新实践活动具有重要启示。

(1)开放式环境下外部创新氛围能给企业提供更多的机会。竞争氛围让企业形成了强烈的危机感,从而塑造出一种激发创新意识的氛围,进而激发其创新动力。KIBS 企业可以从客户企业、供应商、科研机构等一些企业的外在合作者那里获取创意或想法,并通过知识获取或知识利用能力进行重复利用或深度开发。政策氛围给企业的创新活动提供了一定的支持和保障,提高了企业开展创新活动的信心。

(2)开放式环境下企业的服务创新活动越发依赖双元学习能力。双元学习能力能够帮助 KIBS 企业对外部创新氛围中的创新资源进行有效整合,进而采取适应环境变化的行动。特别是当外部环境不确定性较强时,重视双元学习能力的企业可以准确把握外部环境中的创新知识,及时跟踪、引进市场上最为先进的服务理念。

(3)企业知识获取能力和知识利用能力间存在一定的竞争性或冲突性。这种竞争性或冲突性主要表现为企业的知识获取能力和知识利用能力对外部创新资源的争夺中存在一定的冲突。因此 KIBS 企业在实际经营过程中必须处理好知识获取和知识利用两种学习活动,有所取舍和侧重,合理发挥双元学习能力的作用,最大限度地促进服务创新绩效的提升。

1.5.4 知识惯性视角

1.主要研究结论

虽然已有研究普遍认为知识惯性对企业绩效具有负向的影响作用,但是由于研究视角、变量选取角度的差异导致文献的结论并不完全一致。为了明确知识惯性与服务企业绩效之间的关系,探索知识惯性影响服务企业绩效的内在机理,本次研究通过详细梳理文献以构建理论模型,并选取长三角和珠三角地区211 家 KIBS 企业作为实证样本,探讨了知识惯性、组织学习与服务企业绩效之间的关系,结果发现:

(1)程序惯性不但会直接阻碍服务企业绩效的提升,还会通过利用式学习和探索式学习这两种组织学习类型,间接阻碍服务企业绩效的提升。资讯惯性可以直接阻碍服务企业绩效的提升,也可以通过利用式学习这一中介变量间接阻碍服务企业绩效的提升,但是通过探索式学习这一中介变量间接阻碍服务企业绩效的提升作用并不显著。

(2)经验惯性对服务企业绩效没有直接的显著影响,但是会通过利用式学习和探索式学习对服务企业绩效产生正向影响,间接地促进服务企业绩效的提升。

(3)组织学习包括利用式学习和探索式学习,均能直接促进服务企业绩效的提升。利用式学习的这种提升效果要比探索式学习更加明显,也就是说利用式学习对服务企业绩效的提升效果比探索式学习要强。利用式学习在程序惯性和资讯惯性阻碍服务企业绩效提升的过程中发挥了部分中介的作用,而探索式学习只在程序惯性阻碍服务企业绩效提升的过程中发挥了部分中介的作用;利用式学习和探索式学习在经验惯性促进服务企业绩效提升的过程中发挥了完全中介的作用。

2.实践意义

(1)KIBS 企业在日常经营过程中往往比较重视对外在智力资本的利用,或者存在过多的"借用"外部思想的不良现象,然而企业为了长远的发展必须充分发挥利用式学习、探索式学习这两种组织学习方式,着重培养自身的核心竞争力。我国 KIBS 企业在实际经营活动过程中比较注重利用类似于产学研合作、企业间联合开发等外部智力资本,由于这类外部智力资本往往能产生相对短期的运营绩效,所以企业往往会采用利用式学习方式对现有知识进行深度开发或重复使用,以此来完善现有产品知识、流程等,提升现有服务能力,拓展现有市场,进而提高服务企业绩效。当然这也从另外一个侧面说明中国 KIBS 企业在实际经营过程中,可能存在过多"复制"已有产品,"借用"外部思想或创意等不良现象。KIBS 企业不能忽视企业的探索式学习这种组织学习方式。探索式学习尽管是试验性的、冒险性的,具有一定的风险,但是这种学习方式只要与企业的战略绩效密切结合,便能使企业跨越组织边界,吸收更多的新知识或新创意,开拓更为宽阔的市场,赢取更多的发展空间,进而提升企业的长远竞争力,增加未来的企业收益。

(2)KIBS 企业在日常经营活动过程中,应极力避免诸如惯例处理问题的程序、条条框框的制度程序、一些潜在的办事规则和审批程序等程序惯性的破坏作用,同时在服务创新过程中,必须加强企业内外的团队协作,拓展知识的来源渠道,以及新知识的获取途径,防止资讯惯性所产生的破坏作用。程序惯性对服务企业绩效的总影响效应值为负,由此可见,程序惯性对服务企业绩效提升的阻碍作用远远高于资讯惯性对服务企业绩效提升的阻碍作用,企业在组织创新、市场拓展、日常经营等过程中,必须首先打破陈规条框的束缚,建立一套紧密围绕市场动态变化的服务开发流程和管理机制。资讯惯性对服务企业绩效的总影响效应值为负,相比程序惯性对服务企业绩效的阻碍作用要小。探索式学习活动特征与资讯惯性之间具有一定程度上的冲突性,因此资讯惯性并不能通过探索式学习,只会通过利用式学习间接阻碍服务企业绩效,但这种间接影响效应也不容忽视。实证所得出的这个结论与管理实践活动中所积累的经验是相一致的。

(3)KIBS 企业在经营过程中,以往成功业务的经验或具有丰富经验的项目负责人对企业绩效的提升能发挥关键性的作用。实证研究发现,经验惯性不但不会阻碍服务企业绩效的提升,反而会通过利用式学习和探索式学习促进绩效的提升,这与原先假设正好相反,表明 KIBS 企业在经营过程和服务创新过程中,还是比较依赖以往的经验惯性。尽管严格来讲 KIBS 企业的产品或服务往往具有独特性、定制化的特点,但是其所属行业和客户企业的要求往往会呈现出一定的共性,这就导致 KIBS 企业为了节省研发费用,开始借用类似于制造业中批量化生产的思想,为某一大类客户企业提供相似的产品或服务,于是 KIBS 企业以往的成功经验就可以被"复制"到新的市场和业务中去。随着成功实践经验的不断积累,KIBS 企业能够"复制"和使用的经验资本也就越来越丰富,最终促进自身绩效的提升。

(4)KIBS 企业必须建立动态管理机制和学习机制,不仅要消除诸如条条框框、逐层审批等潜在程序惯性的束缚,同时还要积极培育研发人员和研发团队,或是积极引进高层次人才,努力拓展企业研发所需的资讯来源。KIBS 企业在组织学习的过程中,必须高度重视程序惯性和资讯惯性的破坏作用,建立相应的动态管理机制以应对企业内部所产生的这两类知识惯性,尽量减少程序惯性和资讯惯性给企业所带来的负面影响,切实保障企业自身绩效的稳步提升。与此同时,KIBS 企业还需要建立和完善内部的利用式学习和探索式学习机制,通过对组织机构的优化来制定适合这两种机制发挥作用的组织规则,明确是对现有技术和业务领域知识的获取、传播、整合和应用,还是对新技术和未来业务领域知识的探索、试验、尝试和创新。同时企业还要构建有效的新旧知识管理机制,明确是对现有知识的重复利用和深度开发,还是对新知识的积极尝试和勇敢试验,切实推进企业的组织学习活动,从而提升企业绩效,并且在此基础上,重视对企业经验惯性的保护和开发。通过企业内部的组织规则和知识管理机制,对企业在以往成功业务中所积累的经验惯性进行深度挖掘或勇敢试验,充分发挥其对服务企业绩效提升的促进作用。

1.5.5 双元学习视角

1. 主要研究结论

鉴于目前学术界对利用式学习、探索式学习及其双元与企业服务创新绩效的关系研究得出众多不一致的结论,本次研究在相应的理论假设基础之上,以长三角地区 185 家 KIBS 服务企业为实证研究对象,探讨了利用式学习、探索式学习及其双元平衡度对企业服务创新绩效的影响以及组织冗余、战略柔性对两者间关系的调节作用,得出如下结论:(1)利用式学习与企业服务创新绩效之间存在正向线性关系,而探索式学习与企业服务创新绩效之间存在正向二次曲线关系;(2)双元平衡度与企业服务创新绩效之间存在正向线性关系;(3)组织冗余在利用式学习、探索式学习及其双元平衡度与企业服务创新绩效的关系中均起到了正向的调节作用;(4)战略柔性在利用式学习、探索式学习及其双元平衡度与企业服务创新绩效的关系中也均起到了正向的调节作用。

本次研究假设中利用式学习对企业服务创新绩效具有正向线性影响作用得到了数据的支持,而其二次曲线影响作用并没有得到数据的支持。原因可能在于利用式学习是一种渐进性的服务创新活动,追求满足现有市场顾客的需求,是对现有知识、技术、产品或服务的扩张,其强调的是对知识的深度使用与开发。这种组织学习活动往往带有重复性的特征,奉行的是一种"拿来式"的创新模式,因此随着利用式学习活动的推进,所获得经验的累积效应并没有那么凸显,甚至可能不存在,所以其对服务创新绩效的促进作用仅仅是线性累加,不存在加速的二次曲线效应。

2.理论意义

本次研究结论的重要理论意义在于：

(1)进一步充实了利用式学习、探索式学习与创新绩效的相关研究,实证检验了利用式学习对服务创新绩效影响的正向线性作用,探索式学习对服务创新绩效影响的正向二次曲线作用。

(2)针对目前学术界关于利用式学习与探索式学习双元与创新绩效间关系复杂、不一致的研究结论,基于有机平衡观视角,引入"双元平衡度"概念,探讨了双元平衡度对服务创新绩效的影响作用,实证得出双元平衡度对服务创新绩效具有正向线性作用。本次研究有效地揭示了组织学习过程中的利用式学习与探索式学习如何在组织内部互补与共存的问题。

(3)尽管已有学者提出,利用式学习、探索式学习及其双元平衡与服务创新关系的学说莫衷一是,是因为在其实现过程中缺乏对调节机制的探讨,然而对其关系中调节效应的研究,目前基本上还仅仅停留在理论剖析层面,缺乏实证研究。本次研究基于资源依赖理论,创造性地引入了组织冗余变量,基于动态资源管理理论引入了战略柔性变量,对利用式学习、探索式学习及其双元平衡度与服务创新绩效间关系的调节机制进行实证研究,检验了组织冗余、战略柔性对两者关系的正向调节效应,此举进一步佐证了应对资源管理能力进行情境化研究的推理。

3.实践意义

本次研究的重要管理实践意义在于：

(1)相对于技术创新领域,服务创新领域中利用式学习与探索式学习争夺企业稀缺资源的情况并不是很严重,在服务企业内部两者可以共存和互补,二者间的竞争更多地体现在理念、创意上。利用式学习范式下,企业进行服务创新活动时更倾向于对现有知识、资源的整合和深度利用,或者是复制已有成功的创新模式,这是对现有创新模式的延续和强化,属于渐进式服务创新模式;探索式学习范式下,企业进行服务创新活动时则会打破已有的思维惯性,会主动对新知识、新创意进行尝试,敢于冒风险,这是一种突破式的服务创新模式。当企业面临服务创新问题时,是借鉴已有成功的服务创新实践,还是针对特殊情境采用完全个性化的创新方案,需要企业正确处理利用式学习与探索式学习平衡度的问题,而这种平衡更多涉及的是企业理念、创意的问题,并不涉及太多资源的权衡问题。

(2)在资源限制、时间成本等外在约束条件下,企业采用利用式学习与探索式学习进行服务创新活动过程中,两者对服务创新的促进作用存在一定的差异。企业在资源有限的情况下,可以通过利用式学习将资源投入已有的业务领域,以强化已有知识、流程、技能,这可以为现有业务带来高效的产出,因此对于现有市场而言,利用式学习可以降低成本,提高服务创新的效率,对服务创新绩效具有时间、空间上的可接近性。但是,利用式学习只能线性促进服务创新,探索式学习对服务创新才具有累积效应,所以企业在可承受的运营成本范围之内,应该进行探索式学习活动促进发散性思考,获得全新的知识、流程、技能,抓住新的机遇、开辟新的市场,形成完全个性化的服务创新方案,以更好地迎接技术变革和提升市场适应能力。

(3)企业拥有较多的冗余资源有利于利用式学习、探索式学习及其双元组织学习活动,使利用式学习与探索式学习产生协同效应,更有助于服务创新绩效的提升。利用式学习表现为对企业现有知识、资源的驾驭,而探索式学习更加侧重于对外部环境变化的主动适应性,无论哪一种组织学习活动都涉及对组织资源的消耗。企业中的组织冗余也是一种资源,是一种未被占用的资源,如果企业拥有较多的组织冗余,或者企业能够充分发现、挖掘、利用这些冗余资源,这就会在一定程度上解决利用式学习、探索式学习活动的资源消耗问题,甚至更有利于协调利用式学习与探索式学习之间对资源消耗的平衡问题。组织冗余能够在组织内部为服务创新活动的开展营造出一种相对宽松的资源使用环境,同时为企业缓解从组织外部获取所需资源的压力,给企业创造出一个相对自由的创新空间,进而能够促进利用式学习、探索式学习及其双元组织学习的效率,提升服务创新绩效水平。

(4)企业拥有较大的战略柔性有助于利用式学习、探索式学习及其双元组织学习活动,使利用式学习与探索式学习产生协同效应,更有助于服务创新绩效的提升。资源柔性由企业资源的内在属性所决定,强调资源的潜在用途。企业拥有较大的资源柔性意味着资源的专属性较低,企业在开展服务创新过程中对资源配置也就拥有了较大的主动权,可以灵活、机动地配置利用式学习与探索式学习的资源需求,更加有利于服务创新绩效的提升。企业拥有较大的协调柔性意味着在战略适应外部环境变化的过程中可以在组织内部松散耦合的差异化组织单元之间协调资源的配置,有利于促进利用式学习、探索式学习及其双元组织学习活动在组织内部的共存和互补效应,最终促进服务创新绩效水平的提升。因此在服务创新过程中,企业的高层管理者可以通过有效发挥战略柔性的积极作用,进一步来加强利用式学习、探索式学习及其双元组织学习对服务创新绩效的提升作用。

第 2 章　文献与理论综述

2.1　合作创新

2.1.1　合作创新理论基础

1. 资源依赖理论

2003 年 Chesbrough 首次提出开放式创新(open innovation)概念,极大地推动了理论界和企业界开始积极寻找来自企业外部的创新源泉。从开放式创新系统观点出发,资源依赖理论把企业视为异质性资源与能力的一个集合体,认为企业为了生存,必须要从外部获取诸如资金、信息、人才等资源。企业不可能拥有其所需要的所有资源,特别是在市场竞争压力日益激烈的当今,企业不得不扩展自身的生产性资源,跳出传统的企业边界,将顾客视作潜在的、重要的合作伙伴(Lengnick-Hall,1996),这就意味着在合作创新过程中企业必须与顾客互相合作,一起整合、交换彼此的资源以完成价值的共创。在企业—顾客合作创新中,一方面顾客会以信息、知识等方式积极地向企业提供其所拥有的资源或能力,这些资源与能力往往会成为企业成功开展服务创新的关键性资源;另一方面,企业可以更好地深入了解顾客的需求,尤其是其隐性的需求,进而减少新服务开发过程中的盲目性和不确定性,这将会更有利于增加企业服务创新成果的市场接受程度。Pfeffer 和 Salancik(1978)认为如果某一个组织急需一种专门的资源,而这种资源在这个组织内部又非常稀缺,且不存在可以替代的资源来源,那么这个组织就会高度依赖于掌握这种资源的其他组织。其指出有三个方面的因素决定了一个组织对另一个组织的依赖程度:资源对组织生存的重要性;组织内外部一个特定群体获得资源或者自行裁决资源使用的程度;存在替代性资源来源的程度。以此类推,顾客所具有的知识对企业开展服务创新非常重要;顾客对这些自身所拥有的资源具有一定的判断和处理能力;服务创新中的顾客知识只能从顾客那里去深入地挖掘。据此可以认为,在企业—顾客合作创新中,企业对于顾客具有高度的依赖性(王琳、魏江,2009)。

第一,资源依赖理论的内涵。资源依赖理论最早由 Pfeffer 和 Salancik 于1978 年正式提出,见于其出版的专著《组织的外部控制:一种资源依赖的视角》。在之后的三十多年时间里该理论得到进一步的发展,在战略管理和组织行为研究领域成为最具影响力的理论之一,并形成了自身完善的理论体系,同时也取得了颇为丰硕的研究成果。资源依赖理论(Resource Dependence Theory)的核心思想就是组织作为一个开放式系统,必须获得资源,并经过一些转换后将生产的产品和服务输送给广义定义的顾客,顾客之后会提供资金,使得组织可以获得更多的输入得以继续循环(Pfeffer & Salancik,1978)。同时该理论也认为,在创新实践中顾客向企业寻求创新方案,是由于其缺乏足够的能力来独立解决问题,所以顾客也同样依赖企业的创新资源和创新能力,因此依赖是相互的,两个组织也可以同时相互依赖。资源依赖理论认为,一个组织为了实现自身的任务目标,开展正常的组织运作,必须从外部环境中去获取所需的稀缺资源。具体来说,该理论具有以下几个方面的内涵:(1)组织不是一个封闭的系统,而是开放的系统,必须同外部环境要素进行相互交换来获取自身生存、发展所需的资源。(2)组织不是一个自给自足的个体,与外部环境存在着相互依存关系,嵌入相互依赖的不同组织体所构成的网络中。(3)组织体可以采取适当的措施以调整对外部环境构成的网络体的依赖性,而这也导致了外部环境不确定性的增加。(4)组织的外部环境不是一个客观的现实,具体取决于组织如何解构、管理这些外部环境,而组织的这些行动又会加剧新的依赖性和不确定性。

第二,组织间资源依赖的类型。Pfeffer 和 Salancik(1978)基于企业内组织间的资源依赖关系指出组织间资源依赖存在两种类型:共生性依赖与竞争性依赖。共生性依赖主要关于同一个市场中不同领域却又相互联系的组织,组织间不存在竞争,反而会从互相的依赖中获利;竞争性依赖是针对在同一个市场领域中运行的组织,这种类型的组织间既存在着相互的竞争,也存在着共同的利益,既存在着对立与冲突,也存在着协商与合作。Thompson(1967)根据组织资源特性将依赖划分为内生依赖和外生依赖,内生依赖指的是组织之间的资源具有内在关联性,存在前后相继的生产和再生产关系,而外生依赖是由组织间资源的非关联性与相互不可替代性所导致。Madhok 和 Tallman(1998)则认为依赖存在着结构性依赖和过程性依赖,结构性依赖指的是一种稳定的依赖,组织间在人员构成、利益结构、资源占有等方面纵横交错、相互依靠、相互影响；而过程依赖则取决于组织间分工的复杂性与重叠性，基于生产过程的相近，致使资源的结合具有专有性与唯一性。

第三，组织间资源依赖程度的决定因素。如前所述，三方面的因素决定了组织间资源的依赖程度：所缺资源对组织的重要性、拥有该稀缺资源的组织对资源的占有意愿和控制能力、资源的可替代性。组织必须拥有满足其所依赖的外部主体需求的能力，因此只要组织能够从外部环境中吸收到足够的资源，来继续获得生存所需的输入，那么从最低限度上看组织就是有效的。由于组织在获取输入和处理输出的过程中，必然要与外部主体发生交易，正是这些交易或通过交易所产生的相互依赖，成为一种潜在的权力及其对立面约束的来源。外部环境的集中度越高，组织对于那些必须输入的选择性就越小，那么对于集中从某处来获取特定资源的依赖程度就会越高，组织也就越会受到限制，从而倾向于同意强有力的外部主体的需求。资源依赖理论认为，组织会积极、主动地对外部环境进行管理与控制，以此来减少组织自身对外部环境的依赖，其中的一个策略就是与资源拥有者建立良好的合作关系，这种获取和保护关键性资源的活动称为"桥梁策略"，即意味着组织可以通过改变组织的边界，有意图地与其他组织建立起正式的或非正式的联系，以此来降低对关键性资源的依赖，从而降低合作创新中的不确定性（Scott & Davis，2015）。

综合分析，资源依赖理论认为资源是一切组织生存的基础，可以分为内部资源和从外部获取的资源两种。资源基础观重视组织内部的资源，认为组织根据自身的内部资源建立起相应的战略，最大限度地利用组织内在的资源以获取持续的竞争优势，而资源依赖理论则强调组织必须从外部获取资源，关注资源获取的不确定性及其对这种不确定性的管理（Scott & Davis，2015）。资源依赖理论从某种意义上揭示了组织自身的选择能力，认为组织可以凭借对依赖关系的了解，来寻找替代性的依赖资源，进而更好地适应环境。因此，在企业与顾客合作创新过程中，如果企业有意识地将顾客纳入其中，这揭示了由企业单方面所发起的旨在获取顾客关键性资源的桥梁联系活动；而在合作创新过程中如果顾客也与企业展开积极的、主动的对话，这表明顾客方面有意识地参与到了桥梁联系活动中。也就是说，企业与顾客之间的互动，是双方共同发起的"桥梁策略"，这充分体现了双方的相互依赖性和互利互惠性。

2. 服务主导逻辑理论

Vargo 和 Lusch（2004）建议遵循一种全新的服务主导逻辑（service dominant logic）来重新审视商品与服务，不赞同商品主导逻辑将商品与服务严格分开，认为商品与服务两者应该统一,一切经济都是服务经济,顾客积极参与关系交换和共同生产,价值是由顾客所决定和共同创造的。服务主导逻辑一经提出就受到国际学术界的强烈反响,经过十多年的发展日趋成熟,并对相关学科和实业界的发展产生了积极的影响。Vargo 和 Lusch 在 2004 年提出了服务主导逻辑初始的 8 个基本命题,经过 2006 年、2008 年、2016 年先后三次修订(2006年修订为 9 个,2008 年修订为 10 个,2016 年修订为 11 个),最终形成了 11 个基本命题,如表 2.1 所示。

表 2.1　服务主导逻辑的 11 个基本命题

基本命题	命题内容
1	服务是一切交换的根本基础
2	间接交换掩盖了交换的根本基础
3	商品是提供服务的分销机构
4	操作性资源是战略利益的根本来源
5	一切经济都是服务经济
6	价值由多个参与者共同创造,总是包括受益人
7	参与者不能传递价值,能够参与创造和提供价值主张
8	服务中心观点必然是受益人导向和关系性
9	一切社会和经济参与者都是资源整合者
10	价值总是由受益人独特地用现象学的方法来决定
11	价值共创通过参与者创造的制度和制度安排来协调

注:依据 Vargo 和 Lusch(2004,2006,2008,2016)的研究成果整理。

　　仔细研究以 Vargo、Lusch 两位学者为代表的服务主导逻辑学派的主要观点,发现以上 11 个基本命题之间存在着如下的内在逻辑关系:第一类是基础命题(命题 4),着重探讨了"资源和战略利益"这一根本性问题,是操作性资源观的基本体现。第二类和第三类是核心命题,第二类核心命题(命题 1、命题 2、命题 3)着重探讨了"市场交易机制";第三类核心命题(命题 6、命题 7、命题 10、命题 11)着重探讨了"价值共创模式"。这两类核心命题相互作用,将直接关系到市场运作的效率,是第一类命题的延伸。第四类是归宿命题(命题 5、命题 8、命题 9),着重探讨了服务生态系统问题,指出服务主导逻辑的最终目标是将不同参与者的交互空间塑造成为服务生态系统,通过不同参与者的互动行为来提高服务生态系统的适应性、持续性,这是操作性资源观的拓展(李雷等,2013)。

　　服务主导逻辑将价值创造看成一个连续的过程,同时认为顾客与其他相关主体完成"价值共创"(value co-creation)的过程。不管是直接的服务提供者还是间接的服务提供者,提供服务仅仅是价值共创过程中的一个环节,价值共创并不会随着提供服务环节的结束而终止,接下来顾客就会利用自身的知识、技能来享受和维护服务,这实质上是对价值共创过程的一种延续。Vargo 和 Lusch(2008)认为顾客是一种作用于对象性资源的操作性资源,企业与顾客共同来完成价值的创造过程,因此顾客是价值共创者。服务主导逻辑理论认为企业遵循服务主导逻辑,不仅能够向顾客提出价值主张,同时还可以通过与顾客之间的互动与顾客一起合作创造价值,进而更加积极、直接地参与到顾客价值的实现过程。服务主导逻辑中,企业与顾客之间的互动行为是营销学的核心概念,交换无助于顾客创造价值,只能促进交易和价值的形成,然而互动行为关注的是顾客价值的创造与实现,能够使企业与顾客一起开展合作创新以共创价值。Payne 等(2008)指出在该逻辑下服务是交换的普遍内容,且顾客参与、顾客价值的创造、企业价值的创造与冲突三个过程,展示了顾客学习与组织学习共同创造价值的内容。Vargo 和 Lusch 等人在 2008 年之前的研究基本上属于早期的服务主导逻辑,其强调的是服务为一切交换的基础,价值创造发生在产品或服务使用过程中,企业与顾客之间通过互动行为、资源整合来实现价值的共同创造,重点关注的是企业与顾客之间的二元关系(Tax et al.,2013)。

　　Vargo 和 Lusch 等人及相关研究领域的其他众多学者主要从以下三个方面对服务主导逻辑理论进行了拓展:服务逻辑、服务科学、服务生态系统。

　　服务逻辑是从早期服务主导逻辑中发展出来的一个新逻辑,该理论强调服务实质上是顾客在日常实践活动中促进价值创造的一种互动过程,服务供应商进入顾客的实践进而实现互动(Grönroos,2008)。Grönroos(2008)把服务逻辑划分为顾客服务逻辑与供应商服务逻辑两种,供应商服务逻辑以顾客服务逻辑为主导,同时依据供应商在价值创造中的不同角色,存在价值促进与价值实现两种情况,价值促进情况下顾客是价值的创造者,而供应商是价值的协助者,而在价值实现情况下顾客是价值创造者,而供应商则存在价值促进者与价值合作者两种角色,供应商积极参与顾客价值的创造过程,合作创新中通过与顾客直接互动,进而成为价值创造者。Grönroos(2011)进一步研究认为,供应商所创造的价值属于潜在价值,而顾客所创造的使用价值才是真实价值,企业与顾客之间的直接互动行为有助于企业最终成为真实价值的共同创造者。Grönroos 和 Ravald(2011)提出了基于服务逻辑的五个价值创造命题,如表 2.2 所示。

表 2.2　服务逻辑的五个价值创造命题

命题	命题内容
1	营销的目标是支持顾客价值创造
2	商业的根本是创造相互价值
3	顾客是价值创造者
4	企业的基本角色是价值促进者,但在企业与顾客的互动过程中,可以成为价值共同创造者
5	服务提供者不仅提供价值主张,在与顾客显著的互动中,也有助于价值实现

注:依据 Grönroos 和 Ravald(2011)文献整理。

　　Grönroos 和 Voima(2013)认为价值创造存在着供应商、联合和顾客三个区域,在供应商区域内,供应商与顾客的间接互动创造潜在价值;在顾客区域内,顾客与供应商的间接互动创造使用价值;在联合区域内,供应商与顾客之间可以实现直接的互动来创造使用价值。由此可以发现,服务逻辑强调的是企业与顾客之间的直接互动行为对价值共创的作用。Grönroos 和 Gummerus(2014)基于服务逻辑的理论基础,系统地阐述了服务逻辑和服务主导逻辑两者间的差异,深入剖析两种价值创造理论的本质。FitzPatrick 等(2015)基于 Grönroos 和 Voima 在 2013 年所提出的价值创造的三个区域,专门研究了互动关系,提出了建立在服务逻辑特殊性上不同关系的概念,根据"我、他人和我们"三个范围的互动提出了"关系性"概念。

　　显然,服务逻辑主要是基于服务主导逻辑所强调的使用价值而提出的,然而服务主导逻辑关注价值创造的整个过程,而服务逻辑仅仅从微观层面分析了顾客使用价值的共创过程,认为顾客创造的使用价值才是真实价值,供应商创造的只是潜在价值,强调顾客是价值创造者,而供应商是价值促进者,供应商与顾客之间只有在联合区域,通过双方的直接互动行为才能完成共同价值的创造过程(Grönroos,2011)。

　　服务科学关注的是服务系统之间的演进、互动以及相互的价值共创(Maglio & Spohrer,2008),Spohrer 等(2007)指出在服务系统中,互动与交换的目的和动机是共同创造价值,服务系统是由人、组织与技术所构成的动态价值共创结构,这一结构随后被 Maglio 和 Spohrer(2008)修改为由人、技术、价值主张连接内外部服务系统与分享信息来实现价值共创,从此奠定了服务科学研究的理论视角。Spohrer 等(2007)认为服务科学是一种研究服务系统与资源整合复杂系统内的价值共创,强调服务系统是一个开放系统,个体、团体、家庭以及政府都可以是系统的成员之一：首先，系统成员间能够通过共享、应用自身资源来改善其他系统的状态，其次，系统成员可以通过获取外部资源来改善自身的状态，服务系统通过提议、协商与实现三个主要活动进而形成服务互动；此外还提出了包含互动、服务、提议、协商以及认识五部分内容的 ISPAR 标准模型，以此来识别不同的服务系统。Vargo 等(2008)认为服务系统的资源包括私有资源、市场资源以及公共资源三个部分，通过整合现有服务系统与其他服务系统的资源来实现服务系统内部、服务系统之间的资源互动而进行价值的共创。

服务系统中的系统可以是个体、群体通过与其他系统交换、应用资源(特定的知识和技能)进而生存、适应和演进，通过与其他系统的互动行为来加强自身系统的适应和生存能力，为自己和其他系统成员共同创造价值(Vargo et al.，2008)。Maglio 等(2009)在此基础上深入探讨了服务系统的结构与成分，指出服务系统的资源至少包括一种操作性资源能够作用于其他资源来创造价值，服务系统间的交换是自愿的，而且服务系统是动态的，随着时间的推移会不断地进行分解、重构，在服务系统中存在着一种联合与采纳的机制。Vargo 等(2010)对服务科学植根于服务主导逻辑中的服务、服务体验、情境价值、价值主张和系统等关键性的概念进行了详细的分析，以此来澄清服务科学与服务主导逻辑两者之间的关系。

服务主导逻辑是服务科学的基础，服务科学是服务主导逻辑进一步的拓展与延伸，服务科学研究服务系统的价值创造(Spohrer et al.，2007；Maglio & Spohrer，2008)。服务科学的价值共创视角更为宏观，将早期服务主导逻辑着重研究企业、顾客之间的二元互动行为进一步拓展、延伸到了服务系统内部和不同服务系统之间的网络互动行为，通过资源整合和服务交换来实现价值共创，更加重视系统中人、技术、价值主张三方面的结合，突出技术的重要性，更加强调广泛的系统网络间的资源配置与互动行为。

服务生态系统视角是在当前复杂网络环境下基于服务主导逻辑的进一步拓展，由 Vargo 和 Lusch 于 2010 年首次提出。现实中服务的交换、价值的共创都会受到各种外在社会因素的影响，诸如供应商与顾客在社会结构中的位置不同、扮演的角色差异等都可能影响价值共创活动(Edvardsson et al.，2011)。Vargo 和 Lusch(2010)所提出的服务生态系统视角超越了服务科学视角下服务系统和服务系统之间的互动范畴，强调在复杂网络系统下的资源互动行为，在服务生态系统中供应商与受益人、生产者和顾客等这些要素之间的区别统统都会消失。其将服务生态系统定义为"不同的社会和经济行动主体基于自发感知和响应，根据各自的价值主张，通过制度、技术和语言为共同生产、提供服务以及共同创造价值而互动的松散耦合的时空结构"。Vargo 和 Lusch(2011)认为服务生态系统是以 A2A(actor-to-actor,参与者—参与者)为导向的资源整合与服务提供的互动,从而共创价值,强调制度、社会规范(Williamson,2010)是价值共创和服务系统的核心推动力。总而言之,众多学者的研究从动态、网络、系统导向的视角展开对价值创造的研究,突出服务生态系统是 A2A 导向的松散耦合的时空结构,强调资源整合、服务提供的互动以及制度在价值共创中的重要作用,奠定了服务生态系统价值共创的理论基础。

无论是服务逻辑视角、服务科学视角,还是服务生态系统视角,都是对服务主导逻辑理论的拓展和延伸,都属于服务主导逻辑理论范畴。Lusch 和 Vargo(2014)将服务主导逻辑的过程描述为:所有参与者通过资源整合和服务交换,共同创造价值并在特定情境下决定价值。Vargo 和 Lusch(2016)将服务主导逻辑的过程描述为:所有参与者通过资源整合和服务交换,由制度和制度安排所约束和协调,在嵌套和重叠的服务生态系统的体验中共同创造价值。前后对比发现,Vargo 和 Lusch 在服务主导理论的发展中已经开始纳入了诸如制度这样的契约治理精神,来进一步约束、规范合作创新过程中多方参与者之间的价值共创行为。

3.知识基础观

知识基础观(knowledge-based view)理论将对企业战略性资源的探讨转移到组织间的异质性知识资源,认为企业主要建立在促进自身"核心能力"的基础之上,这就需要从组织间关系中去获取互补性的知识、信息以及资产(Kogut & Zander,1992)。知识基础观强调知识的特别属性,尤其是隐喻性特征,对知识转换与创造有着深刻的影响(Kogut & Zander,1992,1993;Nonaka & Takeuchi,1995;Grant,1996),同时强调知识是组织的基础性资源,发展合作创新中双方组织间关系的目的就是将拥有不同知识的组织整合在一起,并创造出新的知识。Nonaka 和 Takeuchi(1995)指出合作创新作为一个交互式学习的过程,其实质就是组织间知识的社会化、组合化、外部化以及内部化的一个螺旋式上升的过程。

知识基础观认为善于运用组织间的知识资源能够为企业带来一定的竞争优势。因此,合作创新中企业必须对企业与顾客间知识资源的相关内涵与特性有一定的了解,同时需要有效、灵活地运用这种知识资源。对于企业而言,外部顾客的知识资源不仅是重要的资源,更是在企业与顾客之间价值共创的过程中扮演着催化资源和竞争优势的角色,企业如果能成功驾驭这种知识资源将会产生一定的综合效益,给企业自身带来竞争优势。而合作创新过程中所构建的组织间关系网络更是一种创新性合作,通过创造合作专有准租金为合作创新中的企业方、顾客方甚至是整个合作参与群体都带来竞争优势。所以,合作创新过程中企业一个很重要的职能就是建立、应用以及整合创新所需的知识,进而为顾客提高产品或服务的附加值(Grant,1996)。

知识基础观把企业看作一种能力的容器,Kogut 和 Zander(1992)认为企业通过知识无形性以及社会复杂性的嵌入,将长期发展过程中所积累的知识转变为构成企业自身竞争优势的要素。这种知识创造以及创新的产生,则是源于知识与其他资源间的重新组合(Cohen & Levinthal,1990),知识可以使企业顺利获取、利用创新的机会。所以,依据知识基础观的观点,企业的优势存在于其卓越的知识创造与知识获取能力之中,知识获取可大致分为内部来源与外部来源两种。知识基础观着重探讨了组织间合作、组织间学习与知识转移,并强调通过组织间关系,企业自身可以创造出获取知识、应用知识的机会(Autio et al.,2001;Zahra & George,2002),这就表明了单个企业通过与其他组织展开互动行为,接近外部知识源并获取外部知识,进而与企业自身既有的知识进行有效的整合,从而产生新的知识应用情境。

现今,企业与顾客合作创新过程中,如何构筑起企业与顾客之间良好的组织关系,如何有效地利用企业—顾客互动,跨越双方的知识边界进而实现组织间的服务创新,已经成为企业赢得自身竞争优势的重要挑战。正如 Lambe 和 Spekman(1997)所指出的,通过各种各样的方式从企业外部去获取创新所需要的知识与技术,已经成为企业间竞争的一种必然趋势。Hagedoorn 和 Schakenraad(1994)研究发现,合作创新中合作双方特别是通过跨越组织边界所构建的组织间关系网络、战略联盟、合作研发等方式来获取外部的知识与技术,更是近些年以来企业建立竞争优势的一个重要环节。知识基础观基于组织间互动的视角,认为企业为了实现服务创新绩效必须有效地利用合作伙伴间的组织关系,这在逻辑上具有一定的合理性;基于知识边界的视角,探讨合作创新过程中双方知识边界的理论框架,通过跨越组织间知识边界进而揭示合作创新所面临的困境和挑战,这可以更加深入地剖析知识边界的复杂性问题。因此,知识基础观为企业与顾客之间通过企业—顾客互动行为开展服务创新研究提供了一个全新的研究思路和理论逻辑。

2.1.2　合作创新研究的演进

著名的战略管理专家 Prahalad 曾经有过这么一个比喻:企业的经营活动是一个传统的戏剧,舞台上演员们(企业)扮演着被清晰界定的、不同类型的角色,舞台下顾客付钱买了戏票,坐在位子上被动地观看表演(Prahalad & Ramaswamy,2000,

2004)。但是,随着经济全球化的快速发展,企业间组织网络的迅速扩张,政府对经济管制的逐步放松,企业与顾客之间的角色定位变得越来越模糊,顾客逐渐开始成为价值创造的主体,企业邀请顾客一起参与到企业的生产经营活动中,与顾客一起合作共同生产产品或服务,这种价值共创模式在企业的日常经营过程中变得越来越普遍。这种企业与顾客合作创新进行价值共创的模式进一步引发了关系营销领域、服务营销领域、服务创新领域新的思考,同时也快速地推动了顾客合作创新研究领域的发展。

梳理文献发现企业与顾客合作创新研究领域主要有以下演进过程:

1.顾客共同生产

服务业的快速发展主要源自持续的创新活动,服务创新已经成为推动经济增长的关键助推器,相比于制造业创新由技术创新所驱动,服务创新则更加强调顾客的导向(李清政、徐朝霞,2014)。这其中的主要原因就是顾客在服务企业的生产过程中扮演着相比制造企业更为复杂的角色,顾客不仅接受、消费服务,同时也是驱动企业开展服务创新的一个重要因素。因此,创新理论学派开始将顾客视为企业服务创新过程中的"共同创造者(co-creators)",同时把顾客纳入了企业新服务开发的过程中。然而,服务企业先前一般是没有正式的研发(R&D)机构的,新服务开发的意图往往被整合在了日常的运营过程之中,所以当时服务创新更多产生于服务企业的一线员工与顾客的交互过程中,即通过顾客提供新的创意、服务改进建议等方式来影响企业的服务创新活动。这种顾客主动介入、协助企业展开服务生产的行为会进一步激发企业的服务创新活动。

Bowen(1986)最早对顾客主动介入并协助企业展开服务生产活动的现象进行研究,其称这种现象为"顾客共同生产(customer co-production)",并指出顾客是服务企业生产力的重要贡献者。Mills 和 Morris(1986)系统地研究了顾客作为"临时雇员"的身份参与到服务企业实际运营中的现象,指出在复杂的服务环境下,如果顾客的行动与表现对企业服务生产很重要时,企业就应该扩大自身的边界,将顾客当作"兼职员工"纳入服务生产过程。Gersuny 和 Rosengren(1973)研究得出顾客在服务企业运营过程中发挥着资源供应者、合作生产者、购买者以及使用者四种角色,并且指出顾客合作生产对于企业绩效的提升作用主要表现在以下几个方面:首先,顾客作为服务生产的投入要素,其共同生产行为为企业服务生产过程提供了服务投入,而且通过与服务企业之间的互动活动来影响服务生产过程中企业员工、技术等要素作用的发挥,进而提高服务生产效率;其次,顾客可以作为生产资源的投入,由此减少服务企业实际运营的货币、非货币成本,提高服务生产能力;再者,顾客参与到服务企业新服务的开发、生产过程中,使企业有机会近距离地接收、聆听、理解顾客潜在的多样化需求,从而使企业所开发出的新服务更加契合顾客的期望;最后,由于顾客与服务企业共同生产新服务,顾客有机会深入了解新服务开发过程中的一些信息,因此顾客更愿意对最终的服务有一个良好的印象和评价。由此可见,顾客共同生产与服务企业的服务创新绩效有着密切的联系,这是服务企业服务创新成功的关键因素。

2. 顾客导向

Slater 和 Narver(1995)研究认为企业必须持续不断地洞察、分析、学习顾客现在、未来的需求和偏好,时刻监测技术进步的影响以及其他一些社会环境的力量,依据这些所获取的信息、知识及时地调整自身经营过程中的行动方案,以求开发出更加契合顾客需求特点的产品或服务,从而赢得一定的竞争优势。顾客导向的观念是在对企业市场导向研究的基础之上发展起来的,顾客导向、竞争者导向以及跨职能部门导向构成了企业市场导向的三类行动,所以企业只有提高市场导向的程度才能有效地改进其市场绩效水平(Narver & Slater,1990)。最终市场的成败取决于企业对顾客需求的满足程度,也就是说顾客需求决定了市场能否成功,所以市场导向的本质就是顾客导向(Atuahene-Gima,1996)。Ruekert(1992)认为坚持顾客导向的企业应该将大部分精力用在获取、使用顾客的信息,并且在所获取信息的基础之上,开发自身的企业战略计划,并实施已制定的战略,以求对顾客的需求第一时间做出响应,具体体现在价值观层面、具体行动层面。顾客导向的企业为了及时、有效地获得当前、未来顾客的现实与潜在需求和偏好,会经常与顾客召开座谈会,分析、讨论顾客数据库,甚至采取某些市场调查活动,企业的这一系列行为不仅可以获取顾客的观念、信息、知识,还可以有效地深入分析影响顾客需求与偏好的因素。在此基础上,Ramani 和 Kumar(2008)就提出了交互导向(interaction orientation)的概念,认为市场导向强调企业对整体市场需求的分析,已经变得越来越不适合,原因在于顾客越发希望企业可以不断地定制产品或服务来满足自身个性化方面的需求,这就要求企业必须从整体市场层面需求的满足转向顾客个体化层面需求的满足。由于市场导向侧重于整体市场的需求,因此,Ramani 和 Kumar 就提出企业必须转向交互导向,交互导向强调的是企业与顾客之间进行互动,并从这种持续的互动中去获取顾客信息、知识,以帮助企业获得有助于维护良好顾客关系的能力。因此,企业以顾客导向的价值观也开始慢慢转向关注更多的异质性顾客,在互动中开始允许个体顾客有更多的发言权,从中企业可以不断地获取、提炼异质性顾客的需求、偏好等方面众多的知识与信息。

3. 顾客价值共创

无论是顾客共同生产观念、顾客导向观念,还是强调企业和顾客在价值创造中独立扮演着不同的角色,企业负责创造价值,并将其传递给顾客,顾客是价值的使用者(Normann & Ramirez,1992)。Prahalad 和 Ramaswamy(2000)发现随着市场竞争环境的变化,顾客在价值创造中所扮演的角色逐渐发生了变化,价值不再是由企业单独创造,而是企业与顾客一起共同创造。从此,学术界开始关注并不断发展对顾客价值共创的研究。

Prahalad 和 Ramaswamy(2004)认为从以企业为主导的观念转变到企业与顾客共同创造的观念,绝不是传统体系的一种细微变化,而是对价值创造本质性认识的变化。Vargo 和 Lusch(2006)指出价值共创的本质是价值始终由客户决定,客户在企业价值创造中的主体地位开始不断凸显。顾客的体验和感受对顾客价值创造而言至关重要(Prahalad & Ramaswamy,2000),所以顾客价值共创真正始于顾客体验视角,认为顾客的消费和使用阶段是价值创造的最后环节,同时也是最为关键的环节。Prahalad 和 Ramaswamy(2000,2004)把顾客作为重要的竞争力来源,顾客积极地与企业进行对话,其角色从被动转变为主动的行动者,与企业一起共同创造个性化的体验,而且企业也不能在缺失与顾客合作的情况下单方面地设计、生产产品,发布营销信息,控制销售渠道等,顾客将会对企业商业系统的每一个环节产生重要影响,企业未来的竞争将会依赖于以顾客个体为中心的价值共创。Lengnick-Hall(1996)和 Wikström(1996)也曾提出过类似的观点,认为顾客消费体验是价值共创的关键点,这使得顾客在价值共创中的主体地位得到了凸显。Vargo 和 Lusch(2004)开创的服务主导逻辑理论,将商品主导逻辑理论下分开的产品和服务进行了统一,指出所有经济都是服务经济,顾客积极参与到与企业的交换关系中来,价值由顾客决定且与企业共同创造。Vargo 和 Lusch(2004)认为产品或服务的价值是由供应商与顾客共同创造的,且最终是由顾客的使用价值所决定,所以顾客在价值创造的过程中不仅仅是接受者,还是价值创造者。至此,以"企业为中心"的价值创造观念已经过时,未来企业间的竞争将完全依赖于全新的价值创造模式——顾客与企业价值共创。

4. 顾客参与创新

21 世纪初期,随着开放式创新观念(Chesbrough,2006)、互动式创新观念(Lundvall & Intarakumnerd,2006)开始流行,并逐渐成为创新的主导方式,顾客参与创新迅速成为创新研究领域的一个重要分支,顾客参与创新的具体影响因素、顾客参与创新所带来的绩效水平及其具体的实现机制等一系列的问题引起了学术界的广泛关注。顾客参与创新是一种企业与顾客合作性的服务开发行为,在参与创新过程中顾客会积极贡献自己的知识,最终实现与企业间的价值共创。Lloyd(2003)指出顾客参与是指顾客在服务过程中所做出的贡献最终将会影响顾客自身所接受的服务以及服务质量。Hsieh 和 Yen(2005)将顾客参与创新定义为顾客在服务的生产与传递过程中以时间、精力、信息提供、合作生产等形式提供资源的程度。Prahalad 和 Ramaswamy(2000)就指出顾客的角色正在从被动逐渐转为主动,其在价值创造中的地位变得越来越重要,顾客拥有需求方面的具体知识,作为供应商的企业则拥有专业的技术和知识,两者需要结合起来才能够更好地创造出服务的价值。Vargo 和 Lusch(2004)就认为顾客是企业主动的操作性资源,他们总是有知识、有意愿与服务供应商来共创价值,这种主动的操作性资源是无形的,也是不可复制的,是服务企业核心竞争力的组成部分。Claycomb 等(2001)提出顾客参与不仅是一种顾客在服务中的行为表现,更多的应该是顾客在服务中所担任的角色,以及合作过程中所起到的作用。开放式创新时代的到来,顾客参与创新将会使顾客在服务企业的产品或服务开发过程中扮演着越来越多的角色,同时顾客参与创新作为企业经营理念从封闭式创新向开放式创新的重要转变,不仅为企业开展服务创新活动拓宽了大量创新知识的来源渠道,而且也大大加快了企业新服务的开发速度。总之,基于服务主导逻辑的顾客参与创新观念重点关注的是顾客对价值的创造问题,围绕创新过程中顾客角色的转变以及参与到服务供应商的价值创造中两方面展开研究。

5. 企业—顾客互动创新

随着企业服务创新活动从封闭式创新转向开放式创新,共同创造作为一种新的价值创造模式逐渐流行,且被越来越多的企业所采用,不断应用于企业服务创新活动中,开放式创新中顾客无疑是非常重要的"合作创造者",服务创新活动中其与企业的合作创新活动主要通过与企业之间的互动行为来实现(Prahalad & Ramaswamy,2000,2004)。Muller 和 Zenker(2001)研究得出,企业与顾客之间蕴含着一种共生关系,"企业—顾客互动"界面是企业和顾客进行价值共创的新场所。Flavián 和 Guinalíu(2005)指出互联网与信息技术的快速发展,使得顾客与企业间实时的、零距离的互动成为现实,企业—顾客互动的广度、深度以及频率等都会极大地增强,更多的企业开始与顾客展开互动进行合作创新活动。Füller 等(2006)指出,顾客群体拥有大量的消费知识、市场信息,企业与顾客互动创新可以充分利用顾客异质性的知识与创造力,在与顾客的思想碰撞中激发出创新思维。企业—顾客互动层面的合作创新过程,也是多方参与主体知识积累的一个过程,即知识的共同创造(Kohlbacher,2008),企业可以通过与顾客的互动行为来整合双方的知识、潜能,进而实现知识的共创,这是提升企业新产品开发绩效的重要途径(范钧、聂津君,2016)。不仅如此,由于对现有服务的不满意等因素,顾客也希望有一个可以跟企业对话的平台,与企业进行互动并合作创造价值(Ramaswamy,2004)。在服务创新研究领域,对企业与顾客之间合作创新的研究已经演化到企业与顾客之间的互动创新,但是总体而言,学术界对企业—顾客互动创新的研究还是处于初期阶段。

现有文献中对企业—顾客合作创新的研究主要基于:资源依赖理论(Pfeffer & Salancik,1978;Madhok & Tallman,1998;Scott & Davis,2015),该理论主要认为企业与顾客之间的互动行为正是双方共同发起的"桥梁策略",充分体现了双方的相互依赖性和互利互惠性,企业—顾客合作创新可以有效地帮助企业从外部获取创新所需的关键性资源;服务主导逻辑理论(Spohrer et al. ,2007;Maglio & Spohrer,2008;Vargo & Lusch,2010;Edvardsson et al. ,2011;Lusch & Vargo,2014;Vargo & Lusch,2016),该理论主要将价值创造看成一个连续的过程,同时认为顾客与其他相关主体共同完成"价值共创"(value cocreation)的过程;知识基础观(Cohen & Levinthal,1990;Kogut & Zander,1992,1993;Nonaka & Takeuchi,1995;Grant,1996;Autio et al. ,2001;Zahra & George,2002),该理论将对企业战略性资源的探讨转移到组织间的异质性知识资源,认为外部顾客的知识资源不仅是重要的资源,更是在企业与顾客价值共创过程中扮演着催化资源和竞争优势的角色,企业如果能成功驾驭这种知识资源将会产生一定的综合效益,给企业自身带来竞争优势。以上理论从不同的视角给企业与顾客合作创新研究提供了理论基础,既有积极的方面,也存在消极的方面,有助于更加全面地认识企业与顾客合作创新的本质。

通过梳理文献发现企业—顾客合作创新研究的基本演进路线:从顾客共同生产、顾客导向、顾客价值共创、顾客参与创新,到企业—顾客互动创新,基本呈现出这么一个规律。顾客共同生产(Gersuny & Rosengren,1973;Bowen,1986;Mills & Morris,1986)是企业—顾客合作创新研究最早的一个视角,该时期的创新理论学派把顾客看作企业服务创新过程中的"共同创造者(co-creators)",将其纳入企业新服务开发的过程之中,"临时雇员""兼职员工"是该时期对顾客的其他称呼。早期服务企业一般没有 R&D 机构,新服务开发意图被整合在了日常的运营过程中,此时服务创新往往产生于一线员工与顾客的交互过程之中,顾客往往主动介入、协助企业展开服务创新活动。顾客导向(Ruekert,1992;Slater & Narver,1990;Atuahene-Gima,1996)是在对企业市场导向研究基础之上发展起来的,认为企业应该经常通过召开座谈会,分析、探讨顾客信息,甚至可以采取一定的市场调查活动,及时、有效地获取顾客当前、未来的需求偏好,以及影响需求偏好的因素。顾客价值共创（Normann & Ramirez,1992；Lengnick-Hall,1996；Wikström,1996；Prahalad & Ramaswamy,2000,2004；Vargo & Lusch,2004）视角认为服务创新活动中服务的价值是由供应商与顾客共同创造的,且最终是由顾客的使用价值所决定,顾客在价值创造的过程中不仅仅是价值的接受者,更是价值的创造者,顾客在服务创新活动中的地位得到了凸显。顾客参与创新（Prahalad & Ramaswamy,2000；Claycomb et al. ,2001；Lloyd,2003；Hsieh & Yen,2005；Chesbrough,2006；Lundvall & Intarakumnerd,2006）视角强调顾客参与创新是一种企业与顾客合作性的服务开发行为,在参与创新过程中顾客会积极贡献自己的知识,最终实现与企业间的价值共创。该视角对顾客参与创新的具体影响因素、顾客参与创新所带来的绩效问题,以及对绩效具体的作用机制等一系列的问题展开研究,顾客参与创新迅速发展成为创新领域的一个重要分支。企业—顾客互动创新（Prahalad & Ramaswamy,2000；Ramaswamy,2004；Füller et al. ,2006；Kohlbacher,2008；范钧、聂津君,2016）视角认为服务创新活动中企业与顾客间的合作创新主要通过双方的互动行为来实现,企业与顾客之间蕴含着一种共生关系,而"企业—顾客互动"界面则是企业和顾客进行价值共创的新场所。

总之,现有服务创新研究领域资源依赖理论、服务主导逻辑理论、知识基础观是主流的研究理论,企业—顾客合作创新研究已经演进到了企业—顾客互动创新的研究。

2.2　顾客参与

2.2.1　顾客参与概念

国外学者从不同角度给出了顾客参与的定义,早期的定义都强调顾客参与是顾客在服务传递过程中不同程度的投入。Silpakit 和 Fisk(1985)认为顾客参与是顾客产品和服务提供过程中的三种投入,包括智力上、实体上和情感上的努力与投入,这与国内学者范秀成、张彤宇(2004)的研究相一致。之后Cermak,File 和 Prince(1994)综合以上学者对顾客参与的定义,提出顾客参与是一种顾客涉入,这种参与行为包括与服务的生产和传递相关的精神和物质方面的具体行为,并指出顾客的这种行为是与服务的规格设计和使用有关的行为。Kelley,Donnelly 和 Skinner(1990)则将顾客的这种参与行为进行了具体化,指出顾客在服务中的参与可通过信息的提供以及自己的努力等方式来实现。Bettencourt(1997)将顾客参与的范围扩大到整个公司治理方面,认为参与是顾客主动地、负责任地参与到公司的治理和发展中的行为。Lloyd(2003)认为顾客参与是顾客在服务过程中所做出的贡献,最终将影响他们所接受的服务和服务质量。Hsieh 和 Yen(2005)把顾客参与定义为:顾客在服务的生产与传递过程中以时间或精力、信息提供、合作生产的形式提供资源的程度。除了强调顾客的投入,还有学者从顾客角色角度给出顾客参与的定义,如 File,Judd 和 Prince(1992)的定义强调顾客的角色,认为参与指的是行为的类型和水平,通过这些行为,顾客明确自己在服务传递过程中的角色和所期望的价值。Namsivayam(2002)则将顾客参与的角色由服务领域扩大到服务和产品领域。不同学者对顾客参与的定义如表 2.3 所示。

表 2.3 不同学者对顾客参与的定义

学者(年份)	顾客参与的定义
Silpaldt 和 Fisk (1985)	顾客在智力上、实体上和情感上的努力与投入
Dabholkar(1990)	顾客被卷入生产和传递服务的程度
Kelley,Donnelly 和 Skinner(1990)	顾客在服务中的参与可通过信息的提供以及自己的努力等方式实现
Cermak,File 和 Prince(1994)	顾客参与是指与服务的生产和传递相关的精神和物质方面的具体行为,反映了顾客在服务中的努力程度和卷入程度
Kellogg,Youngdahl 和 Bowen(1997)	顾客参与是一种顾客购买行为的形式,这种形式包括事前准备、关系建立、信息交换和干涉
Rodi 和 Klein(2000)	顾客参与是顾客在服务传递过程中所提供的资源或从事的行为
Gruell,Snmmers 和 Actio(2000)	顾客参与衡量的是顾客在企业中的贡献程度,通过使用企业所提供的产品、服务或者活动的频率高低来反映顾客的贡献程度
Claycomb(2001)	顾客参与不仅仅是一种顾客在服务中的行为表现,而更多的是指顾客在服务中所担任的角色和所起到的作用
Lloyd(2003)	顾客参与是顾客在服务过程中做出的所有贡献
范秀成、张彤宇(2004)	顾客在服务过程中的智力、实体和情感投入

续表

学者(年份)	顾客参与的定义
Hsieh,Yen 和 Chin(2005)	顾客参与是指在服务传递过程中,顾客以时间、努力程度、信息供应和共同制造者的形式投入企业的程度

资料来源:根据相关文献整理。

2.2.2　顾客参与维度

1.从顾客投入的角度划分

Silpakit 和 Fisk(1985)从顾客投入角度将顾客参与划分为智力上、实体上、情感上的努力和投入。Cermak 等(1994)指出顾客参与企业活动的过程中存在物质和精神两个方面的投入,显然这里的物质投入包含了 Silpakit 和 Fisk(1985)的智力投入中的信息投入和实体投入,而精神投入则更多指的是脑力和情感的投入。Kelley 等(1990)认为顾客参与包含顾客在服务中投入的技术质量和功能质量,技术质量是指顾客作为企业临时员工所提供的具体行为以及反馈信息,功能质量是指顾客与员工的人际互动,以及顾客表现出的友好等方面的内容。

2.从顾客参与过程角度划分

Kellogg(1997)等利用关键事件法,通过对食品、教育等 9 个行业的研究列出了 521 个关键事件,发现顾客的参与活动包括事前准备、信息交换、关系建设和干涉行为 4 种。后来众多的学者在研究中采用了此分法,如彭家敏、肖悦(2009)研究旅行社顾客参与与满意度的关系时就采用该维度划分方法。An Tien 和 Wen Ting(2004)将顾客参与划分为准备、关系建立、信息交换、介入四个维度,并通过研究表明前三个维度与价格敏感度负向相关。张祥、陈荣秋(2006)参照波特的价值链模型提出了顾客参与链模型,将顾客参与定制的过程分为准备阶段、参与阶段和评价阶段,并且认为需求确认、服务支持和共同开发是 3 个重要的增值活动。

3.从顾客参与程度角度划分

Hubbert(1995)将顾客参与程度分成三类:第一类低度参与,即仅需要顾客出现在服务现场,企业工作人员将完成全部的服务工作,比如航空旅行等;第二类中等水平的参与,要求顾客投入包括信息、精力或者相关有形物等资源,帮助企业完成任务,比如体检等;第三类高水平参与,此时顾客成为企业的一员,是生产者的角色,如果角色作用发挥不好就会影响服务结果的质量,比如培训、管理咨询等。之后 Claycomb(2001)参照 Hubbert(1995)的划分,依据服务体验的不同提出了顾客参与的三个维度:出席、信息提供和共同制造。出席即低程度的顾客参与,要求顾客出现在服务现场,可以通过消费次数和频率来衡量。信息提供,可以通过顾客在参与服务的过程中给企业或其他顾客提供信息或建议的程度来衡量。共同制造,可以通过顾客提供的努力程度来衡量,此时顾客作为临时员工参与生产和制造。这三个维度就是按照三种不同的参与程度来划分的,从出席到共同制造体现出顾客在企业活动中的参与程度逐渐提高。

4.从顾客与企业的互动角度划分

Ennew 和 Binks(1999)将顾客参与划分为三个维度:第一是信任共享,顾客需要与服务提供者分享信息来保证服务提供可以提供满足自己需要的服务;第二是责任行为,顾客需要明确服务双方各自的责任,需要亲自完成服务中的部分内容,需要承担相应的责任;第三是人际互动,包括顾客与企业员工之间的互动,也包括顾客之间的互动。这个维度划分方式被后来很多学者采用,耿先锋(2008)对杭州医疗服务业的研究得出顾客参与的三个维度,包括责任行为、信息搜索和人际互动,并开发出量表,给今后学者研究医疗行业的顾客参与提供了借鉴。Skaggs 和 Youndt(2004)认为,顾客参与的内涵包括三个方面:合作生产、顾客接触以及服务定制。顾客在合作生产中会有三种投入,即智力投入、实体投入和情感投入。顾客接触是顾客在参与服务的生产和传递过程中与服务人员接触的程度。服务定制是指服务过程中针对顾客的个性化需求制定不同服务的程度。

5.其他角度

还有学者从其他角度来划分顾客参与的维度,比如从顾客在服务生产和传递中的角色角度,Bettencourt(1997)的研究发现,顾客在服务中扮演着赞助者、员工和顾问三种角色,依据角色的不同顾客参与会表现出三种不同的行为,即忠诚、合作和信息分享。Fitzsimmonst(1985)认为存在三种顾客参与策略:用顾客劳动直接替代服务提供者的劳动;通过调整自己的消费时间来匹配企业的服务能力;用技术替代个人关注,如自助服务等。

综上所述,关于顾客参与维度的主要研究成果见表 2.4。

表 2.4　顾客参与维度划分方式

作者（年份）	角度	维度
Silpakit 和 Fisk(1985)	顾客投入	智力投入、实体投入和情感投入
Cermak 等(1994)		物质投入、精神投入
Kellogg 等(1997)	参与过程	事前准备、信息互换、关系建立、影响干涉
An Tien 和 Wen Ting(2004)		准备阶段、关系建立阶段、信息交换阶段和介入阶段
张祥、陈荣秋(2006)		准备阶段、参与阶段和评价阶段
彭艳君(2010)		事前准备、信息交流、合作行为、人际互动
Claycomb(2001)	参与程度	出席、信息提供和共同制造
Fang(2008)		信息提供、共同开发
朱俊、陈荣秋(2007)		为顾客创新、与顾客共同创新、由顾客创新
王莉、罗瑾琏(2012)		信息提供、共同开发
Ennew 和 Binks(1999)	顾企互动	信息共享、责任行为、人际互动
Skaggs 和 Youndt(2004)		合作生产、顾客接触、服务定制
耿先锋(2008)		责任行为、信息搜索和人际互动
姚山季、王永贵(2011)		信息提供、共同开发、顾客创新

资料来源：根据相关文献整理。

2.2.3　顾客参与研究视角

1.从企业视角研究顾客参与

主要探讨顾客参与对企业绩效的影响，认为顾客参与可以提高企业的生产效率(Lovelock & Young,1979;MillsChase & Margules,1983)。Fitzsimmons(1985)认为顾客劳动可以替代劳动者的劳动，减少企业生产成本。Gummesson(1998)指出在顾客参与企业的生产活动过程中，可以将顾客看作企业的生产要素，能够增加顾客满意度，减少企业支出。以往相关文献关于顾客参与对企业服务开发绩效影响的研究见表 2.5。

表 2.5　顾客参与对企业服务开发绩效的影响

学者(年份)	研究方法	结论
Shaw (1985)	与 34 家医药设备公司经理深度访谈	76％的创新通过顾客参与开发,在这其中 65％的创新是成功的
Magnusson (2003)	将移动电话顾客分三类进行研究	顾客参与企业的活动将提高产品新颖性,带来更高的顾客价值
Marvin 和 Gioconda (2004)	通过案例研究顾客对电子银行的看法	顾客参与提高服务质量和顾客满意度,提出质量功能展开
Victorino,Verma,和 Plaschka(2005)	网络调查了美国酒店业和休闲行业的 1000 名顾客	服务创新会影响顾客选择,围绕顾客需求设计运作战略
Alam (2006)	对 26 家金融服务公司进行案例研究	顾客参与降低服务创新不确定性
Zhang (2007)	对 7 个服务行业 122 家服务企业进行实证研究	顾客参与会通过知识转移影响企业创新效率
王琳、魏江 (2007)	对 141 家知识密集型服务企业实证研究	服务开发过程中顾客互动对创新绩效有显著影响
陈晓红 (2007)	对台湾数字电视企业实证研究	企业在新产品开发阶段与顾客密切合作对商品化成功程度会产生正向的影响

资料来源:根据相关文献整理。

2.从顾客视角研究顾客参与

主要探讨顾客参与对感知质量、顾客满意、行为意向等方面的影响。实证研究表明,顾客参与可以提高顾客满意度,增加对服务质量的感知(Mills & Morris;1986;Cermak,File & Prince,1994;Ennew & Binks,1999)。国内学者范秀成、张彤宇(2004)认为顾客参与可以提高实际的服务质量、降低顾客服务获取成本(货币和非货币成本),通过归因进一步影响顾客满意度。贾薇(2009)的研究表明在顾客参与和顾客满意关系中,顾客价值起到了中介效应,从而更加明确了顾客参与导致顾客满意的影响路径。同样是从顾客价值角度研究顾客参与,汪涛等(2009)则通过心理账户理论来解释顾客参与对顾客价值的影响。

3.从归因角度研究顾客参与

这一视角对顾客参与的研究有两种相反的观点,一种观点认为参与度高的顾客会因为对服务的理解增加,而将不满意结果归因到自己,Silpakit 和 Fisk(1985)的研究支持了上述观点;另一种观点与自我服务偏见相一致,认为高参与顾客更可能将责备归于公司和服务提供者,Yen 等(2004)的实证研究支持这种观点。

4.从顾客参与有利于知识转移角度

随着知识管理研究的逐渐兴起,学者也开始关注顾客对知识转移的影响作用。张若勇等(2007)基于知识转移的视角,提出了顾客参与的三个维度如何影响顾客知识转移,并进一步影响服务创新绩效的研究框架,揭示了顾客参与服务过程与服务创新绩效的关系。此研究中将顾客参与划分为合作生产、服务接触和服务定制化,研究表明顾客参与有助于顾客知识转移,对企业的服务创新绩效有显著的影响。贾鹤等(2009)基于感知风险理论和归因理论,通过两个连续的实证研究,同时采用角色扮演法调查了美发行业的顾客,分别探讨了服务情境中顾客知识对创造型顾客参与意愿和顾客满意所产生的影响,从而为企业进行与顾客教育活动相关的决策提供了新的分析视角。另外,卢俊义等(2009)从社会资本视角研究顾客参与服务创新和顾客知识转移的关系,提出了一个理论模型,该理论模型将顾客参与划分为四个维度:参与动机、参与程度、参与方法和参与阶段,并分别论述了四个维度对知识转移的影响。

2.2.4　顾客在线参与概念

随着互联网和信息技术的不断普及,越来越多的顾客通过虚拟网络环境,以在线的形式实现顾客参与,即顾客在线参与。从产品信息发布、FAQ、网络调查问卷、留言信箱等单向信息转移模式,逐渐发展到电子邮件、虚拟实验室、虚拟社区、SNS、即时通信等双向沟通模式,顾客参与的形式也日趋多样化。Nambisan 等(2009)提出了虚拟顾客环境(virtual customer environment,VCE)概念,他认为企业需要主动构建虚拟顾客环境,来吸引顾客参与,并且引导顾客担任特定的角色,比如优化在线互动环境、设计虚拟实验室等。Füller 等(2006)、Chan(2010)更强调"基于虚拟社区的创新"(community based innovation,CBI)概念,认为顾客是服务创新中必不可少的外部源,并分析了如何将在线社区成员融入企业的新服务开发。

2.2.5 顾客在线参与研究

1. 顾客在线参与动机研究

迄今为止,国内外学者从心理学、社会学、市场营销学、消费者行为学、管理学等多种不同学科视角,对顾客在线参与的动机进行了探索研究。根据学者的相关研究,可以将顾客在线参与的动机分为内部动机和外部动机。内部动机主要是与顾客心理有关的动机,包括个体的本质动机和基于社区内部的动机。Füller 等(2006)认为顾客在线参与主要是出于内在兴趣和挑战欲望的娱乐动机,或是对完成某些工作的成就感和胜任感。Chu 和 Chan(2009)认为顾客在线参与是出于社区内部的互惠行为。常静、杨建梅(2009)则认为引导顾客在线参与的主要动机包括实用价值动机、兴趣动机、胜任性动机、交往动机以及满足自己的求知欲。外部动机主要是指与环境相关的动机,包含顾客期待的未来回报以及独特需求。Wang(2005)在对软件社区的研究中发现顾客在线参与主要是为了获得经济以及社会上的回报,并以求改进自己的技术。王莉、罗瑾琏(2012)将工作的相关性、感知有用性和易用性视为顾客在线参与的主要动机。

2. 顾客在线参与主要方式

顾客可以通过多种不同的方式参与到企业的新服务开发,Alam(2002)通过探索性研究总结出了顾客在传统模式下参与到新服务开发的六种不同方式:访谈、顾客访问和会议、头脑风暴、顾客观察和反馈、电话与邮件、焦点小组。Sanden(2007)总结出五种顾客参与方式:内部收集顾客信息、调查、访谈、顾客观察、领先顾客法。随着电子信息技术的不断发展,顾客在线参与的方式有了新的发展。比如 Füller 等(2006)提出了"基于社区的创新"方式,并在奥迪公司信息娱乐系统开发中得到了应用。Chu 和 Chan(2009)、Chan(2010)对"基于社区的创新"进行了进一步分析,得出基于社区创新的三阶段模型。Prahalad 和 Ramaswamy(2004)提出了由对话、访问、风险评价、透明度构成的 DART 顾客价值共创方式。Von Hippel 等(2002)提出的"顾客创新工具箱"概念,彻底改变了顾客参与的方式,是指顾客在线参与新产品(服务)开发的一种平台,其主要通过计算机软件系统来实现。企业借助网络平台将创新工具箱交给顾客,顾客通过使用创新工具箱发现问题、解决问题,以实现创新。之后不少学者(Frank & Von Hippel,2006;Jeppesen,2005)的研究证明了创新工具箱的有效性。

3.顾客在线参与的影响

以往研究显示,顾客在线参与会对企业和顾客产生正面和负面的影响。顾客作为服务企业的一种资源,参与到生产活动中,付出努力,减少企业生产成本,提高组织的生产力与生产效率(李琛,2008)。Chan(2010)通过实证研究表明,在新产品(服务)开发的各个阶段,顾客在线参与对新产品(服务)的市场投放速度均有显著的正向影响。Fang(2008)通过对中国制造业的研究发现,顾客参与可以提高企业在产品质量、服务质量等多方面的竞争优势。顾客在参与过程中,更好地表达自己的需求,使自己的需求更好地获得满足,从而提高了顾客的满意度。由于顾客的在线参与,顾客与企业之间产生更多的接触,增进相互间的信任,从而能够有效地提高顾客忠诚度。然而顾客在线参与同样存在着负面影响,顾客能力素质、参与水平、参与意愿等参差不齐,使得顾客参与增加了企业的管理成本。当顾客分享的信息与企业需求的信息不对称时,顾客在线参与反而会造成企业的信息过载,增加企业处理信息的难度。如果顾客需求不统一,企业无法同时满足所有参与顾客的意愿,则会影响部分顾客的满意度和参与热情。

2.3 知识获取

2.3.1 顾客知识概念

顾客知识的英文表述是"customer knowledge",在国内学者的研究过程中主要有"顾客知识"和"客户知识"两种表述方式,本研究在梳理文献的过程中为了尊重原文的表述方式,将使用顾客知识这一表述。顾客知识的研究在国外开始于 20 世纪 90 年代初,最早 Bruns(1992)在其文章中指出应该增加企业顾客的知识来促进销售。之后诸多学者从不同角度对顾客知识进行了界定,主要的代表性定义见表 2.6。

表 2.6 不同学者对顾客知识的定义

学者(年份)	顾客知识定义
Gordon(1993)	顾客知识是指厂商对众多间接或终端顾客业务的理解,这些知识可以用来开发和提供更高的顾客价值

续表

学者(年份)	顾客知识定义
Cooper(1998)	顾客知识是关于产品和服务满足顾客需求的情况、顾客的具体需求与欲望、顾客与企业互动的难易程度甚至顾客是如何应对人生压力的知识
Blosch(2000)	顾客知识是顾客与公司积极相互作用的潜力
Yli-Renko(2001)	从基于关系和基于知识的角度,认为顾客知识是企业从外部获取的一种战略资源,嵌入与外界的社会交互中
Gebert 和 Geib(2003)	顾客知识是顾客与企业在交易及交流过程中,需要、产生或拥有的一种经验、价值、情境信息和专家洞察力的动态组合,它所构成的框架能够评价和吸收新的经验与信息
Li 和 Calantone (1998);Campbell (2003)	顾客知识可以认为是经过系统化处理的有组织的和结构化的顾客信息
郭清等(2004)	顾客知识就是组织关于顾客的对组织有价值的知识
Jos hi 和 Sharma(2004)	从新产品开发(NPD)的角度,顾客知识即企业对顾客偏好的理解,体现在 NPD 过程中,是产品创意、概念以及产品原型等
Natt(2006)	顾客知识是指有关特定顾客需求、顾客特点、交易历史以及未来潜在顾客关系等方面的顾客信息,由顾客和企业共同创造,并时常在与顾客的交互中得到更新
倪自银、季凤仙 (2009)	顾客知识就是企业在与顾客沟通和交易中积累的顾客需求数据、信息及经验等方面的一种知识

资料来源:根据相关文献整理。

2.3.2 顾客知识分类

1.根据顾客知识的内容分类

叶乃沂(2002)将顾客知识分为五个层次。(1)顾客界定:包括顾客的基本信息和顾客的特征信息。(2)沟通渠道:包括人与人之间的沟通,人与计算机或一个企业系统之间的沟通,以及一个企业的计算机系统和另一企业的计算机系统之间的沟通。(3)顾客需求:包括质量、功能、价格,要求供货时间准确,产品的使用得到长期保证,能对问题做出快速反应,对产品的特殊要求,对融资的需求等。(4)顾客行为:大多数购买行为是一种反复的产品选择和购买决策过程。(5)顾客价值:辨别哪些顾客在什么时候以何种方式为企业创造了多大的价值。

2.根据顾客知识的性质分类

郭清等(2004)从知识的处理特性出发,将顾客知识分为三类。(1)顾客信息知识:主要包括顾客自然情况,如姓名、年龄、性别等;顾客社会属性,如地址、职业、特长、信仰等。(2)顾客操作知识:主要包括顾客习惯、爱好、需求、个人位置信息、购买信息等。(3)顾客隐藏知识:是在顾客信息和顾客操作知识的基础上,采用数据挖掘技术来推断和预测关于顾客的对组织有价值的知识。卢启程(2007)参考 Nonaka 对知识的划分,从顾客知识的性质角度将其分为显性顾客知识和隐性顾客知识。显性顾客知识是经过人的整理和组织的知识,可以通过文字、公式、计算机程序等形式表现出来,并可以通过正式的、系统的方式加以传播。隐性顾客知识是与人结合在一起的经验性知识,很难将其文字化或公式化进行传播。

3.根据顾客知识获取途径和方式分类

卢启程(2007)根据获取途径和方式将顾客知识分为三类。(1)对话性顾客知识:通过与顾客、供应链上的其他合作伙伴等正式或非正式对话,以及相互接触等途径来了解顾客的需求。(2)观察性顾客知识:通过观察顾客怎样购买和使用产品或服务的状况而获得的顾客知识。(3)预测性顾客知识:根据分析模型确定、预测的结果而获得的顾客知识。

4.根据顾客知识来源分类

Rowley(2002)认为有两种类型的顾客知识:(1)关于顾客的知识(knowledge about customers),包括潜在的顾客、顾客细分以及单个顾客的知识;(2)顾客拥有的知识(knowledge possessed by customers),包括新产品需求偏好与预期,已有产品的改进方向,产品零部件的兼容性,产品的使用功效、使用环境以及产品应该进入的目标市场等。Osterle(2001)认为顾客知识包括四个方面。(1)一般顾客知识(knowledge of customers):包括谁是企业的顾客,他们需要什么,有关顾客环境的知识和观点,以及顾客的关系网。(2)关于顾客的知识(knowledge about customers):包括顾客的特征、困难和观点,交易历史以及再次光临本企业的可能性,企业需要这些知识来了解顾客的需求并及时满足这些需求。(3)为顾客的知识(knowledge for customers):主要是企业提供给顾客的关于企业产品和服务等的知识。(4)来自顾客的知识(knowledge from customers):主要是顾客对企业提供的信息和知识的反映,以及顾客对企业产品或服务的评价。卢启程(2007)在其研究中将顾客知识分为:关于顾客的知识、来自顾客的知识、顾客需要的知识和与顾客共同创造的知识。

Gebert 等(2003)对顾客知识的界定是依据来源分类中比较有代表性的,也得到了大部分研究者的认可,基于顾客关系管理,Gebert 等认为顾客知识包括三个部分。(1)顾客需要的知识(knowledge for customer):这类知识是指满足顾客需求、使他们满意的知识,包括关于产品、供应商和市场的知识。这类知识是由企业传递给顾客,帮助顾客更好地了解企业的产品和服务,从而使顾客的需求与企业的产品达到有效匹配。(2)关于顾客的知识(knowledge about customer):这类知识是指被公司收集来用于了解顾客动机的知识,包括顾客的历史记录、背景、需求以及购买活动。这类知识是顾客传递给企业的基本信息,是企业进行顾客分析的重要基础,能帮助企业准确地分析和定位顾客资源,了解顾客需求,并据此为顾客定制相应的个性化服务。(3)顾客拥有的知识(knowledge from customer):是指顾客通过各种途径收集和形成的关于企业、市场及其他竞争者的产品、服务等方面的知识。这类知识是根植于顾客头脑中,并与顾客经验和经历相结合的,是企业通过与顾客深入交流获取的,能够帮助企业改进产品、提升服务、了解市场状况和及时响应顾客需求的变化。

2.3.3　顾客知识管理

20 世纪 90 年代中期以来,随着知识经济研究的兴起和对智力资本的重视,知识管理成为企业界和学术界新的研究热点,众多学者对企业经营中的各种知识进行研究。Mathotra 将知识管理定义为是在日益加剧的不连续的环境变化情况下服务于组织适应、生存和能力等关键问题的活动,其实质在于信息技术处理数据与信息的能力同人们创造和创新能力有机匹配的组合过程。顾客知识管理是知识管理和顾客关系管理相结合的一个新思想(周晓宁、李永健,2007),这一概念首次由 Wayland 和 Cole(1998)在《走进顾客的心》一书中完整提出,他们认为,顾客知识管理是指顾客知识的来源与运用,以及怎样运用信息技术建立更有价值的顾客关系,它是在获取、发展和保持有利可图的顾客组合过程中,发挥信息和经验的杠杆作用。随着顾客导向、顾客需求为中心的企业经营理念兴起,对于顾客知识管理的研究正逐渐受到重视,顾客知识的获取、整合和利用也受到了学术界的广泛关注。虽然顾客知识管理来源于知识管理,但又有别于知识管理,常规知识管理与顾客知识管理的区别见表 2.7。

表 2.7　常规知识管理与顾客知识管理的区别

比较对象	常规知识管理	有关顾客的知识	内化的顾客知识
知识存在位置	程序、数据库、知识产权、员工、团队、公司或企业网络	顾客数据库和旨在发掘顾客需求、偏好与行为模式的模型以及员工技能	顾客的经验、顾客的创造力、顾客对产品或服务的满意或不满意
哲理	最好清楚自己具有哪些知识和存在的知识缺口	顾客挽留成本低于顾客获取	最好清楚哪些顾客拥有哪些知识和如何激励这些顾客
合理性	释放和整合员工有关顾客服务的流程、销售流程、研究与开发流程、进货与出货物流和生产流程的知识	发掘企业数据库中包括的有关顾客的知识(如顾客需求和顾客行为模式等)	直接从顾客那里获取知识并分享、开发和积累顾客知识
收益与结果	效率型收益、成本节约和避免重复发明	顾客基础的培育、巩固和扩大;顾客关系的广度与深度	与顾客合作,联合创造产品与产品知识,共同创造价值和开发竞争能力
绩效测度与评价	基于预算的绩效评价和有关知识获取、知识积累、知识更新和知识运用的评价	基于顾客满意、忠诚与投入以及关系强度(关系质量)的绩效评价	基于竞争对手的绩效评价,主要考察企业的创新与成长绩效和对顾客感知价值的贡献
目标与导向	知识的创造与更新;顾客满意	顾客挽留与获取	顾客的成功与感知价值、顾客参与和贡献、创新与组织学习以及持续的学习关系
激励对象	员工和团队	顾客与员工	顾客
顾客角色	产品与服务的被动接受者	忠诚计划的吸引对象,并与产品或服务建立密切关系	主动的价值创造伙伴和新思想的直接贡献者特殊的企业员工

· 49 ·

续表

比较对象	常规知识管理	有关顾客的知识	内化的顾客知识
公司角色	鼓励员工与同事分享知识、运用知识、更新知识和积累知识	构建持久的顾客关系、提升关系营利性和创造基于关系的竞争优势	使顾客从产品与服务的被动接受者转变为主动的价值共同创造者,提供更能满足其需求的产品与服务

资料来源:王永贵.顾客资源管理——资产、关系、价值和知识[M].北京:北京大学出版社,2005:254.

2.3.4 顾客知识获取研究

关于顾客知识获取,诸多学者从不同角度进行了研究,国外学者 Cohen 和 Levinthal(1990)、Yli-Renko、Autio 和 Sapienza(2001)、Simmie(2003)、Inkpen 和 Tsang(2005)、Presutti、Boari 和 Fratocchi(2007)等从顾客知识获取的影响因素、知识转移、知识吸收等方面研究了顾客知识获取。在国内,对顾客知识获取的研究正在兴起,因此在界定上并不是那么准确,在关于知识获取、知识转移、知识共享、知识吸收的研究中通常存在较多交叉,其研究内容主要包括以下四个方面。(1)基于顾客知识获取影响因素的研究(张方华,2004;王立生,2007)。(2)基于顾客知识获取是知识管理流程第一步骤的研究(张建林、胡剑,2005;周晓宁、李永健,2007);从状态角度,通常从知识共享、吸收的角度研究顾客知识获取(万胜,2005;孟庆良、邹农基,2008);从过程角度则通常从知识转移的角度研究顾客知识获取(黄毅德、万江平,2006;王学东、赵文军,2008)。(3)基于顾客知识获取的获取过程分析(方凌云,2005;沈娜利等,2007;牛丽娟、卢启程,2007)。(4)基于顾客知识获取与企业创新绩效的关系研究(李纲、刘益,2007)。

2.4 知识转移

知识不仅有价值,而且还是稀缺的,因此组织顾客的知识能够使企业获得具有竞争优势的异质性资源,但是构建企业持续竞争优势的并不是知识本身,而是知识的获取、存储、分享和应用(Qin et al.,2011)。Teece(1977)提出了著名的知识转移理论,认为知识转移是一个动态学习的过程,是知识资本从一个知识主体向另一个知识主体的移动过程。知识转移理论认为知识转移可以促进知识扩散,而且还能为组织的创新活动积累有价值的知识。知识转移通常被认为是知识接受者获得与知识源相同认识的一个认知过程,对其相关研究主要有组织内部、组织间、联盟与跨国公司内、国际并购活动以及网络中的知识转移等视角,本书主要研究 KIBS 企业与组织顾客的合作创新问题,知识转移指的是在 KIBS 企业与组织顾客互动过程中知识资本从组织顾客向作为服务供应商的 KIBS 企业移动的过程,这种知识转移有助于提升双方服务创新的绩效水平。

卢俊义、王永贵(2011)指出知识转移是一种组织间跨越边界的知识共享行为,不仅仅是从组织顾客到服务供应商企业的知识流动过程,更是服务供应商企业对组织顾客所拥有知识的吸收,以及再利用的过程。知识转移是多维概念,包括知识转移内容和知识转移效率:前者关注知识转移过程中被转移知识的完整性,不仅包括组织顾客的特征、需求等方面的知识,还包括组织顾客对市场、企业以及服务产品等方面的知识(卢俊义、王永贵,2011);后者是指在一定时期内,一定数量的组织顾客知识发生转移,转移的内容、速度、结果等方面使作为服务供应商的企业感到满意(张若勇等,2007)。

Matthing 等(2004)重点研究了企业在新服务开发过程中如何促进向顾客学习,以及与顾客学习的一系列新方法,发现在服务创新过程中顾客拥有生产者与消费者一体化的角色,同时新服务开发过程中顾客有返回到非正式化、专门化努力的趋势,这些都体现了服务创新过程中邀请顾客参与进来,同企业展开互动的重要性。他认为企业新服务开发过程中尽量早地让顾客参与到创新活动中,可以促进服务企业的学习,尽可能地减少服务创新活动被模仿的风险,甚至超越同类竞争对手。所以 Matthing 等指出,在创新活动中企业—顾客互动不仅仅是服务的焦点,更是顾客参与创新活动的本质特征,在合作创新过程中顾客充当着"技术、知识和经验的贡献者,要求、问题、期望,甚至是挫折的分享者,服务创新成果的积极试验者"等角色。由此可见,服务企业应该加强开发促进顾客信息、知识创造的支持性工具。

Fang 等(2008)、Carbonell 等(2009)指出,新服务或新项目的开发过程中,企业—顾客互动指的是顾客在创新过程中在多大程度上的涉入,与服务供应商企业进行信息的交换,组织顾客的互动可以为服务供应商企业带来更为丰富的需求知识、市场知识等,从而进一步提高新服务的开发绩效水平。Bonner(2010)指出服务企业新服务开发过程中与顾客的充分互动,可以帮助企业获取顾客的异质性知识,这些顾客的异质性知识不仅包括顾客可以明确陈述出来的显性知识,而且还包括有些难以表达的隐性知识,特别是在越发复杂的新产品或新服务的开发过程中,有些需求信息顾客难以准确地加以表述。基于顾客的互动,服务供应商可以通过观察、沟通,顺利地获得相关的知识。

Vargo 和 Lusch(2004)指出基于服务主导逻辑的视角,顾客是主动的操作性资源(operant resource),他们总是有积极的意愿和丰富的知识与服务供应商进行互动,进而共同创造价值。而且顾客这种主动的操作性资源往往是无形的,也是不可复制的,是服务企业核心竞争力的一个重要组成部分(Vargo & Lusch,2004;Lusch & Nambisan,2015)。Lundkvist 和 Yakhlef(2004)运用知识转移理论具体探讨 KIBS 企业与顾客之间的互动创新行为,认为企业—顾客互动不仅仅意味着将预先存在的信息、知识、想法、创意等从一方转移到另一方,而且还为合作创新中的双方提供了共同构建信息、知识、想法、创意的主要平台,同时互动过程中也包含着 KIBS 企业与顾客之间各自意图的转移,从而导致了双方的行动。Lundkvist 和 Yakhlef(2004)认为顾客方所拥有的黏性的、隐性的知识与信息不可能从产生它的特定社会背景中分离出来,只有通过企业—顾客互动这样一个丰富的"桥梁策略",才能从一方转移到另一方,进一步肯定了合作创新中互动行为的重要性、必要性,加深了对传统顾客参与的理解。

Fang 等(2008)研究认为,作为服务供应商的 KIBS 企业拥有专业性的知识,而组织顾客则拥有代表着目标市场的市场知识、需求知识,双方常常需要通过企业—顾客互动行为,进行相互的交流、沟通,促进信息、知识的转移,从而达到最终促进双方共同创造价值的目的。特别是在创新任务高度复杂的环境下,或者完全个性化的产品创新中,以往标准化的产品或服务已经难以满足关键顾客特有的需求,在企业—顾客互动创新中顾客必须深入地介入企业新服务的开发过程,及时、积极地提供需求信息,才能使得合作创新顺利地开展和推进,也才能使得创新结果更加有效。

Strambach(2001)通过对 KIBS 企业与顾客互动行为的研究,提出了三阶段知识处理模型:第一阶段为知识获取,KIBS 企业在互动中获取显性的、隐性的顾客知识;第二阶段为知识整合,KIBS 企业把从互动中所获取的顾客知识与自己现有知识相整合,此过程产生新的知识;第三阶段为知识扩散,KIBS 企业把新知识运用到新服务的开发中去,进而为企业—顾客互动以及双方之间的知识转移提供了机会与平台。KIBS 企业与顾客互动行为是一个互动式的、互惠的,并且也是持续的合作创新过程。

Von Hippel(1994)认为对于复杂产品的创新而言,顾客并不总是能够非常明确地表达自己的需求,有时甚至对于自身的需求也搞不清,于是一些隐性的顾客知识就难以被转移,而企业—顾客互动通过构建一个桥梁,促进了顾客隐性知识的顺利转移,使得这些知识能够方便地被企业所获取。Bharadwaj 等(2012)、王永贵等(2011)指出服务供应商如果能够在新产品或新服务开发中让顾客参与进来,聆听他们的声音,这样就可以在互动过程中充分地学习、了解顾客,也就是所谓的"干中学",这样有助于所开发出来的新产品或新服务更好地满足顾客、市场的需求。

国内学者,如张若勇等(2007)基于知识转移的视角,构建了顾客互动三个维度。通过影响知识转移,进而作用于服务创新绩效的研究框架,揭示了顾客互动过程与服务创新绩效两者之间的关系。其将顾客互动划分为合作生产、服务接触以及服务定制化,结果表明顾客互动有助于知识转移,对服务创新绩效有显著的促进作用。卢俊义等(2009)从社会资本视角研究了顾客参与服务创新与顾客知识转移两者之间的关系,提出了一个理论模型,该模型将顾客参与划分为四个维度:参与动机、参与程度、参与方法以及参与阶段,并分别论述了四个维度对知识转移的影响。贾鹤等(2009)基于感知风险理论和归因理论,通过两个连续的实证研究,分别探讨了服务情境中顾客知识对创造型顾客参与意愿和顾客满意所产生的影响,从而为服务企业实施与顾客教育相关的决策活动提供了新的分析视角。

以 Gibbert 等(2002)、Joshi 和 Sharma(2004)为代表的学者基于知识转移视角对企业—顾客互动展开研究。顾客知识主要有两大类:第一大类是有关顾客本身的知识,诸如顾客的特征、顾客的需求、顾客的偏好以及顾客的行为模式等,这类知识可以通过强化企业与顾客之间的互动、持续搜集以及深入分析顾客信息等途径加以实现;第二大类主要是内化顾客头脑中的知识,诸如获取、分享、开发以及运用存在于顾客头脑中的顾客知识的过程,侧重于互动中如何运用顾客的创意、想法、思想、建议等来进行服务创新活动。

总而言之,KIBS 企业与顾客间互动有助于给服务企业带来丰富的外部创新知识源,有助于在新产品或新服务标准的设定过程中更好地契合顾客的需求目标,有助于强化对顾客知识的深入理解,从而对创新过程进行及时的改进,当然也有助于提高组织顾客群体内部对新服务方案的接受程度。当前对企业—顾客互动的研究较多地采用了知识获取、知识整合、知识利用、知识扩散等知识转移视角,来具体探讨企业—顾客互动对服务创新绩效的具体作用机理。基于知识转移视角的企业—顾客互动研究,目前国内外已经取得了相当丰硕的研究成果。

2.5 新服务开发绩效

2.5.1 新服务开发的概念

Johne 和 Storey(1998)将新服务开发定义为一种新的服务产品,而 Menor 等(2002)提出,新服务开发更多强调的是提供开发而不单单是产品开发。国内学者蔺雷、吴贵生（2007）首次提出新服务开发（new service development, NSD）,并将其定义为:服务企业在整体战略和创新战略的指引或影响下,根据顾客和市场需求,或在其他环境要素的推动下,通过可行的开发阶段和过程向企业现有顾客或新顾客提供包含从风格变化到全新服务产品等各种正式或非正式的服务开发活动,它是实现现有服务或新服务价值增值的重要途径。新服务开发主要包括服务概念开发、服务系统开发和服务过程开发三个要素,新服务开发是服务创新的重要工具。服务企业的"新服务开发"是与制造企业的"新产品开发"相对应的,强调为企业的顾客提供创新型的新服务,以更好地满足顾客需求。

2.5.2 新服务开发过程

新服务开发过程是影响新服务开发绩效的关键环节,也是研究新服务开发的基础。现有文献中由于实证研究所选取的行业不同,对新服务开发过程的划分存在较大的差异。早期学者对新服务开发过程的研究多数是基于产品创新过程的基础上提出来的,如 Reidenbach 和 Moak(1986)将 NSD 过程总结为创意产生与评估、概念开发与测试、经济分析、产品测试、市场测试和商业化 6 个阶段。Bowers(1989)提出的八阶段 NSD 模式,包括制定企业经营战略、新产品战略、新服务创意、概念构造与评估、商业分析、产品开发与测试、市场测试和商品化。最具代表性的研究是 Scheuing 和 Johnson(1989)在调查了 66 家金融机构后提出的包含 15 个阶段的新服务开发模式,被称为"NSD 标准模式",是一个关于新服务开发过程比较全面的模型,将企业战略、环境分析等环节纳入新服务开发过程,使得新服务开发管理日益系统化。国内外学者对新服务开发过程的划分见表 2.8。

表 2.8　新服务开发过程划分

学者	新服务开发过程划分
Scheuing 和 Johnson (1989)	新服务目标形成、概念产生、概念筛选、概念开发、概念检验、商业分析、项目授权、服务设计和测试、过程和系统的设计和分析、营销项目设计和测试、人员培训、服务检验和小规模测试、营销检验、大规模投放市场和投放后评价
Martin 和 Horne (1995)	通过对比利时 88 家金融服务企业的调查,将创新过程分为概念开发、商业化分析、营销投放计划制定 3 个阶段
Lee 和 Yong (1996)	提出 5 阶段新服务开发模型,包括创新产生和筛选、商业分析和市场战略、技术开发、测试、商业化/投放
Edvardsson(1996)	将 NSD 过程概括为概念、项目成型、设计和实施 4 个阶段
Sundbo(1998)	提出 3 阶段的创新过程模式,包括概念阶段、发展阶段和保护阶段,是一个适用于大部分服务企业的典型的创新模式
Zeithaml 和 Bitner (2000)	划分了 NSD 的前期规划和后期实施两大阶段,分别包括一系列具体 NSD 活动
Johnson 等（2000）	提出了新服务开发过程周期模型,包含设计、分析、开发、市场投放 4 个阶段
Alam 和 Perry(2002)	通过对金融服务业的案例研究,将 NSD 划分为 10 个阶段:战略规划、概念产生、概念筛选、商业分析、跨职能团队的构成、服务设计和过程系统设计、人员培训、服务检验和小规模试验、营销检验和商业化,并指出顾客参与对概念产生、服务设计、服务检验和小规模试验 3 个阶段至关重要
袁春晓(2004)	将金融业中新服务开发过程归结为 9 个环节,即战略分析、概念构思、项目成型、商业分析、服务运作设计、服务营销组合制订、市场测试、商业化和运行绩效评估
蔺雷、吴桂生(2005)	概念开发与评价、商业分析、服务开发与实施、市场测试和商品化、投放后的评价

续表

学者	新服务开发过程划分
魏江、陶颜(2006)	将金融服务创新过程划分为 3 个阶段:概念阶段、发展阶段和引入阶段,主要由服务企业前台员工、后台员工和顾客三类参与者,各参与者在不同阶段的参与程度和任务目的均不同。概念阶段包括新服务创意产生、概念构造与开发、概念检验;发展阶段包括商业分析、服务运作设计、人员培训;引入阶段包括小规模测试、市场投放、跟踪改进
Froehle 和 Roth (2007)	提出了将资源导向和流程导向整合的新服务开发框架,指出新服务开发过程包括设计阶段、分析阶段、开发阶段和最终的市场投放阶段
王红军(2009)	提出了知识密集型服务业的新服务开发两阶段模式,即检索阶段和实施阶段。检索阶段包括创意产生、创意筛选和商业评价,实施阶段包括创意的发展、测试和市场投放
王琳、魏江(2009)	将新服务开发过程分为 3 个阶段:创意概念阶段,包括锁定目标顾客、需求分析、概念产生筛选 3 个子阶段;设计开发阶段,包括服务内容与过程设计、内部论证、外部检验 3 个子阶段;交付跟踪阶段,包括服务方案的交付和跟踪评估两个子阶段

资料来源:根据相关资料整理。

2.5.3　新服务开发绩效

国内外学者对 NSD 绩效的评价标准是基于企业绩效和服务创新绩效的评价指标而提出的,大部分指标集中于产品的市场占有率和服务相对于竞争对手的成功率。在衡量服务创新绩效时,比较常用的是 Voss 等(1992)提出的将服务创新的绩效衡量分为结果和过程的衡量。服务创新结果的衡量包括财务衡量、竞争力衡量、品质衡量。之后参考 Kaplan 和 Norton(1992)提出的平衡记分卡方法,Storey 和 Kelly(2001)制定了更全面的衡量指标,包括财务、顾客为基础的衡量、内部衡量、行动方案层级的衡量(学习和成长)。学者们对新服务开发绩效的研究见表 2.9。

表 2.9　新服务开发绩效研究

学者(年份)	新服务开发绩效内容
蔺雷、吴贵生 (2003)	产品效益:包括销售额、收益率绩效 企业效益:包括吸引新顾客、提高顾客忠诚度、改善企业形象、竞争力的改善等方面
张若勇、刘新梅、 张永胜(2007)	创新过程:创新过程花费的成本、开发周期以及有效性等 创新结果:财务绩效、顾客关系、市场地位
王春(2007)	财务指标、竞争力指标和品质指标三方面测量
刘顺忠(2009)	利润、投资回报期、投资回报率和销售量指标测量
王琳、魏江(2009)	提供商视角:新服务开发进度控制、预算控制 顾客视角:顾客再次合作意向、顾客对新服务质量满意度
魏江(2009)	项目标准性绩效:团队达成预期产出质量的程度、项目的工效、是否按计划控制成本 成员获得性绩效:团队成员满意度以及提供学习机会
朱兵(2010)	企业的新产品和服务得到顾客认可、企业的竞争优势建立在技术之上、与竞争对手相比企业盈利水平很好
Chyi-Jaw，Jyue-YuLo 和 Yi-Hsing Lin(2010)	新服务达到先前目标的程度、新服务的市场份额、新服务创造的利润率、新服务的销售量和新服务超过竞争者的总数

资料来源:根据相关资料整理。

第3章　外部知识源、知识转移与服务创新

3.1　问题提出

Chesbrough 于 2003 年首次提出了开放式创新概念,认为企业应该具有依据市场来配置资源的能力,将外部有价值的创新资源通过外向型的开放式创新转移到企业内部以实现创新。与此同时,伴随着技术外溢加速、创新周期缩短、知识成果扩散,以往纯粹借助企业内部创新资源进行研发活动的风险日趋增加(侯建、陈恒,2017),尤其是对 KIBS 企业而言,开展服务创新所需的创新资源变得日趋分散。因此,越来越多的 KIBS 企业开始跨越组织边界,拓展、利用企业的外部知识资源进而实现服务创新(Laursen & Salter,2006),传统的服务创新模式也逐渐演变为"开放式创新范式"——开始强调通过寻求与企业外部资源间的合作来开展服务创新,而顾客企业、供应商企业、大学、科研机构等外部主体正是 KIBS 企业成功开展服务创新所寻求的重要外部知识源(Di Minin et al.,2010;高良谋、马文甲,2014),KIBS 企业通过与外部知识源之间的合作来实现创新知识的获取与积累,进而提升自身的服务创新能力。

外部知识源与创新之间关系的研究目前主要聚焦于:外部知识源对创新绩效的直接影响(Berchicci,2013);外部知识源帮助企业重构内部组织结构(Arora et al.,2014);外部知识源多样性与宽度对创新的影响(Laursen & Salter,2006)。由此可见,学术界关于外部知识源对创新作用的重要性基本上达成了共识,然而,梳理文献发现仍然存在以下几个方面的问题:第一,已有研究主要侧重于企业创新活动中如何权衡内部自主研发和外部知识源选择,而忽视了不同外部知识源对创新的具体影响作用(陈劲、阳银娟,2014);第二,已有研究往往将供应链知识源、科学性知识源笼统地归纳为外部知识源,或研究其对企业

技术创新、管理创新、创新绩效方面的影响,且所得结论也莫衷一是,并未对服务创新能力的影响展开研究(赵春霞、王永贵,2016;Grigoriou & Rothaermel,2017);第三,现有研究缺乏关于外部知识源对服务创新能力具体作用机制的探讨(Vivas & Barge-Gil,2015;陈志明,2016);第四,已有关于外部知识源的研究领域主要集中在制造业,而针对服务业的研究相对较少(Tether & Tajar,2008;Segelod & Jordan G,2004;Kang & Kang,2014)。然而,KIBS 企业其服务创新显然有别于制造企业与一般的服务企业,同时 Vivas 和 Barge-Gil(2015)就指出创新领域关于外部知识源的研究应该更多地关注服务业,且供应链知识源、科学性知识源两种外部知识源给企业所提供的创新知识也有显著的差异。

鉴于以上分析,本章主要基于开放式创新理论,以 KIBS 企业的服务创新为研究情境,提升企业服务创新能力为研究目标,重点探讨以下几个问题:(1)在 KIBS 企业与外部知识源合作创新过程中,不同的外部知识源对企业服务创新能力的影响有何差异?(2)在合作创新过程中外部知识源对企业服务创新能力的具体作用机制如何?(3)企业—顾客互动类型如何影响外部知识源对服务创新能力的作用过程?

3.2　理论研究与概念界定

3.2.1　外部知识源

开放式创新视角下,KIBS 企业服务创新所需知识不仅来源于企业自身,更来源于与企业密切关联的外部主体,在服务创新过程中企业的边界也将会变得越来越模糊,跨界搜寻、整合利用外部主体的创新资源,成为其服务创新活动成功的关键之所在。服务创新活动的实质就是知识的商业化转换,KIBS 企业自身的创新知识存量与知识能力往往是有限的,其对外部知识的利用则会促进企业的服务创新活动,外部潜在的创新知识来源主要包括顾客企业、供应商企业、竞争对手、科研院所、政府机构、高校以及其他知识来源(沈志渔、孙婧,2014)。Casselman 和 Samson(2007)认为服务创新知识,特别是隐性知识往往蕴含在复杂的企业组织过程与惯例之中,一般难以被复制、模仿,因此,在合作创新过程中识别、吸收、利用外部知识对于企业来说非常重要。知识基础观则更是将企业当作知识的承载体,认为企业可持续竞争优势来源于企业所拥有的异质性的、独特的知识,以及获取、创造、利用知识的能力(陈劲、阳银娟,2014),指出企业不仅是信息处理的媒介,也是资源、能力的一种集合体,可以通过与外部商业伙伴之间持续、友好的互动创新来获取、共享、扩散、利用、创造服务创新所需的知识(Caloghirou et al.,2004)。由此可见,开放式创新理念盛行背景下,KIBS 企业对外部创新知识的获取、整合、利用越来越重视,同时学术界关于企业外部知识源的研究也越来越广泛与深入。

Vega-Jurado 等(2008)从外部行业源与外部科学源视角切入,专门研究企业的外部知识源与服务创新两者之间的关系,该研究中外部行业源主要有顾客企业、供应商企业、竞争者、其他企业等,外部科学源主要有商业化的实验室、高等院校、公共科研机构以及技术中心等。其研究发现,对于供应商主导型的企业来说,合作创新活动中外部行业知识源影响比较显著,而对于科学主导型的企业来说,则是外部科学知识源影响比较显著。Segelod 和 Jordan(2004)在欧洲软件项目服务创新的研究中发现,在软件项目服务创新过程中对外部知识源的利用有将近 2/3 来自供应商知识源,有 1/3 来自科学性知识源。林岩(2017)研究认为,供应链下游企业的知识对于企业所开展的两类创新非常重要,即企业在新的领域开展基于成熟知识的创新活动和企业在熟悉的领域开展基于新知识的创新活动。余传鹏、张振刚(2015)研究发现,企业从外部供应链知识源处所获得的知识和企业已有的知识往往具有相对较强的互补性,而从外部科学性知识源处所获得的知识往往具有较强的理论性、专业性,以及规范性。Souitaris(2001)在研究中将知识来源划分为企业外部信息搜索与外部组织间合作两个维度,其中外部信息搜索主要通过技术报告、行业研讨会、技术杂志、专利数据库等,从对企业发展有重要影响作用的组织(诸如供应商企业、竞争对手等)处获得一般性市场、技术信息;外部组织间的合作主要有企业与政府、客户、大学、科研机构、行业服务中介机构等之间的合作与联系,以上两种知识来源构成了企业获取外部知识的重要渠道,是创新能力发展的重要基础。

学术界对 KIBS 企业外部知识源范围的界定尚未形成统一的定论,但是学者们普遍认为顾客企业、供应商企业、大学、科研机构等外部利益相关者都是 KIBS 企业在开展服务创新过程中非常重要的创新知识来源,且认为来自企业外部供应链的知识和外部科学性知识对企业的服务创新活动的影响差异较大。本章基于国内外已有相关研究,将 KIBS 企业的外部知识源分为供应链知识源和科学性知识源:供应链知识源主要包括顾客企业、供应商企业;科学性知识源主要包括大学、科研机构(Vega-Jurado et al.,2008;Tether & Tajar,2008;Segelod & Jordan,2004;Ganotakis & Love,2012)。

3.2.2　组织间知识转移

Teece 在 1977 年提出了著名的知识转移理论,指出知识转移是一个动态学习过程,代表知识资本从一个主体转移到另一主体,认为知识转移可以促进知识的扩散并为组织积累有价值的创新知识。Szulanski(1996)认为知识转移是组织内部或组织间跨越组织边界的一种知识交流过程,通过这一过程组织得以在新环境中重构、应用复杂的、隐匿的创新知识,强调知识转移不仅是知识的传播,更是组织间有目的、有计划的一种共享活动。Weidenfeld 和 Williams(2010)认为知识转移是一个组织学习的过程,最终将会导致组织知识库中知识存量的增长,这有利于积蓄服务创新活动所需的创新知识。国内外学者从不同的研究视角对知识转移进行了诠释:从过程视角看,知识转移是知识源与知识接受方之间的知识交换过程,分为知识源与知识接受方两个主体概念(Szulanski,1996;Weidenfeld 和 Williams,2010);从知识接受方视角看,知识转移往往被定义为知识的整合、创新,甚至是学习的一个过程(Bresman & Birkinshaw,1999)。

知识转移可以在个体、团队、部门,甚至组织之间进行(疏礼兵、贾生华,2008),本章的主要研究情境是 KIBS 企业与外部知识主体之间合作开展服务创新活动,因此主要涉及发生在组织之间的知识转移活动。组织间知识转移指的是组织间跨越边界的一种知识共享行为(卢新元、高沛然、周茜,2013)。组织间知识转移过程由两个阶段组成:一是知识从发送方传递到接受方,二是知识被接受方吸收与同化,也就是说转移＝传递＋吸收(转化)(Davenport & Prusak,1998)。Gilbert 和 Cordey-Hayes(1996)提出了组织间知识转移五阶段模型,即知识的获取、沟通、应用、接受以及同化,同时研究认为组织间知识转移并非是静态的,而是一个持续不断的动态学习过程。高孟立(2016)在对 KIBS 企业新服务开发过程中知识转移机制的研究中,就采用了组织间知识转移概念,认为KIBS 企业新服务开发的实质就是企业与外部客户企业之间的知识转移过程,这种知识转移指的是知识资本从客户企业向 KIBS 企业的移动过程。李靖华、马鑫(2014)认为组织间知识转移指的是知识的传播扩展到不同组织之间,知识从一个组织转移到另一个组织,并且被知识接受方组织有效吸收、利用,进而实现知识的创新、转化。基于国内外已有研究,笔者认为组织间知识转移是跨越组织边界的一种知识共享行为,知识资本从一个组织转移到另一个组织,且被知识接受方组织有效地吸收、利用,进而实现知识的创新、转化的过程(卢新元、高沛然、周茜,2013;Davenport & Prusak,1998;Gilbert & Cordey-Hayes,1996;李靖华、马鑫,2014)。

3.2.3　服务创新能力

Ostrom 等(2010)指出服务创新是指通过提供新的或改进的服务项目、流程、模式,为顾客、员工、联盟伙伴等利益相关者创造价值。Kindström 等(2013)发现服务创新是个多维概念,在服务项目的设计、实施过程中管理者将会面临诸多组织层面的问题。蔺雷、吴贵生(2007)指出服务创新有广义和狭义之分:前者指一切与服务有关或针对服务的创新行为和活动;后者指发生在服务业中的创新行为和活动。本书所涉及的服务创新,指的是 KIBS 企业根据顾客企业需求,在服务过程中应用新的服务思想、内容、方式、手段等来改善、变革已有服务流程或产品,提高已有服务质量和效率,扩大服务范围,更新服务内容,增加服务项目,为顾客企业创造新价值以满足其需求,最终形成企业自身的竞争优势,创造良好经济、社会效益的过程(Ostrom et al. ,2010;蔺雷、吴贵,2007)。通过这种服务创新活动,为顾客企业所提供的新服务项目,相对于企业已有服务而言是全新的,至少存在明显改善或提高。辛枫冬(2010)认为,服务创新能力是 KIBS 企业为了了解、把握、分析服务创新性活动的本质规律,对企业正确开展服务创新活动的重要手段,这对提升服务创新水平、完善创新管理工作具有重要意义。蔺雷、吴贵生(2007)对服务创新能力的定义分为创新功能和创新过程两方面,包括创新资源投入、创新管理、员工创新以及营销创新四个方面的能力。结合学者已有观点,本书中的服务创新能力指的是 KIBS 企业研发全新的服务项目或对已有服务项目进行深入开发或改善,以满足企业自身、顾客、社会、员工等利益相关者需求,维持企业竞争优势的能力和程度(孙颖等,2009;辛枫冬,2010;Ostrom et al. ,2010;Kindström et al. ,2013)。

3.2.4　企业—顾客互动

Gruner 和 Homburg(2000)指出企业—顾客互动是企业获取顾客这种关键性、异质性资源的"桥梁策略",其本质就是企业与顾客为完成某个复杂创新任务而集合在一起所形成的一个行动系统。Lundkvist 和 Yakhlef(2004)研究认为,企业—顾客互动的本质是企业与顾客为了完成复杂创新任务而通过跨越组织边界所形成的集体行动系统,强调其合作创新活动的结构属性,指出企业—顾客互动不仅仅是从一个主体向另一主体转移预先存在的信息、想法和知识,也提供了双方共同构建信息、想法和知识的机会,且还包括了合作双方意图的转移,从而导致集体行动。Matthing 等(2004)认为企业—顾客互动指的是服务提供商与当前或潜在顾客之间相互合作,学习市场知识,进而改变组织行为的过程、事件和互动。张欣等(2014)认为,企业—顾客互动是企业与顾客通过双向沟通进行价值共创的基础,同时也是企业塑造核心竞争力与新型商业模式的重要方式。由此可见,在服务创新领域,企业—顾客互动是围绕服务企业与顾客间的"合作开发"来实现创新的过程、行为以及事件(Alam & Perry,2002;Matthing et al.,2004),其提供了企业与顾客双方共同构建信息、想法和知识的重要机会(Lundkvist & Yakhlef,2004),不仅有效地促进了企业对市场的学习与感知,而且也增加了企业的知识存量。基于国内外现有文献,结合具体研究对象,本章将企业—顾客互动界定为:价值共创导向下,KIBS 企业与顾客企业为完成复杂的创新任务,而通过跨越组织边界所形成的一个集体行动系统,不仅包括实际动态活动,也包括一定的结构形态(Gruner & Homburg,2000;Lundkvist & Yakhlef,2004;Matthing et al.,2004;魏江等,2007)。

Sheth(1976)早期在研究沟通过程中,认为企业—顾客互动是一种特殊的沟通形式,是企业与顾客间关系的本质特征,其将互动类型具体划分为任务导向型互动、互动导向型互动和自利型互动三种类型。Köhler 等(2011)在对网络服务补救的研究中就把企业—顾客互动具体划分为主动型互动、适应型互动。本章借鉴相关学者的分类方法,基于交易范式和关系范式视角,将 KIBS 企业与外部知识源合作创新过程中企业—顾客互动类型划分为交易型互动和关系型互动(Coviello et al.,2002;Gummesson,2004)。交易型互动指的是以短期利益的达成为目标的企业与顾客间互动合作行为,实质就是合作过程中企业将关注重点放在自身利益的实现上,而忽视与顾客间的价值共创(杨志勇等,2016);关系型互动指的是以长期利益的达成为目标的企业与顾客间互动合作行为,实质就是合作过程中企业将关注重点放在双方利益的实现上,提高顾客对企业的信任与忠诚,谋求与顾客间的价值共创。

3.3　研究假设与概念模型

3.3.1　外部知识源对服务创新能力的影响

1.供应链知识源与服务创新能力

Berchicci(2013)指出服务创新是企业创新非常重要的形式之一,特别是对于 KIBS 企业而言,服务创新更是其开展创新活动的重要内容与产出,而服务创新能力则指的是 KIBS 企业引进、改进以及开发出新服务产品的能力。Yeoh(2009)研究得出,企业在合作研发过程中可以吸收到多种类型的创新知识,且通过与外部知识源间的互动可以更多地获取、学习到市场、技术等方面的知识,进而有助于提升企业自身的服务创新能力水平。供应链知识源主要包括 KIBS 企业在开展服务创新过程中,与其开展密切合作创新的顾客企业、供应商企业方面的知识,这些知识属于市场或行业领域的知识。学术界普遍认为 KIBS 企业在新服务开发过程中,与外部顾客企业、供应商企业之间的联系是企业新服务开发成功的关键(Brown & Eisenhardt,1995),企业可以从顾客企业、供应商企业等外部渠道中获取服务创新所需的知识与技术(Lau et al. ,2010),进一步吸收、整合外部供应链知识源中的创意、想法,进而提升所研发新服务的价值,构筑企业自身竞争优势(高孟立,2016)。

顾客企业是 KIBS 企业最为重要的外部合作伙伴,也是重要的服务对象,因此其也就成为服务创新知识最重要的来源渠道(Chatterji & Fabrizio,2014),来自顾客企业方面的供应链知识源对 KIBS 企业服务创新活动的重要性体现在:顾客企业特殊的需求偏好是 KIBS 企业开展服务创新重要的驱动因素(Love & Mansury,2007);顾客企业可以提供市场上尚未出现的新服务项目的创意或想法(Ganotakis & Love,2012);服务创新中顾客企业的密切参与可以大大提升服务创新项目的市场接受度和满意率(高孟立,2017);与顾客企业合作开展服务创新活动可以极大地减少新服务项目投入市场初期的潜在风险(Tether,2002)。供应商企业作为 KIBS 企业价值链中的重要成员之一,其与 KIBS 企业合作开展服务创新活动可以给 KIBS 企业提供更加专业的技术知识(Tsai,2009),有效地帮助企业识别潜在的服务创新技术问题(Kessler & Chakrabarti,1996),同时也可以提高新服务项目的研发速度、降低研发过程中的风险与成本,提高新服务创新项目的研发质量(Chung & Kim,2003)。由此可见,来自顾客企业、供应商企业的供应链知识源对提升 KIBS 企业服务创新能力具有明显的促进效果。综合上述推理,本章提出如下假设:

H1a:供应链知识源对 KIBS 企业服务创新能力具有显著的促进作用。

2.科学性知识源与服务创新能力

Carayannopoulos(2010)指出当前对知识的持续获取以及技术的不断创新,已经成为现代企业获得可持续性竞争优势的关键要素,而这对于以知识、技术为载体的 KIBS 企业来说就尤为关键。KIBS 企业越来越意识到服务创新往往需要跨越多个技术领域或组织,展开跨组织边界的合作活动,需要组合多种来源的知识进而实现快速、准确、持续的研发(Wang et al.,2012),通过获取企业外部多种创新知识资源以促进服务创新项目的相关研发活动(Chesbrough,2006)。KIBS 企业可以实施外部知识源化战略,通过与顾客企业、科研机构等外部主体的合作创新,采取服务外包、合作委托研发等方式进行互相合作(Di Minin et al.,2010;高良谋、马文甲,2014),进而实现知识的不断创造与获取,不断产生创新知识以达到更新、积累企业已有创新知识的目的(Lin & Wu,2010)。

　　KIBS 企业服务创新活动中科学知识源主要是指大学、科研机构,其为企业提供全新的科学知识以及应用技术知识(Tsai,2009)。Faems 等(2005)认为,企业与大学、科研机构等建立紧密的合作关系,可以有效地提升自身的服务创新能力。KIBS 企业服务创新活动中与外部的大学、科研机构保持正式或非正式的互动,这有助于 KIBS 企业获取科学性知识,有助于其发现新的研发技术、新的市场,从而促进服务创新项目的研发活动(Caloghirou et al.,2004)。Tether(2002)指出这种外部的科学性知识源对于具有知识密集型特征的 KIBS 企业来说显得尤为重要,其与大学、科研机构的密切合作常常有助于打开新的市场。大学、科研机构等均是 KIBS 企业服务创新非常重要的创新知识来源渠道,大学有助于其渐进式的服务创新活动,科研机构有助于其激进式的服务创新活动(Belderbos et al.,2004)。Vega-Jurado 等(2008)认为科学性知识源更多关注的是新技术本身而不是商业利益的实现,因此基于科学性知识源的新技术具有较强的普适性,往往具有提供发展新技术、探索新市场的潜力,更加能激发 KIBS 企业的服务创新意识。由此可见,来自大学、科研机构的科学性知识源更加有助于提升 KIBS 企业的服务创新能力。综合上述推理,本章提出如下假设:

　　H1b:科学性知识源对 KIBS 企业服务创新能力具有显著的促进作用。

3.3.2　外部知识源对组织间知识转移的影响

　　Szulanski(1996)认为外部知识源对组织间知识转移具有重要的影响作用,这种影响主要基于双方组织间知识转移的意图、知识转移的动机以及知识转移的能力三个方面的因素,比如可能会担心失去知识所有权和知识特性,或者担心其投入得不到回报,外部知识源因此就会不愿意分享,甚至不愿意投入足够多的时间与精力来促进组织间知识的转移。KIBS 企业在服务创新过程中作为主动向顾客企业、供应商企业、大学、科研机构等外部知识源主体寻求合作的知识接受方,在组织间知识转移过程中往往表现出较明显的主动性和积极性,无论是其接受知识的动机、意愿,还是其理解沟通能力、吸收能力、学习能力等都将会表现得相对比较积极,因此,在 KIBS 企业新服务研发过程中,其外部知识源对组织间知识转移效果会产生明显的促进作用。Hamel(1991)指出外部知识源往往具备传递、转移知识的意愿与能力,其积累、编码、表达知识的能力均会极大地影响组织间知识转移的效果,还认为影响组织间知识转移效果的因素除了外部知识源之外,还有知识接受方对所转移知识的内化能力,即知识接受方对所转移知识的吸收、理解、应用、创新能力。顾客企业、供应商企业、大学、科研机构与 KIBS 企业在合作创新过程中的业务从属于同一服务产品价值链的不同环节,合作双方无论是知识的关联性,还是知识的互补性方面都比较强,这有利于组织间知识转移的实现。

Cummings(2003)认为组织间知识转移是在一定的"二进制"状态下完成的,这其中合作双方的企业文化、技术体系、沟通环境等因素将会影响组织间知识转移的效果。Martin 和 Salomon(2003)提出了外部知识源的知识转移能力概念,认为知识转移能力是指企业可以准确地表述其如何运用企业自身知识,评估知识接受方的需求和能力,进而将知识顺利传递、运用到其他地方的能力。Grant(1996)认为知识具有独占性,因此外部知识源必须具备公开知识的意愿与能力,才能够实现知识在组织间的顺利、有效转移。供应链知识源和科学性知识源两大外部知识源较强的知识转移能力、强烈的知识转移意愿,以及作为知识接受方KIBS 企业的知识吸收能力与意愿,均会极大地提升组织间知识转移的效果。新的知识总是在双方不断的知识互动、知识碰撞以及知识整合下产生,KIBS 企业想要创造出新的知识,进行知识创新,只有与顾客企业、供应商企业、大学、科研机构等外部知识源主体展开积极的互动才得以实现。

由此可见,作为 KIBS 企业新服务研发过程中重要外部知识来源的供应链知识源和科学性知识源,其知识转移的动机越大,组织间知识转移的可能性也就越大;其表达、解释知识的能力越强,组织间知识转移的效果也就越好。综合上述推理,本章提出如下假设:

　　H2a:供应链知识源对组织间知识转移具有显著的促进作用。
　　H2b:科学性知识源对组织间知识转移具有显著的促进作用。

3.3.3　组织间知识转移对服务创新能力的影响

开放式创新情境下,KIBS 企业的服务创新过程变得更加复杂,需要与外部知识源的需求、创意、观点、技术等知识进行碰撞,因此服务创新过程就需要与外部知识源主体的互相协作来完成(张同建等,2014)。已有研究普遍认为,良好的组织间知识转移可以有效地促进知识接受方服务创新能力的提升,KIBS 企业对外部知识源中创新知识、技术的吸收与利用,可以显著地提升企业的技术水平,强化新服务的研发能力,同时从外部知识源处有效的知识引进有利于 KIBS 企业构筑自身的核心竞争优势,使企业能够获取更多的顾客企业、供应商企业等众多利益相关者的信息,进而更加有针对性地提升服务创新项目在市场上的接受度。Truffer 和 Dürrenberger(1997)研究发现,如果企业与外部知识源之间互动的知识不同,那么随着互动程度的深入,知识与技术在不同领域的交流更有可能导致新知识的产生,促进服务创新能力的提升。Tsai(2001)认为组织间的知识转移有利于合作创新双方之间知识的分享与沟通,增加服务创新的知识面,为服务创新活动提供扎实的知识基础。这种组织间的交流与知识分享为双方组织提供了相互学习、合作的机会,不仅有利于组织间知识的交流、转移,而且还会进一步激发知识的创造,进而提高服务创新的能力。顾客企业、供应链企业、大学、科研机构等外部知识源通过各种不同的方式与 KIBS 企业展开合作创新活动,促进了双方创新知识的转移与分享,特别是隐性知识的转移与分享,进而极大地促进了 KIBS 企业服务创新能力的提升。He(2004)通过实证研究发现,顾客企业参与到系统的研发过程中,顾客企业的知识参与和研发企业的服务创新绩效之间存在显著的正相关关系,合作双方之间的知识互动(包括知识获取和知识开发)在合作创新过程中起到了中介作用,这种知识的获取、开发实质上就是合作创新过程中组织间的知识转移。由此可见,在信息服务企业服务创新过程中,来自外部知识源的知识转移有助于提升其服务创新能力。综合上述推理,本章提出如下假设:

　　H3:组织间知识转移对 KIBS 企业服务创新能力具有显著的促进作用。

3.3.4　企业—顾客互动的调节作用

　　本章中企业—顾客互动指的是价值共创导向下,KIBS 企业与顾客企业(组织顾客)为完成复杂的创新任务,而通过跨越组织边界所形成的一个集体行动系统,包括交易型互动和关系型互动。

1.交易型互动对外部知识源与组织间知识转移关系的调节作用

交易型互动指的是以短期利益的达成为目标的企业与顾客间互动合作行为,实质就是合作过程中企业将关注重点放在自身利益的实现上,而忽视与顾客间的价值共创(杨志勇等,2016)。尽管顾客企业、供应商企业具有需求相关的知识,大学、科研机构具有与现有知识领域异质化的创新知识,然而交易型互动导向比较关注企业自身利益的本质属性,使得 KIBS 企业在与外部知识源合作创新过程中,为了快速、充分了解顾客企业的需求信息,会将主要精力放在优先利用自身现有的知识、经验、资源方面(Atuahene-Gima & Slater,2005),或者更加积极地利用与现有知识领域、技术领域相近的外部知识源(Tsai et al. ,2008),这在一定程度上减少了从外部知识源处获取新的创新知识的动力。合作创新过程中奉行交易型互动为主导的 KIBS 企业,相对而言较多关注的是企业自身的利益,这会让顾客企业怀疑双方合作创新的目的,是否会为了追求自身的利益而采取机会主义行为,一旦顾客企业感到 KIBS 企业可能会采取机会主义行为时,顾客企业就会实施同样的机会主义行为加以还击报复,致使双方的合作创新走入误区(高孟立,2017),从而不利于外部知识源处的创新知识在组织间的知识转移活动。KIBS 企业将外部知识源处所有的创新知识整合在一起需要付出较高的成本和代价(Tanriverdi & Venkatraman,2005),而交易型互动导向的 KIBS 企业精力和资源往往有限,因此很难去进一步斟酌、取舍哪一类外部知识源对企业当前的创新活动最为有利,这样就大大减少了企业从外部知识源深入学习、获取、利用创新知识资源的机会。综合上述推理,本章提出如下假设:

H4a:交易型互动会弱化供应链知识源对组织间知识转移的促进作用。

H4b:交易型互动会弱化科学性知识源对组织间知识转移的促进作用。

2.关系型互动对外部知识源与组织间知识转移关系的调节作用

关系型互动指的是以长期利益的达成为目标的企业与顾客间互动合作行为,实质就是合作过程中企业将关注重点放在双方利益的实现上,提高顾客对企业的信任与忠诚,谋求与顾客间的价值共创。合作创新中关系型互动导向使得KIBS 企业更加关注企业、顾客间未来长期的合作利益,倾向于富于变化、冒险的探索性合作活动(Tsai et al. ,2008),因此促使企业更加积极地从顾客企业、供应商企业、大学、科研机构等外部合作主体处搜寻全新的、多样的、异质的创新知识和技术。关系型互动意味着 KIBS 企业更加以顾客企业为导向,企业与顾客企业之间主动性的互动关系或沟通行为让顾客感到舒适和满意(杨志勇、王永贵、马双,2016),也更能获取顾客企业的信任,进而导致合作创新过程中顾客企业更加愿意与企业进行创新需求、知识的分享,从而有效地促进了组织间知识的转移。关系型互动导向下,KIBS 企业往往比较关注与顾客企业间的价值创造,注重追求双方长期的合作价值,企业一般不会拘囿于已有的服务产品结构、服务技术,而是试图掌握新的服务知识与技能,希望引领未来发展的消费潮流(赵春霞、王永贵,2016),而这些最新、最前端的创新需求、创新知识,只能通过 KIBS 企业扎根于外部知识源才能得以获取。Vavakova(1995)就指出,各国的高校、科研机构都是国家创新体系非常重要的一个组成部分,是创造、传播科学性知识的关键性组织,所以企业往往都会与大学、科研机构展开合作创新,特别是在一些风险较大、成本较高的基础性研究项目、应用性创新项目上的合作,比如谷歌曾经就与斯坦福大学的人工智能实验室合作,共同研发成功了无人驾驶汽车技术。综合上述推理,本章提出如下假设:

H5a:关系型互动会强化供应链知识源对组织间知识转移的促进作用。
H5b:关系型互动会强化科学性知识源对组织间知识转移的促进作用。

综上分析,本章提出如图 3.1 所示的概念模型。

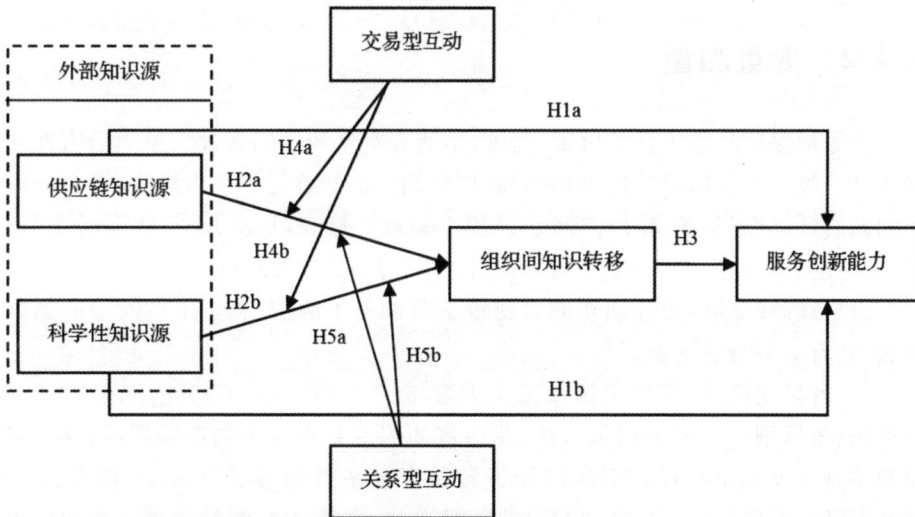

图 3.1 本章的概念模型

3.4 研究设计

3.4.1 数据收集

研究采取针对 KIBS 企业(金融业、信息与通信服务业、科技服务业和商务服务业)实地调研、问卷调查相结合的方式对长三角地区的相关企业进行数据收集,调查对象主要是服务创新项目的负责人。采取邮寄问卷、登门调研相结合的方法,从 2016 年 12 月到 2017 年 8 月,共历时 9 个月,总共发放问卷 416 份,回收问卷 261 份,剔除因为选项漏填较多、多个问题答案雷同等因素所造成的无效问卷,最终实际有效问卷数为 190 份,有效回收率为 45.67%。问卷由以下几个部分构成:(1)企业的基本情况;(2)外部知识源测量量表;(3)组织间知识转移测量量表;(4)服务创新能力测量量表;(5)企业—顾客互动类型测量量表(交易型互动与关系型互动)。

3.4.2 变量测量

为尽量保证测量工具的效度、信度,本研究对所涉及的变量均采用国内外文献中已经被成熟使用过的量表,并对题项的相关措辞进行了适当修改,以充分保证问题的针对性(见表 3.1)。问卷采用 Likert-5 量表,1 表示"非常不同意",2 表示"不同意",3 表示"一般",4 表示"同意",5 表示"非常同意"。

(1)被解释变量:服务创新能力变量主要参考了蔺雷、吴贵生(2007)的测量方法,共有 6 个测量题项。

(2)解释变量:外部知识源变量主要参考了 Sammarra 和 Biggiero(2008),余传鹏、张振刚(2015)的测量方法,供应链知识源共有 4 个测量题项,科学性知识源共有 4 个测量题项。组织间知识转移变量主要参考了 Argote 和 Ingram (2000)、Dong-Gil 和 Kirsch(2005)的测量方法,共有 4 个测量题项。企业—顾客互动类型变量主要参考了 Coviello 等(2002)、杨志勇等(2016)的测量方法,交易型互动类型共有 8 个测量题项,关系型互动类型共有 8 个测量题项。

(3)控制变量:已有研究普遍认为企业的年销售额、企业规模(用员工数量表示)等因素会影响企业的服务创新能力,因此将企业的年销售额、企业规模两个因素作为控制变量纳入研究模型之中。

表 3.1　探索性因子分析与信度检验

变量	测量题项	因子载荷	题项	Cronbach's α 系数
供应链知识源	我们公司努力从顾客那里获取相关技术或创新支持	0.843	4	0.745
	我们公司努力从供应商那里获取相关技术或创新支持	0.827		
	客户企业的创意、想法对我们公司开展服务创新活动有帮助	0.627		
	供应商有时也会给我们企业提供有用的创意	0.699		
科学性知识源	我们公司努力从大学那里获取相关技术或创新支持	0.940	4	0.764
	我们公司努力从科研机构那里获取相关技术或创新支持	0.864		
	大学往往能够给我们公司提供服务创新所需要的技术	0.966		
	科研机构往往能够给我们公司提供服务创新所需要的技术	0.875		
组织间知识转移	我们企业从合作伙伴那里获得了很多重要的知识和信息	0.881	4	0.833
	我们企业从合作伙伴那里学到了很多关键的创新技术和知识	0.835		
	通过吸收外部的创新资源,我们企业提高了现有的服务创新能力	0.829		
	我们企业从合作伙伴那里学到的重要创新知识已经运用在企业中	0.718		

续表

变量	测量题项	因子载荷	题项	Cronbach's α 系数
交易型互动	我们与顾客企业互动的目的是获得利润	0.682	8	0.745
	我们的互动方式是大众化的,比如广告、折扣等形式	0.712		
	我们与主要顾客企业的互动是短期的,不包含个人的情感因素	0.843		
	我们与顾客企业的互动是不连续的	0.857		
	我们与顾客企业的互动通常是正式商业化层面的	0.722		
	我们与顾客企业的互动主要目的是吸引新顾客	0.645		
	我们与顾客企业的互动主要聚焦于产品、品牌或服务的相关问题	0.717		
	我们与顾客企业的互动主要由相关职能经理来完成	0.628		
关系型互动	我们与顾客企业互动的目的是交流信息,建立长期且强有力的关系	0.642	8	0.807
	我们的沟通方式是与特定顾客企业展开互动,形成关系网络	0.669		
	我们与顾客企业通过个性化的人际和非人际互动进行联系	0.668		
	我们与顾客企业通过持续、及时的方式进行互动	0.617		
	我们与顾客企业通过一对一或网络互动形式进行正式或非正式互动	0.543		

变量	测量题项	因子载荷	题项	Cronbach's α 系数
关系型互动	我们与顾客企业互动的目的是协调和发展同顾客间的合作关系	0.652	8	0.807
	我们与顾客企业互动的目的是建立一对一或网络化的顾客关系	0.688		
	我们与顾客企业的互动不局限于营销职能人员，还包含企业的高层及相关部门员工	0.748		
服务创新能力	我们公司经常开发出深受市场欢迎的新服务	0.813	6	0.880
	我们公司很大一部分利润来自开发的新服务	0.854		
	竞争对手常常模仿我们公司开发的新服务	0.719		
	我们公司推出新服务的速度往往比竞争对手快	0.821		
	我们公司在服务研究与开发方面比竞争对手具有更强的实力	0.859		
	我们一直努力开发可以将老服务提升为新服务的创新技能	0.684		

3.4.3　数据同源性检验

问卷调查一般容易出现数据的同源性问题，也就是共同方法偏差问题，为了解决这个问题，笔者在问卷发放之前已经进行了预防措施，比如隐去问卷填写者信息、问卷题项重测等，回收问卷后运用 Harman 单因子法进行检测，即将本次研究的 34 个测量题项放在一起进行因子分析，在没有旋转的条件下得到的第一个主成分的载荷量是 21.513%，这说明数据的同源性偏差问题不是很严重，可以用于相关的检验。

3.4.4 信度、效度分析

本研究使用 SPSS19.0 统计软件对调研所获得的有效数据进行信度分析（见表 3.1），各变量的 Cronbach's α 系数尽管有 3 个处于 0.7～0.8，但是由于本次调研问卷是组织问卷，所以 Cronbach's α 系数在 0.7 以上基本上可以接受，数据显示本研究所使用的量表内部一致性均较好。KMO 值均大于 0.7，Bartlett 球体检验也通过了显著性检验，之后对数据进行探索性因子分析，各变量下属的每一个测量题项均归于同一个因子，因子载荷也均大于 0.5，而在其他变量下面的因子载荷均小于 0.4，这表明各变量的测量量表具有较好的收敛效度、区别效度。各变量间相关分析结果说明变量间的共同变异不是很严重。由此可见，本研究所使用的测量量表与数据信度、效度均较好，初步显示所构建的概念模型和提出的研究假设具有一定的合理性。

3.5 实证结果与分析

3.5.1 描述性统计分析与相关分析

各变量的均值、标准差、相关系数如表 3.2 所示。

表 3.2　各变量描述性统计与相关分析

变量	1	2	3	4	5	6	7	8
1.年销售额	1							
2.企业规模	0.603**	1						
3.供应链知识源	−0.172*	−0.358**	1					
4.科学性知识源	0.214**	−0.112	0.412**	1				
5.组织间知识转移	−0.130	−0.380**	0.636**	0.318**	1			
6.交易型互动	−0.010	−0.035	0.043	0.053	−0.038	1		

变量	1	2	3	4	5	6	7	8
7.关系型互动	0.019	0.047	0.009	−0.017	−0.065	0.432**	1	
8.服务创新能力	0.150*	0.159*	0.398**	0.510**	0.585**	−0.082	−0.062	1
Mean	4.184	2.384	3.690	3.340	3.742	3.743	3.952	3.580
Std. deviation	2.032	1.612	0.689	0.927	0.788	0.586	0.568	0.876

注:$N=190$;[+] 表示显著性水平 $P<0.10$,[*] 表示显著性水平 $P<0.05$,[**] 表示显著性水平 $P<0.01$(双尾检验)。

3.5.2　外部知识源直接效应检验

第一步,将年销售额、企业规模 2 个控制变量放入模型进行回归分析(表3.3 中模型1)。第二步,将每一个假设中的变量逐一放入回归模型进行统计分析(表 3.3 中模型 2 至模型 5)。所有变量均做了去中心化处理,同时发现每个回归模型的 VIF 均处于 1～3,说明多重共线性问题不是很严重,不会对研究结果造成影响。具体统计结果如表 3.3 所示。

表 3.3　外部知识源、组织间知识转移对服务创新能力的影响

变量	服务创新能力						
	模型 1	模型 2	模型 3	模型 4	模型 5	模型 6	模型 7
控制变量							
年销售额	0.085	0.049	−0.174*	−0.136[+]	−0.034	−0.034	−0.198**
企业规模	0.107	0.315***	0.329***	0.412***	0.467***	0.467***	0.569***
自变量							
供应链知识源		0.519***		0.338***		0.003	
科学性知识源			0.584***	0.446***			0.411***
中介变量							
组织间知识转移					0.758***	0.756***	0.645***
模型统计量							
R^2	0.030	0.264	0.324	0.407	0.513	0.513	0.648

续表

变量	服务创新能力						
	模型 1	模型 2	模型 3	模型 4	模型 5	模型 6	模型 7
调整后 R^2	0.019	0.252	0.314	0.394	0.505	0.502	0.640
ΔR^2	—	0.234	0.294	0.377	0.483	0.249	0.324
F 值	2.866[+]	22.196***	29.775***	31.762***	65.253***	48.677***	85.076***

注: $N=190$,系数为标准化回归系数; [+] 表示显著性水平 $P<0.10$, * 表示显著性水平 $P<0.05$, ** 表示显著性水平 $P<0.01$, *** 表示显著性水平 $P<0.001$ (双尾检验)。

供应链知识源对服务创新能力的影响如表 3.3 中的模型 2 所示,模型 2 通过了 F 检验,方差解释率达 26.4%,这说明模型的拟合效果较好。供应链知识源对服务创新能力的影响达到了显著性水平($\beta=0.519$, $P<0.001$),结果表明供应链知识源对 KIBS 企业服务创新能力的正向促进作用得到了验证。因此,假设 H1a 得到了数据的完全支持。科学性知识源对服务创新能力的影响如表 3.3 中的模型 3 所示,模型 3 通过了 F 检验,方差解释率达 32.4%,这说明模型的拟合效果较好。科学性知识源对服务创新能力的影响达到了显著性水平($\beta=0.584$, $P<0.001$),结果表明科学性知识源对 KIBS 企业服务创新能力的正向促进作用得到了验证。因此,假设 H1b 得到了数据的完全支持。模型 4 将供应链知识源与科学性知识源同时放入回归模型,发现模型通过了 F 检验,同时供应链知识源对服务创新能力的影响显著($\beta=0.338$, $P<0.001$),科学性知识源对服务创新能力的影响也显著($\beta=0.446$, $P<0.001$),进一步支持了研究假设 H1a、H1b。从以上分析结果可以看出,外部知识源对 KIBS 企业的服务创新能力具有明显的促进作用,但是这种作用效果在供应链知识源和科学性知识源之间有所差异,科学性知识源对 KIBS 企业服务创新能力的促进作用要强于供应链知识源的效果。

组织间知识转移对服务创新能力的影响如表 3.3 中的模型 5 所示,模型 5 通过了 F 检验,方差解释率达 51.3%,这说明模型的拟合效果较好。组织间知识转移对服务创新能力的影响达到了显著性水平($\beta=0.758$, $P<0.001$),结果表明组织间知识转移对 KIBS 企业服务创新能力的正向促进作用得到了验证。因此,假设 H3 得到了数据的完全支持。

3.5.3　组织间知识转移中介效应检验

表 3.4　外部知识源对组织间知识转移的影响

变量	组织间知识转移		
	模型 1	模型 2	模型 3
控制变量			
年销售额	0.157^{+}	0.109^{+}	0.038
企业规模	-0.474^{***}	-0.201^{**}	-0.373^{***}
自变量			
供应链知识源		0.682^{***}	
科学性知识源			0.269^{***}
模型统计量			
R^2	0.160	0.564	0.222
调整后 R^2	0.151	0.557	0.210
ΔR^2	—	0.404	0.062
F 值	17.792^{***}	80.301^{***}	17.709^{***}

注：$N=190$，系数为标准化回归系数；$+$ 表示显著性水平 $P<0.10$，$*$ 表示显著性水平 $P<0.05$，$**$ 表示显著性水平 $P<0.01$，$***$ 表示显著性水平 $P<0.001$（双尾检验）。

表 3.4 中的模型 2 显示，外部知识源中的供应链知识源对组织间知识转移具有显著的正向促进作用（$\beta=0.682$，$P<0.001$），假设 H2a 得到了数据的支持。模型 3 显示，外部知识源中的科学性知识源对组织间知识转移具有显著的正向促进作用（$\beta=0.269$，$P<0.001$），假设 H2b 得到了数据的支持。通过比较自变量的回归系数可知，外部知识源尽管都会有效促进组织间知识转移，然而这种正向促进效果在不同外部知识源之间会显现出一定的差异性，供应链知识源对组织间知识转移的正向促进效应要明显强于科学性知识源。

在中介检验前两步都通过的条件下（表 3.3 中模型 2，表 3.4 中模型 2），表 3.3 中模型 6 表示把自变量供应链知识源、中介变量组织间知识转移一起放入回归方程后，组织间知识转移的回归系数显著为正（$\beta=0.756$，$P<0.001$），而

供应链知识源的回归系数变得不显著（$\beta=0.003$，$P>0.1$），由此可知，组织间知识转移在供应链知识源对 KIBS 企业服务创新能力的影响中起到了完全中介的作用。

在中介检验前两步都通过的条件下（表 3.3 中模型 3，表 3.4 中模型 3），表 3.3 中模型 7 表示把自变量科学性知识源、中介变量组织间知识转移一起放入回归方程后，组织间知识转移的回归系数显著为正（$\beta=0.645$，$P<0.001$），而科学性知识源的回归系数由 0.584（$P<0.001$）降为 0.411（$P<0.001$），回归系数有所降低但还是显著，由此可知，组织间知识转移在科学性知识源对 KIBS 企业服务创新能力的影响中起到了部分中介的作用。

3.5.4　企业—顾客互动调节效应检验

为了验证企业—顾客互动（交易型互动、关系型互动）在外部知识源（供应链知识源、科学性知识源）对组织间知识转移影响作用中的调节效应，本章以组织间知识转移为被解释变量，以供应链知识源、科学性知识源及其与交易型互动、关系型互动的乘积项作为解释变量，并以年销售额、企业规模为控制变量，逐一建立回归方程模型（见表 3.5）。

表 3.5　企业—顾客互动类型的调节效应分析

变量	组织间知识转移						
	模型 1	模型 2	模型 3	模型 4	模型 5	模型 6	模型 7
控制变量							
年销售额	0.157^{+}	0.114^{+}	0.157^{+}	0.103^{+}	0.033	0.103^{+}	0.033
企业规模	-0.474^{***}	-0.204^{**}	-0.475^{***}	-0.193^{**}	-0.377^{***}	-0.202^{**}	-0.368^{***}
解释变量							
供应链知识源		0.682^{***}		0.682^{***}		0.675^{***}	
科学性知识源		0.269^{***}			0.257^{***}		0.260^{***}
交易型互动			-0.041				
关系型互动			-0.029				
供应链知识源× 交易型互动				0.071			

续表

变量	组织间知识转移						
	模型 1	模型 2	模型 3	模型 4	模型 5	模型 6	模型 7
科学性知识源× 交易型互动					0.110^{+}		
供应链知识源× 关系型互动						0.057	
科学性知识源× 关系型互动							0.125^{*}
模型统计量							
R^2	0.160	0.564	0.163	0.569	0.234	0.567	0.238
调整后 R^2	0.151	0.555	0.145	0.560	0.218	0.558	0.221
ΔR^2	—	0.404	0.003	0.005	0.012	0.003	0.016
F 值	17.792^{***}	59.927^{***}	9.031^{***}	61.147^{***}	14.136^{***}	60.678^{***}	14.427^{***}

注：$N=190$，系数为标准化回归系数；$+$ 表示显著性水平 $P<0.1$，$*$ 表示显著性水平 $P<0.05$，$**$ 表示显著性水平 $P<0.01$，$***$ 表示显著性水平 $P<0.001$（双尾检验）。

1. 交易型互动的调节效应分析

交易型互动在供应链知识源对组织间知识转移影响作用中的调节效应见表 3.5 中模型 4。模型 4 尽管通过了 F 检验，且方差解释率也达到了 56.9%，说明模型的拟合效果较好，但是该模型的 ΔR^2 只有 0.005。其中供应链知识源对组织间知识转移的正向促进效应显著（$\beta=0.682$，$P<0.001$），但是供应链知识源与交易型互动的乘积项回归系数不显著（$\beta=0.071$，$P>0.1$），因此，说明交易型互动在供应链知识源对组织间知识转移影响作用中的调节效应不显著，即假设 H4a 没有得到数据的支持。

交易型互动在科学性知识源对组织间知识转移影响作用中的调节效应见表 3.5 中模型 5。模型 5 中科学性知识源对组织间知识转移的正向促进效应显著（$\beta=0.257$，$P<0.001$），同时科学性知识源与交易型互动的乘积项回归系数正向显著（$\beta=0.110$，$P<0.1$），由此可知，原假设 H4b 没有得到数据支持，但是惊奇地发现该假设反面却得到了支持。即 KIBS 企业在合作创新过程中交易型互动导向越明显，越有利于科学性知识源对组织间知识转移的促进作用，假设 H4b 的反面得到了数据的支持。这可能的解释是：交易型互动尽管以短期利益

的达成为主要目的,而且主要关注的是企业自身的利益,在一定程度上会忽视顾客的价值,从而弱化合作创新过程中与顾客企业之间的价值共创,但是企业还是非常重视、需要对来自大学、科研机构等外部科学性知识源处的创新知识,换而言之,交易型互动导向的企业也是非常需要科学性知识源处的异质化创新知识,以帮助企业自身提升开展服务创新的能力和水平。

2.关系型互动的调节效应分析

关系型互动在供应链知识源对组织间知识转移影响作用中的调节效应见表 3.5 中模型 6。模型 6 尽管通过了 F 检验,且方差解释率也达到了 56.7%,说明模型的拟合效果较好,但是该模型的 ΔR^2 只有 0.003。其中供应链知识源对组织间知识转移的正向促进效应显著($\beta = 0.675, P < 0.001$),但是供应链知识源与关系型互动的乘积项回归系数不显著($\beta = 0.057, P > 0.1$),因此,说明关系型互动在供应链知识源对组织间知识转移影响作用中的调节效应不显著,即假设 H5a 没有得到数据的支持。

关系型互动在科学性知识源对组织间知识转移影响作用中的调节效应见表 3.5 中模型 7。模型 7 中科学性知识源对组织间知识转移的正向促进效应显著($\beta = 0.260, P < 0.001$),同时科学性知识源与关系型互动的乘积项回归系数也显著($\beta = 0.125, P < 0.05$),因此,说明关系型互动在科学性知识源对组织间知识转移影响作用中具有显著的调节效应,即假设 H5b 得到了数据的支持,KIBS 企业在合作创新过程中关系型互动导向越明显,越有利于科学性知识源对组织间知识转移的促进作用。

3.6 研究结论与启示

3.6.1 研究结论

本章以 190 家 KIBS 企业与外部主体合作开展的服务创新项目为研究样本,以合作创新过程中外部知识源对企业服务创新能力的具体作用机制为研究对象,以提升 KIBS 企业服务创新能力为研究目标,分析了外部知识源对 KIBS 企业服务创新能力的直接影响作用,明确了外部知识源与 KIBS 企业服务创新能力之间的组织间知识转移机制,探讨了企业—顾客互动在外部知识源与组织间知识转移之间的调节效应。得到如下结论:

（1）外部知识源对 KIBS 企业服务创新能力具有明显的促进作用，但这种促进效应在供应链知识源与科学性知识源之间有所差异。本章以信息服务业的服务创新为背景，从与其合作创新的外部知识源主体视角出发，具体研究了外部知识源对 KIBS 企业服务创新能力的直接影响，发现在合作创新过程中外部知识源会显著促进 KIBS 企业的服务创新能力的提升，但是科学性知识源的促进效应强于供应链知识源。

（2）外部知识源通过作用于组织间知识转移进而促进 KIBS 企业服务创新能力的提升，组织间知识转移在两者之间架构起了桥梁作用。为深入了解外部知识源对 KIBS 企业服务创新的影响本质，本章引入组织间知识转移这一中介变量，揭示了 KIBS 企业与外部主体在合作创新过程中外部知识源促进企业服务创新能力提升的具体内在作用机制，即外部知识源通过作用于合作创新双方组织间知识转移进而促进企业服务创新能力的提升。

（3）组织间知识转移在不同的外部知识源与 KIBS 企业服务创新能力之间所起的中介机制有所不同。在合作创新过程中，尽管组织间知识转移在外部知识源与 KIBS 企业服务创新能力之间发挥了中介桥梁作用，但是这种中介作用在不同的外部知识源之间有所差异。在供应链知识源对 KIBS 企业服务创新能力的影响过程中，组织间知识转移起到了完全中介的作用，而在科学性知识源对 KIBS 企业服务创新能力的影响过程中，组织间知识转移则起到了部分中介的作用。

（4）企业—顾客互动导向越明显的 KIBS 企业，其外部科学性知识源对企业服务创新能力的促进作用越明显。本章引入交易型互动与关系型互动两类企业—顾客互动方式作为调节变量，深入剖析外部知识源对组织间知识转移的具体影响过程。发现在供应链知识源对组织间知识转移的影响中企业—顾客互动方式几乎没有调节效应，而在科学性知识源对组织间知识转移的影响中交易型互动与关系型互动均起到了明显的正向调节作用。

为了更加直观地揭示交易型互动、关系型互动在科学性知识源对组织间知识转移影响中的调节效应，笔者绘制了调节效应图，可以发现：（1）图 3.2 所示，交易型互动在科学性知识源对组织间知识转移的影响过程中起到了明显的促进作用，而且交易型互动越强，这种促进效应就越明显。（2）图 3.3 所示，关系型互动在科学性知识源对组织间知识转移的影响过程中起到了明显的促进作用，而且关系型互动越强，这种促进效应就越明显。（3）结合图 3.2 与图 3.3，可以发现在科学性知识源对组织间知识转移的影响过程中关系型互动的促进效应要明显强于交易型互动的促进效应。

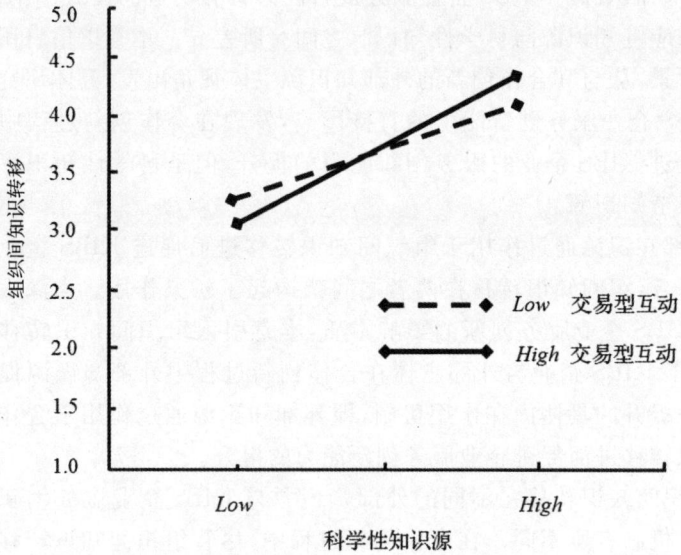

图 3.2 交易型互动与科学性知识源的交互作用

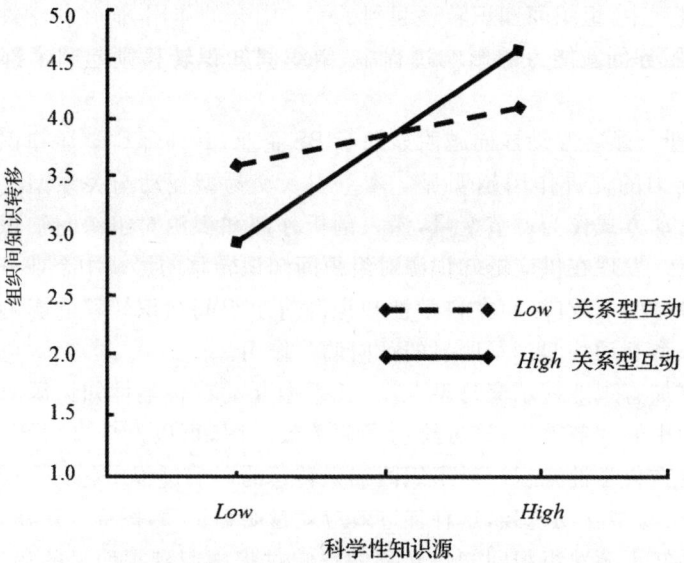

图 3.3 关系型互动与科学性知识源的交互作用

3.6.2　理论意义

(1)针对现有文献缺乏关于外部知识源与服务创新能力之间关系的研究,本章通过实证明确了外部知识源对 KIBS 企业服务创新能力的具体影响作用,且发现了这种影响作用在不同外部知识源之间的差异性。

尽管 Segelod 和 Jordan(2004),Vega-Jurado 等(2008),Tether 和 Tajar(2008),Ganotakis 和 Love(2012),余传鹏、张振刚(2015),Grigoriou 和 Rothaermel(2017)等学者都展开了关于外部知识源的相关研究,且在研究中都比较认同将企业的外部知识源划分为供应链知识源与科学性知识源,然而已有文献缺乏外部知识源与 KIBS 企业服务创新能力两者间关系方面的研究,进而导致无法清楚认识外部知识源对服务创新能力的影响作用。本章遵循学者们已有关于外部知识源的分类,通过大样本调研所获得的数据,实证分析了外部知识源对 KIBS 企业服务创新能力的具体影响作用,明确了供应链知识源与科学性知识源对服务创新能力的不同影响作用,为后续基于外部知识源视角的企业服务创新能力方面的研究奠定了一定的基础。

(2)针对现有文献中缺少外部知识源影响服务创新过程中的具体作用机制问题,本章引入组织间知识转移中介变量,探明了外部知识源对 KIBS 企业服务创新能力具体的作用机制,且揭示了组织间知识转移在两者之间发挥了桥梁作用。

尽管 Vivas 和 Barge-Gil(2015)、陈志明(2016)等学者对外部知识源与服务创新之间的关系展开过研究,但是学术界一直未明确外部知识源对服务创新的具体作用机制,进而导致外部知识源具体如何作用于服务创新,或者说外部知识源如何促进企业服务创新绩效提升的机理问题一直尚未明晰。本章首次通过引入组织间知识转移作为中介变量,来揭示外部知识源影响 KIBS 企业服务创新能力过程中的具体作用机制,揭示了组织间知识转移发挥了外部知识源与服务创新能力两者之间的桥梁作用,同时发现组织间知识转移在不同的外部知识源与服务创新能力之间所起到的中介作用有所差异。本章的研究有助于解释、理解在 KIBS 企业合作创新过程中外部知识源的具体作用机制问题。

(3)现有研究中较少有文献提及影响外部知识源对服务创新作用效果的具体因素,本文引入合作创新中企业—顾客互动(交易型互动与关系型互动)作为调节变量,剖析了企业—顾客互动在外部知识源对组织间知识转移影响过程中的调节机制,且厘清了不同外部知识源的不同调节效应。

本章按照 Gruner 和 Homburg(2000)、Lundkvist 和 Yakhlef(2004)等学者

的研究思路,认为合作创新的本质就是企业—顾客互动,于是在研究外部知识源影响 KIBS 企业服务创新能力的过程中引入企业—顾客互动作为调节变量,并采纳 Coviello 等(2002)、Gummesson(2004)等学者的建议,将企业—顾客互动划分为交易型互动与关系型互动,深入剖析其在外部知识源作用于组织间知识源进而影响企业服务创新能力过程中的调节机制,厘清了交易型互动、关系型互动在不同外部知识源之间的不同调节效应。研究结果为学术界深入展开对外部知识源的研究提供了一个新的视角。

3.6.3　管理启示

本章的研究结论对 KIBS 企业与外部主体间的合作创新实践提供了诸多的管理启示。

(1)合作创新中充分利用外部知识源可以有效地提升企业的服务创新能力,科学性知识源对服务创新能力的促进效应要强于供应链知识源。这其中可能的原因是:当前我国 KIBS 企业的服务创新能力整体水平不高,特别是自主创新能力水平还较低,大部分新服务项目的开发延续的是以顾客企业模块化创新为主的项目,所提供的独创性服务创新知识相对不多,创新空间尚有待拓展。因此,KIBS 企业需要积极地从大学、科研机构等外部科学性知识源处获取服务创新所需的知识,特别是独创性知识,同时加大对与外部科学性知识源主体合作创新成果的应用性转化,这对提升 KIBS 企业服务创新能力、赢得市场竞争优势具有明显的促进作用。

(2)减少影响组织间知识转移的障碍因素,有效地促进外部知识源对企业服务创新能力的提升作用。KIBS 企业服务创新过程中外部知识源通过作用于组织间知识转移进而影响企业的服务创新能力,意味着组织间知识转移在两者之间发挥了中介桥梁的作用。这就提示企业,组织间知识转移顺畅与否,将会直接关乎企业服务创新成果的绩效水平,所以 KIBS 企业与外部知识主体合作过程中应该减少、影响组织间知识转移的因素,保证组织间知识转移的顺利进行。因此,首先,合作过程中外部知识源在保护自己知识的前提下,尽可能地降低合作知识的模糊性,以保障知识能够在组织间进行有效的转移;其次,合作过程中,KIBS 企业应当重点发展与外部合作伙伴间的长期合作关系,提升双方组织间的信任水平,进而保证合作双方组织间知识的顺利转移;最后,KIBS 企业应当强化自身识别、获取、整合、利用外部创新知识的能力,提升自身对外部创新知识的吸收、转化能力,通过借助外部知识源的知识提升服务创新能力,构筑自身核心竞争优势。

（3）企业所采取的企业—顾客互动导向要与合作的外部知识源相匹配。企业—顾客互动导向越是明显的企业，科学性知识源对组织间知识转移的效果越发显著，这其中关系型互动的促进作用要明显强于交易型互动。合作过程中奉行企业—顾客互动导向的 KIBS 企业，无论是侧重交易型互动，还是侧重关系型互动，都应该展开与大学、科研机构等外部知识源的密切合作，加强从外部科学性知识源处对服务创新知识的获取、利用，这更有利于快速提升 KIBS 企业自身的服务创新能力，以帮助企业开发出更加迎合市场、满足顾客企业需求的服务创新产品。

3.6.4　研究不足与展望

本章仍存在以下几个方面的不足可在未来研究中改进。第一，由于研究时间等方面的限制，本文调研所获得的样本数据并非来自全国各个省份，样本来源区域相对比较集中，导致数据呈现出一定的地域性，这可能会影响本次研究结论的普适性。今后的研究应该进一步扩大样本数据的来源范围，以使研究结果更加具有普遍性。第二，本次研究秉承了相对静态的研究视角，所获得的服务创新项目样本数据为某一时间点的截面数据，然而合作创新是一个动态演变的过程，这在一定程度上可能会导致研究结论的失真。今后的研究，如有可能应该选取几个典型的案例项目进行重点、持续的动态跟踪研究，以进一步验证、夯实本次研究所得的结论。第三，本次研究将具体研究对象限定在了 KIBS 企业，其研究结论是否适用于金融服务业、科技服务业、商务服务业等其他类型的知识密集型服务企业尚有待进一步的验证与明确，今后可以考虑对其他知识密集型服务企业展开类似的研究。

调研问卷

外部知识源对企业服务创新能力影响的调研问卷

Section A:填写说明

尊敬的贵公司领导/项目负责人:

您好!本问卷旨在调查研究外部知识源对知识密集型服务企业服务创新能力的影响,为提升知识密集型服务企业的创新能力和企业绩效提供理论和实践上的支撑。

请您详细阅读填写说明和问卷中的测量问项后根据实际情况实事求是地作答,您的每一个答案对本研究的结果都有重大影响。您所提供的信息将受到严格保密,不会泄露,我们也不会对您的单位进行反馈,仅用于科学研究,请您放心填写。非常感谢您的支持与合作!

敬祝大展宏图,事业鼎盛!

填表说明:

请您对公司近三年来或者自己最近三年来所参与的某个创新项目进行评价,根据当时的真实情况进行选择。为了帮助您顺利地填写问卷,节省宝贵的时间,请首先仔细阅读各部分的主要术语。(这里的"创新项目"不仅包括新服务或新产品的开发,也包括现有服务或产品的改进)

1.Section C 的题项中 1~5 的数值表示从"非常不同意"向"非常同意"依次渐进。数值不代表分值,仅指同意或不同意的程度,请在相应框内的数字上直接打钩;若您是在电脑上填写,请您将相应框内的数字标红。

2.各部分问卷中的测量问项,不同的人可能会有不同的看法,因而您的选择没有对错之分,请您根据实际情况表达真实的想法。这不是测验,也没有标准答案,您只需要客观地做出选择,请您不要都打一样的分,也不要遗漏某些题项。

Section B:公司基本信息

<u>一、公司基本情况</u>

1.公司名称:_____

2.公司所在地:_____省_____市

3.公司成立已经:_____年

4. 公司所处行业是(请在所属方框内直接打钩):

☐ 信息服务业(包括电信及其他通信服务业、计算机服务业、软件业等)

☐ 金融服务业(包括银行业、证券业、保险业和其他金融活动等)

☐ 科技服务业(包括研究与试验发展、专业技术服务业、工程技术与规划管理、科技交流和推广服务业等)

☐ 商务服务业(包括法律服务、咨询与调查、其他商务服务等)

☐ 其　　他(请写出):＿＿＿＿＿＿

5. 公司年销售收入:

☐ 50 万以下　　　　☐ 51 万～100 万　　　☐ 101 万～500 万

☐ 501 万～1000 万　☐ 1001 万～5000 万　☐ 5001 万～1 亿　　☐ 1 亿以上

6. 公司员工数量:

☐ 50 人以下　　　☐ 51～100 人　　　☐ 101～300 人

☐ 301～500 人　　☐ 501～1000 人　　☐ 1001 人以上

7. 公司开展创新活动的创意或思想主要来源于(可以多选):

☐ 政府或公共部门　☐ 客户　　　　　☐ 竞争对手

☐ 大学或科研院所　☐ 技术供应商　　☐ 中介机构

8. 您的职位是:

☐ 企业所有者　　　☐ 总经理/副总经理　☐ 办公室主任

☐ 部门/项目主管　☐ 企业的顾问　　　☐ 其他

9. 您受教育的程度:

☐ 高中及以下　　　☐ 专科　　　　　☐ 本科

☐ 硕士　　　　　　☐ 博士

10. 您的年龄(周岁):

☐ 30 及以下　　☐ 31～35　　　☐ 36～40　　　☐ 41～45

☐ 46～50　　　☐ 51 以上

Section C:具体调研内容

二、外部知识源

主要术语:

外部知识源分为供应链知识源和科学性知识源:供应链知识源主要包括顾客企业、供应商企业;科学性知识源主要包括大学、科研机构。

测量问项	非常不同意	不同意	一般	同意	非常同意
供应链知识源					
1.我们公司努力从顾客那里获取相关技术或创新支持	1	2	3	4	5
2.我们公司努力从供应商那里获取相关技术或创新支持	1	2	3	4	5
3.客户企业的创意、想法对我们公司开展服务创新活动有帮助	1	2	3	4	5
4.供应商有时也会给我们企业提供有用的创意	1	2	3	4	5
科学性知识源					
5.我们公司努力从大学那里获取相关技术或创新支持	1	2	3	4	5
6.我们公司努力从科研机构那里获取相关技术或创新支持	1	2	3	4	5
7.大学往往能够给我们公司提供服务创新所需要的技术	1	2	3	4	5
8.科研机构往往能够给我们公司提供服务创新所需要的技术	1	2	3	4	5

三、组织间知识转移

主要术语：

组织间知识转移：组织间跨越边界的一种知识共享行为，知识资本从一个组织转移到另一个组织，且被知识接受方组织有效地吸收、利用，进而实现知识的创新、转化。

测量问项	非常不同意	不同意	一般	同意	非常同意
组织间知识转移					
9.我们企业从合作伙伴那里获得了很多重要的知识和信息	1	2	3	4	5

测量问项	非常不同意	不同意	一般	同意	非常同意
10.我们企业从合作伙伴那里学到了很多关键的创新技术和知识	1	2	3	4	5
11.通过吸收外部的创新资源,我们企业提高了现有的服务创新能力	1	2	3	4	5
12.我们企业从合作伙伴那里学到的重要创新知识已经运用在企业中	1	2	3	4	5

四、企业—顾客互动

主要术语:

企业—顾客互动:价值共创导向下,KIBS企业与顾客企业为完成复杂的创新任务,而通过跨越组织边界所形成的一个集体行动系统,不仅包括实际动态活动,也包括一定的结构形态,分为交易型互动和关系型互动。交易型互动指的是以短期利益的达成为目标的企业与顾客间互动合作行为,实质就是在合作过程中企业将关注重点放在自身利益的实现上,而忽视与顾客间的价值共创;关系型互动指的是以长期利益的达成为目标的企业与顾客间互动合作行为,实质就是在合作过程中企业将关注重点放在双方利益的实现上,提高顾客对企业的信任与忠诚度,谋求与顾客间的价值共创。

测量问项	非常不同意	不同意	一般	同意	非常同意
交易型互动					
13.我们与顾客企业互动的目的是获得利润	1	2	3	4	5
14.我们的互动方式是大众化的,比如广告、折扣等形式	1	2	3	4	5
15.我们与主要顾客企业的互动是短期的,不包含个人的情感因素	1	2	3	4	5
16.我们与顾客企业的互动是不连续的	1	2	3	4	5

续表

测量问项	非常不同意	不同意	一般	同意	非常同意
17. 我们与顾客企业的互动通常是正式商业化层面的	1	2	3	4	5
18. 我们与顾客企业的互动主要目的是吸引新顾客	1	2	3	4	5
19. 我们与顾客企业的互动主要聚焦于产品、品牌或服务的相关问题	1	2	3	4	5
20. 我们与顾客企业的互动主要由相关职能经理来完成	1	2	3	4	5
关系型互动					
21. 我们与顾客企业互动的目的是交流信息,建立长期且强有力的关系	1	2	3	4	5
22. 我们的沟通方式是与特定顾客企业展开互动,形成关系网络	1	2	3	4	5
23. 我们与顾客企业通过个性化的人际和非人际互动进行联系	1	2	3	4	5
24. 我们与顾客企业通过持续、及时的方式进行互动	1	2	3	4	5
25. 我们与顾客企业通过一对一或网络互动形式进行正式或非正式互动	1	2	3	4	5
26. 我们与顾客企业互动的目的是协调和发展同顾客间的合作关系	1	2	3	4	5
27. 我们与顾客企业互动的目的是建立一对一或网络化的顾客关系	1	2	3	4	5
28. 我们与顾客企业的互动不局限于营销职能人员,还包含企业的高层及相关部门员工	1	2	3	4	5

五、服务创新能力

主要术语：

服务创新能力：KIBS 企业研发全新的服务项目或对已有服务项目进行深入开发或改善，以满足企业自身、顾客、社会、员工等利益相关者需求，维持企业竞争优势的能力和程度。

在过去的三年中，企业开展服务创新活动的业绩与当地主要竞争对手相比情况如何？请根据实际情况客观作答，在相应的数字上做标记即可。

测量问项	非常 不同意	不同意	一般	同意	非常 同意
服务创新能力					
29. 我们公司经常开发出深受市场欢迎的新服务	1	2	3	4	5
30. 我们公司很大一部分利润来自于开发的新服务	1	2	3	4	5
31. 竞争对手常常模仿我们公司开发的新服务	1	2	3	4	5
32. 我们公司推出新服务的速度往往比竞争对手快	1	2	3	4	5
33. 我们公司在服务研究与开发方面比竞争对手具有更强的实力	1	2	3	4	5
34. 我们一直努力开发可以将老服务提升为新服务的创新技能	1	2	3	4	5
35. 我们公司经常开发出深受市场欢迎的新服务	1	2	3	4	5

问卷已全部回答完毕，再次感谢您的合作！

如果需要研究结果请您留下联系方式：

您的姓名：＿＿＿＿＿＿＿＿＿

所在部门：＿＿＿＿＿＿＿＿＿

联系电话或 E-mail：＿＿＿＿＿＿＿＿＿＿＿＿＿＿＿

邮寄地址：＿＿＿＿＿＿＿＿＿＿＿＿＿＿＿＿＿＿＿

第4章 客户企业参与、知识 转移与服务创新

4.1 问题提出

当前随着服务业的快速发展,服务企业之间的竞争也日趋激烈,特别是新服务开发成为服务企业创新、发展的重要驱动力量,而客户企业参与服务企业新服务开发被认为是一种改善和提高企业新服务开发绩效水平的重要方式(Chen,2008)。正如 Carayannopoulos(2010)指出,对于客户企业知识的持续获取与技术的不断创新已成为现代服务企业获得可持续竞争优势的关键因素,对以客户为导向、知识为载体的知识密集型服务企业来说更是如此。在新服务开发过程中引入客户企业参与,进而获取企业外部的知识资源以发现和满足客户的潜在需求,探索在新服务开发过程中如何更好地获取、消化和利用客户知识,受到越来越多创新研究者的关注。

许多研究表明客户企业参与新服务开发过程会积极影响服务产品的开发时间、开发速度(Carbonell et al.,2009),能够有效降低成本,提高新服务的开发质量(Hausman et al.,2005)。但是也存在一些潜在的问题;Ganesan 等(2005)认为客户需求信息往往是一种隐性知识,由于其复杂性和非结构化性,这种知识在转移给服务企业的过程中存在一定的困难。Dyer 和 Hatch(2006)指出客户企业愿意分享知识可能会使服务企业面临将敏感性知识泄露给竞争对手的风险。Bonner(2010)研究发现,对于更深层次的需求信息,有时候客户自身往往也并不是十分清楚。

通过梳理已有文献发现,学者们对服务企业在开发新服务的过程中客户企业参与所能发挥的作用所得出的结论并不一致:有些学者认为客户企业参与能起到积极有效的作用,而有些学者认为其所起的作用是有限的。究其原因是客

户企业与服务企业之间链接关系的缺乏(姚山季、王永贵,2012),也就是说客户企业参与是一个多维度的概念,必须对其进行进一步的细分,以更好地探究不同维度对新服务开发绩效的影响机制。鉴于此,本章在以往研究的基础上,结合信息服务企业的特征,从信息共享、责任行为和人际互动三个维度来刻画客户企业参与,并探索这三个维度对知识转移和新服务开发绩效的影响机制。

4.2　概念界定与研究假设

4.2.1　基本概念界定

1.客户企业参与

服务产品生产和消费的同步性特征导致客户企业与服务企业之间不仅是合作伙伴的关系,更是合作生产的关系,客户企业适时参与企业的服务创新活动,可以降低服务供应商的生产成本,提升企业服务产品的价值。近年来学者们就客户企业参与新服务开发进行了相关的研究,普遍认为在新服务开发的过程当中,企业与客户企业之间密切的联系是新服务开发成功的关键因素(Brown & Eisenhardt,1995),企业可以从客户企业那里获得相应的知识及技术(Lau et al.,2010),通过客户企业参与新服务的研发过程,企业进一步吸收、整合客户企业的创意、想法,并以此来增加服务产品的价值,进一步提升自身的核心能力。客户企业参与是指客户企业为新服务开发提供一些设计理念、与企业共同创造新服务,体验终极服务产品,最终影响投入新服务开发资源的水平(Nambisan,2002)。已有文献并未对顾客参与和客户企业参与进行明确的细分,鉴于本章对象是信息服务企业,其顾客往往是企业而非一般意义上的消费者,因此采用客户企业参与这一概念。

关于客户企业参与维度的划分,通过文献梳理发现不同学者分别从客户企业投入、参与过程、参与程度以及双方互动等不同视角进行划分。本章根据研究对象,从客户企业与本企业之间互动视角进行维度的细分(Ennew & Binks,1999),将客户企业参与划分为信息共享、责任行为和人际互动三个维度。信息共享指的是客户企业需要与服务企业分享信息来保证其开发出满足客户企业需要的服务产品。责任行为指的是客户企业与服务企业双方需要明确各自的责任,客户企业需要亲自参与完成服务开发中的部分内容并承担相应的责任。人际互动指的是客户企业与服务企业之间的交流、互动、信息反馈等行为,其有助于深入获取客户企业的需求信息,并增进双方之间的信任。

2.知识转移

由于知识是有价值的、稀缺的、难以模仿的和不可替代的,因此客户企业的知识能够让企业获取具有竞争优势的异质性资源,但是构建企业持续竞争优势的并不是知识本身,而是知识的获取、存储、分享和应用(Qin et al.,2011)。所以早在1977年Teece就提出了知识转移理论,将知识转移界定为一个动态学习的过程,是知识资本从一个知识主体向另一个知识主体的移动过程(Teece,1977),该理论指出知识转移可以促进知识扩散并为组织积累有价值的知识。知识转移通常被认为是知识接受者获得与知识源相同认识的认知过程,对其相关研究主要有企业内部、独立企业间、联盟与跨国公司内、国际并购活动以及网络中的知识转移等视角。本章主要是研究企业之间的知识转移,认为知识转移是指知识资本从客户企业向服务企业的移动过程。

知识转移由于是组织间跨越边界的知识共享行为(张若勇等,2007),因此不仅仅是从客户企业到服务企业的知识流动过程,更应该是服务企业对客户企业知识的吸收以及再利用过程。由此可见,知识转移应该是一个多维的概念,可以从知识转移内容和知识转移效果两个方面来衡量(卢俊义、王永贵,2011)。知识转移内容关注知识转移过程中被转移知识内容的完整性,不仅包括客户企业特征、需求与关系等方面的知识,而且包括客户企业有关市场、企业以及服务产品等方面的知识(卢俊义、王永贵,2011)。知识转移效果指的是在一定时期内,一定数量的客户企业知识发生转移,转移的内容、效率以及效果等方面使服务企业感到满意(张若勇等,2007)。

3.新服务开发绩效

Johne 和 Storey(1998)最早提出新服务开发的概念:"对于服务提供者来说是开发一种新的服务产品。"蔺雷、吴贵生(2007)首次提出新服务开发(new service development,NSD):服务企业在整体战略和创新战略的指引或影响下,根据顾客和市场需求,或在其他环境要素的推动下,通过可行的开发阶段和过程向企业现有顾客或新顾客提供包含从风格变化到全新服务产品等各种正式或非正式的服务开发活动,它是实现现有服务或新服务增值的重要途径。梳理文献发现对新服务开发绩效的评价主要是基于企业绩效和服务创新绩效两个方面,比较多的是市场占有率、相对于竞争对手的成功率等指标。本章借鉴大部分学者的观点,从财务、市场和顾客三个角度对新服务开发绩效进行测量。

4.2.2 假设提出

1.客户企业参与对新服务开发绩效影响

相对于制造企业而言,服务企业与客户企业的合作关系更为紧密,因此客户企业所拥有的需求信息、客户体验信息等均可以被用来作为新服务开发的资源。Carbonell 等(2009)的研究证实,与客户企业的见面频率、交流深度、参与合作的客户企业数量等因素会大大促进服务企业新服务开发的绩效。Lagrosen(2005)也认为客户企业的深度参与有利于企业价值的创造,客户企业参与在强调客户价值重要性的同时,也增进了服务企业自身服务创新的程度。由此可见,通过鼓励客户企业参与服务企业新服务的开发、推广过程,促进双方的信息共享行为,明确参与过程中双方的责任,保障双方之间充分的人际互动关系,均有助于服务企业及时获取客户企业的信息,提高服务企业新服务开发的绩效水平。因此本章提出如下假设:

> H1a:信息共享显著正向影响新服务开发绩效。
> H1b:责任行为显著正向影响新服务开发绩效。
> H1c:人际互动显著正向影响新服务开发绩效。

2.客户企业参与对知识转移影响

(1)信息共享与知识转移

客户企业在与服务企业的合作过程中,会表现出一定的角色外行为,诸如同服务企业信息共享的意愿和行为,这对服务企业获取客户企业的知识非常有利(张若勇等,2007)。客户企业会把自己的各种需求信息传递给服务企业,以保证自身需求更好地得到满足,而对于服务企业而言通过信息共享可以吸收客户企业信息,分析其详细需求(范钧等,2013)。服务企业与客户企业的信息共享行为能够促进客户企业的创新思想、对服务产品的需求信息,甚至包括客户企业自身特征等信息及时有效地从客户企业转移给服务企业。由此可见客户企业与服务企业间的信息共享会促进知识转移的内容和效果。因此本章提出如下假设:

> H2a:信息共享显著正向影响知识转移内容。
> H2b:信息共享显著正向影响知识转移效果。

(2)责任行为与知识转移

责任行为强调的是客户企业参与服务企业新服务的开发过程时,需要与服务供应商明确并承担相应的责任。客户企业充当服务企业的内部员工,完成需求表达、意见反馈、问题诊断等一系列职责范围内的事情,扮演着与服务企业合作开发的角色,这种责任行为对客户企业知识转移能力和意愿起到了积极的促进作用(卢俊义、王永贵,2011)。Den(2000)指出客户企业在知识密集型服务企业新服务开发中扮演着合作生产的角色,与企业一起工作,一起寻求问题解决方案,共同接受新挑战。责任行为让客户企业自觉完成服务开发的内容,同时在开发过程中承担一定的责任,使客户企业更易于接受新开发的服务项目,还能建立起双方之间更为坚固的感情纽带,这对信息服务企业提高获取客户企业知识的数量和质量有非常重要的意义。因此本章提出如下假设:

　　　　H2c:责任行为显著正向影响知识转移内容。

　　　　H2d:责任行为显著正向影响知识转移效果。

　　(3)人际互动与知识转移

　　服务企业的吸收能力、客户企业和服务企业间的协调能力以及双方的关系能力均能促进企业间的知识获取、共享和应用,进而提升企业的服务产品开发绩效(王小娟、万映红,2015),这三种能力实质上就是客户企业与服务企业之间的人际互动关系。客户企业与服务企业之间的互动过程是一种双边交互的过程,客户企业通过这种交流、互动、信息反馈等活动,能给服务企业传递具体的需求信息,同时能更加赢得服务企业的信任。通过人际互动,服务企业不仅可以获取客户企业的背景资料等显性知识,更为关键的是能够捕获那些根植于客户企业内部,对新服务开发有重要作用的隐性知识(范钧等,2013)。这种人际互动帮助服务企业获取大量客户企业信息反馈的机会,进一步深入理解客户企业的需求,更易于发现客户企业和市场的新创意、新机会,促进客户企业知识的有效转移。因此本章提出如下假设:

　　　　H2e:人际互动显著正向影响知识转移内容。

　　　　H2f:人际互动显著正向影响知识转移效果。

3.知识转移对新服务开发绩效影响

　　开放式创新环境下,服务企业新服务的开发更是一个复杂、动态的过程,需要与客户企业的需求、创意和观念进行相互碰撞,因此需要通过多个企业或团队之间的共同行动来完成(张同建等,2014),这就是说客户企业和服务企业相互之间都必须共享各自的知识,共同解决服务创新中的难题。He(2004)实证研究发现,在用户参与系统开发中,用户知识参与和团队绩效之间存在显著的关系,而知识互动(知识获取和知识开发)在用户知识参与和团队绩效之间起到中介作用,这种知识获取和知识开发实质上所反映的就是知识转移的效果。客户企业参与新服务开发会通过各种方式促进双方之间各种知识的转移和分享,特别是通过参与会极大地促进客户企业隐性知识的分享,从而有利于提升服务企业的新服务开发绩效(刘盈秀等,2013),由此可见知识转移内容会促进新服务开发绩效。因此本章提出如下假设:

　　H3a:知识转移内容显著正向影响新服务开发绩效。

　　H3b:知识转移效果显著正向影响新服务开发绩效。

4.知识转移平衡对新服务开发绩效影响

　　March(1991)首次提出"双元"组织理论思想以来,越来越多的学者开始以该理论作为研究的重要思想,并应用于多个研究领域。比如关于知识源广度和深度之间的平衡对组织绩效的影响,已有研究发现由于组织资源的稀缺性和组织学习的自我增强机制,在知识广度和深度之间必然存在一定的张力(Raisch & Birkinshaw,2008),没有知识源广度和深度之间的有效平衡,企业很可能会落入自我增强和路径依赖的能力陷阱,最终影响企业的创新绩效(O'Reilly & Tushman,2013),所以服务企业在追求创新绩效的时候必须考虑知识源广度和深度之间的平衡效果。然而有些学者的研究得到了并不一致的结论:比如金昕等(2015)研究发现知识源广度和深度之间的平衡对企业创新绩效的影响并不显著,吴晓波等(2015)研究发现创新模式之间的平衡反而会阻碍企业创新绩效的提升。本章基于大部分学者的观点探索性地提出如下假设:

　　H4:知识转移内容和效果的平衡显著正向影响新服务开发绩效。

　　基于以上分析,本章实证模型如图 4.1 所示:

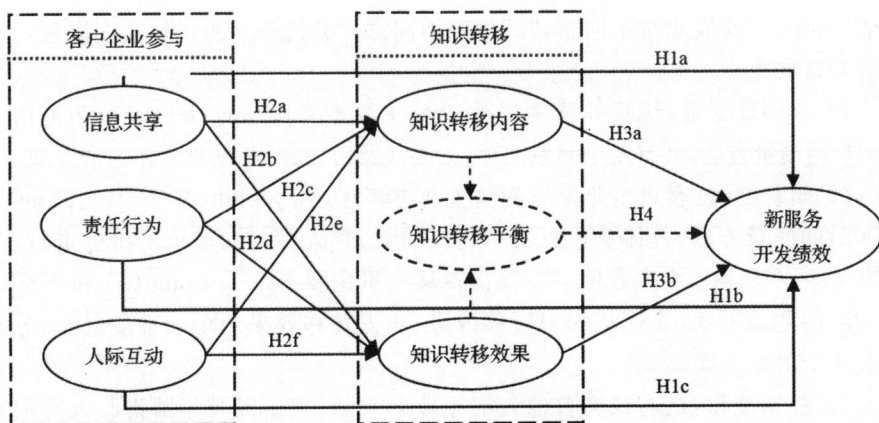

图 4.1　本章的实证模型

4.3 研究设计

4.3.1 数据收集

本章主要采用企业实地调研和问卷调查相结合的方式对长三角地区信息服务企业进行数据的收集,调查对象为了解本企业实际经营状况的高管、部门经理或项目负责人。在相关人员的协助下,采取电话预约、登门调研以及邮寄问卷相结合的办法,历时 2014 年 9 月至 2015 年 5 月,发放问卷 528 份,回收问卷 246 份。处理回收的 246 份问卷时坚持两个原则:首先对于个别题项填写不完整的问卷,采取缺失值处理,如果漏填题项过多则直接作为无效问卷;其次检查被访问者填写问卷的认真程度,大部分题项或者所有题项全部为同一分数的问卷认定为无效问卷。在剔除无效问卷后实际有效问卷为 183 份,有效回收率为 34.66%。问卷大致由四部分构成:第一部分为企业的基本情况;第二部分为客户企业参与测量量表;第三部分为知识转移测量量表;第四部分为新服务开发绩效测量量表。

4.3.2 变量测度

为确保测量工具的效度和信度,本章对变量的测量主要采用国内外现有文献中已经使用过的成熟量表(见表 4.1),并根据本研究所调研的实际对象对相关问题项进行了适当修改以确保其更具有针对性。问卷采用通用的 Likert-5 级量表,其中"1"代表非常不同意,"2"代表不同意,"3"代表一般,"4"代表同意,"5"代表非常同意。

(1)被解释变量:新服务开发绩效变量主要参考了 Jaw 等(2010)和范钧等(2011)的测量方法,共有 5 个测量问项,主要涉及市场、财务以及顾客三个方面。

(2)解释变量:客户企业参与变量主要参考了 Claycomb 等(2001)、Fang 等(2008)的测量方法,具体从信息共享、责任行为和人际互动三个子维度进行,分别有 4 个、4 个和 5 个测量问项。知识转移变量主要参考了 Dong-Gil 和 Kirsch(2005)的测量方法,具体从知识转移内容、知识转移效果两个子维度进行,分别各有 4 个测量问项。

(3)控制变量:已有研究普遍表明企业的年龄、规模以及年销售收入等因素会影响新服务的开发绩效,因此本研究将企业的存续年限、企业规模(用员工数量来表示)、年销售额三个作为控制变量。

表 4.1　各变量探索性因子分析和信度检验结果

变量	测量问项	因子载荷	题项	Cronbach's α 系数
信息共享	客户会向企业清晰表述对服务的要求	0.844	4	0.872
	客户会与企业分享自己具备的专业知识	0.888		
	客户会在参与过程中提出合理化的建议	0.893		
	客户在参与过程中遇到问题时会及时告知企业工作人员	0.774		
责任行为	客户会付出额外资源(时间、金钱等)协助企业工作人员完成相关工作	0.926	4	0.889
	客户会主动搜寻与服务相关的信息	0.856		
	客户会向企业提供新服务开发所需要的资料	0.861		
	客户会配合企业工作人员完成相关的工作(调研等)	0.821		
人际互动	客户在参与过程中与企业工作人员进行良好的沟通	0.750	5	0.891
	客户信任并以友善的态度对待企业的工作人员	0.823		
	客户与企业建立了友好的合作关系	0.850		
	企业工作人员会以不同的形式定期回访客户	0.803		
	对服务存在的问题,客户会与企业工作人员共同讨论制定解决方案	0.766		
知识转移内容	企业获得客户需求、特征、客户关系等基本信息知识	0.865	4	0.907
	企业获得客户具有的与服务产品相关的信息	0.902		
	企业获取客户消费使用的相关信息(评价、建议等)	0.790		
	企业获取客户自我知识(竞争对手信息,服务理念信息等)	0.978		

续表

变量	测量问项	因子载荷	题项	Cronbach's α 系数
知识转移效率	企业的技术发展水平有所提高	0.862	4	0.834
	企业新服务开发得益于客户的知识	0.776		
	企业的人力资源管理质量有所提高	0.826		
	企业的创新周期有所缩短	0.804		
新服务开发绩效	新服务达到预先目标的程度	0.865	5	0.879
	新服务相比竞争对手的创新性情况	0.834		
	新服务相比竞争对手的市场占有率情况	0.814		
	新服务的投入回报率情况	0.657		
	新服务的客户满意度	0.951		

4.3.3 共同方法偏差检验

问卷调查一般容易出现数据的共同方法偏差，为了解决数据的共同方法偏差问题，本次研究不仅在事前提高相应的预防措施，比如隐去问卷填写者的具体信息以及问卷选项重测法等措施，而且运用 Harman 单因子法进行数据共同方法偏差的检测，即将本次研究的 26 个测量问项放在一起进行因子分析，在没有旋转时所得到的第一个主成分所占有的载荷量是 28.116%，说明数据的共同方法偏差问题不严重。

4.3.4 信度和效度分析

本章使用 SPSS19.0 统计软件对数据进行信度分析，如表 4.1 所示，各变量的 Cronbach's α 系数均大于 0.8，表明研究所使用的量表均具有较好内部一致性。在 KMO 样本测度、Bartlett 球体检验均通过后，对数据进行验证性因子分析，结果如表 4.1 所示，每个变量下属的各测量问项均归于同一个因子，其因子载荷也均大于 0.5，而在其他变量下面的因子载荷均小于 0.4，这说明量表具有较好的收敛效度、区别效度。各变量间相关分析结果显示各个变量之间的 Pearson 系数处于 0.329~0.645，这说明变量间的共同变异问题不是很严重。综合分析，本次研究所使用的量表和数据信度、效度较好，概念模型和研究假设具有一定的合理性。

4.4　实证结果分析

4.4.1　描述性统计与相关分析

表 4.2 显示了所有变量的均值、标准差、相互间的相关系数,发现各变量间的相关系数均低于 0.65,说明变量间不存在多重共线性问题。

表 4.2　各变量描述性统计与相关分析

变量	1	2	3	4	5	6	7	8	9
1.存续年限	1								
2.企业规模	0.372**	1							
3.年销售额	0.308**	0.538**	1						
4.信息共享	−0.168**	−0.098	−0.044	1					
5.责任行为	−0.045	0.132*	0.119+	0.431**	1				
6.人际互动	0.041	0.089	0.090	0.383**	0.473**	1			
7.知识转移内容	0.044	0.092	0.153*	0.407**	0.555**	0.615**	1		
8.知识转移效率	0.082	0.112	0.228**	0.329**	0.643**	0.640**	0.645**	1	
9.新服务开发绩效	0.171**	0.211**	0.139*	0.513**	0.613**	0.486**	0.602**	0.581**	1
Mean	13.281	2.476	3.822	4.542	4.303	4.520	4.485	4.437	4.551
Std. deviation	11.322	1.467	1.305	0.590	0.675	0.519	0.622	0.542	0.540

注:$N=183$;+ 表示显著性水平 $P<0.10$,* 表示显著性水平 $P<0.05$,** 表示显著性水平 $P<0.01$(双尾检验)。

4.4.2 假设检验

1. 客户企业参与和知识转移对新服务开发绩效的影响

从表 4.3 数据可知:(1)模型 2 显示,自变量客户企业参与的三个维度对新服务开发绩效均具有显著的正向影响,假设 H1a,H1b,H1c 得到了验证。通过自变量的回归系数比较发现,责任行为($\beta=0.409,P=0.000$)对新服务开发绩效的边际贡献最大,因此客户企业参与中的责任行为更有利于服务企业新服务开发绩效的提升。(2)模型 3 和模型 4 显示,将知识转移内容和知识转移效率逐一加入回归模型,发现均显著,初步验证了假设 H3a 和 H3b。接下来将这两个变量一起放入回归模型,发现其对新服务开发绩效均显著,假设 H3a 和 H3b 均得到验证。从回归系数比较发现,知识转移内容($\beta=0.386,P=0.000$)和知识转移效率($\beta=0.320,P=0.000$)对新服务开发绩效的提升作用相差无几。(3)模型 6 在模型 5 的基础上,将知识转移内容和知识转移效率之间的平衡加入回归模型,结果显示知识转移平衡($\beta=-0.276,P=0.000$)对新服务开发绩效产生显著的负向影响,假设 H4 没有得到验证。

表 4.3　客户企业参与、知识转移对新服务开发绩效的影响

变量	新服务开发绩效							
	模型 1	模型 2	模型 3	模型 4	模型 5	模型 6	模型 7	模型 8
控制变量								
存续年限	0.132+	0.148+	0.126+	0.119+	0.121+	0.128+	0.117+	0.138+
企业规模	0.153	0.120	0.162+	0.171+	0.169*	0.190*	0.139	0.151+
年销售额	0.038	0.027	−0.015	−0.049	−0.051	−0.056	−0.018	−0.059
自变量								
信息共享		0.264***					0.232***	0.212***
责任行为		0.409***					0.322***	0.298***
人际互动		0.191**					0.068	0.083
中介变量								
知识转移内容			0.602***		0.386***	0.225*	0.287***	
知识转移效率				0.581***	0.320***	0.283*		0.247**

变量	新服务开发绩效							
	模型 1	模型 2	模型 3	模型 4	模型 5	模型 6	模型 7	模型 8
知识转移内容× 知识转移效率						−0.276***		
模型统计量								
R^2	0.078	0.479	0.362	0.337	0.418	0.459	0.481	0.449
调整后 R^2	0.059	0.470	0.359	0.334	0.412	0.450	0.473	0.440
F 值	4.887**	54.896***	102.903***	92.148***	64.731***	50.694***	55.408***	48.618***

注:$N=183$,系数为标准化回归系数;+ 表示显著性水平 $P<0.10$,* 表示显著性水平 $P<0.05$,** 表示显著性水平 $P<0.01$,*** 表示显著性水平 $P<0.001$(双尾检验)。

2.客户企业参与对知识转移的影响

从表 4.4 数据可知:(1)模型 2 显示,客户企业参与的信息共享、责任行为和人际互动三个维度对知识转移内容均产生正向显著影响,假设 H2a、H2c、H2e 得到验证。通过自变量的回归系数比较发现,人际互动($\beta=0.428,P=0.000$)对知识转移内容的边际贡献要大于责任行为($\beta=0.305,P=0.000$)。(2)模型 4 显示,客户企业参与的信息共享、责任行为和人际互动三个维度对知识转移效率均产生正向显著影响,假设 H2b、H2d、H2f 得到验证。通过自变量的回归系数比较发现,责任行为($\beta=0.449,P=0.000$)和人际互动($\beta=0.441,P=0.000$)对知识转移效率的促进作用同等重要。(3)表 4.4 中模型 2 和模型 4 的 R^2 明显增大,说明客户企业参与的三个维度对知识转移内容和知识转移效率具有较大的解释作用。

表 4.4　客户企业参与对知识转移的影响

变量	知识转移内容		知识转移效率	
	模型 1	模型 2	模型 3	模型 4
控制变量				
存续年限	0.020	0.038	0.024	0.027
企业规模	−0.041	−0.092	−0.072	−0.098
年销售额	0.171+	0.162+	0.237**	0.240**
自变量				

续表

变量	知识转移内容		知识转移效率	
	模型 1	模型 2	模型 3	模型 4
信息共享		0.407***		0.329***
责任行为		0.305***		0.449***
人际互动		0.428***		0.441***
模型统计量				
R^2	0.031	0.478	0.054	0.559
调整后 R^2	0.007	0.469	0.022	0.552
F 值	1.184	54.626***	2.398*	75.748***

注：$N=183$，系数为标准化回归系数；+ 表示显著性水平 $P<0.10$，* 表示显著性水平 $P<0.05$，** 表示显著性水平 $P<0.01$，*** 表示显著性水平 $P<0.001$（双尾检验）。

3. 知识转移中介作用分析

依据温忠麟等(2004)提出的中介变量检验方法，中介作用检验必须满足以下三个条件：(1)自变量对因变量回归必须显著；(2)自变量对中介变量回归必须显著；(3)把自变量和中介变量同时进入回归方程，如果中介变量的作用显著而自变量的作用还是显著，但是作用强度有所减弱，则为部分中介；如果中介变量的作用显著而自变量的作用变得不显著，则为完全中介作用。

表 4.3 中的模型 7 表示在中介检验程序前两步通过的情况下(表 4.3 中模型 2，表 4.4 中模型 2)，将自变量信息共享、责任行为、人际互动和中介变量知识转移内容同时加入回归方程后，知识转移内容($\beta=0.287$，$P=0.000$)的回归系数为正并且显著，而信息共享的回归系数由 0.264($P=0.000$)降为 0.232($P=0.000$)，回归系数有所减小但还是显著，责任行为的回归系数由 0.409($P=0.000$)降为 0.322($P=0.000$)，回归系数有所减小但还是显著，人际互动的作用由显著变成不显著，由此得出知识转移内容在信息共享、责任行为对新服务开发绩效影响中起到部分中介作用，在人际互动对新服务开发绩效影响中起到完全中介的作用。

表 4.3 中的模型 8 表示在中介检验程序前两步通过的情况下(表 4.3 中模型 2，表 4.4 中模型 4)，将自变量信息共享、责任行为、人际互动和中介变量知识转移效率同时加入回归方程后，知识转移效率($\beta=0.247$，$P=0.002$)的回归系数为正并且显著，而信息共享回归系数由 0.264($P=0.000$)变为 0.212($P=$

0.000),回归系数有所减小但还是显著,责任行为回归系数由 0.409($P=0.000$)变为 0.298($P=0.000$),回归系数有所减小但还是显著,人际互动回归系数变得不显著,由此得出知识转移效率在信息共享、责任行为对新服务开发绩效影响中起到部分中介作用,在人际互动对新服务开发绩效影响中起到完全中介的作用。

4.5　验证性案例分析

4.5.1　案例选择

案例研究法主要解决"怎么样""为什么"之类的问题,尽管本章基于大样本调查数据,通过实证方法验证了所构建的概念模型,基本厘清了信息服务企业新服务开发过程中的知识转移机制。但是为了进一步检验相关假设,使研究结论更具可靠性、一致性以及实践指导性,本章综合运用相关理论,从 183 家调研企业中选取六家典型企业进行重点访谈,采用跨案例研究法对实证结论进行验证性分析。信息服务业包括三大类别,分别为信息资源服务业、信息技术服务业(软件业)和信息传输服务业,为保证案例研究结果的代表性和普遍性,六家案例企业由每一类别中的两家典型企业构成,分别来自上海、宁波和杭州,之所以选择这三个地区,主要考虑到这三个地区的信息服务业相对比较发达,具有一定的代表性。表 4.5 归纳了六家案例企业的基本特征,为了保密起见,公司名称均以字母代号方式出现。

表 4.5　案例企业基本特征

特征	信息资源服务业		信息技术服务业		信息传输服务业	
公司名称	J公司	T公司	R公司	S公司	Y公司	D公司
公司属地	浙江宁波	浙江杭州	上海	上海	浙江宁波	浙江杭州
成立年份	2006 年	2012 年	1988 年	2003 年	1999 年	2000 年
员工规模	50 人	200 人	600 人	60 人	1000 人	2500 人

续表

特征	信息资源服务业		信息技术服务业		信息传输服务业	
主营业务	运用网络综合平台和线下整合服务体系帮助企业精准对接,"最余姚"微信平台,余姚"e生活"	商业服务和优质资源共享平台,提供政府、园区跨域招商、投融资、技术、人才对接服务	开发 ERP 管理软件、企业财务管理软件、人力资源管理软件、小型企业管理软件	经济管理学科、金融学科等实验室教学软件研发、设计、销售和服务	移动通信电话业务,移动数据和传真业务,移动通信终端设备设计、技术咨询和售后服务	8/6 开头固定号码业务,电信宽带业务以及数据通信业务的经营、服务和运行维护工作
经营区域	浙江余姚、慈溪	全国	中国及亚太地区	全国各高校	浙江宁波	浙江杭州
案例来源	学生创建的公司	校企合作企业	教学软件提供商	教学软件提供商	同学担任经理	学生担任主管

4.5.2 资料收集

案例研究中追踪证据来源主要有档案记录、文献、实地访谈、现场观察以及实物佐证等渠道,本次研究主要采取实地访谈、档案记录方式具体收集所需资料。依据预先设计好的访谈提纲,研究小组对来自六家信息服务企业的经理、主管或者项目研发部主要负责人进行深入访谈,并及时做好记录工作。同时通过查阅企业的网站、相关新闻报道、公司内部刊物以及公司所创建的客户交流论坛发言记录等,多渠道收集研究数据。

4.5.3 验证性分析讨论

1. 案例企业客户企业参与活动与新服务开发绩效

客户企业参与新服务开发过程的研究,在市场营销研究领域已较为普遍,但是对不同形式的客户企业参与和新服务开发绩效之间的关系研究相对较为缺乏。本章通过对六家典型案例企业的实地访谈、深入剖析来进一步验证之前的实证结论,以使研究结果更加具有实践指导意义,具体汇总、整理结果如表 4.6 所示。

表 4.6　客户企业参与在新服务开发中的效果分析

参与形式	J 公司	T 公司	R 公司	S 公司	Y 公司	D 公司
信息共享	+++	+++	+	++	+	+
责任行为	++	+++	++	++	+++	+++
人际互动	+	+	+++	+++	++	++

注：+++代表效果非常明显,访谈中出现该语意的次数为 7 次及以上；++代表效果较明显,访谈中出现该语意的次数为 3～6 次；+代表效果明显,访谈中出现该语意的次数为 1～2 次。

(1)信息共享行为与新服务开发绩效

信息服务企业许多服务或产品需要通过客户企业的亲自参与来完成,比如软件开发、广告投放等业务活动。J 公司在推出"最余姚"微信平台之前,就跟许多当地的商家进行深入交流,详细收集这些商家对平台业务的需求,以及不同商家对广告投放时间点的要求等信息。该公司经理告诉我们平台一经推出就获得了很好的响应,这在很大程度上要得益于前期对客户企业需求信息的深入了解。D 公司负责人谈到该公司所开发的针对集团固话用户企业内部的 4 位数短号,其想法最初来源于集团用户对高昂电话费的抱怨,正是这个来自客户企业的抱怨让公司研发出新的服务项目。Y 公司在实际市场运作中也遇到了与 D 公司类似的客户要求。由此可见,信息服务企业在新服务开发中,客户企业会把自身的需求信息转移给企业,帮助企业提高新服务的研发效率。

(2)责任行为与新服务开发绩效

六家案例企业研究结果都较高地支持了客户企业的责任行为在企业新服务开发过程中的重要性。J 公司和 T 公司尽管成立时间不长,由于其属于信息服务业中的信息资源服务业,依靠所开发的网络资源平台来笼络客户企业,因此近几年发展较快。比如 J 公司经理就谈道："……没想到前期这个平台效果这么好,我们目前正在研发一个新的、需要与商家深入合作的余姚"e 生活"商业服务平台,在筹划这个平台的同时,我们正在与商家初步签订合作协议来明确双方各自的权利和义务,这在前一个平台的开发中是没有的。"R 公司在与学校合作开发财务教学软件之初就与学校签订了合作协议,协议中明确规定学校作为最终产品的适用方,在软件开发过程中需要向公司提供软件开发所需素材,同时该公司还会就软件系统的部分界面设计要求学校自己来布局。S 公司的访谈情况与 R 公司十分相似。由此可见,责任行为都被案例企业认为是必需的,也是最有助于新服务开发的要素。

（3）人际互动行为与新服务开发绩效

信息服务企业，特别是对于计算机程序和软件开发企业来说，仅仅依靠简单的信息共享和责任行为不一定能有效提升新服务开发绩效，其需要与客户企业进行深入交流、互动、反馈等活动，通过这种深度合作的方式促进客户企业的知识转移。R 公司负责人谈道："我们给学校或企业开发软件时会初步了解客户对软件的基本要求，但是这还远远不够，想要研发出一套真正符合客户需求的软件，必须派我们的业务员和技术人员与企业进行多次深入的座谈，有时甚至还需要把客户企业中不同部门的负责人召集起来，听听大家的意见……最终交付给企业的软件还存在一个试用期，在试用期内企业会把软件的一些情况及时反馈给我们，我们再组织技术人员进行相应的修改和完善。"S 公司的负责人告诉我们："尽管教学软件有很大的共性，但是不同地区、不同学校对同一门课程的教学软件又有自己的差异化需求，针对这种需求我们必须组织业务员和技术人员与企业进行反复的沟通与商榷，所以说开发的软件是独一无二的产品。"由此可见，及时与客户企业的人际互动行为有助于企业开发出真正满足客户企业需求的服务产品，进而缩短新服务的开发周期，提高新服务的市场接受率。

2.知识转移在客户企业参与和新服务开发绩效之间的作用机制

尽管已有研究普遍认为客户企业参与能够促进企业新服务开发的绩效，也有研究发现客户企业参与和新服务开发绩效之间存在知识转移的中介作用机制，但是关于不同的客户企业参与形式和知识转移之间的路径关系尚未厘清，本章通过对六家案例企业的深度剖析，试图验证客户企业参与对知识转移的作用路径，解构知识转移在客户企业参与和新服务开发之间的作用机制。通过案例研究所得出的知识转移机制结果如表 4.7 所示，从表中可以看出：案例基本上都支持知识转移在客户企业参与三种形式与新服务开发之间存在中介作用机制，这种知识转移机制在人际互动行为中最为显著，责任行为中次之，信息共享行为中最弱，这些结论与本章的实证研究结论相一致。

表 4.7　客户企业参与对知识转移的作用路径

路径关系	知识转移内容		知识转移效率	
	引文例证	中介机制	引文例证	中介机制
信息共享 →	T公司:我们希望客户及时把所有需求信息告诉我们,这样便于我们提前安排与当地企业的对接工作 Y公司:我们会定期实地或电话拜访一些客户,听听他们对公司目前服务产品的意见或想法,有时我们还听到客户新的建议	部分中介	J公司:之前答应把业务放在我们平台推广,可到了正式实施的时候临时撤单,但是为了长期生意我们又不好说什么 D公司:有时客户打电话说通信出现故障,但是具体什么问题又说不清楚,假如能够明确表达具体什么问题,那我们维护的效率就会高很多	部分中介
责任行为 →	R公司:我们所开发的教学实训软件需要客户提供很多材料,所以在协议中,我们一般会规定整个开发过程中客户需要与我们配合的内容……,客户一般都会支持的 J公司:余姚"e生活"平台推广中,我们就比较关注合作客户的资质,公司会通过多渠道评价客户的信用、实力,提高合作客户的整体质量	部分中介	S公司:有一次,有客户就在我们论坛里发帖,直接指出我们产品在使用过程中所存在的缺点,公司立即组织技术人员进行解决,论坛还是比较有用的 T公司:我们在当地就有办事处,签下来的单子,公司会及时安排工作人员跟踪,减少逃单的概率。尽管协议上已经规定了对方的义务,但是实际中还是不可避免地会发生	部分中介

续表

路径关系	知识转移内容		知识转移效率	
	引文例证	中介机制	引文例证	中介机制
人际互动→	S公司:业务员将定期与各高校及新老客户保持紧密的联系,从客户使用的实际效果中不断总结升级经验 T公司:我们创建交流论坛的目的就是让大家把好的或者不好的意见都反馈上来,这样我们能够全面地掌握客户的具体信息 Y公司:我们在网上设计很多客户交流区,就是为了让客户把想法都说出来,从中公司再去甄别对企业开发新服务有益的建言	完全中介	R公司:交流是非常多的,即使软件交付以后,业务员还需要定期地去帮客户维护和升级,及时解决客户碰到的问题 D公司:针对一些比较大的集团客户,为了提高故障解决的有效性,我们还会派出专门的业务员长期驻点办公,以满足客户的及时性需求 Y公司:只要客户一个电话,我们做到半小时之内上门检测、维修,以减少客户等待的焦虑感,提高满意度。这可是我们公司内部的制度	完全中介

4.6　研究结论与展望

4.6.1　研究结论

　　本章从客户企业参与的视角切入,基于183家信息服务企业实地调研数据和其中六家典型案例企业的实地重点访谈数据,采取实证研究与案例研究相结合的方法,深入剖析了客户企业参与对新服务开发绩效的影响,解构了信息共享、责任行为和人际互动与新服务开发之间的知识转移机制,有以下发现。

　　(1)客户企业参与对新服务开发绩效具有直接的显著影响。无论是信息共享、责任行为还是人际互动对服务企业的新服务开发绩效都具有显著的正向影响,但是责任行为对服务企业新服务开发绩效的影响作用最大,其次为信息共享,人际互动的影响作用最小。因此对于服务企业特别是信息服务企业来说,为了积极提高新服务开发绩效,应该更加强调客户企业参与过程中与服务企业之间的责任行为,积极鼓励客户企业参与过程中双方的信息共享行为。比如以 Y 公司、D 公司为代表的信息传输服务企业比较看重客户企业的责任行为,而以 R 公司、S 公司为代表的信息技术服务企业,在软件开发过程中比较重视客户企业的人际互动行为。

(2)知识转移内容和知识转移效率对新服务开发绩效均具有显著的正向影响。这一点在以 J 公司、T 公司为代表的信息资源服务企业中表现得特别明显,主要原因在于这类信息服务企业本身知识的密集型程度不高,其所依靠的就是通过自身所构建的资源平台,集聚众多商家,以此来推广业务,获取利润。因此这类企业不仅要积极获取客户企业的需求信息、客户企业特征、客户企业关系以及客户企业对市场、企业服务产品的知识,更要鼓励客户企业在参与过程中与服务企业之间跨越组织边界的知识共享行为,有效吸收、利用客户企业知识,使所开发的新服务更易于被市场、客户接受,缩短新服务在市场中的导入期和成长期,进而促进企业新服务开发绩效的提升。

(3)知识转移在信息共享与新服务开发绩效之间起到部分中介作用,从回归系数变化可以看出这个中介作用效果不是非常显著,诸如信息技术服务企业和信息传输服务企业,同时 R 公司、S 公司、Y 公司、D 公司的访谈结果也充分验证了这种作用机制。这可能的解释是:由于知识转移内容关注转移知识的完整性,知识转移效率关注转移知识的有效性,对于知识密集型程度较高的企业来说,在新服务开发过程中,这种简单的双方信息共享行为不能完全达到完整性和有效性的要求,因此导致知识转移在这中间所起的作用非常有限。当然对于以构建资源平台为主要特征的 J 公司、T 公司而言,信息共享行为的作用机制非常显著。

责任行为与新服务开发绩效之间,知识转移内容和知识转移效率都起到部分中介作用,且这种中介效果比较明显,因此服务企业应加强并完善企业内部获取、吸收和利用客户企业知识的有效机制,明确客户企业参与合作开发过程中双方的责任明细。所调研的六家案例企业基本上都强调了责任行为对知识转移的重要性。人际互动与新服务开发绩效之间知识转移内容和知识转移效率都起到完全中介的作用。这种现象在软件企业 R 公司、S 公司中表现得特别明显,这两家公司的负责人指出他们的所有业务基本上都需要与客户企业进行充分、反复的沟通。这可能的解释是:人际互动相对于信息共享是一种双方更为深入的知识共享过程,通过客户企业参与过程中双方的交流、互动以及信息反馈等一系列行为,充分保障传递给服务企业知识的完整性和有效性。因此人际互动行为必须通过知识转移的机制,才能将客户企业的知识,特别是一些对新服务开发有重要作用的隐性知识,完整、高效地传递给服务企业,进而促进服务企业新服务开发绩效的提升,这一结论与朱华桂等(2015)学者的观点相一致。

(4)知识转移内容与知识转移效率之间的平衡对新服务开发绩效显著负向影响。主要原因可能是:前者关注转移知识的完整性,后者关注转移知识的有效性,然而信息服务企业这种典型的知识密集型服务企业,其产品往往是与客户企业之间的一种服务项目,其产品具有独特性和唯一性,因此双方追求一种项目制为主的短期合作。这种合作性质导致双方都比较关注成果的产出,对转移知识完整性和有效性往往不能同时兼顾,这可能就是导致知识转移平衡反而阻碍新服务开发绩效的主要原因。就如 T 公司、S 公司的负责人抱怨说:"交流论坛虽说有一定的价值,但是上面真正对企业有用的信息并不多。"当然也有一种可能是知识转移内容和知识转移效率两者之间还有更为复杂的内在作用机理,有待进一步去探究。

4.6.2 研究展望

本章揭示了客户企业参与、知识转移内容和效率对新服务开发绩效的内在影响机制,丰富了新服务开发绩效影响要素的理论研究,对信息服务企业新服务开发绩效的提升具有一定的实践指导意义。信息服务企业要提高新服务开发绩效首先要从信息共享、责任行为和人际互动层面创造客户企业参与企业新服务开发的良好机制;在此基础上加强服务企业内部知识转移机制建设,提高企业对客户知识的获取、消化和利用能力,从而提高企业新服务开发的绩效,并由此促进服务企业创新绩效水平的提升。

但本章也存在一定的局限性,很多问题还有待进一步去深入研究:第一,尽管以信息服务企业为样本研究新服务开发问题具有一定的代表性,但是本章选取的样本是长三角地区 183 家信息服务企业,难以排除地区限制所带来的对结果的影响,且利用信息服务企业的样本结论能否推广到一般意义上的知识密集型服务企业,也是一个值得商榷的问题。第二,本章利用双元组织思想,发现知识转移内容和效率之间的平衡对服务企业新服务开发绩效具有显著负向影响,这是一个值得关注的问题,但是未对其具体作用机制进行深入的实证分析,因此后续应该围绕这个问题深入展开研究。

调研问卷

客户企业参与、知识转移与服务创新绩效调查问卷

尊敬的　　　　　　女士/先生：

　　您好！首先感谢您在百忙之中抽出时间来完成这份调查问卷。本课题探讨研究的是信息与通信服务企业中顾客参与对新服务开发绩效的影响——知识转移具有中介作用。目的在于验证顾客参与对新服务开发过程的影响机制中，顾客知识转移的中介作用对企业具有启示作用，特别是对信息与通信服务业企业，本研究对该类企业找到新的提升新服务开发绩效的途径具有很大的借鉴意义。

　　本问卷纯属于学术研究的目的，内容不会涉及贵公司的商业机密，所获信息也不会用于任何商业行为，请您尽可能客观地回答。若有某些问题没能完全表述您的意思时，请勾出最接近您看法的选项。如果您对本研究的结论感兴趣，请在问卷最后填写您的联系方式，我们会将问卷分析结果反馈给您。

　　非常感谢您的合作！

一、企业基本信息

1. 企业名称：＿＿＿＿＿＿＿＿＿＿＿＿＿＿＿＿＿＿＿＿＿

2. 企业所在地：＿＿＿＿＿＿＿＿＿＿＿＿＿＿＿＿＿＿＿

3. 企业性质：＿＿＿＿＿＿＿＿＿＿＿＿＿＿＿＿＿＿＿＿

(1)国有企业(含国有控股)　(2)民营企业(含民营控股)　(3)中外合资
(4)外商独资

4. 企业主要业务所在的行业领域：

(1)电信及其他通信服务业

(2)计算机服务业

(3)软件业

(4)其他

二、个人信息

1. 您所在的部门：＿＿＿＿＿＿(可不看选项，直接填写)

(1)营销运作部　　　(2)研发部　　　(3)客户服务部　　　(4)其他部门

2. 您在这家企业工作的时间：＿＿＿＿＿＿

(1)1年以下　　　(2)1～3年　　　(3)3～5年　　　(4)5年以上

　　本问卷采用5级打分，1～5依次表示"不同意"向"同意"递进，您只需要根据贵公司的实际情况在相应的框内打钩。

三、顾客参与的测度

测量问项	非常 不同意	不同意	一般	同意	非常 同意
A 信息共享					
A1 顾客会向企业清晰表述对新服务的要求	1	2	3	4	5
A2 顾客会与企业分享自己具备的专业知识	1	2	3	4	5
A3 顾客会在参与过程中提出合理化的建议	1	2	3	4	5
A4 顾客在参与过程中遇到问题时会及时告知企业工作人员	1	2	3	4	5
B 责任行为					
B1 顾客会额外付出一些资源(时间、金钱等)协助企业工作人员完成相关的工作	1	2	3	4	5
B2 顾客会主动搜寻与新服务产品相关的信息	1	2	3	4	5
B3 顾客会提供给工作人员企业新服务开发所需要的资料	1	2	3	4	5
B4 顾客会配合企业的工作人员完成相关的工作(如调研等)	1	2	3	4	5
C 人际互动					
C1 顾客在参与过程中与企业工作人员进行良好的沟通	1	2	3	4	5
C2 顾客信任并以友善的态度对待企业的工作人员	1	2	3	4	5
C3 顾客与企业建立友好的合作关系	1	2	3	4	5
C4 企业工作人员会以不同形式定期回访顾客	1	2	3	4	5
C5 对于企业提供的服务产品出现的问题,顾客会与企业工作人员共同讨论制定解决方案	1	2	3	4	5

四、顾客知识转移的测度

测量问项	非常不同意	不同意	一般	同意	非常同意
D 顾客知识的转移内容					
D1 企业获得顾客需求、特征、顾客关系等基本信息知识	1	2	3	4	5
D2 企业获得顾客具有的与服务产品相关的信息	1	2	3	4	5
D3 企业获取顾客消费使用的相关信息(评价、建议等)	1	2	3	4	5
D4 企业获取顾客自我知识(竞争对手信息、服务理念信息等)	1	2	3	4	5
E 顾客知识的转移效果					
E1 企业获得的顾客知识对公司技术发展有所提升	1	2	3	4	5
E2 企业获得的顾客知识对公司新产品开发有所贡献	1	2	3	4	5
E3 企业获得的顾客知识对公司人力资源质量有所提高	1	2	3	4	5
E4 企业获得的顾客知识可以缩短公司创新周期	1	2	3	4	5

五、新服务开发绩效的测度(与国内同行业其他企业相比去年的情况)

测量问项	非常不同意	不同意	一般	同意	非常同意
F 新服务开发绩效					
F1 新服务产品达到预先目标的程度	1	2	3	4	5
F2 新服务产品相比竞争对手的创新性情况	1	2	3	4	5
F3 新服务产品相比竞争对手的市场占有率	1	2	3	4	5
F4 新服务产品的投入回报率情况	1	2	3	4	5
F5 新服务产品的顾客满意度	1	2	3	4	5

问卷已全部回答完毕,再次感谢您的合作!

如果需要研究结果请您留下联系方式:_____

您的姓名:_____

所在部门:_____

联系电话或 E-mail:_____

邮寄地址:_____

第5章 外部创新氛围、知识获取利用与服务创新

5.1 问题提出

进入21世纪以来,世界上主要发达国家服务业增加值占GDP的比重逐渐提高,经济发展重心开始转向服务业,经济发展结构已经出现"服务型经济"趋势。目前中国服务业占GDP的比重也已经超过一半,显然中国经济发展处于关键的转型时期,而作为制造产业转型升级助力器的知识密集型服务业的发展速度更是惊人。推动知识密集型服务业良性发展,提升其服务创新能力,发挥其在引领产业结构调整及促进制造业转型升级方面的功能,已经达成广泛的理论共识。然而在开放式创新范式和互联网经济模式背景下,知识密集型服务企业的边界越来越模糊,信息和知识更新越来越频繁。那么如何跳出创新过程中的产品化陷阱、如何解构这种高度复杂和不确定性环境中的变革,构筑和维持自身竞争优势,提高服务创新水平,成为有待深入研究的一个问题。

目前的主流研究,无论是基于资源基础观(Nahapiet & Ghoshal,1997),还是知识基础观,都将企业创新活动成功与否的关键归结于自身所拥有的及从外部环境所能获取的资源,而社会网络理论则将其归结为企业嵌入外部环境的广度和深度(Chandrasekaran & Linderman,2012;宋晶,陈菊红、孙永磊,2014),这些都是从企业逻辑出发强调如何从外部获取资源,而轻视了企业自身对所获知识的整合和利用能力。同时无论是Teece(1977)的知识转移理论,还是Nonaka & Takeuchi(1995)的知识创造理论,都侧重将知识获取、知识利用分开进行独立研究,忽视了企业创新过程中企业自身与外部环境的交互作用。这就提示我们将企业外部创新资源与企业的学习能力两者结合起来的研究可能会更有意义。组织氛围和支持创新的工作团队,已经成为近些年来组织行为学领域理

论构建和研究的主题(Bilderbeek, Hertog & Marklund, 1998; Johns, 2006),随着人们对创新认识的深入,学者们开始将关注点从单纯的技术创新转向创新环境和氛围的建设(隋杨、陈云云、王辉,2012),创新氛围研究成了组织创新与绩效关系的热点问题,然而将创新氛围研究引入服务创新领域的文献还相对较少。

本章主要借鉴组织行为研究领域中创新氛围理论,以双元学习能力为视角,综合运用资源基础观理论、组织学习理论、知识管理理论及服务创新理论,在开放式创新范式下,深入剖析在外部创新氛围中企业如何通过知识获取—知识利用这种双元学习能力获得创新资源,进而影响服务创新绩效,并对我国知识密集型服务企业进行实证研究。具体来说本章研究提出并拟解决以下几个问题:(1)不同的外部创新氛围对服务创新绩效有怎样的影响?(2)双元学习能力是否在外部创新氛围与服务创新绩效中起到中介作用?(3)知识获取与知识利用之间的平衡是否有助于提高服务创新绩效?

5.2　理论基础与研究假设

5.2.1　概念界定

1.外部创新氛围

创新氛围是表征团队强调创新的价值和规范(Anderson & West, 1998),也是滋养和培育创新的核心基础(Coote, Hogan & Franklin, 2013),源自组织行为研究领域。Amabile 等(1996)认为组织创新氛围是指组织内部成员关于管理政策、实践和程序的共享性认知,显然这是基于员工对工作环境中创新要素的主观感知,属于个体层面;Anderson 和 West(1998)则指出组织创新氛围是存在于组织内部的客观工作环境,工作环境是否有利于创新决定了组织创新氛围,这属于组织层面。创新氛围包括影响企业创新行为的企业内部创新氛围和企业外部创新氛围,本章基于企业层面对外部创新氛围的研究,认为外部创新氛围指的是存在于企业边界以外,对企业创新活动产生重要影响的外部环境因素的集合。开放式环境下企业边界的开放性,使得企业需要在创新过程中与外部环境进行有效互动,寻找并使用更广泛的外在思想、知识、资源和网络等外部创新要素(Chesbrough, 2006),从外部创新氛围中获取提升服务创新绩效的要素。

　　通过对国内外文献的详细梳理,发现学者大都将政府、竞争者、客户、供应商和科研机构等利益相关者要素纳入外部创新氛围范畴(陈钰芬、陈劲,2008)。据此本章将外部创新氛围划分为政策氛围、竞争氛围、合作氛围三个维度。政策氛围是指政府鼓励企业参与创新活动的一系列行为活动,包括制定相关法律法规,以及行政规章制度。竞争氛围是指某一特定市场中参与竞争的企业数量以及企业参与竞争的总体投入和强度,反映了该行业的垄断、竞争程度。合作氛围是指企业与客户、竞争者、供应商或科研机构等外在行为主体之间的紧密程度和需求关系。

2.双元学习能力

　　开放式创新的本质是企业从外部创新氛围中对创新资源的获取和利用,加强对外部创新资源的整合(Chesbrough,2006),而双元学习能力指的就是组织同时擅长对外部知识进行获取和利用整合创新资源这两种能力(Chandrasekaran,Linderman & Schroeder,2012),通过这种学习,企业不仅能够获取新知识,而且还可以进行知识的整合和创新(Garcia,Calantone & Levine,2003),进而有效促进新服务开发和创新绩效的提升。知识获取能力聚焦于企业如何获取新知识,从外部创新氛围中搜寻新知识而获得创新的来源和基础;知识利用能力则强调对所拥有知识的整合和开发,通过对已有知识或流程的调整以适应市场和技术变化的需要(许晖、李文,2013)。双元学习能力其实质就是通过对外部创新氛围中新知识的获取以及对已拥有知识的利用,实现企业内部资源与外部创新氛围相适应和匹配,从而提高服务创新绩效。

　　梳理相关文献,本章指出双元学习能力是指企业对服务创新所需知识进行获取和利用的能力,包括知识获取和知识利用两个维度。知识获取指的是企业为了创造多元服务和开拓企业边界而进行新知识的获取;知识利用指的是企业为开发新服务或引进新流程而进行知识的整合和利用。

3.服务创新绩效

　　传统服务创新理论在形成和发展过程中都受到技术创新的影响,直到学术界提出服务创新四构面用以表示 KIBS 企业服务创新活动内容,才真正全面描绘针对服务业自身的服务创新并指导实践创新活动。本研究所指的服务创新是发生在服务业中的创新行为,指的是服务企业通过运用新思想或新技术,更新或改善现有服务产品或服务流程,提高服务质量和效率,为顾客创造出新的价值,最终构筑起服务企业自身的竞争优势。服务创新绩效则是指服务企业对新开发服务以及现有服务进行改善,以满足企业自身、顾客、社会、员工等利益相关者需求,维持企业竞争优势的能力和程度(Kindström,Kowalkowski & Sandberg,2013;白鸥、魏江、斯碧霞,2015)。服务创新绩效作为对服务创新效果的评价,理论界一直以来都没有形成公认的测度体系,不仅有从财务绩效、机会窗口和市场影响三个相互独立指标进行评价(Cooper & Kleinschmidt,1987),也有从销售和市场份额、竞争力、成本以及其他推动要素四个相互独立指标进行评价(De Brentani,1989),还有引入平衡计分法概念对服务创新绩效进行评价的方法(Kaplan & Norton,1992)。本章主要从结果导向性视角对服务创新绩效进行考量。

5.2.2　研究假设

1.外部创新氛围与服务创新绩效

开放式创新环境下的服务创新活动更加受到外部多主体的影响(韦铁、鲁若愚,2012),企业通过外部创新氛围可以有效地获取外部创新资源以弥补内部资源尤其是创新知识的不足(陈钰芬、陈劲,2008),通过搜寻、吸引创新资源流入企业,与内部已有创新知识进行有效整合和利用(Chesbrough,2010),可以进一步提升企业服务创新绩效。

(1)政策氛围与服务创新绩效

政策氛围指政府为鼓励企业参与创新而所实施的一系列支持性政策,如 Libutti(2003)指出政府经费资助政策、税收优惠政策及其购买行为均能在鼓励、培育企业创新过程中发挥重要作用,由此可见,有利的政策氛围能使企业创新活动更加有效。刘汉蓉(2006)研究发现,政府政策与合作创新绩效间存在显著相关关系,政府所制定的配套政策,加强成果转化的指导意见等均能有效促进合作创新的绩效。因此良好的政策氛围对促进中小企业创新,提升服务创新绩效具有重要作用(Zeng,Xie & Tam,2010)。政策氛围构成了开放式创新环境下企业创新活动重要的外部创新氛围,使企业感知政策支持所带来的机会,正确引导创新活动过程,充分发挥其在创新活动中的保障和推动作用,降低创新风险,提高服务创新成功率。基于上述理论分析,本章提出如下假设:

H1a:政策氛围对服务创新绩效存在显著的正向影响。

(2)竞争氛围与服务创新绩效

竞争氛围指某一特定市场中参与竞争的企业数量及企业参与竞争的总体投入和强度,反映行业垄断和竞争程度,是企业所感知到的一个关键竞争要素,说明了竞争是企业开展服务创新活动的驱动因素(Bengsston,1998)。Zahra 和 Das(1993)的研究表明产业环境与组织竞争导向显著相关,并显著调节了竞争导向与组织绩效间的关系。客户需求的变化,产业相关技术的提升以及竞争者间的战略关系都会给企业开展服务创新活动提供更大的空间(Russell & Russell, 1992),由此可见复杂的竞争氛围能给企业提供更多创新机会。基于上述理论分析,本章提出如下假设:

H1b:竞争氛围对服务创新绩效存在显著的正向影响。

(3)合作氛围与服务创新绩效

开放式环境中合作伙伴多元化能给企业服务创新活动带来更多的创新知识(Nieto & Santamaría,2007),可见良好的合作氛围能够快速实现创新知识的多样化。Cheng 和 Krumwiede(2012)指出,面向市场、与客户合作的企业不仅实现了市场份额较好的增长,而且还取得了较好的创新绩效,因为客户参与的合作氛围提高了服务质量,最终带来服务创新绩效的提升。Gnyawali 和 Srivastava (2013)研究表明企业间的高密度关系能推动竞合的发展,提高企业创新绩效, Huang 和 Yu(2011)也发现竞争性研发合作对企业内部研发活动和创新之间存在正向的调节作用。供应商具有与新服务开发相关的专业知识,对这些知识的获取和利用能够为企业服务创新提供新的方法(Brown & Eisenhardt, 1995),大学科研机构与企业所构建的产学合作创新关系也有助于服务创新绩效的提升(李世超,2012)。创新是企业与外部环境相交互的结果,而外部合作氛围则被视为创新的重要驱动要素,因此企业与客户、竞争对手、供应商及大学科研机构所构建的联盟是创新的重要来源。基于上述理论分析,本章提出如下假设:

H1c:合作氛围对服务创新绩效存在显著的正向影响。

2.外部创新氛围与双元学习能力

企业学习不仅发生在组织内部,而且更多地发生在与外部环境交互的过程中(李维安、邱昭良,2007),但是学习必须经过知识获取和利用,只有这双元学习能力协同发展,才能使外部创新资源转化为企业的竞争优势,提高创新绩效(谢洪明、张颖、程聪,2014)。由于知识不会自动、无约束地产生溢出效应,这就需要企业发挥双元学习能力,吸收并转化外部创新资源。

(1)政策氛围与双元学习能力

Hewitt-Dundas(2006)认为,政府可以通过一些鼓励政策促进企业的基础性创新行为,同时政府也可以通过直接或间接的政策措施来鼓励企业承担产品或服务过程的创新(Smallbone et al.,2003),可见外部政策氛围给企业开展服务创新活动提供了保障,能够提高企业创新的积极性。政府一般会通过建设大学或科研机构来提升服务于地方经济的创新基础,而政策环境被认为对大学或科研机构的创新活动具有较大的影响作用,由此可见政策氛围通过提高企业的知识获取和利用这一双元学习能力,从而给企业服务创新行为带来积极影响。基于上述理论分析,本章提出如下假设:

H2a:政策氛围对知识获取存在显著的正向影响。

H2b:政策氛围对知识利用存在显著的正向影响。

(2)竞争氛围与双元学习能力

Lai 等(2014)认为大部分企业面临着创新知识缺乏的问题,正是这种缺乏使得企业必须利用双元学习能力从外部竞争氛围中,通过跨组织学习方式来获取和利用有助于创新活动的资源(Casanueva,Castro & Galán,2013)。较强的外部竞争氛围会激发企业明显的竞争意识,促使其提高双元学习能力,更加积极地开展对创新知识的获取和利用(汤超颖等,2015),这种外部竞争氛围所营造的压力感会驱使企业努力向外拓展自身创新知识的来源以提高服务创新能力,并将创新成果体现在服务产品设计或服务过程传递之中,最终促进服务创新绩效的提升。基于上述理论分析,本章提出如下假设:

H2c:竞争氛围对知识获取存在显著的正向影响。

H2d:竞争氛围对知识利用存在显著的正向影响。

(3)合作氛围与双元学习能力

Mention(2011)指出,合作氛围是重要的创新驱动因素,其形成主要表现为基于市场(供应商和客户)、科学(大学或科研机构)、团队内部以及竞争者四种合作形式。创新知识可以通过双元学习能力从外部获取,而供应商和竞争对手一般被认为是创新的重要来源,Yli-Renko,Autio 和 Sapienza(2001)发现企业与供应商的网络关系能够促进知识的创造、获取和利用。Inkpen 和 Pien(2006)发现,企业对竞争对手开放可以共享资源和知识,从而产生协同效应,并且来自竞争对手的信息往往比其它外部信息更有利于创新。因此本研究认为双元学习能力在外部合作氛围与服务创新绩效间起到一定的中介作用,合作范围通过加强企业的知识获取和利用,最终促进服务创新绩效的提升。基于上述理论分析,本章提出如下假设:

H2e:合作氛围对知识获取存在显著的正向影响。

H2f:合作氛围对知识利用存在显著的正向影响。

3. 双元学习能力与服务创新绩效

企业双元学习能力对服务创新绩效的促进作用较为明显,Garcia,Calantone 和 Levine(2003)认为,企业可以通过这种能力获取新知识,并通过知识整合和创新,有效促进新服务的开发和创新绩效的提升。开放式创新环境下企业的成功更加需要组织间相互学习和合作,然而从外部环境中所获取的知识必须经过消化吸收才能转化为企业的竞争优势,而消化吸收正是学习能力的重要体现(谢洪明等,2014),这与本研究提出的双元学习能力包括知识获取和知识利用的观点不谋而合。企业创新能力的形成总是循着知识创造、知识吸收的过程演进(Nonaka & Takeuchi,1995),开放式创新环境中,知识获取、利用以及以此为基础的企业双元学习能力越来越重要(Lai et al.,2014;Casanueva,Castro & Galán,2013)。因此,以知识获取和利用为核心的企业双元学习能力与服务创新绩效间存在紧密的联系。基于上述理论分析,本章提出如下假设:

　　H3a:知识获取对服务创新绩效存在显著的正向影响。

　　H3b:知识利用对服务创新绩效存在显著的正向影响。

有学者指出知识获取和知识利用这两种学习活动是相互冲突的,对资源的需求往往存在着一定的竞争性,使得企业容易出现"成功陷阱"和"失败陷阱",从而不利于服务创新绩效的提升(孙彪和刘益,2014);但是大部分学者提出通过考察组织情境、资源、能力,组织规模、结构以及外部环境等因素(Jansen,Van Den Bosch & Volberda,2005),同时借助有效的组织设计,知识获取和知识利用两者之间的平衡会对服务创新绩效产生积极促进作用。从中发现对两者之间的平衡是有利于服务创新绩效还是不利于服务创新绩效,学术界存在一定的争议,尚未得出明确、统一的定论。鉴于大部分学者的观点,本章提出如下假设:

　　H4:知识获取和知识利用之间的平衡对服务创新绩效具有显著的正向影响。

基于上述理论分析,本章构建了外部创新氛围、双元学习能力与服务创新绩效关系的概念模型如图 5.1 所示。

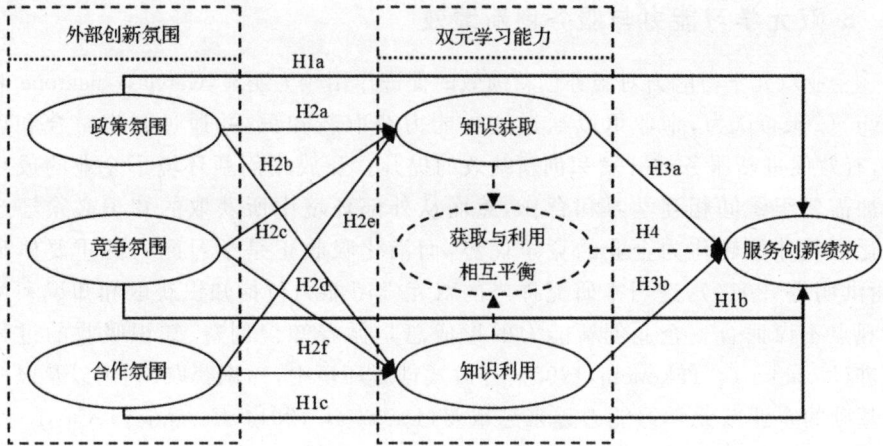

图 5.1 本章概念模型

5.3 研究设计

5.3.1 研究样本

本章主要以知识密集型服务业企业为样本,包括信息服务业、金融服务业、科技服务业和商务服务业四大类。具体样本特征分布情况如表 5.1 所示。

表 5.1 样本基本特征分布

属　性	类　型	问卷数份数	所占比例(%)
所属地区	长三角地区	123	58.02
	珠三角地区	89	41.98
行业类型	信息服务业	51	24.06
	金融服务业	76	35.85
	科技服务业	39	18.40
	商务服务业	46	21.70

属　　性	类　　型	问卷数份数	所占比例（%）
成立时间	5 年以下	37	17.45
	6～10 年	63	29.72
	11～20 年	72	33.96
	21 年以上	40	18.87
员工数量	50 人以下	73	34.43
	51～300 人	64	30.19
	301～1000 人	37	17.45
	1001 人以上	38	17.92
年销售额	100 万以下	25	11.79
	101 万～500 万	44	20.75
	501 万～1000 万	31	14.62
	1001 万～1 亿元	44	20.75
	1 亿元以上	68	32.08

5.3.2　数据收集

本章主要通过实地访谈和问卷调查相结合的方式进行数据的收集,对长三角和珠三角地区的四大类 KIBS 企业进行调查,具体通过实地发放、电子邮件等方式总计发放问卷 550 份,回收 263 份,回收率为 47.82%,其中剔除诸如存在明显错误、回答不完整等因素造成的无效问卷,最后有效问卷份数为 212,有效回收率为 38.55%。由于本研究是基于企业的样本,所以选择的受访者必须对本企业的创新活动十分熟悉,因此选择填写问卷的对象是企业中直接参与服务创新的项目负责人或者是企业服务创新活动的中高层管理人员,以确保问卷的可信性。

5.3.3　变量测量

为了确保量表的信度、效度,本章对变量的测量充分借鉴了国内外高水平学术文献已经使用过的量表,并结合本章的视角对具体测量问项进行了适当的修正。同时结合对相关领域专家的咨询以及企业小样本前测,最终形成了本章的测量量表,量表采用 Likert-5 级量表。问卷大致由四部分构成:第一部分为企业的基本情况;第二部分为外部创新氛围测量量表;第三部分为双元学习能力测量量表;第四部分为服务创新绩效测量量表。

(1)外部创新氛围。主要参考了 Mention(2011)的测量方法,从政策氛围、竞争氛围和合作氛围三个维度进行测量,共有 10 个测量问项。

(2)双元学习能力。主要参考了 Lubatkin 等(2006),Hung 和 Chou(2013)以及张千军、刘益(2013)的测量方法,从知识获取和知识利用两个维度进行测量,共有 8 个测量问项。

(3)服务创新绩效。主要参考了 Thakur 和 Hale(2013)的测量方法,共有 3 个测量问项。

(4)控制变量主要有:对解释变量可能会产生一定影响的行业类型、成立时间、员工数量以及年销售额四个变量进行控制,如表 5.2 所示。

表 5.2　各变量测量问项、因子载荷及 Cronbach's α 系数

潜变量	测量问项	因子载荷	Cronbach's α 系数
政策氛围 (PA)	PA1.企业服务创新产品的知识产权很难得到保护	0.823	0.775
	PA2.企业服务创新活动很难获得政府政策和资金的支持	0.862	
	PA3.服务产业很难得到政府的税收优惠政策支持	0.770	
竞争氛围 (CA)	CA1.企业与竞争对手的经营范围和目标相似	0.783	0.764
	CA2.企业与竞争对手间的竞争强度很激烈	0.554	
	CA3.企业与竞争对手间的关系敌对性很强	0.779	
合作氛围 (CoA)	CoA1.企业与客户在联合开发项目方面有长时期的合作	0.791	0.798
	CoA2.企业与重要的供应商保持紧密的私人关系	0.810	
	CoA3.企业与大学或科研机构保持密切的合作关系	0.788	
	CoA4.企业与竞争者有合作关系	0.769	

续表

潜变量	测量问项	因子载荷	Cronbach's α 系数
知识获取 （KA）	KA1.企业尽可能完整地收集外部信息	0.850	0.794
	KA2.企业经常从外部寻找满足客户需求的新知识	0.755	
	KA3.企业积极瞄准新的客户群体	0.810	
	KA4.企业有用于获取外部新知识的完善系统	0.726	
知识利用 （KU）	KU1.企业能很快意识到新知识的有用性	0.852	0.855
	KU2.企业善于将新知识转化为新产品或服务	0.790	
	KU3.企业经常考虑如何更好地利用新知识	0.861	
	KU4.企业很容易将新知识应用于新产品	0.866	
服务创新 绩效（SIP）	SIP1.企业的服务创新产品是盈利的	0.829	0.830
	SIP2.企业的服务创新活动对提升公司形象具有正面影响	0.741	
	SIP3.企业的服务创新结果优于同类竞争对手	0.806	

5.3.4　信度、效度检验

本章采用 Cronbach's α 系数、题项—总体相关系数（CITC）检验信度，计算结果如表 5.3 所示，所有潜变量的 Cronbach's α 系数均大于 0.7，且 CITC 均大于 0.35，说明变量的测量具有较高的内部一致性，达到信度检验的要求。

表 5.3　潜变量的信度检验

潜变量	因子载荷	CITC	Cronbach's α 系数
政策氛围（PA）	0.770～0.862	0.530～0.653	0.775
竞争氛围（CA）	0.554～0.783	0.360～0.638	0.764
合作氛围（CoA）	0.769～0.810	0.452～0.665	0.798
知识获取（KA）	0.726～0.850	0.524～0.692	0.794

续表

潜变量	因子载荷	CITC	Cronbach's α 系数
知识利用(KU)	0.790～0.866	0.638～0.741	0.855
服务创新绩效(SIP)	0.741～0.829	0.603～0.718	0.830

本章选用了已经被国内外使用的成熟量表,且在企业实地访谈的基础上形成了测量问项,并且通过与企业界和学术界的相关领域专家充分沟通交流形成最终调研问卷,因此可以认为具有较好的内容效度。

本章通过 AMOS7.0 分析收敛效度:外部创新氛围由三个维度构成,使用二阶三因素模型进行验证性因子分析,模型拟合指数分别为 $\chi^2/df=2.180$,RMSEA$=0.068$,CFI$=0.951$,GFI$=0.921$,AGFI$=0.917$,TLI$=0.938$,标准化因子载荷处于 $0.554～0.862$,且在 $P<0.05$ 水平下显著,CR 值处于 $0.802～0.847$,均大于 0.6 的标准,AVE 处于 $0.581～0.619$,均大于 0.5 的标准。双元学习能力由两个维度构成,使用二阶双因素模型进行验证性因子分析,模型拟合指数分别为 $\chi^2/df=1.982$,RMSEA$=0.059$,CFI$=0.947$,GFI$=0.911$,AGFI$=0.893$,TLI$=0.927$,标准化因子载荷处于 $0.726～0.866$,且在 $P<0.05$ 水平下显著,CR 值为 0.849、0.910,均大于 0.6 的标准,AVE 为 0.636、0.578,均大于 0.5 的标准。服务创新绩效使用单因子模型进行验证性因子分析,模型拟合指数分别为 $\chi^2/df=2.317$,RMSEA$=0.072$,CFI$=0.959$,GFI$=0.908$,AGFI$=0.891$,TLI$=0.954$,标准化因子载荷处于 $0.741～0.829$,且在 $P<0.05$ 水平下显著,CR 值为 0.885,大于 0.6 的标准,AVE 为 0.617,大于 0.5 的标准。说明三个测量模型具有较好的收敛效度。

区分效度主要依据 AVE 的算术平方根大于潜变量之间相关系数的绝对值。外部创新氛围量表区分效度结果显示:政策氛围 AVE$=0.581$,竞争氛围 AVE$=0.619$,合作氛围 AVE$=0.596$,政策氛围与竞争氛围间相关系数 $r=0.378^{***}$,政策氛围与合作氛围间相关系数 $r=0.265^{***}$,竞争氛围与合作氛围间相关系数 $r=0.296^{***}$。双元学习能力量表的区分效度结果显示:知识获取 AVE$=0.636$,知识利用 AVE$=0.578$,知识获取和知识利用间相关系数 $r=0.564^{***}$。服务创新绩效属于单一变量已经得到了验证。说明三个量表具有较好的区分效度。

5.4　实证分析

5.4.1　数据同源偏差检验

　　问卷中所有问项全部由一个被调查者填写的情况下，很容易出现同源偏差问题（common method variance，简称 CMV），也就是共同方法偏差。为了解决数据的同源偏差问题，本章不仅在事前准备了相应的预防措施，比如隐去问卷填写者的具体信息、选项重测法等，而且运用检测数据同源偏差常用的哈曼（Harman）单因子法进行检测。将本章的全部测量问项放在一起进行因子分析，在没有旋转时所得到的第一个主成分所占有的载荷量是 24.846%，说明数据同源偏差问题不严重。

5.4.2　变量描述性统计分析

　　表 5.4 显示了所有变量均值、标准差和相互之间的相关系数。由该表可以发现，外部创新氛围、双元学习能力与服务创新绩效之间具有显著相关关系，初步检验了本章所提出的假设，在此基础之上本章将采用多元回归分析法对所提出的假设进行进一步验证。

表 5.4　变量描述性统计与相关分析

变　量	1	2	3	4	5	6	7	8	9	10
1.行业类型	1									
2.成立时间	0.001	1								
3.员工数量	−0.074	0.350***	1							
4.年销售额	−0.149*	0.298***	0.668***	1						
5.政策氛围	0.084	−0.179**	−0.104	−0.034	1					
6.竞争氛围	−0.072	−0.055	0.145*	0.120+	0.378***	1				
7.合作氛围	−0.114+	0.030	0.099	0.092	0.265***	0.296***	1			
8.知识获取	0.023	0.054	0.081	0.147*	0.191**	0.297***	0.383***	1		

续表

变　量	1	2	3	4	5	6	7	8	9	10
9.知识利用	0.006	0.072	0.103	0.204**	0.028	0.128+	0.176*	0.564***	1	
10.服务创新绩效	0.150*	0.183**	0.198**	0.144*	0.080+	0.168*	0.116+	0.333***	0.374***	1
均　值	2.377	15.219	2.189	3.406	3.046	3.690	3.449	3.942	3.724	3.579
标准差	1.075	13.117	1.284	1.629	0.873	0.710	0.637	0.637	0.747	0.648

注:$N=212$;+ 表示显著性水平 $P<0.10$,* 表示显著性水平 $P<0.05$,** 表示显著性水平 $P<0.01$,*** 表示显著性水平 $P<0.001$(双尾检验)。

5.4.3　假设检验

1.外部创新氛围和双元学习能力对服务创新绩效的影响

从表 5.5 的模型 2 可以看出外部创新氛围的各维度对服务创新绩效有显著的正向影响,假设 H1a、H1b、H1c 得到了支持。从模型 3 和模型 4 可以看出,知识获取和知识利用均对服务创新绩效有显著的正向影响,假设 H3a、H3b 得到了支持。模型 5 将知识获取和知识利用一起加入回归模型中,结果还是显著影响,进一步支持了假设 H3a 和 H3b,说明结果具有一定的稳定性。模型 6 在模型 5 的基础上加入了知识获取和知识利用的交互项,发现 R^2 值没有发生显著变化,同时交互项系数出现令人惊异的负值,且在 $P<0.05$ 水平下显著,说明知识获取和知识利用的交互项不仅对服务创新绩效没有重要的解释作用,而且不利于服务创新绩效的提升,假设 H4 没有得到支持。

表 5.5　外部创新氛围、双元学习能力对服务创新绩效的影响

变量	服务创新绩效							
	模型 1	模型 2	模型 3	模型 4	模型 5	模型 6	模型 7	模型 8
控制变量								
行业类型	0.166*	0.182**	0.151*	0.152*	0.148*	0.127*	0.156*	0.160*
成立时间	0.122+	0.140+	0.117+	0.114+	0.114+	0.125+	0.127+	0.132+
员工数量	0.143	0.115	0.155+	0.168+	0.167+	0.187+	0.141	0.149+
年销售额	0.037	0.028	−0.017	−0.052	−0.058	−0.058	−0.017	−0.055

续表

变量	服务创新绩效							
	模型 1	模型 2	模型 3	模型 4	模型 5	模型 6	模型 7	模型 8
自变量								
政策氛围		0.080^+					-0.009	0.017
竞争氛围		0.168^*					0.089	0.116
合作氛围		0.117^*					-0.020	0.022
中介变量								
知识获取			0.313^{***}		0.170^*	0.172^*	0.296^{***}	
知识利用				0.358^{***}	0.263^{**}	0.257^{**}		0.340^{***}
知识获取× 知识利用						-0.144^*		
模型统计量								
R^2	0.081	0.113	0.177	0.203	0.223	0.243	0.183	0.220
调整后 R^2	0.063	0.083	0.157	0.184	0.200	0.217	0.151	0.189
F 值	4.565^{**}	3.727^{**}	8.847^{***}	10.513^{***}	9.803^{***}	9.333^{***}	5.690^{***}	7.145^{***}

注：$N=212$，系数为标准化回归系数，$+$ 表示显著性水平 $P<0.10$，$*$ 表示显著性水平 $P<0.05$，$**$ 表示显著性水平 $P<0.01$，$***$ 表示显著性水平 $P<0.001$（双尾检验）。

2. 外部创新氛围对双元学习能力的影响

从表 5.6 的模型 2 可以看出，外部创新氛围的各个维度对知识获取均有显著的正向影响，假设 H2a、H2c、H2e 得到了支持。从模型 4 可以看出外部创新氛围中的合作氛围对知识利用具有显著的正向影响，假设 H2f 得到了支持，而政策氛围和竞争氛围对知识利用的影响均不显著，假设 H2b、H2d 均没有得到支持。模型 2 在模型 1 的基础上，加入了外部创新氛围的三个维度后，R^2 值有显著提高，说明外部创新氛围对知识获取有重要的解释作用。模型 4 在模型 3 的基础上，加入了外部创新氛围的三个维度后，R^2 值并没有显著提高，说明外部创新氛围对知识利用没有重要的解释作用。

表 5.6　外部创新氛围对双元学习能力的影响

变量	知识获取		知识利用	
	模型 1	模型 2	模型 3	模型 4
控制变量				
行业类型	0.047	0.088	0.038	0.064
成立时间	0.016	0.046	0.021	0.024
员工数量	−0.038	−0.088	−0.068	−0.099
年销售额	0.174[+]	0.153[+]	0.249**	0.246**
自变量				
政策氛围		0.201**		−0.051
竞争氛围		0.194**		0.092
合作氛围		0.321***		0.156*
模型统计量				
R^2	0.024	0.206	0.046	0.080
调整后 R^2	0.006	0.179	0.027	0.048
F 值	1.294	7.563***	2.476*	2.534*

注:$N=212$,系数为标准化回归系数;[+] 表示显著性水平 $P<0.10$,* 表示显著性水平 $P<0.05$,** 表示显著性水平 $P<0.01$,*** 表示显著性水平 $P<0.001$(双尾检验)。

3.双元学习能力的中介作用分析

　　表 5.5 中的模型 7 在模型 2 的基础上,加入了中介变量知识获取后,模型 7 的 R^2 值有显著提高,知识获取的回归系数为正且显著,而外部创新氛围三个维度的回归系数均变得不显著,说明知识获取在政策氛围、竞争氛围和合作氛围与服务创新绩效之间起到完全中介作用。模型 8 在模型 2 的基础上,加入了中介变量知识利用后,模型 8 的 R^2 值有显著提高,知识利用的回归系数为正且显著,而合作氛围的回归系数仍为正但变得不显著,说明知识利用在合作氛围与服务创新绩效之间起到完全中介的作用。

5.5　研究结论与讨论

　　本章通过对外部创新氛围、双元学习能力与服务创新绩效关系的研究,丰富和拓展了创新氛围理论,特别是追求双元学习能力之间的平衡对服务创新绩效阻碍作用的发现,对理论和实践均具有重要的意义。

5.5.1　结论与讨论

1.企业外部创新氛围对服务创新绩效具有显著的正向影响作用

　　开放式环境下的企业外部创新氛围,能给企业提供更多的成功机会,更加有助于企业开展服务创新活动。本章通过对 212 家知识密集型服务企业的实证数据研究,发现政策氛围、竞争氛围和合作氛围均能提高服务企业的服务创新绩效。但是这种促进效果并不完全相同:竞争氛围对服务创新绩效的促进效果最为显著,达到了 0.168,且在 $P<0.05$ 水平下显著,竞争氛围给企业带来了强烈的危机感,这种危机感激发企业的主观能动性,成为企业主动开展服务创新活动的驱动力,在这种驱动力的作用下企业开始不断创新,积极搜寻外部环境中的创意,以进一步提高创新绩效。合作氛围对服务创新绩效的促进效果稍弱于竞争氛围,但也达到了 0.117,且在 $P<0.05$ 水平下显著,外部合作氛围给企业提供了重要的外部创新来源,开放式环境下来自供应商、客户等外部合作者的信息能明显影响企业的服务创新行为,这些外部创新资源对企业创新取得成功非常关键。政策氛围对服务创新绩效的促进效应最弱,只有 0.080,且只在 $P<0.10$ 水平下显著,外部政策氛围尽管给企业的创新活动提供了一定的支持和保障,但从某种意义上来说仅仅提高了企业开展创新活动的信心,带动了创新积极性而已,对企业的刺激作用远不及竞争氛围那么强烈,创新资源的提供范围也远不如合作氛围那么丰富。

2.外部创新氛围对服务创新绩效的促进作用是间接的,需要借助于企业双元学习能力来实现

　　政策氛围和竞争氛围对服务创新绩效的促进作用只能通过企业的知识获取能力来实现,可能的解释是:其一,外部政策氛围往往会释放一些有助于企业创新的信息,比如宽松的政策法律环境、有利的行政规章制度,但这种信息需要企

业凭借敏锐的洞察力及时去捕获和挖掘,但是并不是所有企业对这种信息都有相同的转化能力,所以最终导致知识处理效果的差异;其二,竞争氛围往往代表了企业所处行业的垄断、竞争水平以及企业参与竞争的投入程度,会激发企业强烈的竞争意识,企业是在这种竞争意识的支配下积极开展创新活动,而并非是从这种竞争环境中利用现成的创新资源。政策氛围和竞争氛围无法直接给企业提供现成可利用的创新资源,前者只是从正面创造有利于创新的环境,而后者从负面塑造出一种激发企业创新意识的氛围,间接激发企业开展创新活动的能力,进而提高服务创新绩效。合作氛围对服务创新绩效的促进作用可以通过知识获取和知识利用双元学习能力的中介作用来实现。诸如客户企业、供应商、科研机构等一些企业的外在合作者能给企业提供一些现成的或者是潜在的创意或想法,企业可以通过知识获取能力或知识利用能力对其进行重复利用或深度开发。

3. 双元学习能力对服务创新绩效具有显著的正向影响作用

知识利用能力能明显促进服务创新绩效的提升,达到了 0.263,且在 $P<0.01$ 水平下显著,说明企业为了开发新服务或设计新流程而对已拥有知识进行深度整合和利用的能力对企业创新的推动作用非常明显。知识获取能力对服务创新绩效的影响达到了 0.170,且在 $P<0.05$ 水平下显著,说明企业突破组织边界,积极搜寻创新资源的能力对企业开展服务创新活动的促进作用也较为明显。开放式环境下企业的服务创新活动越来越依赖企业双元学习能力,强调组织学习的企业往往会对外部创新氛围中的创新资源进行整合,从而进一步采取适应环境变化的行动。特别是当外部环境不确定性较强时,重视双元学习能力的企业可以准确把握外部环境中的创新知识,及时跟踪、引进市场上最为先进的服务理念。由此可见,知识获取、知识利用并以此为基础的双元学习能力的提升对服务创新绩效具有积极显著的促进作用。

4. 双元学习能力之间的平衡对服务创新绩效具有显著的负向影响作用

表 5.5 中的模型 6 出现一个令人费解的结果,即将知识获取和知识利用两者之间的交互项放入回归模型中,发现其系数为 -0.144,是一个负值,且在 $P<0.05$ 水平下显著,这与大部分学者的观点相悖(Jansen, Van Den Bosch & Volberda,2005),但与吴晓波等人的结论一致(吴晓波、陈小玲、李璟琰,2015)。对于企业来说一方面需通过知识获取能力获得创新资源,改进现有服务的设计,为现有细分顾客提供更好的服务;另一方面必须通过知识利用能力整合、开发已拥有的知识,努力开发新服务,开辟更多的细分市场。前者会使企业专注于当前

短期的利益,而忽视对未来顾客和市场的培育,后者会使企业过于考虑长远利益,而忽视了对当下市场的深度开发,究其实质,知识获取和知识利用这两种学习能力存在一定的竞争性(孙彪、刘益,2014)。正是这种竞争性导致双元学习能力具有一定的冲突性,主要体现在:(1)知识获取和知识利用对创新资源的需求关系存在一定的竞争性;(2)企业过于追求知识获取会造成短期成功却无法长期生存,相反,企业过多追求知识利用就会陷入短期业绩不佳的失败陷阱。

5.5.2　研究不足与展望

　　本章通过考察长三角地区和珠三角地区 212 家 KIBS 企业的样本,探索企业外部创新氛围对服务创新绩效的影响,以及企业双元学习能力在其中的中介作用,但是仍存在以下一些不足之处:(1)由于 212 份问卷主要来自长三角和珠三角沿海经济发达地区的企业,难以排除这两个区域企业所固有的特征对结论的影响,从而影响研究结论的概化水平,因此本章结论有待在更大的区域范围内进行实证。(2)本章选取了四大类 KIBS 企业进行研究,这四大类企业之间必然存在一定的差异,但是本章未把这种差异因素考虑在内,可能会对结论造成一定的影响。今后的研究有必要进一步细分行业,分别以这四类服务业为研究对象考察本章所构建的模型,以进一步验证本章的结论。(3)本章只关注了外部创新氛围对企业双元学习能力的影响,进而分析其如何影响服务创新绩效。但创新氛围还包括内部创新氛围,其他会对企业的服务创新绩效产生重要影响,同样具有重要的研究意义,因此在未来的研究中如有可能应该进一步探索内部创新氛围对服务创新绩效的作用机制,特别是兼顾外部创新氛围和内部创新氛围,从而给研究带来更大的理论和实践意义。

调研问卷

外部创新氛围、知识获取利用与服务企业绩效关系调研问卷

Section A:填写说明

尊敬的贵公司领导/项目负责人:

您好!本问卷旨在调查研究知识密集型服务企业的外部创新氛围对服务企业绩效的作用机制,为提升知识型服务企业的创新能力和企业绩效提供理论和实践上的支撑。

请您详细阅读填写说明和问卷中的测量问项后根据实际情况实事求是地作答,您的每一个答案对本研究的结果都有重大影响。您所提供的信息将受到严格保密,不会泄露,我们也不会对您的单位进行反馈,仅用于科学研究,请您放心填写。非常感谢您的支持与合作!

敬祝大展宏图,事业鼎盛!

填表说明:

以下各部分请您对公司近三年来或者自己最近三年来所参与的某个创新项目进行评价,请根据当时的真实情况进行选择,为了帮助您顺利地填写问卷,节省宝贵的时间,请首先仔细阅读各部分的主要术语。(这里的"创新项目"不仅包括新服务或新产品的开发,也包括现有服务或产品的改进)

1.题项中 1~5 的数值表示从"非常不同意"向"非常同意"依次渐进。数值不代表分值,仅指同意或不同意的程度,请在相应框内的数字上直接打钩;若您是在电脑上填写,请您将相应框内的数字标红。

2.各部分问卷中的测量问项,不同的人可能会有不同的看法,因而您的选择没有对错之分,请您根据实际情况表达真实的想法。这不是测验,也没有标准答案,您只需要客观地做出选择,请您不要都打一样的分,也不要遗漏某些题项。

Section B:公司基本信息

<u>一、公司基本情况</u>

1.公司名称:_____

2.公司所在地:_____省_____市

3.公司成立已经:_____年

4.公司所处行业是(请在所属方框内直接打钩):

□信息服务业(包括电信及其他通信服务业、计算机服务业、软件业等)

　金融服务业(包括银行业、证券业、保险业和其他金融活动等)

□科技服务业(包括研究与试验发展、专业技术服务业、工程技术与规划管理、科技交流和推广服务业等)

□商务服务业(包括法律服务、咨询与调查、其他商务服务等)

□其　他(请写出)：_____

5.公司年销售收入：

□50 万以下　　　　□51 万~100 万　　□101 万~500 万

□501 万~1000 万　□1001 万~5000 万□5001 万~1 亿　　□1 亿以上

6.公司员工数量：

□50 人以下　　　　□51~100 人　　　□101~300 人

□301~500 人　　　□501~1000 人　　□1001 人以上

7.公司开展创新活动的创意或思想主要来源于(可以多选)：

□政府或公共部门　□客户　　　　　□竞争对手

□大学或科研院所　□技术供应商　　□中介机构

8.您的职位是：

□企业所有者　　　□总经理/副总经理□办公室主任

□部门/项目主管　□企业的顾问　　□其他

9.您受教育的程度：

□高中及以下　　　□专科　　　　　□本科

□硕士　　　　　　□博士

10.您的年龄(周岁)：

□30 及以下　　　　□31~35　　　　□36~40

□41~45　　　　　□46~50　　　　□51 以上

Section C:具体调研内容

二、外部创新氛围

主要术语：

外部创新氛围指的是存在于企业边界以外,对企业创新活动产生影响的外部环境因素集合,主要分为三个方面:**政策氛围**是指政府鼓励企业参与创新活动的一系列行为活动,包括制定相关法律法规,以及行政规章制度;**竞争氛围**是指某一特定市场中参与竞争的企业数量以及企业参与竞争的总体投入和强度,反映了该行业的垄断和竞争程度;**合作氛围**是指企业与客户、竞争者、供应商、大学科研机构等外在行为主体之间的紧密程度和需求关系。

测量问项	非常 不同意	不同意	一般	同意	非常 同意
政策氛围					
11.企业服务创新产品的知识产权很难得到保护	1	2	3	4	5
12.企业服务创新活动很难获得政府政策和资金 的支持	1	2	3	4	5
13.服务产业很难得到政府的税收优惠政策支持	1	2	3	4	5
竞争氛围					
14.企业与竞争对手的经营范围和目标相似	1	2	3	4	5
15.企业与竞争对手间的竞争强度很激烈	1	2	3	4	5
16.企业与竞争对手间的关系敌对性很强	1	2	3	4	5
合作氛围					
17.企业与客户在联合开发项目方面有长时期的 合作	1	2	3	4	5
18.企业与重要的供应商保持紧密的私人关系	1	2	3	4	5
19.企业与大学或科研机构保持密切的合作关系	1	2	3	4	5
20.企业与竞争者有合作关系	1	2	3	4	5

三、学习能力

主要术语：

学习能力是指企业对服务创新所需知识进行获取和利用的能力,包括知识获取和知识利用两个维度。**知识获取**指的是企业为了创造多元化和开拓企业边界而进行新知识的获取;**知识利用**指的是企业为了开发新产品或服务以及引进新流程而进行知识的整合和利用。

测量问项	非常 不同意	不同意	一般	同意	非常 同意
知识获取					
21.企业尽可能完整地收集外部信息	1	2	3	4	5

测量问项	非常 不同意	不同意	一般	同意	非常 同意
22. 企业经常从外部寻找满足客户需求的新知识	1	2	3	4	5
23. 企业积极瞄准新的客户群体	1	2	3	4	5
24. 企业有用于获取外部新知识的完善系统	1	2	3	4	5
知识利用					
25. 企业能很快意识到新知识的有用性	1	2	3	4	5
26. 企业善于将新知识转化为新产品或服务	1	2	3	4	5
27. 企业经常考虑如何更好地利用新知识	1	2	3	4	5
28. 企业很容易将新知识应用于新产品	1	2	3	4	5

四、服务创新绩效

主要术语：

服务创新绩效指的是企业对新开发的服务以及对现有服务所做的改善活动，以满足企业自身、顾客、社会、员工等利益相关者需求，维持企业竞争优势的能力和程度，包括服务创新过程绩效和结果绩效。

在过去的三年中，企业开展服务创新活动的业绩与当地主要竞争对手相比情况如何？请根据实际情况客观作答，在相应的数字上做标记即可。

测量问项	非常 不同意	不同意	一般	同意	非常 同意
服务创新过程绩效					
29. 企业服务产品的平均开发成本较低	1	2	3	4	5
30. 企业服务创新获得成功的比例较大	1	2	3	4	5
31. 企业服务创新从开发到投入应用的时间较短	1	2	3	4	5
服务创新结果绩效					
32. 企业的服务创新产品是盈利的	1	2	3	4	5

续表

测量问项	非常 不同意	不同意	一般	同意	非常 同意
33. 企业的服务创新活动对提升公司形象具有正面影响	1	2	3	4	5
34. 企业的服务创新结果优于同类竞争对手	1	2	3	4	5

问卷已全部回答完毕,再次感谢您的合作!

如果需要研究结果请您留下联系方式:

您的姓名:＿＿＿＿＿＿＿＿＿

所在部门:＿＿＿＿＿＿＿＿＿

联系电话或 E-mail:＿＿＿＿＿＿＿＿＿＿＿＿＿＿＿＿

邮寄地址:＿＿＿＿＿＿＿＿＿＿＿＿＿＿＿＿＿＿

第6章 知识惯性、组织学习与服务创新

6.1 问题提出

随着我国现代服务业的迅速发展,以知识为主要投入和产出要素的 KIBS 企业在给社会创造就业机会的同时,还加速了制造业企业的转型升级和创新发展,因此 KIBS 企业在推动国家和区域经济发展的过程中发挥着越来越重要的作用。然而由于我国对外开放度的进一步提高,进出口贸易限制的逐步放宽,国际巨头开始纷纷抢占中国市场,这不仅直接给国内终端企业造成激烈的竞争环境,而且还间接给 KIBS 企业带来巨大的市场压力。那么如何提高 KIBS 企业绩效,进而提升其综合竞争实力,俨然已成为我国 KIBS 企业所需解决的迫切问题。

鉴于 Chesbrough 提出的开放式创新理念(2003),KIBS 企业在探索如何提升企业绩效时开始从传统意义的单边创新范式转向跨越组织边界的交互式创新范式,而其中组织学习受到了学术界的高度关注(Nevis,DiBella & Gould,1997;Elsenhardt & Martin,2000)。KIBS 企业在开放式创新理念指引下,如何积极拓展组织边界的多样性,从而有力获取异质性知识与资源,进而有效整合组织学习中所获得的各种创新思想,最终提高组织学习的效率,这成为提高 KIBS 企业绩效的关键之所在。

然而袁静、姚陆锋、郑春东(2005)指出,如果组织已经具备某些知识,组织就会自然而然地延续这些知识的使用,如果新知识的刺激不足以打破原有知识体系,则组织的知识体系会保持原有的状态,这就是所谓的"知识惯性"现象。知识惯性在某些情况下会妨碍组织对新知识的学习,具有一定的危害性。由此可见知识惯性可能会对组织学习产生负向影响作用,进而阻碍服务企业绩效的提升,

因此在探讨组织学习和服务企业绩效问题时,不能忽视知识惯性这一普遍存在于组织中的破坏现象(Liao,2002)。

有关服务企业绩效机理的研究较多,然而国内外学者大都运用资源依赖理论(Pfeffer & Salancik,2003),社会关系网络理论(Lavie & Drori,2012;Lahiri & Narayanan,2013;范志刚、刘洋、吴晓波,2014),知识管理理论(Strambach,2001;吴岩,2014)以及组织学习理论(Nevis & DiBella,1997;Chandy & Tellis,1998;Easterby-Smith & Prieto,2008)等从正向角度入手来探讨企业绩效的影响因素,且研究对象大多为制造企业。相关文献较少从知识惯性等负向角度展开研究,而且从理论到实证都很少有将知识惯性、组织学习与服务企业绩效三者联合起来所进行的研究。仅有的文献中有将知识惯性作为前因变量,也有将其作为调节变量的;知识惯性的作用有负向影响,也有正向影响。这些并不完全一致,甚至是矛盾的结论,究其原因是忽略了知识惯性不同类型与组织学习方式之间的匹配。本章主要探究:(1)知识惯性如何通过组织学习这一中介变量作用于服务企业绩效?(2)知识惯性是否一定会阻碍服务企业绩效的提升?

本章以 KIBS 企业作为实证对象,对知识惯性、组织学习与服务企业绩效关系进行实证研究,剖析知识惯性影响服务企业绩效的作用机制,为 KIBS 企业提升绩效提供一个新的思路,并弥补相关研究的不足。

6.2 理论基础与研究假设

6.2.1 概念界定

1.知识惯性

惯性(inertia)一词最初源于物理学中牛顿第一定律,即惯性定律:一切物体总保持匀速直线运动状态或静止状态,直到有外力迫使它改变这种状态为止。同时 Kavcic,Krar 和 Doty(2000)研究指出,人们的认知也会产生惯性,这种惯性会使人们抗拒改变现状,在知识管理和组织学习领域同样也存在着这种惯性。知识惯性(knowledge inertia)的概念由 Liao(2002)首次正式提出,指的是当人们在解决问题的时候,会自然地使用过去惯有的问题解决程序、僵化的知识来源以及已有的经验,并将知识惯性具体划分为程序惯性、资讯惯性和经验惯性三种类型。程序惯性(procedural inertia):指组织在解决问题时会使用过去惯常使用的问题解决程序；资讯惯性（informational inertia）：指组织在解决问题时会使用以往常用的知识源进行资讯寻找；经验惯性（experiential inertia）：指组织在处理问题时会使用已有的经验来解决当前的问题。后续的实证研究中学术界将知识惯性划分为经验惯性和学习惯性两类，而吴明雄（2005）则在Liao研究的基础上增加了心思惯性（psychological inertia），指的是个人会在某些方面积累长久的经验，因此在考量问题的时候其所想都会有共同的方向偏好，从而产生惯性。本章采用Liao（2002）对知识惯性的定义，也将其分为程序惯性、资讯惯性和经验惯性三种类型。

2. 组织学习

Garvin（1988）认为组织学习是组织创造、获得并传递知识，进而修正其行为以反应新的知识与洞察力的过程。吴晓波、许冠南、杜健（2011）指出组织学习是指企业为了适应动态变化的环境，获得持续竞争优势，而对知识进行不断的获取、储存、传递、整合、应用以及创新的一系列组织行为。March（1991）提出了利用式学习和探索式学习两种组织学习模式。利用式学习是指那些具有"提炼、筛选、生产、选择、实施、执行"等特征的学习活动（March，1991），往往是对现有知识的重复利用和深度开发（Levinthal & March，1993；李翔、陈继祥、张春辉，2014）。探索式学习是指那些具有"探索、变化、承担风险、试验、尝试、应变、发现、创新"等特征的学习活动（March，1991），往往具有显著的冒险性和试验性导向（李翔、陈继祥、张春辉，2014）。前者强调组织在适应环境过程中，为了降低风险，应选择那些已经被实践证实为有效的知识，且通过重复性行动来改进现有知识，提高行动效率，进而提升组织的绩效（刘寿先，2014）；而后者强调组织对新的技术和商业机会进行搜索和尝试，所产生的知识往往与组织现有知识库中的知识存在较大的差异（Katila & Ahuja，2002），旨在追求新的知识来帮助组织适应环境（Levinthal，1993；张振刚、李云、余传鹏，2014），从而提升组织的绩效。尽管复制过去的成功经验能够再次获取成功，但是企业如果仅仅依赖已有知识进行利用式学习，容易陷入能力陷阱（奉小斌、陈丽琼，2014），最终导致组织的"学习锁定""路径依赖"和"技术惰性"（张振刚、李云健、余传鹏，2014），使得组织的行为局限于成功的经验；同理，由于探索式学习本身具有高失败特征，加上组织缺乏相应的成功经验，如果企业过分强调探索式学习，则会陷入失败的恶性循环（朱朝晖、陈劲，2008）。据此，本章采用吴晓波、许冠南、杜健对组织学习所下的定义（2011）和 March 对组织学习的分类（1991），从利用式学习和探索式学习两个维度来探讨组织学习在知识惯性影响服务企业绩效中的作用机制。

3.服务企业绩效

企业绩效的本质就是企业的各种投入(包括资金投入、劳动投入和自然资源投入等)所取得的产出以及投入产出效率(李文秀、陈晓霞、夏杰长,2012),如果能够以更少的投入产出更多的产品或服务,那么企业绩效相对就会更高。然而对企业绩效的传统研究不是针对制造企业,就是没有严格区分制造企业或服务企业,而专门针对服务企业特别是 KIBS 企业的绩效研究则相对较少。服务企业绩效是对服务企业而言的,指的是服务企业的各种产出以及投入产出效率,但是目前有关服务企业绩效的研究主要集中在企业服务的绩效方面,特别是服务创新的绩效(Kindström & Kowalkowski,2013;Cooper & Kleinschmidt,1987;De Brentani,1989)。服务企业绩效与企业服务绩效是两个不同的概念,服务企业绩效除了其所提供的服务绩效之外,更应该体现在服务企业的投入产出效率方面,也就是说服务企业绩效更加强调服务企业在实际运行过程中能否形成有效的投入产出转化机制。而对服务企业绩效的衡量,Kaplan 和 Norton(1992)则认为应该采用平衡记分卡的概念。本章认为服务企业绩效是指服务企业的各种产出以及投入产出效率,且主要采用 Kaplan 和 Norton 的方法进行测量。

6.2.2 知识惯性与组织学习的关系

由于社会运动比生物运动更具有复杂性,因此组织学习中所存在的知识惯性现象更加严重(袁静、姚陆锋、郑春东,2005)。Liao(2002)指出组织在学习知识的过程中会受到惯性思维影响,在解决问题时会使用僵化的知识和过去的经验,同样也会对新知识产生排斥和抗拒,进而产生更高的知识惯性,形成恶性循环。周健明、陈明、刘云枫(2014)的相关研究发现,知识惯性中的程序惯性和资讯惯性对组织进行知识整合以及开发新产品的过程具有破坏作用,特别是组织在处理或整合知识进行产品创新时,条条框框的制度程序、惯行的处理程序和潜在的办事规则均会对组织内外部知识学习产生破坏作用。所以本研究认为,当组织进行利用式学习和探索式学习活动时,组织员工由于受到知识惯性的影响,使得组织无论是对现有知识的深度加工还是对新知识的探索和试验,都会被组织惯行的处理程序、以往资讯的获取方式以及已有的经验所妨碍,进而对组织学习产生破坏性的负向影响。基于上述理论分析,本章提出以下假设:

H1a:程序惯性对利用式学习有显著的负向影响。

H1b:程序惯性对探索式学习有显著的负向影响。

H1c:资讯惯性对利用式学习有显著的负向影响。

H1d：资讯惯性对探索式学习有显著的负向影响。

H1e：经验惯性对利用式学习有显著的负向影响。

H1f：经验惯性对探索式学习有显著的负向影响。

6.2.3 组织学习与服务企业绩效的关系

组织学习的最终效果是实现组织知识的更新与创新能力的形成(阮爱君、卢立伟、方佳音,2014),也就是企业绩效的提升(杨帆,2013),因此,组织学习对企业绩效具有积极的影响。随着与外部企业合作紧密性的增加,KIBS 企业可在合作过程中,通过组织学习,获取管理、创新、市场等方面的知识,更新自身知识库,从而提高企业绩效(杨帆,2013)。然而在开放式创新环境下,企业的生存和发展不仅离不开对现有知识的深度挖掘,而且还需要通过探索式学习来创造变异能力(张振刚、李云健、余传鹏,2014),因此利用式学习和探索式学习对企业的绩效具有正向影响(陈国权、王晓辉,2012),所以从二元化的视角把组织学习活动分为利用式学习和探索式学习,更能体现组织的战略主动性,并且能够与企业的绩效密切相关(Jansen,Van Den Bosch & Volberda,2006)。

1.利用式学习与服务企业绩效的关系

March(1991)认为,利用式学习是对既有知识和技术的改进与提高,可以在较短时间内带来回报,增加企业的当前收入,因此企业往往更加注重短期的运营效率(吴晓波、陈小玲、李璟琰,2015),由此可见利用式学习对企业绩效提升的影响具有时间上、空间上的明确性和接近性,组织往往会倾向于挖掘和利用现有知识(朱朝晖、陈劲,2008)。采用利用式学习的服务企业,完善了现有产品或服务的知识、流程以及工艺(Atuahene-Gima & Ko,2001),从而能够实现对企业现有服务能力、技术的提升和拓展,进而提高企业的绩效(毛茜敏,2010)。基于上述理论分析,本章提出以下假设:

H2a：利用式学习对服务企业绩效具有显著的正向影响。

2.探索式学习与服务企业绩效的关系

Filiou(2001)认为,在不断变化的环境中,组织外部的新机会、新技术会打破组织原有的经验优势,这就需要组织进行探索式学习来提升企业绩效。探索式学习是对新事物、新知识的发现和尝试(Jansen,Van Den Bosch & Volberda,2005),通过这种组织学习活动,组织能够获取外部的新知识和新创意,使企业赢得新的发展机遇,从而增强自身可持续性竞争优势。尽管这种组织学习活动所产生的知识与企业现有知识体系之间所存在的差异会导致风险的增大(李翔、陈继祥和张春辉,2014),但是企业只要制定长期周密的战略规划,构建完善的预防控制体系,加强对创新各环节的监控和调整,就能提升企业的绩效(刘寿先,2014)。探索式学习虽然具有一定的风险,但是能够显著提升企业的财务绩效水平(Jansen,Van Den Bosch & Volberda,2005),而且还与企业的战略绩效密切相关,能够增强企业的长期竞争力、增加未来的收益(March,1991)。Atuahene-Gima(2003)通过对高科技新兴企业的调研也表明,探索式学习与新产品创新绩效显著正相关。基于上述理论分析,本章提出以下假设:

H2b:探索式学习对服务企业绩效具有显著的正向影响。

6.2.4 知识惯性与服务企业绩效的关系

周健明、陈明、刘云枫认为知识惯性会对企业解决社会问题、开发新产品的过程产生极大的负面影响作用(2014),同样组织在学习承诺、分享愿景、开放心智并进行创新创造的过程中,知识惯性也都起到了负面的调节作用(赵卫东、吴继红、王颖,2012)。Liao(2002)也指出知识惯性是由于员工解决问题时力求省时、规避风险而存在的深层次信念的反映,其深深地影响着企业员工知识选择的偏好以及知识获取的路径,进而影响着知识在组织解决实际问题时所发挥的作用。所以在一个快速变革的环境中,已有的组织实践和惯例可能会减少企业适应新变革的灵活性(Levitt & March,1988),因此知识惯性可能会阻碍企业获取新的知识来适应环境的动态变革,进而影响企业绩效的提升。任爱莲则明确提出组织的这种知识惯性不利于企业探索新的领域。基于上述理论分析,本章提出以下假设:

H3a:程序惯性对服务企业绩效具有显著的负向影响。
H3b:资讯惯性对服务企业绩效具有显著的负向影响。
H3c:经验惯性对服务企业绩效具有显著的负向影响。

根据上述研究假设,本章构建了如图6.1所示的概念模型。

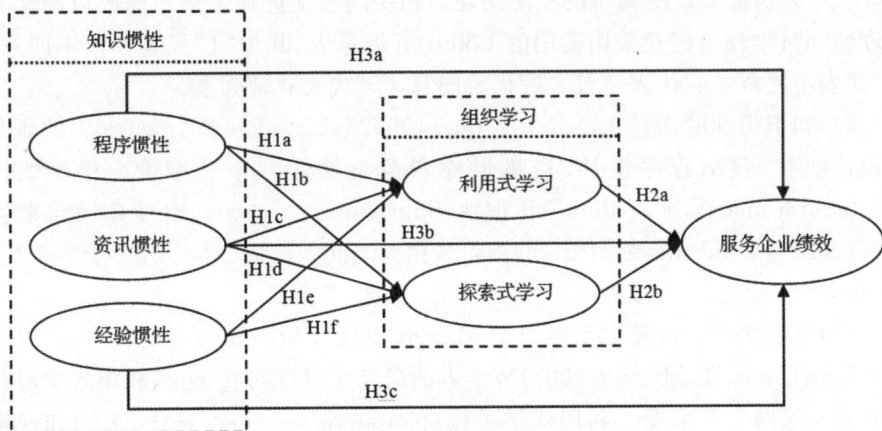

图 6.1　本研究的概念模型

6.3　研究设计

6.3.1　样本与数据收集

本章采用企业问卷调查的方法进行数据的收集工作,调查地域为长三角地区和珠三角地区,以信息服务业、金融服务业、科技服务业和商务服务业四大类 KIBS 企业为调查的样本企业,受访对象仅限于了解服务企业经营状况的高管、部门经理或项目负责人。在相应地区的开发区管委会工作人员、当地相关协会负责人等协助下,采取电话预约、上门调研以及邮寄问卷相结合的方式,从 2014 年 10 月至 2015 年 4 月,共历时 7 个月,发放问卷 600 份,回收问卷 280 份,剔除无效问卷 69 份,有效问卷共计 211 份,有效回收率为 35.17%。问卷大致由四部分构成:第一部分为企业的基本情况;第二部分为知识惯性测量量表;第三部分为组织学习测量量表;第四部分为服务企业绩效测量量表。

6.3.2　变量测量

为了确保测量工具的效度和信度,本章在知识惯性、组织学习和服务企业绩效等概念的衡量上主要采用国内外现有文献中已经使用过的成熟量表(见

表 6.1),并根据本章所调研的实际问题对相关问题项进行了适当修改以确保其合理性和科学性。问卷采用通用的 Likert 五级量表,其中"1"代表非常不同意,"2"代表不同意,"3"代表一般,"4"代表同意,"5"代表非常同意。

(1)知识惯性的衡量主要参考了 Liao(2002)、Liao,Fei 和 Liu(2008)的研究来设计问卷,包括程序惯性、资讯惯性和经验惯性三个子维度。程序惯性(procedural inertia,缩写 PI)、资讯惯性(informational inertia,缩写 II)和经验惯性(experiential inertia,缩写 EI)的测量各由 5 个问项构成,对应 PI1~PI5、II1~II5 和 EI1~EI5。

(2)组织学习的衡量主要参考了 March(1991)、Atuahene-Gima(2003)以及 Atuahene-Gima 和 Murray(2007)等学者的研究来设计问卷,包括利用式学习和探索式学习两个子维度。利用式学习(exploitative learning,缩写 EEL)和探索式学习(exploratory learning,缩写 EYL)的测量分别各由 5 个问项构成,对应 EEL1~EEL5 和 EYL1~EYL5。

(3)服务企业绩效(service enterprise performance,缩写 SEP)的衡量主要参考了 Kaplan 和 Norton(1992)、Brentani(1989)的研究,共有 4 个问项,对应 SEP1~SEP4。

(4)控制变量主要有:行业类型("1"=信息服务业,"2"=金融服务业,"3"=科技服务业,"4"=商务服务业)、存续年限、年销售额("1"=50 万以下,"2"=51 万~100 万,"3"=101 万~500 万,"4"=501 万~1000 万,"5"=1001 万~5000 万,"6"=5001 万~1 亿,"7"=1 亿以上)以及员工数量("1"=50 人以下,"2"=51~100 人,"3"=101~300 人,"4"=301~500 人,"5"=501~1000 人,"6"=1001 人以上)。

表 6.1 各变量的测量问项

潜变量	测量问项	因子载荷	Cronbach's α 系数
程序惯性（PI）	PI1:企业不会给员工机会去学习新的观念和方法	0.692	0.808
	PI2:企业不善于使用新的方法来解决新问题	0.838	
	PI3:企业不热衷于学习新观念来改变旧的思维和行为	0.835	

潜变量	测量问项	因子载荷	Cronbach's α 系数
程序惯性（PI）	PI4：企业严格的操作规程往往缺乏灵活性和创新性	0.751	0.808
	PI5：企业会使用过去同样的方法来解决实际问题	0.788	
资讯惯性（II）	II1：企业习惯于从以往的知识源中寻求新知识	0.684	0.877
	II2：企业过去的知识源往往能够解决实际问题	0.713	
	II3：企业的规章制度往往限制了员工产生新的创意和想法	0.572	
	II4：企业不太主动去搜寻新知识的来源和渠道	0.759	
	II5：企业比较排斥出现的新知识和新创意	0.780	
经验惯性（EI）	EI1：企业在实际经营中会依赖于过去的知识或经验	0.649	0.795
	EI2：企业过去的知识和经验常常会阻碍对新知识的接受	0.703	
	EI3：企业经常从过去的经验中进行学习而获益	0.751	
	EI4：企业过去的知识和经验可以提高经营业绩	0.701	
	EI5：企业不太会根据客户的建议和要求来改变自身解决问题的方法	0.617	
利用式学习（EEL）	EEL1：企业重视搜寻并提炼项目合作中的共同方式和创意信息	0.723	0.863
	EEL2：企业重视搜寻能使企业更好实施的市场和服务产品信息	0.793	

续表

潜变量	测量问项	因子载荷	Cronbach's α 系数
利用式学习（EEL）	EEL3：企业重视搜寻常规性的以及得到有效验证的解决方案和方法	0.816	0.863
	EEL4：企业重视利用能更好理解和更新现有服务产品和市场的信息获取方法	0.697	
	EEL5：企业重视与现有服务产品和市场经验相关的知识利用	0.725	
探索式学习（EYL）	EYL1：企业重视搜寻高风险的和有待试验的市场和服务产品信息	0.826	0.895
	EYL2：企业重视获取非常规性的以及不可识别的市场需求信息和问题解决方案	0.893	
	EYL3：企业重视获取能进入新市场和新服务领域的知识	0.816	
探索式学习（EYL）	EYL4：企业不断寻求新的市场和服务产品信息	0.778	0.895
	EYL5：企业重视获取能使企业脱离和超越当前服务产品与市场的信息	0.647	
服务企业绩效（SEP）	SEP1：企业有较好的利润增长率	0.641	0.806
	SEP2：企业的服务有较高的顾客回头率	0.673	
	SEP3：企业的服务市场占有率和竞争力得到了提高	0.761	
	SEP4：企业的团队精神和员工学习热情得到了加强	0.590	

变量间的描述性统计结果以及相关系数见表 6.2。

表 6.2　变量间的描述性统计与相关系数

变　量	1	2	3	4	5	6	7	8	9	10
1.行业类型	1									

续表

变　量	1	2	3	4	5	6	7	8	9	10
2.存续年限	0.001	1								
3.年销售额	−0.148*	0.301***	1							
4.员工数量	−0.072	0.355***	0.666***	1						
5.程序惯性	−0.099	−0.049	0.061	0.092	1					
6.资讯惯性	0.007	−0.057	0.001	0.061	0.549***	1				
7.经验惯性	−0.091	0.001	0.078	0.042	0.491***	0.566***	1			
8.利用式学习	0.071	−0.047	0.118	0.133	−0.142*	−0.139*	0.208**	1		
9.探索式学习	0.035	0.131	0.142*	0.088	−0.216**	−0.095	0.188**	0.557***	1	
10.服务企业绩效	0.095	0.179**	0.244***	0.210**	−0.313***	−0.180**	0.121*	0.447***	0.447***	1
均　值	2.38	15.24	4.74	2.92	2.483	2.838	3.147	3.800	3.605	3.696
标准差	1.077	13.143	1.927	1.877	0.704	0.629	0.541	0.626	0.617	0.565

注：$N=211$；* 表示显著性水平 $P<0.05$，** 表示显著性水平 $P<0.01$，*** 表示显著性水平 $P<0.001$（双尾检验）。

6.4　数据检验

本章采用 SPSS 19.0 与 AMOS 7.0 统计软件进行数据处理。具体数据分析方法如下：首先进行数据同源偏差检验；其次运用 SPSS 19.0 对样本潜变量进行信度和相关性分析；最后使用 AMOS 7.0 对结构方程模型的测量模型进行验证性因子分析（CFA），再对结构模型进行路径分析，进而对本章所提出的假设进行验证。

6.4.1　共同方法偏差分析

问卷调研时所有问项在均由同一个被调查者所填写的情况下，由于被调查者一致性动机以及测量项目本身的特性等因素存在，很容易出现共同方法偏差（common method variance，简称 CMV），也就是同源方差问题（Sharma，Yetton & Crawford，2009）。为了解决共同方法偏差问题，本章先通过程序控制方法（答题者匿名作答、设置多重问题等)做好预防措施。再参照共同方法偏差常用检测方法,即 Podsakoff 和 Organ(1986)建议的 Harman 单因子检测方法:将问卷中所有测量问项放在一起进行因子分析,在未旋转时得到的第一个主成分反映了CMV 的量。本章的问卷中关于知识惯性、组织学习和服务企业绩效的所有测量问项放在一起做因子分析时,在未旋转时所得到的第一个主成分所占有的载荷量是 24.02%,低于 40%的判定标准,说明共同方法偏差并不严重。

6.4.2 三个量表信度和效度分析

1.信度分析

为了确保问卷测量所得结果的内部一致性,本章采用克朗巴哈系数(Cronbach's α)来检验变量的信度。经过计算,各变量的 Cronbach's α 值均大于0.7(见表 6.1),这表明使用本量表所收集到的数据是可靠的,具备较高的内部一致性,通过信度检验,符合研究要求。

2.效度分析

知识惯性、组织学习和服务企业绩效三个测量量表的效度分析,主要包括内容效度和结构效度。此三个量表的一些测量问项主要来自国内外学者已经开发的,并且使用成熟的量表,已经经过了信度效度的检验和广泛的应用,因此可以认为具有较好的内容效度。

对结构效度的分析主要分为收敛效度和区分效度。本研究通过 AMOS 7.0对知识惯性、组织学习和服务企业绩效三个量表进行验证性因子分析,来分析量表的收敛效度。由于知识惯性这一概念由三个维度构成,使用二阶三因素模型验证性因素分析对该量表进行收敛效度分析;组织学习这一概念由两个维度构成,使用二阶双因素模型验证性因素分析对该量表进行收敛效度分析;服务企业绩效的构建只有一个维度,使用单因素模型验证性因素分析对该量表进行收敛效度分析。具体分析结果见表 6.3。

表 6.3 验证性因素分析结果

模　型	$\chi^2 df$	RMSEA	GFI	AGFI	NFI	CFI	TLI	IFI	PNFI	PGFI
判断标准	<3	<0.08	>0.9	>0.9	>0.9	>0.9	>0.9	>0.9	>0.5	>0.5

续表

模　型	$\chi^2 df$	RMSEA	GFI	AGFI	NFI	CFI	TLI	IFI	PNFI	PGFI
知识惯性二阶三因素模型	1.427	0.058	0.881	0.832	0.901	0.939	0.928	0.932	0.655	0.649
组织学习二阶双因素模型	1.342	0.049	0.879	0.813	0.921	0.927	0.920	0.917	0.647	0.638
服务企业绩效单因素模型	1.681	0.044	0.862	0.809	0.890	0.925	0.911	0.909	0.618	0.599

　　知识惯性这一变量的标准化因子载荷处于 0.572~0.838，且在 $P<0.05$ 水平下显著，CR 值处于 0.825~0.897，均大于 0.6 的标准，AVE 处于 0.621~0.689，均大于 0.5 的标准。组织学习这一变量的标准化因子载荷处于 0.647~0.893，且在 $P<0.05$ 水平下显著，CR 值为 0.879、0.920，均大于 0.6 的标准，AVE 为 0.640、0.718，均大于 0.5 的标准。服务企业绩效这一变量的标准化因子载荷处于 0.590~0.761，且在 $P<0.05$ 水平下显著，CR 值为 0.880，大于 0.6 的标准，AVE 为 0.587，大于 0.5 的标准。综上分析，知识惯性、组织学习和服务企业绩效三个测量模型具有较好的收敛效度。

　　区分效度的分析主要依据 AVE 的算术平方根应大于潜变量之间相关系数的绝对值，此时表明测量具有较好的区分效度（Bagozzi，1988）。知识惯性测量量表的区分效度结果如表 6.4 所示，对角线上的数值是各变量的 AVE 的算术平方根，非对角线上的数值是各变量间的相关系数。由该表可以看出，三个变量 AVE 的算术平方根均大于其所在列和行的相关系数绝对值，表明知识惯性的三个测量变量具有较好的区分效度。组织学习测量量表进行区分效度分析后发现，两个变量利用式学习和探索式学习之间的相关系数 $r=0.557$，AVE 的算术平方根分别为 0.640 和 0.718，这说明两个变量 AVE 的算术平方根均大于其相关系数绝对值，说明利用式学习和探索式学习对组织学习的测量具有较好的区分效度。服务企业绩效为单一变量，在评价测量模型总体拟合度时已经得到了验证。由此可见，本章理论模型中的各个变量均具有较好的区分效度。

表 6.4　知识惯性测量量表的区分效度检验结果

	程序惯性(PI)	资讯惯性(II)	经验惯性(EI)
程序惯性(PI)	(0.662)		
资讯惯性(II)	0.549***	(0.689)	
经验惯性(EI)	0.491***	0.566***	(0.621)

注:系数为标准化回归系数;* 表示显著性水平 $P<0.05$,** 表示显著性水平 $P<0.01$,*** 表示显著性水平 $P<0.001$。

6.5　实证分析

6.5.1　知识惯性与服务企业绩效的关系

首先运用 SPSS 19.0 软件,分别以程序惯性、资讯惯性和经验惯性为自变量,服务企业绩效为因变量,进行回归分析,结果见表 6.5 所示。

表 6.5　知识惯性与服务企业绩效的回归分析

变量	服务企业绩效		
	模型 1	模型 2	模型 3
控制变量			
行业类型	0.099	0.129*	0.121*
存续年限	0.072	0.086	0.100
年销售额	0.196*	0.187*	0.205*
员工数量	0.091	0.076	0.051
自变量			
程序惯性(PI)	−0.319***		
资讯惯性(II)		−0.181**	

续表

变量	服务企业绩效		
	模型 1	模型 2	模型 3
经验惯性（EI）			0.119*
R^2	0.435	0.349	0.310
F	9.555***	5.692***	4.367**

注 1：$N=211$；* 表示显著性水平 $P<0.05$，** 表示显著性水平 $P<0.01$，*** 表示显著性水平 $P<0.001$（双尾检验）；标准化路径系数。

由表 6.5 可知，程序惯性、资讯惯性和经验惯性与服务企业绩效之间的标准化回归系数分别为 -0.319，-0.181 和 0.119，且都通过了显著性检验，说明程序惯性、资讯惯性和经验惯性三个自变量与服务企业绩效之间关系显著，H3a、H3b 得到了验证，H3c 尽管通过了显著性检验，但是发现其系数为正，实证正好与假设相反，说明经验惯性是正向影响服务企业绩效的。

6.5.2　整体理论模型检验

本章探讨了知识惯性、组织学习和服务企业绩效三者之间的关系，采用结构模型对三者之间的路径系数进行了相应分析。其中程序惯性、资讯惯性和经验惯性表征了服务企业中存在的知识惯性变量；利用式学习和探索式学习表征了服务企业组织学习的变量。本章使用 AMOS 7.0 对整体模型进行了检验，具体结果从基本适配度、整体模型适配度和内在结构适配度三个方面分析如下。

（1）基本适配度：从检验结果看，本章具体测量问项的因子负荷量均处于 $0.50\sim0.95$，且均达到了显著性水平，误差项也均大于 0，说明本研究提出的理论模型达到基本的适配标准要求。

（2）整体模型适配度：此指标具体是用来检验整个模型与观察数据的拟合程度，一般可以从绝对拟合度指标、相对拟合度指标和简约拟合度指标三方面进行分析。从表 6.6 可以看出模型的检验指标基本上达到了理想的标准，尽管 GFI$=0.873<0.9$，AGFI$=0.829<0.9$，但都超过了 0.80 的标准，均达到了最低可接受的标准，同时根据学者 Carmines Melver 的观点，超过 0.80 就可以接受。因此本章的理论模型具有良好的整体模型适配度。

表 6.6　结构方程模型的拟合指数

模　型	χ^2/df	RMSEA	GFI	AGFI	NFI	CFI	TLI	IFI	PNFI	PGFI
判断标准	<3	<0.08	>0.9	>0.9	>0.9	>0.9	>0.9	>0.9	>0.5	>0.5
结构方程模型	$466.276/325$ $=1.435$	0.045	0.873	0.829	0.925	0.946	0.932	0.947	0.676	0.652

注:尽管一般的判断标准 GFI$>$0.9,但是也有学者如 Carmines Melver 指出 GFI 值大于 0.80 就可以接受。

（3）内在结构适配度:该指标可以从个别测量问项的信度是否超过 0.5,潜在变量组合信度是否超过 0.7,以及潜在变量的因素解释量是否超过 0.5 进行评判。本研究模型中的程序惯性、资讯惯性、经验惯性、利用式学习、探索式学习和服务企业绩效的组合信度 CR 值分别为 0.881、0.897、0.825、0.879、0.920 和 0.880,均大于 0.6 的标准,而因素解释量都处于 0.65~0.82,均大于 0.5 的标准,达到了最低可接受的水平。因此本章所提出的整体理论模型具有良好的内在结构适配度。

由此可见,本章所构建的理论模型是合适的,可以用于对研究假设的检验。

6.5.3　假设检验

基于本章所构建的理论模型,使用 AMOS 7.0 建立初始结构方程模型,尽管从相关评价指标看拟合度良好,可以用来检验研究假设。然而在初步拟合结果中发现资讯惯性对探索式学习影响,经验惯性对服务企业绩效影响这两条路径不显著,故逐条删除 H1d 和 H3c 假设所对应的路径,同时观察拟合指标的变化情况,逐步进行模型的修正,最终修正后的模型见图 6.2,修正后整体模型适配度指标如下:$\chi^2/df=1.432$,RMSEA$=0.044$,GFI$=0.872$,AGFI$=0.830$,NFI$=0.925$,CFI$=0.946$,TLI$=0.933$,IFI$=0.947$,PNFI$=0.677$,PGFI$=0.652$,表示模型的拟合效果较好。本章修正后的理论模型的路径系数和假设检验具体见表 6.7。

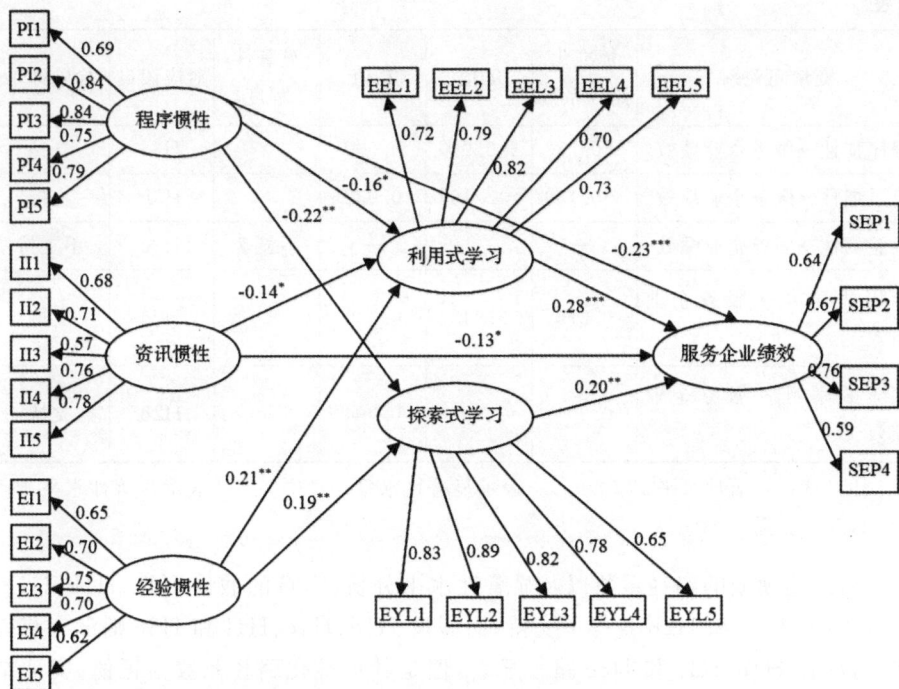

图 6.2 修正后的结构方程模型

注:1.各条路径旁边依次列出了标准化路径系数值;

2.* 表示显著性水平 $P<0.05$,** 表示显著性水平 $P<0.01$,*** 表示显著性水平 $P<0.001$(双尾检验)。

表 6.7 修正后模型的路径系数与假设检验

变量间关系	标准化路径系数	T 值	P 值	显著性程度	对应假设	检验结果
程序惯性→利用式学习	−0.159	−2.322	0.021	*	H1a	支持
程序惯性→探索式学习	−0.216	−3.182	0.002	**	H1b	支持
资讯惯性→利用式学习	−0.144	−2.314	0.041	*	H1c	支持
资讯惯性→探索式学习	—	—	—	不显著	H1d	不支持
经验惯性→利用式学习	0.207	2.371	0.001	**	H1e	不支持
经验惯性→探索式学习	0.194	2.180	0.008	**	H1f	不支持

续表

变量间关系	标准化路径系数	T 值	P 值	显著性程度	对应假设	检验结果
程序惯性→服务企业绩效	−0.232	−3.960	0.000	***	H3a	支持
资讯惯性→服务企业绩效	−0.130	−2.163	0.032	*	H3b	支持
经验惯性→服务企业绩效	—	—	—	不显著	H3c	不支持
利用式学习→服务企业绩效	0.275	3.943	0.000	***	H2a	支持
探索式学习→服务企业绩效	0.204	2.908	0.004	**	H2b	支持

注：* 表示显著性水平 $P<0.05$，** 表示显著性水平 $P<0.01$，*** 表示显著性水平 $P<0.001$（双尾检验）。

对理论模型的路径系数以及显著性水平分析，本章的假设 H1a、H1b、H1c、H3a、H3b、H2a 和 H2b 获得了支持；而假设 H1d、H1e、H1f 和 H3c 则没有获得支持，尽管 H1e、H1f 和 H3c 路径显著，但是其标准化路径系数为正值，实证结果与已有假设不符。程序惯性对利用式学习具有显著的负向影响（$P<0.05$）；程序惯性对探索式学习具有显著的负向影响（$P<0.01$）。资讯惯性对利用式学习具有显著的负向影响（$P<0.05$）；资讯惯性对探索式学习没有显著的负向影响（$P>0.05$），说明原假设未获得支持。经验惯性对利用式学习具有显著的正向影响（$P<0.01$），说明结论与原假设相反；经验惯性对探索式学习具有显著的正向影响（$P<0.01$），说明结论与原假设相反。程序惯性对服务企业绩效具有显著的负向影响（$P<0.001$）；资讯惯性对服务企业绩效具有显著的负向影响（$P<0.05$）；经验惯性对服务企业绩效的影响不显著（$P>0.05$），说明原假设未获得支持。利用式学习对服务企业绩效具有显著的正向影响（$P<0.001$）；探索式学习对服务企业绩效具有显著的正向影响（$P<0.01$）。

6.5.4　中介作用及影响效应分析

影响效应一般包括直接影响效应、间接影响效应和总效应三个部分。知识惯性对服务企业绩效所产生的直接影响效应、间接影响效应和总效应如表 6.8 所示。

表 6.8 服务企业绩效的影响效应分析

变量	直接效应	间接效应		总效应
		利用式学习	探索式学习	
程序惯性	−0.23	−0.16×0.28	−0.22×0.20	−0.32
资讯惯性	−0.13	−0.14×0.28	—	−0.17
经验惯性	—	0.21×0.28	0.19×0.20	0.10
利用式学习	0.28	—	—	0.28
探索式学习	0.20	—	—	0.20

由表 6.8 可知,利用式学习在程序惯性和资讯惯性影响服务企业绩效中起到部分负向中介的作用,在经验惯性影响服务企业绩效中起到完全正向中介的作用;探索式学习在程序惯性影响服务企业绩效中起到部分负向中介的作用,在资讯惯性影响服务企业绩效中的中介作用不显著,在经验惯性影响服务企业绩效中起到完全正向中介的作用。

6.6 研究结论与管理启示

6.6.1 研究结论

虽然已有研究普遍认为知识惯性对企业绩效具有负向的影响作用,但是由于研究视角、变量选取角度的差异导致文献的结论并不完全一致。为了明确知识惯性与服务企业绩效之间的关系,探索知识惯性影响服务企业绩效的内在机理,本章通过详细梳理文献构建理论模型,并选取长三角和珠三角地区 211 家KIBS 企业作为实证样本,探讨了知识惯性、组织学习与服务企业绩效之间的关系,结果发现:(1)程序惯性不但可以直接阻碍服务企业绩效的提升,还可以通过利用式学习和探索式学习两种组织学习类型,间接阻碍服务企业绩效的提升。(2)资讯惯性可以直接阻碍服务企业绩效的提升,也可以通过利用式学习这一中介变量间接阻碍服务企业绩效的提升,但是通过探索式学习这一中介变量间接阻碍服务企业绩效的提升效果并不显著。(3)经验惯性对服务企业绩效没有直接的显著影响,但是会通过利用式学习和探索式学习对服务企业绩效产生正向促进作用。(4)组织学习包括利用式学习和探索学习,均能直接促进服务企业绩效的提升。本章的结论对企业知识惯性、组织学习与服务企业绩效之间的相关理论和实践都有重要的意义。

6.6.2 管理启示

1.组织学习对服务企业绩效的影响分析

组织学习包括利用式学习和探索式学习,均会显著地提升服务企业绩效,这种提升效果利用式学习的 β 系数为 0.28,$P<0.001$,而探索式学习的 β 系数为 0.20,$P<0.01$,也就是说利用式学习对服务企业绩效的提升效果比探索式学习要强。这说明我国 KIBS 企业在实际经营活动中比较注重利用类似于产学研合作、企业间联合开发等外部智力资本,由于这类外部智力资本往往能产生相对短期的运营绩效,所以企业往往会采用利用式学习方式对现有知识进行深度开发或重复使用,以此来完善现有产品知识、流程等,提升现有服务能力,拓展现有市场,进而提高服务企业绩效。当然这也从另外一个侧面说明我国 KIBS 企业在实际经营过程中,可能存在过多"复制"已有产品、"借用"外部思想或创意等不良现象,这不利于企业自身核心竞争力的培养和提升,也不利于企业绩效的长远提高,更不利于企业的长远发展。尽管探索式学习对服务企业绩效的影响弱于利用式学习,但是也达到了 0.20 的系数,这就提醒 KIBS 企业绝对不能忽视企业的探索式学习这种组织学习方式。探索式学习尽管是试验性的、冒险性的,具有一定的风险,但是这种学习方式只要与企业的绩效战略密切结合,便有可能使企业跨越组织边界,吸收更多的新知识或新创意,开拓更为宽阔的市场,赢取更多的发展空间,进而提升企业的长远竞争力,增加未来的企业收益。在开放式创新环境下,探索式学习将会变得越来越重要。

2.知识惯性对服务企业绩效的影响分析

知识惯性中的程序惯性(β 系数为 -0.23,$P<0.001$)和资讯惯性(β 系数为 -0.13,$P<0.05$)均会显著地阻碍服务企业绩效的提升,其中程序惯性还会通过利用式学习(β 系数为 -0.16,$P<0.05$)和探索式学习(β 系数为 -0.22,$P<0.01$),间接阻碍服务企业绩效的提升,资讯惯性还会通过利用式学习(β 系数为 -0.14,$P<0.05$)间接地阻碍服务企业绩效的提升。然而经验惯性不仅不会阻碍服务企业绩效的提升,反而会通过利用式学习(β 系数为 0.21,$P<0.01$)和探索式学习(β 系数为 0.19,$P<0.01$)的中介作用,间接地促进服务企业绩效的提升。

程序惯性对服务企业绩效的总影响效应值为－0.32,由此可见程序惯性阻碍服务企业绩效提升的影响作用远远高于资讯惯性。这充分说明 KIBS 企业在日常经营活动过程中,惯行的处理问题的程序、条条框框的制度程序以及一些潜在的办事规则和审批程序均会严重阻碍服务企业绩效的提升。由此可见,企业在组织创新、市场拓展、日常经营等过程中,必须首先打破陈规条框的束缚,建立一套紧密围绕市场动态变化的服务开发流程和管理机制。

资讯惯性对服务企业绩效的总影响效应值为－0.17,相比程序惯性对服务企业绩效的阻碍作用小,而且不会通过探索式学习对服务企业绩效产生阻碍作用,只会通过利用式学习间接阻碍服务企业绩效,这种间接影响效应所占的比重为 23.53%,也不容忽视。这就提醒 KIBS 企业在经营过程,特别是在服务创新过程中,必须加强企业内外的团队协作,拓展知识源的来源渠道以及新知识的获取途径,从而避免组织的“学习锁定”“路径依赖”和“技术惰性”这些容易导致企业陷入能力陷阱的行为。由于探索式学习活动往往具有探索、试验、应变、创新等特征,主要通过追寻新知识来帮助企业提高绩效,比较强调对外在新知识、新创意的搜寻和尝试,故其所产生的知识与现有知识之间存在较大的差异。探索式学习活动的这些特征与资讯惯性之间具有一定程度上的冲突性,因此资讯惯性并不能通过探索式学习来间接阻碍服务企业绩效的提升,实证所得出的这个结论与管理实践活动中所积累的经验是相一致的,理论较好地验证了实践活动。

实证研究发现,经验惯性不但不会阻碍服务企业绩效的提升,反而会促进服务企业绩效的提升,其对绩效的影响主要是通过利用式学习和探索式学习的中介作用,间接影响效应值为 0.10,与原先假设正好相反。这说明 KIBS 企业在经营过程和服务创新过程中,还是比较依赖于以往的经验惯性。尽管严格来讲KIBS 企业的产品或服务往往具有独特性、定制化的特点,但是其所属行业和客户企业的要求往往会呈现出一定的共性,这就导致 KIBS 企业为了节省研发费用,开始借用类似于制造业中批量化生产的思想,为某一大类客户企业提供相似的产品或服务,于是 KIBS 企业以往的成功经验就可以“复制”到新的市场和业务中去。随着成功实践经验的不断积累,KIBS 企业能够“复制”和使用的经验资本也就越来越丰富,最终促进了自身绩效的提升。因此服务企业在经营过程中,以往成功业务的经验或具有丰富经验的项目负责人对企业绩效的提升能发挥关键性的作用。

3. 知识惯性与组织学习的影响分析

由图 6.2 和表 6.7 可知,利用式学习和探索式学习中介效应的作用路径并不一致:利用式学习在程序惯性和资讯惯性阻碍服务企业绩效提升的过程中发挥了部分中介的作用,而探索式学习只在程序惯性阻碍服务企业绩效提升的过程中发挥了部分中介的作用;利用式学习和探索式学习在经验惯性促进服务企业绩效提升的过程中发挥了完全中介的作用。

首先,企业在组织学习的过程中,必须注意程序惯性和资讯惯性的破坏作用,建立相应的动态管理机制以应对企业内部所产生的这两类知识惯性。企业不仅要消除诸如条条框框、逐层审批等潜在程序惯性的束缚,同时还要积极培育研发人员和研发团队,或是积极引进高层次人才,努力拓展企业研发所需的资讯来源,尽量减少程序惯性和资讯惯性给企业带来的负面影响,切实保障企业自身绩效的稳步提升。

其次,KIBS 企业需要建立和完善内部的利用式学习和探索式学习机制,通过对组织机构的优化来制定适合这两种机制发挥作用的组织规则,正确选择是对现有技术和业务领域知识的获取、传播、整合和应用的学习,还是对新技术和未来业务领域知识的探索、试验、尝试和创新的学习。同时企业还要构建有效的新旧知识管理机制,明确是对现有知识的重复利用和深度开发,还是对新知识的积极尝试和勇敢试验,切实推进企业的组织学习活动,从而提升企业绩效。并且在此基础上,重视对企业经验惯性的保护和开发,通过企业内部的组织规则和知识管理机制,将企业在以往成功业务上所积累的经验惯性进行深度挖掘或勇敢试验,充分发挥其对服务企业绩效提升的促进作用。

当然本章也存在一些不足之处:(1)研究所选取的样本企业来自长三角和珠三角地区,导致调研所获得的数据可能存在一定的局限性,今后的研究如有可能应该尝试在更广范围内进行企业的调研,以进一步验证本章所构建理论模型的合理性。(2)研究选取了包括信息服务业、金融服务业、科技服务业和商务服务业所组成的 KIBS 企业展开研究,尽管这类服务业都属于 KIBS 范畴,但是互相之间必然存在着一定的差异,然而本章在研究过程中未把这种差异性因素考虑在内,在今后的研究中有必要进一步细化行业,分别以此四类服务业为研究对象考察本章所得到的模型,剖析四大类服务业之间是否存在差异性,以进一步验证本章的结论。

调研问卷

知识惯性、组织学习与服务企业绩效关系调研问卷

Section A:填写说明

尊敬的贵公司领导/项目负责人:

您好! 本问卷旨在调查研究知识密集型服务企业的知识惯性对服务企业绩效的作用机制,为提升知识型服务企业的创新能力和企业绩效提供理论和实践上的支撑。

请您详细阅读填写说明和问卷中的测量问项后根据实际情况实事求是地作答,您的每一个答案对本研究的结果都有重大影响。您所提供的信息将受到严格保密,不会泄露,我们也不会对您的单位进行反馈,仅用于科学研究,请您放心填写。非常感谢您的支持与合作!

敬祝大展宏图,事业鼎盛!

填表说明:

以下各部分请您对公司近三年来或者自己最近三年来所参与的某个创新项目进行评价,请根据当时的真实情况进行选择,为了帮助您顺利地填写问卷,节省宝贵的时间,请首先仔细阅读各部分的主要术语。(这里的"创新项目"不仅包括新服务或新产品的开发,也包括现有服务或产品的改进)

1.题项中 1~5 的数值表示从"非常不同意"向"非常同意"依次渐进。数值不代表分值,仅指同意或不同意的程度,请在_____相应框内的数字上直接打钩;若您是在电脑上填写,请您将相应框内的数字标红。

2.各部分问卷中的测量问项,不同的人可能会有不同的看法,因而您的选择没有对错之分,请您根据实际情况表达真实的想法。这不是测验,也没有标准答案,您只需要客观地做出选择,请您不要都打一样的分,也不要遗漏某些题项。

Section B:公司基本信息

<u>一、公司基本情况</u>

1.公司名称:_____

2.公司所在地:_____省_____市

3.公司成立已经:_____年

4.公司所处行业是(请在所属方框内直接打钩):

□信息服务业(包括电信及其他通信服务业、计算机服务业、软件业等)

□金融服务业(包括银行业、证券业、保险业和其他金融活动等)

□科技服务业(包括研究与试验发展、专业技术服务业、工程技术与规划管理、科技交流和推广服务业等)

□商务服务业(包括法律服务、咨询与调查、其他商务服务等)

□其　　他(请写出):＿＿＿＿＿＿

5.公司年销售收入:

□50 万以下　　　　　□51 万～100 万　　　　□101 万～500 万

□501 万～1000 万　　□1001 万～5000 万　□5001 万～1 亿　　□1 亿以上

6.公司员工数量:

□50 人以下　　　　　□51～100 人　　　　　□101～300 人

□301～500 人　　　　□501～1000 人　　　　□1001 人以上

7.公司开展创新活动的创意或思想主要来源于(可以多选):

□政府或公共部门　　□客户　　　　　　　　□竞争对手

□大学或科研院所　　□技术供应商　　　　　□中介机构

8.您的职位是:

□企业所有者　　　　□总经理/副总经理　　□办公室主任

□部门/项目主管　　□企业的顾问　　　　　□其他

9.您受教育的程度:

□高中及以下　　　　□专科　　　　　　　　□本科

□硕士　　　　　　　□博士

10.您的年龄(周岁):

□30 及以下　　　　　□31～35　　　　　　　□36～40

□41～45　　　　　　□46～50　　　　　　　□51 以上

Section C:具体调研内容

二、知识惯性

主要术语:

　　知识惯性是指当企业在解决问题的时候,会顺其自然地使用过去惯有的问题解决程序、僵化的知识来源以及过去的经验来进行处理,分为三种类型:**程序惯性**是指组织在解决问题时会使用过去惯行使用的问题解决程序;**资讯惯性**是指组织在解决问题时会使用以往常用的知识源进行资讯寻找;**经验惯性**是指组织在处理问题时会使用过去的经验来解决当前的问题。

测量问项	非常不同意	不同意	一般	同意	非常同意
程序惯性					
11. 企业不会给员工机会去学习新的观念和方法	1	2	3	4	5
12. 企业不善于使用新的方法来解决新问题	1	2	3	4	5
13. 企业不热衷于学习新观念来改变旧的思维和行为	1	2	3	4	5
14. 企业严格的操作规程往往缺乏灵活性和创新性	1	2	3	4	5
15. 企业会使用过去同样的方法来解决实际问题	1	2	3	4	5
资讯惯性					
16. 企业习惯于从以往的知识源中寻求新知识	1	2	3	4	5
17. 企业过去的知识源往往能够解决实际问题	1	2	3	4	5
18. 企业的规章制度往往限制了员工产生新的创意和想法	1	2	3	4	5
19. 企业不太主动去搜寻新知识的来源和渠道	1	2	3	4	5
20. 企业比较排斥出现的新知识和新创意	1	2	3	4	5
经验惯性					
21. 企业在实际经营中会依赖于过去的知识或经验	1	2	3	4	5
22. 企业过去的知识和经验常常会阻碍对新知识的接受	1	2	3	4	5
23. 企业经常从过去的经验中进行学习而获益	1	2	3	4	5
24. 企业过去的知识和经验可以提高经营业绩	1	2	3	4	5
25. 企业不太会根据客户的建议和要求来改变自身解决问题的方法	1	2	3	4	5

三、组织学习

主要术语：

组织学习是指企业为了适应动态变化的环境,获得持续竞争优势,而对知识进行不断地获取、储存、传递、整合、应用以及创新一系列的组织行为,分为两类:**利用式学习**是指那些具有"提炼、筛选、生产、效率、选择、实施、执行"等特征的学习活动,往往是对现有知识的重复利用和深度开发。**探索式学习**是指那些具有"探索、变化、承担风险、试验、尝试、应变、发现、创新"等特征的学习活动,往往具有显著的冒险性和试验性导向。

测量问项	非常不同意	不同意	一般	同意	非常同意
利用式学习					
26.企业重视搜寻并提炼项目合作中的共同方式和创意信息	1	2	3	4	5
27.企业重视搜寻能使企业更好实施的市场和服务产品信息	1	2	3	4	5
28.企业重视搜寻常规性的以及得到有效验证的解决方案和方法	1	2	3	4	5
29.企业重视利用能更好理解和更新现有服务产品和市场的信息获取方法	1	2	3	4	5
30.企业重视与现有服务产品和市场经验相关的知识利用	1	2	3	4	5
探索式学习					
31.企业重视搜寻高风险的和有待试验的市场和服务产品信息	1	2	3	4	5
32.企业重视获取非常规性的以及不可识别的市场需求信息和问题解决方案	1	2	3	4	5
33.企业重视获取能进入新市场和新服务领域的知识	1	2	3	4	5
34.企业不断寻求新的市场和服务产品信息	1	2	3	4	5
35.企业重视获取能使企业脱离和超越当前服务产品与市场的信息	1	2	3	4	5

四、服务企业绩效

主要术语：

服务企业绩效是针对服务企业而言的,指的是服务企业的各种投入(包括资金投入、劳动投入和自然资源投入等)所取得的产出以及投入产出效率。

在过去的三年中,企业的经营业绩与当地主要竞争对手相比情况如何? 请根据实际情况客观作答,在相应的数字上作标记即可。

测量问项	非常不同意	不同意	一般	同意	非常同意
服务企业绩效					
36. 企业有较好的利润增长率	1	2	3	4	5
37. 企业的服务有较高的顾客回头率	1	2	3	4	5
38. 企业的服务市场占有率和竞争力得到了提高	1	2	3	4	5
39. 企业的团队精神和员工学习热情得到了加强	1	2	3	4	5

问卷已全部回答完毕,再次感谢您的合作!

如果需要研究结果请您留下联系方式：

您的姓名：＿＿＿＿＿＿＿＿＿

所在部门：＿＿＿＿＿＿＿＿＿

联系电话或 E-mail：＿＿＿＿＿＿＿＿＿＿＿＿＿＿

邮寄地址：＿＿＿＿＿＿＿＿＿＿＿＿＿＿＿

第7章 双元学习与服务创新

7.1 问题提出

阿里巴巴构建了一个多主体参与的创新平台,提供具体强大创新能力的电子商务平台,进而为顾客提供整套服务,实现服务创新;苹果则通过"App Store"模式来拓展已有服务,进一步延伸其商业价值;IBM 早在 2011 年已经成立了服务创新实验室,专门研究企业内部服务创新问题(赵武等,2016)。由此可见,众多的企业管理实践已经尝试服务创新研究,开始向服务领域寻求更多的商业价值。然而,Schumpeter 于 1934 年首次提出广义的创新概念以来,创新研究主要聚焦于与产品密切相关的技术创新领域,较少关注服务创新领域,这也就直接导致服务创新相关理论的匮乏。

从服务业发展来看,全球范围内的服务业发展正逐渐呈现出向知识密集型服务业转型发展的趋势(Quinn,1992)。随着知识经济时代的到来,知识密集型服务业的服务创新更加离不开对知识的管理,而组织学习则是知识管理过程中非常重要的一个环节。March(1991)提出了利用式学习和探索式学习两种组织学习方式,这是知识存量改变视角下组织或企业基本的学习机制,自提出至今一直受到学术界和管理实践领域的广泛关注。然而一直以来,关于利用式学习与探索式学习双元对创新绩效的实证研究相对较少,且所得出的结论也不尽相同。Faems 等(2005),于海波等(2008),潘松挺、郑亚丽(2011),陈国权、王晓辉(2012)等学者研究发现,利用式学习与探索式学习及其双元对创新或绩效具有正向的线性关系,而 Siggelkow 和 Rivkin(2006)的研究则认为其对组织绩效具有负向的线性关系。林春培等(2015),张振刚等(2014),张振刚、余传鹏(2015)实证得出利用式学习与探索式学习及其双元对创新具有正向曲线关系。Katila 和 Ahuja(2002)研究发现知识搜寻深度(等同利用式学习)与产品创新存在倒 U 型的关系,而知识搜寻广度(等同探索式学习)与产品创新仅存在线性关系,不存在倒 U 型的关系。Atuahene-Gima 和 Murray(2007)的研究结果则表明利用式学习与新产品绩效呈现正 U 型关系,而探索式学习与新产品绩效存在着正向曲线关系。

梳理文献发现,已有关于利用式学习与探索式学习及其双元对创新绩效的影响既存在正向、负向,也存在线性或非线性的不同结论。那么,利用式学习与探索式学习及其双元对企业服务创新绩效的影响又会如何,正向或负向,线性或非线性? 本章借鉴以上学者的研究思路,同时采用 Gupta 等(2006)、王凤彬等(2012)、张振刚等(2014)的平衡观,着重探讨以下几个问题:(1)利用式学习与探索式学习如何影响服务创新绩效? (2)利用式学习与探索式学习之间的平衡是否能够促进服务创新绩效的有效提升? (3)利用式学习、探索式学习及其双元影响服务创新绩效时又会受到何种因素的调节?

7.2　理论基础与研究假设

7.2.1　利用式学习、探索式学习与服务创新绩效的关系

March(1991)指出利用式学习是以"提炼、筛选、生产、效率、选择、实施、执行"等作为基本特征的组织学习行为,要求减少变异、提高效率,强调对组织已有知识进一步的使用与开发;探索式学习则是指"搜寻、变异、冒险、试验、尝试、应变、发现、创新"等为基本特征的组织学习行为,要求增加变异、承担风险,强调对新知识的追求。Atuahene-Gima(2005)认为利用式学习有利于促进渐进性创新但不利于突破性创新,而探索式学习则有利于突破性创新但不利于渐进性创新;从绩效来看,利用式学习有助于增加短期绩效水平,而探索式学习则有助于增加长期绩效水平,但是总的来看两种组织学习方式都有助于企业的服务创新活动。Gupta 和 Smith(2006)认为利用式学习其实质是企业对自身已经拥有知识的深度开发和利用,一般涉及对现有技术、组织惯例、资源能力的再投资,或者对当前客户、渠道、产品的进一步优化和利用,其可以提高企业对创新知识的识别能力,从而创造出一种新的方法来拓展现有的知识资产,推动服务创新活动的顺利开展。Katila 和 Ahuja(2002)指出探索式学习往往需要搜寻新的技术、新的商业机会,甚至试验新选择的方案,其通过向现有的知识库中引入新的、异质性的知识,提高企业整合搜索的能力来正向促进新产品的

开发绩效。Yannopoulos 等(2012)认为探索式学习孕育着一些对行业有重大影响的创新,这些创新旨在帮助企业推出全新的产品、创造出全新的市场或重塑当前市场、满足客户潜在的需求。

组织学习可以驱动创新活动,是推动、维持企业创新的重要因素(March,1991)。那么服务创新作为企业最常见的创新活动类型,其也必然与企业的组织学习密切相关,离不开企业的组织学习活动中利用式学习与探索式学习的支持。Petersen 等(2004)也指出利用式学习与探索式学习活动是企业进行持续创新的关键过程,必然推动企业去积累相关的经验,并通过"经验—学习"互相积极的反馈作用来实现自我的强化。张振刚等(2014)研究发现,不同的组织学习水平下,每增加一个单位的学习投入对绩效水平的作用效果存在差异,即在较低组织学习水平时,利用式学习与探索式学习对创新绩效的提升作用较弱,而随着组织学习能力的提高,组织则会拥有更多的知识存量和更强的学习能力,此时利用式学习与探索式学习的效率会不断增强,其促进创新绩效的边际效用会有所提高,存在边际效应递增的规律。Atuahene-Gima 和 Murray(2007)通过对 179 家新创高科技企业的实证研究发现,利用式学习与探索式学习对新创企业新产品的开发绩效就呈现正 U 型影响,证实了两种组织学习活动具有累积效应,即组织学习越深入,学习过程也就越有效率,新产品的开发绩效也就越好。

由此可见,随着时间的不断推移,企业通过利用式学习将会积累更多的经验,通过探索式学习不断扩充和丰富知识基础,这将会更加增强企业对市场环境变化的感知能力、适应能力,使其面临外部市场机会时表现出更强的敏锐性、判断力,帮助企业更快地去挖掘已有的知识资产,或在新一轮的创新知识搜寻中表现出更强的竞争实力和包容性。正是组织学习的这种自我强化效应或是累积效应,帮助企业大大提高服务创新活动的效率。

基于上述推理,本章提出以下假设:

H1:利用式学习对服务创新绩效具有正向二次曲线影响;

H2:探索式学习对服务创新绩效具有正向二次曲线影响。

7.2.2 双元平衡度的内涵及其与服务创新绩效的关系

1.双元平衡度内涵

双元组织学习的本质在于探讨企业如何管理、协调利用式学习与探索式学习之间相互冲突又互相促进的问题,两者的共存成为了双元的核心(张洁等,

2015;高孟立,2016)。尽管利用式学习与探索式学习对企业开展服务创新活动都很重要,然而由于资源的有限性致使企业必须慎重考虑两种学习模式之间的平衡问题(March,1991)。Benner 和 Tushman(2003)提出的双元平衡理论认为企业可以构建高度差异化同时又松散耦合的部门或单元所组成的双元型组织,使企业可以利用不同部门或单元分别开展利用式学习、探索式学习活动,以解决组织学习过程中利用与探索之间的冲突问题。

　　然而,双元平衡度问题的难点在于企业是要将有限的资源要素同时投入利用式学习和探索式学习活动,还是将绝大部分资源要素投入其中的一种组织学习活动。王凤彬等(2012)提出了有机平衡观:使用表达式 $1-|x-y|/(x+y)$ 来衡量平衡度更加准确,其中 x 代表利用式学习水平,y 代表探索式学习水平。当 $x=y$ 时,平衡度为 1,此时利用式学习与探索式学习处于绝对平衡状态;当 $x \neq y$ 时,平衡度小于 1,此时利用式学习与探索式学习处于不平衡状态。本章采用王凤彬等(2012)学者所提出的平衡度测量法,将利用式学习与探索式学习之间的平衡度命名为"双元平衡度",并用平衡度的值来表示双元平衡的程度。双元平衡度是指组织中利用式学习与探索式学习两种组织学习模式处于某种均衡、协调、匹配状态之下的学习模式。

2.双元平衡度与服务创新绩效的关系

　　尽管由于组织资源的有限性、稀缺性,利用式学习与探索式学习在组织内部会存在争夺资源的问题,但是资源互补理论提出并非所有的资源都是有限的,诸如知识、信息资源是无限的,双元学习活动可以产生互补的知识与资源,如果利用与探索之间维持平衡,就可以促进服务创新绩效的提升。Gupta 和 Smith(2006)认为单一业务领域,双元学习可能会产生相互竞争,但是在多业务领域共存的组织内部,一个业务领域的高利用式学习与另一个业务领域的高探索式学习会共同促进绩效的提升。Li 等(2008)指出,可通过在组织内不同部门之间采用不同的管理方法、运营结构,各自开展利用式学习与探索式学习,或者通过组织单元的分离来实现组织学习的双元平衡。He 和 Wong(2004)通过对新加坡和马来西亚样本企业的实证研究发现利用式学习与探索式学习之间的平衡对于绩效具有正向促进作用,两者之间的不平衡对绩效具有负向作用。

　　开放式创新情境下,企业甚至可以利用外部资源进行创新,在组织外部与内部分别安排利用式与探索式学习,利用跨组织界限的合作联盟、公司并购、网络化研发设计等组织形式来对双元学习活动进行安排。比如 Stettner 和 Lavie(2014)分别使用内部探索、联盟探索以及并购探索指标来测量内部模式、联盟模式以及并购模式中的双元平衡度,以此来研究双元平衡与绩效之间的关系,其得出的结论认为双元平衡与绩效之间存在负相关关系,然而也有一些学者指出组织学习的双元平衡与创新绩效之间存在着非线性的倒 U 型关系(Wei et al.,2014),因此双元平衡度与创新绩效之间的关系一直以来都存在着争议,两者关系仍然不够明晰(Junni et al.,2013;O'Reilly & Tushman,2013)。

综合大部分学者的观点,本章认为利用式学习与探索式学习在组织内部不是一种对立或竞争的关系,极有可能存在着一种正交的互补关系,基于先前知识基础而展开的双元学习,利用式与探索式学习间存在依赖性和互补性,即利用式学习可以推进探索式学习,而探索式学习反过来也可以促进利用式学习,只要在组织内部能够维持利用式与探索式学习间的相对平衡,就可以有效地推动企业服务创新绩效的提升。

基于上述推理,本章提出以下假设:

H3:利用式学习与探索式学习的双元平衡度对服务创新绩效具有正向线性影响。

7.2.3 组织冗余的调节效应

利用式学习、探索式学习与创新绩效之间的关系存在不一致,有些甚至是矛盾的结论,说明这两种学习活动及其平衡度对服务创新绩效的影响可能还受到其他因素的影响,Junni 等(2013)就呼吁在双元组织学习与创新绩效之间关系的研究中还需进一步探讨调节机制。Gupta 等(2006)指出,企业的资源禀赋、资源的管理能力、吸收能力、组织规模与结构以及所处的行业环境等因素都会对双元组织学习与创新绩效间的关系产生一定的影响。利用式学习与探索式学习间的冲突与替代的主要原因在于两者在组织内部共存会争夺资源,所以资源基础观认为,组织的规模、资源的可获得性、资源的宽裕程度等因素会影响双元组织学习与创新绩效之间的关系。组织冗余是指"组织所持有的资源与维持现状所需资源之间的差异"或"组织未被使用的资源"(Cyert & March,1963),其所反映的是企业所拥有资源的宽裕程度,具有缓冲环境变化的作用。赵亚普等学者(2014)研究发现,在动态环境下,组织冗余对企业的探索活动具有积极的正向影响。赵亚普和李立(2015)研究得出组织冗余对产品创新绩效有着积极的影响,而企业的跨界搜索能力会对组织冗余与产品创新绩效之间关系进行调节。Lin 等(2007)、Cao 等(2009)的研究用组织规模来代替组织资源禀赋和资源的可获得性,发现当组织规模越大、冗余资源越丰富的时候,越有利于利用式学习与探索式学习的共存和互补,双元平衡度与创新绩效间所呈现的正相关关系也会更加显著。

当企业拥有较多的组织冗余资源时,开展服务创新的过程中可以在组织内部形成相对宽松的创新环境,有助于减轻利用式学习与探索式学习相互争夺资源所带来的压力。探索式学习往往面临着对新知识、新技术、新思想的搜寻和试验,这会给企业带来很大的不确定性和较高的风险,然而较多的组织冗余则可以缓冲企业对动态环境下的不确定感,提高其对环境变化进行战略调整的应对能力。企业服务创新活动中,无论是对现有知识、技术深度开发与利用的利用式学习,还是对新知识、新技术进行搜寻和尝试的探索式学习,都需要资源,而组织冗余作为一种未被占用的资源,能够给企业及时提供充裕的资源支持,提高企业服务创新过程中对资源的驾驭能力。由此可见,较多的组织冗余给企业带来充裕的资源支持,提高了企业服务创新过程中的灵活性和适应性,为利用式学习与探索式学习及其两种学习间的双元平衡度创造了有利的条件。

基于上述推理,本章提出以下假设:

H4a:组织冗余正向调节利用式学习与服务创新绩效之间的关系,即组织冗余越大,利用式学习与服务创新绩效之间的正向关系越强;

H4b:组织冗余正向调节探索式学习与服务创新绩效之间的关系,即组织冗余越大,探索式学习与服务创新绩效之间的正向关系越强;

H4c:组织冗余正向调节双元平衡度与服务创新绩效之间的关系,即组织冗余越大,双元平衡度与服务创新绩效之间的正向关系越强。

7.2.4　战略柔性的调节效应

动态资源管理观认为,利用式学习与探索式学习及其双元平衡度与创新绩效之间的关系会受到组织对资源构建、组合与利用的动态资源管理能力的影响。所谓战略柔性指的是当企业面对环境不确定性的时候,通过内部组织结构的调整与变革来进行应对,进而实现快速发展的一种特殊竞争能力(Nadkarni & Narayanan,2007),分为资源柔性和协调柔性,资源柔性可以从资源有效应用范围、获取成本、转变用途所需的时间来描述,反映的是资源的内在所有权(Sanchez,1997);协调柔性可以从识别资源的缺口、确定与构建资源链、组织内部配置与运用资源来描述,反映的是企业配置资源过程中的协调能力(Mathews,2002)。

国内外学者都实证出战略柔性对企业的创新绩效具有积极的正向促进作用(Sanchez,1997;Mathews,2002;卢艳秋等,2014;赵丙艳等,2016;李卫宁等,2016;杨卓尔等,2016)。Wei等(2014)指出战略柔性反应了一个组织对资源的一种动态管理能力,其中资源柔性越高,代表着资源的专属性就越低,组织可以在利用与探索之间进行资源的配置,资源柔性可以正向调节利用式学习与探索式学习及其交互效应与服务创新绩效之间的关系。Zhou 和 Wu(2010)认为协调柔性是一种动态能力,可以协调组织内部不同部门之间的资源,也可以协调组织内外部的资源,使得利用式学习与探索式学习更好地发挥互补效应,研究发现协调柔性会正向调节利用式学习与探索式学习间的双元平衡度与创新绩效之间的关系。Shimizu 和 Hitt(2004)研究得出战略柔性会增强企业内外部资源的整合与利用,帮助企业探索式学习中抓住外部创新机会,进而提升服务创新绩效。叶江峰等(2015)通过实证发现不同的战略柔性对企业内、外部知识异质度与创新绩效之间的关系具有不同的调节作用。

当组织的战略柔性较大时,说明企业所拥有的资源专属性较低,因此在服务创新过程中对所需创新知识进行利用式学习、探索式学习时也就拥有了相对的主动权,为了适应外部动态环境的变化,可以主动调整内部资源在利用式学习与探索式学习之间的配置,使其更加有利于服务创新活动的展开。双元平衡度的主要思想是企业构建松散耦合的差异化部门或组织单元,使其分别开展利用式学习或探索式学习,通过构建组织学习的双元平衡度以实现利用与探索式学习之间的共存与互补效应,进而促进服务创新绩效的提升(Benner & Tushman,2003),而高的协调柔性意味着企业在适应外部环境的变化过程中,可以积极有效地协调资源在企业内部不同部门之间的配置,因此我们认为战略柔性可以在利用式学习与探索式学习及其双元平衡度与服务创新绩效之间的关系上起到积极的促进作用。

基于上述推理,本章提出以下假设:

H5a:战略柔性正向调节利用式学习与服务创新绩效之间的关系,即战略柔性越大,利用式学习与服务创新绩效之间的正向关系越强;

H5b:战略柔性正向调节探索式学习与服务创新绩效之间的关系,即战略柔性越大,探索式学习与服务创新绩效之间的正向关系越强;

H5c:战略柔性正向调节双元平衡度与服务创新绩效之间的关系,即战略柔性越大,双元平衡度与服务创新绩效之间的正向关系越强。

依据上述推理,本章构建了如图 7.1 所示的实证模型:

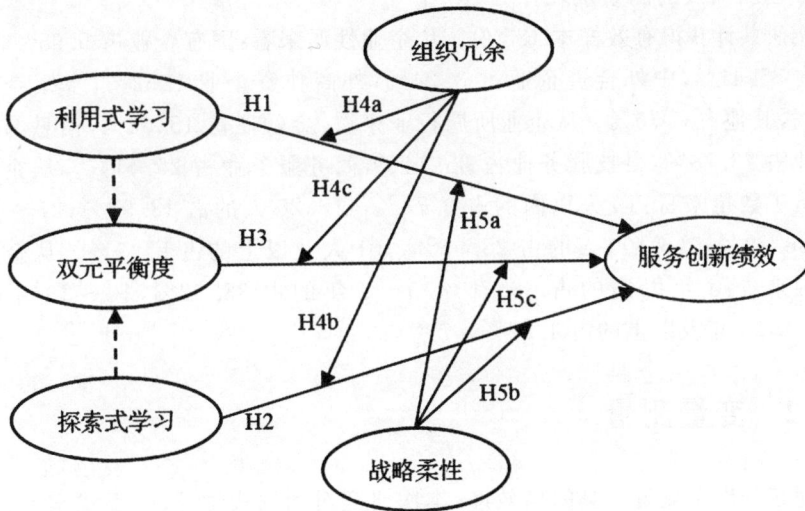

图 7.1 本章的实证模型

7.3 研究设计

7.3.1 样本与数据收集

本次调研主要采用发放问卷的方式,以长三角地区的知识密集型服务企业(主要包括金融业、科技服务业、商务服务业以及信息与通信服务业四大类)为样本进行数据收集。调研对象主要是企业服务创新项目的负责人或是对企业的实际经营状况比较熟悉的企业高管。在国家社科项目、省自然基金项目和省科技厅重点软科学项目的共同资助下,课题组从 2015 年 10 月至 2016 年 7 月,共历时将近 10 个月,总计发放问卷 532 份,回收问卷 241 份。处理回收问卷时坚持两个原则:首先,有些题项填写不完整的问卷,若只存在个别题项数据遗漏,则用此题的均值来代替缺失的数据,若遗漏题项较多,则直接剔除;其次,检查问卷填写人的认真程度,大部分题项或者所有题项全部为一个相同分数的问卷也直接剔除。最终实际有效问卷为 185 份,有效回收率为 76.76%。问卷主要由四个部分组成:第一部分是企业与填写者的基本信息;第二部分是利用式学习、探索式学习的测量量表;第三部分是组织冗余、战略柔性的测量量表;第四部分是企业服务创新绩效的测量量表。

调研共计获得有效样本 185 份。从企业性质来看:国有企业占 5.95％,民营企业占 85.41％,中外合资企业占 3.24％,外商独资企业 1.62％,乡镇企业占 1.08％,其他占 2.70％。从企业所属行业来看:金融业占 15.68％,信息与通信服务业占 23.78％,科技服务业占 35.14％,商务服务业占 25.41％。从企业的在职员工数量来看:10 人以内的占 9.73％,11～20 人的占 18.92％,21～50 人的占 36.22％,51～100 人的占 25.95％,101 人及以上的占 9.19％。从企业成立年限来看:4 年以内的占 36.76％,5～9 年的占 38.92％,10～19 年的占 19.46％,20 年及以上的占 4.86％。

7.3.2　变量测量

为充分确保测量工具的信效度,本次研究对利用式学习、探索式学习、组织冗余、战略柔性以及服务创新绩效五个变量的操作性定义及测量上主要依据国内外权威期刊上已经公开使用过的成熟量表,并根据实际研究对象对量表的个别条目进行了适当的修改(如表 7.1 所示),以确保量表的针对性。问卷采取通用的 Likert-5 量表,其中“1”代表非常不符合,“2”代表不符合,“3”代表一般,“4”代表符合,“5”代表非常符合。

(1)被解释变量:服务创新绩效变量主要参考了 Liu 等(2011)、王晨(2014)的研究,包括内部服务创新绩效和外部服务创新绩效两个维度,共有 9 个测量问项。

(2)解释变量:利用式学习、探索式学习变量主要参考了 Zhou 和 Wu(2010)的研究,各包括 5 个测量问项。双元平衡度变量主要采用王凤彬等(2012)的测量方法。

(3)调节变量:组织冗余变量主要参考了 Simsek 和 Veiga(2007)、Tan 和 Peng(2003)、李剑力(2009)等的研究,包括未吸收冗余和已吸收冗余两个维度,共有 7 个测量问项。战略柔性变量主要参考了 Sanchez(1995)、Li 等(2010)等的研究,包括资源柔性和协调柔性两个维度,共有 7 个测量问项。

(4)控制变量:为了控制其他变量对本次研究的影响,综合以往文献的基础上,选择了以下四个控制变量,分别为企业的性质、所属行业类别、用员工数量表示的企业规模以及企业成立至今的时间。

表 7.1　探索性因子分析与 Cronbach's α 系数

变量	测量问项	因子载荷	题项	Cronbach's α 系数
利用式学习	我们很注意对现有服务进行升级	0.823	5	0.803
	我们很注意强化已有知识和技能来提高创新活动的效率	0.787		
	我们很注意使用成熟的技术来提高现有的服务能力	0.762		
	我们很注意使用已有的成功经验来进行服务开发	0.656		
	我们很注意使用已有的成功经验来解决顾客的问题	0.714		
探索式学习	我们很注意学习对公司来说是全新的技术和技能	0.748	5	0.864
	我们很注意学习对整个行业来说是全新的服务开发技巧	0.817		
	我们很注意学习那些能够促进创新的全新管理技巧	0.834		
	我们很注意从多种不同的渠道学习创新技巧	0.837		
	我们很注意在先前没有经验的领域加强创新	0.794		
组织冗余	企业内部有足够的财务资源可以用于自由支配	0.696	7	0.844
	企业的留存收益(如未分配利润)足以支持市场扩张	0.749		
	企业拥有较多的潜在关系资源可以利用	0.699		
	企业能够在需要时获得银行贷款或其他金融机构的资助	0.761		
	企业采用的工艺设备或技术比较先进,但没有被充分利用	0.727		
	企业拥有专门的人才相对比较多,还有一定的发掘潜力	0.754		
	企业目前的生产运营状况低于设计能力(或预订目标)	0.697		

续表

变量	测量问项	因子载荷	题项	Cronbach's α 系数
战略柔性	企业同一种资源生产不同产品或服务的范围很广	0.831	7	0.892
	企业同一种资源生产不同产品或服务的转换成本和难度较小	0.772		
	企业同一种资源生产不同产品或服务的转换时间较短	0.742		
	企业能够发现未来机会,比现有及潜在竞争对手更快做出反应	0.788		
	企业能够比现有及潜在竞争对手更快寻找到新资源或其组合方式	0.780		
	企业能够比现有及潜在竞争对手更快地开拓新市场	0.786		
	企业能够在动态环境下有效处理资源使用问题	0.756		
服务创新绩效	我们进行的服务创新使企业的销售额有了大幅上升	0.745	9	0.915
	我们进行的服务创新使企业的利润增加了许多	0.781		
	我们进行的服务创新使投资回报率得到了提高	0.776		
	我们进行的服务创新有利于企业内部流程的优化	0.815		
	我们进行的服务创新提升了企业的发展潜力	0.793		
	我们进行的服务创新与自身的长期战略相符合	0.775		
	我们进行的服务创新提升了产品的市场占有率	0.775		
	我们进行的服务创新提升了公司产品的客户满意度	0.752		
	我们进行的服务创新能引起积极的市场反馈	0.747		

7.4　数据分析

7.4.1　数据同源性偏差检验

如果问卷的所有问项均是同一个人所填写的话,容易出现变量之间的人为性共变,因此本章采用 Harman 单因子检测法来检验所获数据的同源性偏差情况。将利用式学习、探索式学习、组织冗余、战略柔性、服务创新绩效五个变量的 33 个测量问项在没有旋转的情况下一起进行探索性分析,共析出了 5 个特征值大于 1 的因子,其中第一个因子的特征值为 11.91,解释了 36.09％的变量总方差。探索性因子分析结果表明,本次调研所获得的数据不存在可以解释绝大部分变异的单一因子,数据同源性偏差问题不是很严重。

7.4.2　信度、效度检验

本研究各个变量的测量量表均来自国内外研究文献中已经被成熟使用的量表。各测量问项的因子载荷(如表 7.1 所示)处于 0.656~0.837,且区分效度较好。KMO 值均大于 0.7,Bartlett 球形检验值也均通过了显著性检验。Cronbach's α 系数分别为利用式学习 0.803、探索式学习 0.864、组织冗余 0.844、战略柔性 0.892、服务创新绩效 0.915,且没有删除某一测量问项后 Cronbach's α 值会大幅度变大的情况,CITC 也均大于 0.35。同时为了避免多重共线性问题的影响,本章在进行多元回归分析前,对变量进行了去中性化处理。由此可见,本章所使用的测量量表具有良好的信度和效度。

7.4.3　描述性统计及相关性分析

表 7.2 给出了各变量的均值、标准差、Pearson 相关系数以及显著性情况。相关分析表明利用式学习、探索式学习、双元平衡度、组织冗余、战略柔性与服务创新绩效之间显著正相关,适合进行接下来的回归模型检验。

表 7.2　描述性统计分析以及各变量间的 Pearson 相关系数

变　量	1	2	3	4	5	6	7	8	9	10
1.企业性质	1									
2.所属行业	0.077	1								
3.员工数量	0.021	−0.062	1							
4.成立年限	0.046	0.146*	0.096	1						
5.利用式学习	0.095	0.052	0.038	0.006	1					
6.探索式学习	0.087	0.035	0.077	−0.003	0.780**	1				
7.双元平衡度	0.085	−0.067	0.075	−0.032	0.278**	0.685**	1			
8.组织冗余	0.057	0.000	0.022	0.027	0.664**	0.677**	0.427**	1		
9.战略柔性	0.070	−0.070	0.021	−0.022	0.653**	0.699**	0.449**	0.791**	1	
10.服务创新绩效	0.016	0.014	0.057	−0.010	0.670**	0.682**	0.402**	0.732**	0.819**	1
均值	2.146	2.708	3.059	1.924	4.229	3.988	0.950	4.024	3.961	4.028
标准差	0.818	1.022	1.099	0.869	0.587	0.724	0.052	0.579	0.611	0.598

注:$N=185$;* 表示显著性水平 $P<0.05$,** 表示显著性水平 $P<0.01$(双尾检验)。

7.4.4　回归分析与假设检验

1.主效应分析

在相关分析已经得到初步验证的基础之上,本章采用多元层次回归分析法来探讨研究模型中所提出的假设。第一层次将企业性质、所属行业、员工数量、成立年限四个控制变量放入模型进行回归分析。第二层次再将每一个假设中的变量逐一放入回归模型进行分析。所有变量均进行了去中心化处理,同时每一个回归模型的 VIF 处于 1~3,说明多重共线性问题不会影响分析的结果。具体结果如表 7.3 所示。

表 7.3　主效应回归分析结果

变量	服务创新绩效						
	模型 1	模型 2	模型 3	模型 4	模型 5	模型 6	模型 7
控制变量							
企业性质	0.014	−0.047	−0.043	−0.052	−0.022	−0.050	−0.062
所属行业	0.019	−0.014	−0.006	−0.013	0.045	−0.010	−0.013
员工数量	0.060	0.033	0.005	0.013	0.030	0.032	0.005
成立年限	−0.019	−0.013	−0.005	−0.008	−0.005	−0.014	−0.025
解释变量							
利用式学习		0.674***		0.356***		0.684***	
探索式学习			0.686***	0.408***			0.769***
双元平衡度					0.405***		
利用式学习二次方						0.041	
探索式学习二次方							0.217***
拟合优度指标							
R^2	0.004	0.452	0.468	0.517	0.165	0.454	0.507
调整后 R^2	−0.018	0.437	0.453	0.501	0.142	0.436	0.491
ΔR^2	—	0.448	0.464	0.513	0.161	0.450	0.503
F 值	0.185	29.575***	31.450***	31.768***	7.074***	24.659***	30.554***

注:$N=185$,系数为标准化回归系数;* 表示显著性水平 $P<0.05$,** 表示显著性水平 $P<0.01$,*** 表示显著性水平 $P<0.001$(双尾检验)。

利用式学习对服务创新绩效的影响见表 7.3 中的模型 6。模型 6 通过了 F 检验,并且方差解释率达到了 45.40%,表明模型的拟合效果较好。利用式学习的一次方对服务创新绩效的影响达到了显著性水平($\beta=0.684,P<0.001$),而利用式学习的二次方对服务创新绩效的影响不显著($\beta=0.041,P>0.1$),说明利用式学习与服务创新绩效的正向关系得到了验证,而二次曲线关系未得到验证。因此,假设 H1 未获得数据的完全支持。

探索式学习对服务创新绩效的影响见表 7.3 中的模型 7。模型 7 通过了 F 检验,并且方差解释率达到了 50.70%,表明模型的拟合效果较好。探索式学习的一次方对服务创新绩效的影响达到了显著性水平($\beta=0.769,P<0.001$),而探索式学习的二次方对服务创新绩效的影响也达到了显著性水平($\beta=0.217,P$

<0.001),说明探索式学习与服务创新绩效的正向关系得到了验证,而二次曲线关系也得到了验证。因此,假设 H2 获得了数据的支持。

双元平衡度对服务创新绩效的影响见表 7.3 中的模型 5。模型 5 通过了 F 检验,并且方差解释率达到了 16.50%,表明模型的拟合效果较好。双元平衡度对服务创新绩效的影响达到了显著性水平($\beta = 0.405, P < 0.001$),说明双元平衡度与服务创新绩效的正向线性关系得到了验证。因此,假设 H3 获得了数据的支持。

2.调节效应分析

为了验证组织冗余、战略柔性对利用式学习、探索式学习及其双元平衡度与服务创新绩效之间的调节效应,本研究以服务创新绩效为被解释变量,以利用式学习、探索式学习、双元平衡度及其与组织冗余、战略柔性的乘积项作为解释变量,并控制企业性质、所属行业、员工数量、成立年限等变量的影响,逐一建立回归模型。具体结果如表 7.4 所示。

表 7.4 组织冗余、战略柔性的调节效应回归分析结果

变量	服务创新绩效							
	模型 1	模型 2	模型 3	模型 4	模型 5	模型 6	模型 7	模型 8
控制变量								
企业性质	0.014	−0.048	−0.061	−0.064	−0.035	−0.056	−0.055	−0.052
所属行业	0.019	0.068	−0.015	−0.024	0.028	−0.006	−0.012	0.076
员工数量	0.060	0.045	0.042	0.015	0.037	0.021	0.000	0.041
成立年限	−0.019	−0.013	−0.031	−0.031	−0.032	−0.024	−0.016	−0.004
解释变量								
组织冗余		0.215**						
战略柔性		0.656***						
利用式学习			0.684***			0.682***		
探索式学习				0.725***			0.708***	
双元平衡度					0.134*			0.077+
利用式学习×组织冗余			0.138*					
探索式学习×组织冗余				0.248***				

变量	服务创新绩效							
	模型 1	模型 2	模型 3	模型 4	模型 5	模型 6	模型 7	模型 8
双元平衡度×组织冗余					0.686***			
利用式学习×战略柔性						0.167**		
探索式学习×战略柔性							0.269***	
双元平衡度×战略柔性								0.799***
拟合优度指标								
R^2	0.004	0.697	0.471	0.526	0.561	0.480	0.539	0.691
调整后 R^2	−0.018	0.687	0.453	0.510	0.547	0.462	0.523	0.680
ΔR^2	—	0.693	0.467	0.522	0.557	0.476	0.535	0.687
F 值	0.185	68.372***	26.401***	32.915***	37.971***	27.344***	34.681***	66.286***

注：$N=185$，系数为标准化回归系数；+ 表示显著性水平 $P<0.1$，* 表示显著性水平 $P<0.05$，** 表示显著性水平 $P<0.01$，*** 表示显著性水平 $P<0.001$（双尾检验）。

组织冗余对利用式学习、探索式学习、双元平衡度与服务创新绩效的调节效应见表 7.4 中模型 3、模型 4、模型 5，模型 3 通过了 F 检验，并且方差解释率达到了 47.10%，表明模型的拟合效果较好。其中利用式学习对服务创新绩效的正向回归效应显著（$\beta=0.684$，$P<0.001$），同时利用式学习与组织冗余的乘积项的回归系数也是正向显著（$\beta=0.138$，$P<0.05$），因此，组织冗余正向调节利用式学习与服务创新绩效之间的关系得到了验证，即组织冗余越大，利用式学习与服务创新绩效之间的正向关系越强，假设 H4a 得到了数据的支持。同理，模型 4 中探索式学习对服务创新绩效的正向回归效应显著（$\beta=0.725$，$P<0.001$），同时探索式学习与组织冗余的乘积项的回归系数也正向显著（$\beta=0.248$，$P<0.001$），因此，组织冗余正向调节探索式学习与服务创新绩效之间的关系得到了验证，即组织冗余越大，探索式学习与服务创新绩效之间的正向关系越强，假设 H4b 得到了数据的支持。模型 5 中双元平衡度对服务创新绩效的正向回归效应显著（$\beta=0.134$，$P<0.05$），同时双元平衡度与组织冗余的乘积项的回归系数

也正向显著($\beta=0.686$,$P<0.001$),因此,组织冗余正向调节双元平衡度与服务创新绩效之间的关系得到了验证,即组织冗余越大,双元平衡度与服务创新绩效之间的正向关系越强,假设 H4c 得到了数据的支持。

战略柔性对利用式学习、探索式学习、双元平衡度与服务创新绩效的调节效应见表 7.4 中模型 6、模型 7、模型 8,模型 6 通过了 F 检验,并且方差解释率达到了 48.00%,表明模型的拟合效果较好。其中利用式学习对服务创新绩效的正向回归效应显著($\beta=0.682$,$P<0.001$),同时利用式学习与战略柔性的乘积项的回归系数也是正向显著($\beta=0.167$,$P<0.01$),因此,战略柔性正向调节利用式学习与服务创新绩效之间的关系得到了验证,即战略柔性越大,利用式学习与服务创新绩效之间的正向关系越强,假设 H5a 得到了数据的支持。同理,模型 7 中探索式学习对服务创新绩效的正向回归效应显著($\beta=0.708$,$P<0.001$),同时探索式学习与战略柔性的乘积项的回归系数也正向显著($\beta=0.269$,$P<0.001$),因此,战略柔性正向调节探索式学习与服务创新绩效之间的关系得到了验证,即战略柔性越大,探索式学习与服务创新绩效之间的正向关系越强,假设 H5b 得到了数据的支持。模型 8 中双元平衡度对服务创新绩效的正向回归效应显著($\beta=0.077$,$P<0.1$),同时双元平衡度与战略柔性的乘积项的回归系数也正向显著($\beta=0.799$,$P<0.001$),因此,战略柔性正向调节双元平衡度与服务创新绩效之间的关系得到了验证,即战略柔性越大,双元平衡度与服务创新绩效之间的正向关系越强,假设 H5c 得到了数据的支持。

7.5　研究结论与理论实践启示

7.5.1　研究结论

鉴于目前学术界对利用式学习、探索式学习及其双元与企业服务创新绩效的关系研究得出众多不一致结论的现状,本章在相应的理论假设基础之上,以长三角地区 185 家知识密集型服务企业为实证研究对象,探讨了利用式学习、探索式学习及其双元对企业服务创新绩效的影响以及组织冗余、战略柔性对两者间关系的调节作用。得出如下结论:(1)利用式学习与企业服务创新绩效之间存在正向线性关系,而探索式学习与企业服务创新绩效之间存在正向二次曲线关系;(2)双元平衡度与企业服务创新绩效之间存在正向线性关系;(3)组织冗余在利用式学习、探索式学习及其双元平衡度与企业服务创新绩效的关系中均起到了正向的调节作用;(4)战略柔性在利用式学习、探索式学习及其双元平衡度与企业服务创新绩效的关系中也均起到了正向的调节作用。

本章假设 H1 利用式学习对企业服务创新绩效具有正向线性影响作用得到了数据的支持,而其二次曲线影响作用并没有得到数据的支持,这一结论与张振刚、余传鹏(2015)的研究结论相一致。原因可能在于利用式学习是一种渐进性的服务创新活动,追求满足现有市场顾客的需求,对现有知识和技术的扩张,以及对现有产品或服务的扩张,其强调的是对知识的深度使用与开发。这种组织学习活动往往带有一种重复性的特征,奉行的是一种"拿来式"的创新模式,因此随着利用式学习活动的推进,所获得经验的累积效应并没有那么凸显甚至可能不存在,所以其对服务创新绩效的促进作用仅仅是线性累加,不存在加速的二次曲线效应。

7.5.2 理论意义

本章结论的重要理论意义有以下几点。

(1)进一步充实了利用式学习、探索式学习与服务创新绩效的相关研究,实证检验了利用式学习对服务创新绩效影响的正向线性作用,探索式学习对服务创新绩效影响的正向二次曲线作用。

(2)针对目前学术界关于利用式学习与探索式学习双元与服务创新绩效间关系复杂、不一致的研究结论,本研究基于有机平衡观视角,引入"双元平衡度"概念,探讨了双元平衡度对服务创新绩效的影响作用,实证结果得出双元平衡度对服务创新绩效具有正向线性作用。本章有效地解答了组织学习过程中的利用式学习与探索式学习如何在组织内部的互补与共存的问题。这与 Gupta 和 Smith(2006)、Junni 等(2013)的研究相呼应。

(3)尽管已有学者提出利用式学习、探索式学习及其双元平衡与服务创新绩效之间出现目前众说纷纭研究结论的主要原因在于其实现过程中缺乏调节机制的探讨,然而对其关系的调节效应研究,目前还基本上仅仅停留在理论剖析层面,缺乏实证研究。本章创造性地基于资源依赖理论引入了组织冗余变量,基于动态资源管理理论引入了战略柔性变量,对利用式学习、探索式学习及其双元与服务创新绩效间关系的调节机制进行实证研究,实证检验了组织冗余、战略柔性对两者间关系的正向调节效应。此举进一步佐证了 Gupta 等(2006)提倡的应对资源管理能力进行情境化研究的推理。

7.5.3　实践启示

本章的重要管理实践意义有以下几点。

（1）相对于技术创新领域，服务创新领域中利用式学习与探索式学习争夺企业稀缺资源的情况并不是很严重，在服务企业内部两者可以共存和互补，两者间的竞争更多体现在理念、创意上。利用式学习范式下，企业进行服务创新活动时更倾向于对现有知识、资源的整合和深度利用，或者是复制已有成功的创新模式，这是对现有创新模式的延续和强化，属于渐进式服务创新模式；探索式学习范式下，企业进行服务创新活动时则会打破已有的思维惯性，会主动对新知识、新创意进行尝试，敢于冒风险，这是一种突破式的服务创新模式。当企业面临服务创新问题时，是借鉴已有成功的服务创新实践，还是针对特殊情境采用完全个性化的创新方案，是企业面临的利用式学习与探索式学习平衡度的问题，而这种平衡更多涉及的是企业理念、创意的问题，并不涉及太多资源的权衡问题。

（2）在资源限制、时间成本等外在约束条件下，企业采用利用式学习与探索式学习进行服务创新活动的过程中，两者对服务创新的促进作用存在一定的差异。企业在资源有限的情况下，可以通过利用式学习将资源投入到已有的业务领域，以强化已有知识、流程、技能，这可以为现有业务带来高效的产出，因此对于现有市场而言，利用式学习可以降低成本，提高服务创新的效率，对服务创新绩效具有时间、空间上的可接近性。但是，利用式学习只能线性促进服务创新，探索式学习对服务创新才具有累积效应，所以企业在可承受的运营成本范围之内，应该进行探索式学习活动促进发散性思考，获得全新的知识、流程、技能，抓住新的机遇、开辟新的市场，形成完全个性化的服务创新方案，以更好地迎接技术变革和提升市场适应能力。

（3）当企业拥有较多的冗余资源时，有利于利用式学习、探索式学习及其双元组织学习活动，使利用式学习与探索式学习产生协同效应，更有助于服务创新绩效的提升。利用式学习表现为对企业现有知识、资源的驾驭，而探索式学习更加侧重于对外部环境变化的主动适应性，无论哪一种组织学习活动都涉及对组织资源的消耗。企业中的组织冗余也是一种资源，是一种未被占用的资源，如果企业拥有较多的组织冗余，或者企业能够充分发现、挖掘、利用这些冗余资源，这就会在一定程度上解决利用式学习、探索式学习活动的资源消耗问题，甚至更有利于协调利用式学习与探索式学习之间对资源消耗上的平衡问题。组织冗余能够在组织内部为服务创新活动的开展营造出一种相对宽松的资源使用环境，同时为企业缓解从组织外部获取所需资源的压力,给企业创造出了一个相对自由的创新空间,进而能够提高利用式学习、探索式学习及其双元组织学习的效率,提升服务创新绩效水平。

(4)当企业拥有较大的战略柔性时,有助于利用式学习、探索式学习及其双元组织学习活动,使利用式学习与探索式学习产生协同效应,更有助于服务创新绩效的提升。资源柔性由企业资源的内在属性所决定,强调资源的潜在用途,企业拥有较大的资源柔性意味着资源的专属性较低,企业在开展服务创新过程中对资源配置也就拥有了较大的主动权,可以灵活、机动地配置利用式学习与探索式学习之间的资源需求问题,更加有利于服务创新绩效的提升。企业拥有较大的协调柔性,意味着在战略适应外部环境变化的过程中可以在组织内部松散耦合的差异化组织单元之间协调资源的配置,有利于促进利用式学习、探索式学习及其双元组织学习活动在组织内部的共存和互补效应,最终促进服务创新绩效水平的提升。因此在服务创新过程中,作为企业的高层管理者,可以通过有效发挥战略柔性的积极作用,进一步来提升利用式学习、探索式学习及其双元组织学习对服务创新绩效的提升作用。

7.5.4 研究不足与展望

本章仍然存在一定的局限性:首先,本章的研究对象局限于长三角地区的知识密集型服务企业,这可能在一定程度上影响了研究结论的普适性。其次,本章将组织冗余、战略柔性都作为单一调节变量,而组织冗余可以进一步细分为已吸收冗余和未吸收冗余,战略柔性可以进一步细分为资源柔性与协调柔性,这可能会对利用式学习、探索式学习及其双元平衡度与服务创新绩效之间的关系产生不同的调节效应,本章没有加以区分,这也是后续研究可以进一步加以深化的方向。最后,本章采用的是通过问卷调查法获取的截面数据,然而服务创新活动是一个长周期的过程,因此选取若干个服务创新项目的案例进行纵向持续的跟踪分析也将是后续研究努力的方向。

调研问卷

双元学习与服务创新绩效关系调研问卷

Section A：填写说明

尊敬的贵公司领导/项目负责人：

您好！本问卷旨在调查研究知识密集型服务企业的双元学习对服务创新绩效的作用机制，为提升知识型服务企业的创新能力和企业绩效提供理论和实践上的支撑。

请您详细阅读填写说明和问卷中的测量问项后根据实际情况实事求是地作答，您的每一个答案对本研究的结果都有重大影响。您所提供的信息将受到严格保密，不会泄露，我们也不会对您的单位进行反馈，仅用于科学研究，请您放心填写。非常感谢您的支持与合作！

敬祝大展宏图，事业鼎盛！

填表说明：

以下各部分请您对公司近三年来或者自己最近三年来所参与的某个创新项目进行评价，请根据当时的真实情况进行选择，为了帮助您顺利地填写问卷，节省宝贵的时间，请首先仔细阅读各部分的主要术语。（这里的"创新项目"不仅包括新服务或新产品的开发，也包括现有服务或产品的改进）

1. 题项中 1～5 的数值表示从"非常不同意"向"非常同意"依次渐进。数值不代表分值，仅指同意或不同意的程度，请在_____相应框内的数字上直接打钩；若您是在电脑上填写，请您将相应框内的数字标红。

2. 各部分问卷中的测量问项，不同的人可能会有不同的看法，因而您的选择没有对错之分，请您根据实际情况表达真实的想法。这不是测验，也没有标准答案，您只需要客观地做出选择，请您不要都打一样的分，也不要遗漏某些题项。

Section B：公司基本信息

一、公司基本情况

1. 公司名称：_____

2. 公司所在地：_____省_____市

3. 公司成立已经：_____年

4. 公司所处行业是（请在所属方框内直接打钩）：

□ 信息服务业（包括电信及其他通信服务业、计算机服务业、软件业等）

□金融服务业(包括银行业、证券业、保险业和其他金融活动等)

□科技服务业(包括研究与试验发展、专业技术服务业、工程技术与规划管理、科技交流和推广服务业等)

□商务服务业(包括法律服务、咨询与调查、其他商务服务等)

□其　　他(请写出)：_____

5.公司年销售收入：

□50 万以下　　　□51 万～100 万　　□101 万～500 万

□501 万～1000 万　□1001 万～5000 万□5001 万～1 亿　　□1 亿以上

6.公司员工数量：

□50 人以下　　　□51～100 人　　　□101～300 人

□301～500 人　　□501～1000 人　　□1001 人以上

7.公司开展创新活动的创意或思想主要来源于(可以多选)：

□政府或公共部门　□客户　　　　　□竞争对手

□大学或科研院所　□技术供应商　　□中介机构

8.您的职位是：

□企业所有者　　　□总经理/副总经理□办公室主任

□部门/项目主管　□企业的顾问　　□其他

9.您受教育的程度：

□高中及以下　　　□专科　　　　　□本科

□硕士　　　　　　□博士

10.您的年龄(周岁)：

□30 及以下　　　□31～35　　　　□36～40

□41～45　　　　□46～50　　　　□51 以上

Section C:具体调研内容

二、双元学习

主要术语：

组织学习是指企业为了适应动态变化的环境,获得持续竞争优势,而对知识进行不断地获取、储存、传递、整合、应用以及创新一系列的组织行为,分为两类：**利用式学习**是指那些具有"提炼、筛选、生产、效率、选择、实施、执行"等特征的学习活动,往往是对现有知识的重复利用和深度开发。**探索式学习**是指那些具有"探索、变化、承担风险、试验、尝试、应变、发现、创新"等特征的学习活动,往往具有显著的冒险性和试验性导向。

测量问项	非常 不同意	不同意	一般	同意	非常 同意
利用式学习					
11 我们很注意对现有服务进行升级	1	2	3	4	5
12 我们很注意强化已有知识和技能来提高创新 活动的效率	1	2	3	4	5
13 我们很注意使用成熟的技术来提高现有的服 务能力	1	2	3	4	5
14 我们很注意使用已有的成功经验来进行服务 开发	1	2	3	4	5
15 我们很注意使用已有的成功经验来解决顾客 的问题	1	2	3	4	5
探索式学习					
16 我们很注意学习对公司来说是全新的技术和 技能	1	2	3	4	5
17 我们很注意学习对整个行业来说是全新的服 务开发技巧	1	2	3	4	5
18 我们很注意学习那些能够促进创新的全新管 理技巧	1	2	3	4	5
19 我们很注意从多种不同的渠道学习创新技巧	1	2	3	4	5
20 我们很注意在先前没有经验的领域加强创新	1	2	3	4	5

三、组织冗余

主要术语：

组织冗余是指"组织所持有的资源与维持现状所需资源之间的差异"或"组织未被使用的资源"，其所反映的是企业所拥有资源的宽裕程度，具有缓冲环境变化的作用。

测量问项	非常不同意	不同意	一般	同意	非常同意
组织冗余					
21 企业内部有足够的财务资源可以用于自由支配	1	2	3	4	5
22 企业的留存收益（如未分配利润）足以支持市场扩张	1	2	3	4	5
23 企业拥有较多的潜在关系资源可以利用	1	2	3	4	5
24 企业能够在需要时获得银行贷款或其他金融机构的资助	1	2	3	4	5
25 企业采用的工艺设备或技术比较先进，但没有被充分利用	1	2	3	4	5
26 企业拥有专门的人才相对比较多，还有一定的发掘潜力	1	2	3	4	5
27 企业目前的生产运营状况低于设计能力（或预订目标）	1	2	3	4	5

四、战略柔性

主要术语：

战略柔性指的是当企业面对环境不确定性的时候，通过内部组织结构的调整与变革来进行应对，进而实现快速发展的一种特殊竞争能力，分为资源柔性和协调柔性。资源柔性可以从资源有效应用范围、获取成本、转变用途所需的时间来描述，反映的是资源的内在所有权；协调柔性可以从识别资源的缺口、确定与构建资源链、组织内部配置与运用资源来描述，反映的是企业配置资源过程中的协调能力。

测量问项	非常不同意	不同意	一般	同意	非常同意
战略柔性					
28 企业同一种资源生产不同产品或服务的范围很广	1	2	3	4	5

续表

测量问项	非常 不同意	不同意	一般	同意	非常 同意
29 企业同一种资源生产不同产品或服务的转换 成本和难度较小	1	2	3	4	5
30 企业同一种资源生产不同产品或服务的转换 时间较短	1	2	3	4	5
31 企业能够发现未来机会,比现有及潜在竞争对 手更快做出反应	1	2	3	4	5
32 企业能够比现有及潜在竞争对手更快寻找到 新资源或其组合方式	1	2	3	4	5
33 企业能够比现有及潜在竞争对手更快地开拓 新市场	1	2	3	4	5
34 企业能够在动态环境下有效处理资源使用 问题	1	2	3	4	5

五、服务创新绩效

主要术语:

服务创新绩效指的是企业对新开发的服务以及对现有服务所做的改善活动,以满足企业自身、顾客、社会、员工等利益相关者需求,维持企业竞争优势的能力和程度,包括服务创新过程绩效和结果绩效。

在过去的三年中,企业开展服务创新活动的业绩与当地主要竞争对手相比情况如何?请根据实际情况客观作答,在相应的数字上做标记即可。

测量问项	非常 不同意	不同意	一般	同意	非常 同意
服务创新绩效					
35 我们进行的服务创新使企业的销售额有了大 幅上升	1	2	3	4	5
36 我们进行的服务创新使企业的利润增加了 许多	1	2	3	4	5

测量问项	非常 不同意	不同意	一般	同意	非常 同意
37 我们进行的服务创新使投资回报率得到了提高	1	2	3	4	5
38 我们进行的服务创新有利于企业内部流程的优化	1	2	3	4	5
39 我们进行的服务创新提升了企业的发展潜力	1	2	3	4	5
40 我们进行的服务创新与自身的长期战略相符合	1	2	3	4	5
41 我们进行的服务创新提升了产品的市场占有率	1	2	3	4	5
42 我们进行的服务创新提升了公司产品的客户满意度	1	2	3	4	5
43 我们进行的服务创新能引起积极的市场反馈	1	2	3	4	5

问卷已全部回答完毕,再次感谢您的合作!

如果需要研究结果请您留下联系方式:

您的姓名:＿＿＿＿＿＿＿＿＿

所在部门:＿＿＿＿＿＿＿＿＿

联系电话或 E-mail:＿＿＿＿＿＿＿＿＿＿＿＿＿＿＿＿

邮寄地址:＿＿＿＿＿＿＿＿＿＿＿＿＿＿＿＿＿＿＿＿

参考文献

Alam I, Perry C, 2002. A customer-oriented new service development process [J]. Journal of services marketing, 16(6):515-534.

Alam I, 2002. An exploratory investigation of user involvement in new service development[J]. Journal of the academy of marketing science, 30 (3): 250-261.

Alam I, 2006. Service innovation strategy and process: a cross-national comparative analysis[J]. International marketing review, 23(3):234-254.

Cooper A, 1998. Customer knowledge management [J]. Pool business and marketing strategy, 3.

Amabile T M, Conti R, Coon H, et al. , 1996. Assessing the work environment for creativity[J]. Academy of management journal, 39(5):1154-1184.

Anderson N R, West M A, 1998. Measuring climate for work group innovation: development and validation of the team climate inventory[J]. Journal of organizational behavior, 19(3):235-258.

Hsieh A T, Chang H Y, 2005. The effect of customer participation on service providers' job stress[J]. The service industries journal, 25(7):891-905.

Argote L, Ingram P, 2000. Knowledge transfer: a basis for competitive advantage in firms [J]. Organizational behavior and human decision processes, 82(1):150-169.

Arora A, Belenzon S, Rios L A, 2014. Make, buy, organize: the interplay between research, external knowledge, and firm structure [J]. Strategic management journal, 35(3):317-337.

Atuahene-Gima K, Ko A, 2001. An empirical investigation of the effect of market orientation and entrepreneurship orientation alignment on product innovation[J]. Organization science, 12(1):54-74.

Atuahene-Gima K,Murray J Y,2007. Exploratory and exploitative learning in new product development: a social capital perspective on new technology ventures in China[J]. Journal of international marketing,15(02):1-29.

Atuahene-Gima K, Slater S F, Olson E M, 2005. The contingent value of responsive and proactive market orientations for new product program performance[J]. Journal of product innovation management, 22 (6): 464-482.

Atuahene-Gima K, 1996. Market orientation and innovation[J]. Journal of business research,35(2):93-103.

Atuahene-Gima K, 2005. Resolving the capability: rigidity paradox in the product innovation[J]. Journal of marketing,69(4):61-83.

Atuahene-Gima K,2003. The effects of centrifugal and centripetal forces on product development speed and quality: how does problem solving matter? [J]. Academy of management journal,46(3):359-373.

Bagozzi R P,Yi Y,1988. On the evaluation of structural equation models[J]. Journal of the academy of marketing science,16(1):74-94.

Bai Ou, Wei J, Si B, 2015. Relational or contractual: the dilemma of service innovation network governance and knowledge acquisition[J]. Studies in science of science,33(9):1432-1440.

Barras R,1984. Growth and technical change in the UK service sector[M]. London: Technical Change Centre.

Barras R,1990. Interactive innovation in financial and business services: the vanguard of the service revolution[J]. Research policy,19(3):215-237.

Belderbos R, Carree M, Lokshin B, 33 (10). Cooperative R&D and firm performance[J]. Research policy,2004:1477-1492.

Bengsston M, 1998. Climates of competition [M]. Amsterdam: Harwood Academic Publishers.

Benner M J, Tushman M L, 2003. Exploitation, exploration, and process management: the productivity dilemma revisited [J]. Academy of management review,28(2):238-256.

Berchicci L,2013. Towards an open R&D system: internal R&D investment, external knowledge acquisition and innovative performance[J]. Research policy,42(1):117-127.

Bettencourt L A,1997. Customer voluntary performance: customer partners in service delivery[J]. Journal of retailing,73(3):383-406.

Bharadwaj N, Nevin J R, Wallman J P, 2012. Explicating hearing the voice of the customer as a manifestation of customer focus and assessing its consequences [J]. Journal of product innovation management, 29 (6): 1012-1030.

Bilderbeek R, Hertog P, Marklund G, et al. , 1998. Services in innovation: knowledge intensive business services (KIBS) as co-producers of innovation, SI4S synthesis paper[J]. Work package,5(6).

Blosch M, 2000. Customer knowledge[J]. Knowledge and process management, 7(4):265-268.

Bonner J M, 2010. Customer interactivity and new product performance: moderating effects of product newness and product embeddedness [J]. Industrial marketing management,39(3):485-492.

Bowen D E, 1986. Managing customers as human resources in service organizations[J]. Human resource management,25(3):371-383.

Brentani U,1989. Success and failure in new industrial services[J]. Journal of product innovation management,6(4):239-258.

Bresman H, Birkinshaw J, Nobel R, 1999. Knowledge transfer in international acquisitions[J]. Journal of international business studies,30(3):439-462.

Brown S L, Eisenhardt K M, 1995. Product development: past research, present findings, and future directions[J]. Academy of management review,20(2): 343-378.

Bruns Don, 1992. Increase your customers' knowledge (and your business) through messages on hold[J]. Telemarketing,11(2).

Caloghirou Y, Kastelli I, Tsakanikas A, 2004. Internal capabilities and external knowledge sources:complements or substitutes for innovative performance? [J]. Technovation,24(1):29-39.

Cao Q, Gedajlovic E, Zhang H, 2009. Unpacking organizational ambidexterity: dimensions, contingencies, and synergistic effects[J]. Organization science, 20(4):781-796.

Carayannopoulos S, Auster E R, 2010. External knowledge sourcing in biotechnology through acquisition versus alliance: a KBV approach [J]. Research policy,39(2):254-267.

Carbonell P, Rodríguez-Escudero A I, Pujari D, 2009. Customer involvement in

new service development:an examination of antecedents and outcomes[J].
Journal of product innovation management,26(5):536-550.

Casanueva C,Castro I,Galán J L,2013. Informational networks and innovation
in mature industrial clusters [J]. Journal of business research, 66 (5):
603-613.

Casselman R M,Samson D,2007. Aligning knowledge strategy and knowledge
capabilities[J]. Technology analysis &strategic management,19(1):69-81.

Cermak D S P,File K M,Prince R A,1994. Customer participation in service
specification and delivery [J]. Journal of applied business research, 10
(2):90.

Chan K W, Yim C K, Lam S S K, 2010. Is customer participation in value
creation a double-edged sword? Evidence from professional financial
services across cultures[J]. Journal of marketing,74(3):48-64.

Chandrasekaran A, Linderman K, Schroeder R, 2012. Antecedents to
ambidexterity competency in high technology organizations[J]. Journal of
operations management,30(1-2):134-151.

Chandy R K, Tellis G J, 1998. Organizing for radical product innovation:the
overlooked role of willingness to cannibalize [J]. Journal of marketing
research:474-487.

Chatterji A K,Fabrizio K R,2014. Using users:when does external knowledge
enhance corporate product innovation? [J]. Strategic management journal,
35(10):1427-1445.

Chen X,Chen X,Li J,2015. Research of the influencing mechanism of strategic
orientation and innovation model on firm performance[J]. Studies in science
of science,33(1):118-127.

Chen Y,Chen J,2008. The influence of openness to innovation performance[J].
Studies in science of science,26(2):419-426.

Chen H H,Lee A H I,Wang H Z,et al. ,2008. Operating NPD innovatively
with different technologies under a variant social environment [J].
Technological forecasting & social change,75(3):385-404.

Cheng C C,Krumwiede D,2012. The role of service innovation in the market
orientation—new service performance linkage[J]. Technovation,32(7):487-
497.

Chesbrough H W,2003. Open innovation:the new imperative for creating and profiting from technology[M]. Boston:Harvard Business Press.

Chesbrough H,2006a. Open innovation: the new imperative for creating and profiting from technology[M]. Boston:Harvard Business Press.

Chesbrough H,2006b. The era of open innovation[J]. Managing innovation and change,127(3):34-41.

Chesbrough H,2010. Open services innovation: rethinking your business to grow and compete in a new era[M]. New York:John Wiley & Sons.

Chung S A, Kim G M, 2003. Performance effects of partnership between manufacturers and suppliers for new product development: the supplier's standpoint[J]. Research policy,32(4):587-603.

Chyi J,Jyue Y,Lin Y H,2010. The determinants of new service development: service characteristics,market orientation,and actualizing innovation effort [J]. Technovation,30:265-277.

Claycomb C,Lengnick-Hall C A,Inks L W,2001. The customer as a productive resource:a pilot study and strategic implications[J]. Journal of business strategies,18(1):47-69.

Cohen W M,Levinthal D A,1990. Absorptive capacity:a new perspective on learning and innovation[J]. Administrative science quarterly,35:128-153.

Coombs R, Miles I, 2000. Innovation, measurement and services: the new problematique[M]//Innovation systems in the service economy. New York: Springer US.

Cooper R G,Kleinschmidt E J,1987. What makes a new product a winner: success factors at the project level[J]. R&D management,17(3):175-189.

Coote S,Hogan N,Franklin S,2013. Falls in people with multiple sclerosis who use a walking aid:prevalence,factors,and effect of strength and balance interventions[J]. Archives of physical medicine and rehabilitation,94(4): 616-621.

Coviello N E,Brodie R J,Danaher P J,et al. ,2002. How firms relate to their markets:an empirical examination of contemporary marketing practices[J]. Journal of marketing,66(3):33-46.

Cummings J L,Teng B S,2003. Transferring R&D knowledge:the key factors affecting knowledge transfer success [J]. Journal of engineering and technology management,20(1):39-68.

Cyert R M,March J G,1963. A behavioral theory of the firm[M]. Englewood

Cliffs:Prentice-Hall.

Dabholkar P, 1990. How to improve perceived service quality by improving customer participation[C].//Dunlap B J. ed. Developments in marketing science. Cullowhee,NC:Academy of Marketing Science.

Davenport T H, Prusak L, 1998. Working knowledge: how organizations manage what they know[M]. Boston:Harvard Business Press.

De Brentani U,1989. Success and failure in new industrial services[J]. Journal of product innovation management,6(4):239-258.

Den H P, 2000. Knowledge-intensive business service as co-producers of innovation[J]. International journal of innovation management,4:491-528.

Di Minin A,Frattini F,Piccaluga A,2010. Fiat:open innovation in a downturn (1993-2003)[J]. California management review,52(3):132-159.

Dong-Gil K, Kirsch L J, 2005. Antecedents of knowledge transfer from consultants to clients in enterprise system implementation [J]. MIS quarterly,29(1):59-85.

Dyer J H, Hatch NW, 2006. Relation-specific capabilities and barriers to knowledge transfers:creating advantage through network relationships[J]. Strategic management journal,27(8):701-719.

Easterby-Smith M, Prieto I M, 2008. Dynamic capabilities and knowledge management: an integrative role for learning? [J]. British journal of management,19(3):235-249.

Edvardsson B,Tronvoll B,Gruber T,2011. Expanding understanding of service exchange and value co-creation:a social construction approach[J]. Journal of the academy of marketing science,39(2):327-339.

Elsenhardt K M,Martin J A,2000. Dynamic capabilities:what are they[J]. Strategic management journal,21(1):1105-1121.

Ennew C T,Binks M R,1999. Impact of participative service relationship on quality satisfaction and retention: an exploratory study [J]. Journal of business research,46(2):121-132.

Faems D,Van Looy B,Debackere K,2005. Interorganizational collaboration and innovation:toward a portfolio approach[J]. Journal of product innovation management,22(3):238-250.

Fang E, 2008. Customer participation and the trade-off between new product innovativeness and speed to market [J]. Journal of marketing, 72 (4):

90-104.

File K M,Judd B B,Prince R A,1992. Interactive marketing:the influence of participation on positive word-of-mouth and referrals[J]. Journal of services marketing,6(4):5-14.

Filiou D, 2005. Exploration and exploitation in inter-organsational learning: motives for cooperation being self-destructive for some and vehicles for growth for others,some evidence from the biotechnology sector in the UK between 1991 and 2001 [C].//DRUID Tenth Anniversary Summer Conference:27-29.

Fitzsimmons J A, Fitzsimmons M J, Bordoloi S, 2008. Service management: operations,strategy,and information technology[M]. New York:McGraw-Hill.

Flavián C, Guinalíu M, 2005. The influence of virtual communities on distribution strategies in the internet[J]. International journal of retail & distribution management,33(6):405-425.

Füller J,Bartl M,Ernst H,et al. ,2006. Community based innovation:how to integrate members of virtual communities into new product development [J]. Electronic commerce research,6(1):57-73.

Gadrey J,Gallouj F,Weinstein O,1995. New modes of innovation:how services benefit industry[J]. International journal of service industry management,6 (3):4-16.

Gallouj F,Weinstein O,1997. Innovation in services[J]. Research policy,26(4-5):537-556.

Gallouj F,2002. Innovation in the service economy:the new wealth of nations [M]. Northampton:Edward Elgar Publishing.

Ganesan S, MalterA J, Rindfleisch A, 2005. Does distance still matter? Geographic proximity and new product development [J]. Journal of marketing,69(4):44-60.

Ganotakis P, Love J H, 2012. The innovation value chain in new technology-based firms: evidence from the UK [J]. Journal of product innovation management,29(5):839-860.

Garcia R, Calantone R, Levine R, 2003. The role of knowledge in resource allocation to exploration versus exploitation in technologically oriented organizations[J]. Decision sciences,34(2):323-349.

Garvin D A,1988. Managing quality: the strategic and competitive edge[M]. New York:Simon and Schuster.

Gebert H,Geib M,Kolbe L,et al. ,2003. Knowledge-enabled customer relationship manage-ment:integrating customer relationship and knowledge management concepts[J]. Journal of knowledge management,7(5):107-123.

Gersuny C, Rosengren W R, 1973. The service society [M]. Cambridge: Schenkman Publishing Company.

Gibbert M, Leibold M, Probst G, 2002. Five styles of customer knowledge management, and how smart companies use them to create value [J]. European management journal,20(5):459-469.

Gilbert M, Cordey-Hayes M, 1996. Understanding the process of knowledge transfer to achieve successful technological innovation[J]. Technovation,16 (6):301-312.

Gnyawali D R, Srivastava M K, 2013. Complementary effects of clusters and networks on firm innovation:a conceptual model[J]. Journal of engineering and technology management,30(1):1-20.

Grant R M,1996. Toward a knowledge-based theory of the firm[J]. Strategic management journal,17(S2):109-122.

Grigoriou K, Rothaermel F T, 2017. Organizing for knowledge generation: internal knowledge networks and the contingent effect of external knowledge sourcing[J]. Strategic management journal,38(2):395-414.

Grönroos C, Gummerus J, 2014. The service revolution and its marketing implications:service logic vs service-dominant logic[J]. Managing service quality,24(3):206-229.

Grönroos C, Voima P, 2013. Critical service logic: making sense of value creation and co-creation[J]. Journal of the academy of marketing science,41 (2):133-150.

Grönroos C, 2008. Service logic revisited: who creates value? And who co-creates? [J]. European business review,20(4):298-314.

Grönroos C, 2011. Value co-creation in service logic: a critical analysis[J]. Marketing theory,11(3):279-301.

Gruner K E,Homburg C,2000. Does customer interaction enhance new product success? [J]. Journal of business research,49(1):1-14.

Gummesson E,2004. Return on relationships (ROR): the value of relationship marketing and CRM in business-to-business contexts [J]. Journal of business &industrial marketing,19(2):136-148.

Gupta A K,Smith K G,Shalley C E,2006. The interplay between exploration and exploitation[J]. Academy of management journal,49(4):693-706.

Hagedoorn J,Schakenraad J,1994. The effect of strategic technology alliances on company performance[J]. Strategic management journal,15(4):291-309.

Hamel G,1991. Competition for competence and interpartner learning within international strategic alliances[J]. Strategic management journal,12(S1):83-103.

Hausman A,Johnston W J,Oyedele A,2005. Cooperative adoption of complex systems:a comprehensive model within and across networks[J. Journal of business &industrial marketing,20(4 /5):200-210.

He J,2004. Knowledge impacts of user participation:a cognitive perspective[C] // Computer personnel research:careers,culture,and ethics in a networked environment. Tucson, USA.

He Z L,Wong P K,2004. Exploration vs. exploitation:an empirical test of the ambidexterity hypothesis[J]. Organization science,15(4):481-494.

Hewitt-Dundas N,2006. Resource and capability constraints to innovation in small and large plants[J]. Small business economics,26(3):257-277.

Howells J,2006. Intermediation and the role of intermediaries in innovation[J]. Research policy,35(5):715-728.

Hsieh A T,Yen C H,2005. The effect of customer participation on service providers' job stress[J]. The service industries journal,25(7):891-905.

Huang K F,Yu C M J,2011. The effect of competitive and non-competitive R&D collaboration on firm innovation [J]. The journal of technology transfer,36(4):383-403.

Hubbert A R,1995. Customer co-creation of service outcomes:effects of locus of causality attributions[D]. Tucson:Arizona State University.

Hung K P,Chou C,2013. The impact of open innovation on firm performance: the moderating effects of internal R&D and environmental turbulence[J]. Technovation,33(10):368-380.

Inkpen A C,Pien W,2006. An examination of collaboration and knowledge transfer:China-Singapore Suzhou Industrial Park[J]. Journal of management studies,43(4):779-811.

Inkpen A C,Tsang W K,2005. Social capital,networks and knowledge transfer [J]. Academy of management review,30(1):146-165.

Jansen J J P, Van Den Bosch F A J, Volberda H W, 2006. Exploratory innovation, exploitative innovation, and performance: effects of organizational antecedents and environmental moderators[J]. Management science, 52 (11): 1661-1674.

Jansen J J P,Van Den Bosch F A J,Volberda H W,2005. Managing potential and realized absorptive capacity:how do organizational antecedents matter? [J]. Academy of management journal,48(6):999-1015.

Jaw C,Lo J Y,Lin Y H,2010. The Determinants of new service development: service characteristics,market orientation,and actualizing innovation effort [J]. Technovation,(30):265-277.

Rowley E,2002. Reflections on customer knowledge management in e-business [J]. Qualitative market research,5(4):268-280.

Johne A,Storey C,1998. New service development:a review of the literature and annotated bibliography[J]. European journal of marketing, 32 (3): 184-251.

Johns G,2006. The essential impact of context on organizational behavior[J]. Academy of management review,31(2):386-408.

Joshi A W,Sharma S,2004. Customer knowledge development:antecedents and impact on new product performance[J]. Journal of marketing,68(4):47-59.

Junni P,Sarala R M,Taras V,et al.,2013. Organizational ambidexterity and performance:a meta-analysis[J]. The academy of management perspectives, 27(4):299-312.

Kang K H,Kang J,2014. Do external knowledge sourcing modes matter for service innovation? Empirical evidence from South Korean service firms[J]. Journal of product innovation management,31(1):176-191.

Kaplan R, Norton D, 1992. The balance scorecard: measure that drive performance[J]. Harvard business review,12:71-79.

Katila R,Ahuja G,2002. Something old,something new:a longitudinal study of search behavior and new product introduction[J]. Academy of management journal,45(6):1183-1194.

Kavcic V,Krar F J,Doty R W,2000. Temporal cost of switching between kinds of visual stimuli in a memory task[J]. Cognitive brain research,9 (2):

199-203.

Kelley S W, Donnelly Jr J H, Skinner S J, 1990. Customer participation in service production and delivery[J]. Journal of retailing,66(3):315.

Kellogg D L, Youngdahl W E, Bowen D E, 1997. On the relationship between customer participation and satisfaction: two frameworks[J]. International journal of service industry management,8(3):206.

Kessler E H, Chakrabarti A K, 1996. Innovation speed: a conceptual model of context, antecedents, and outcomes[J]. Academy of management review,21(4):1143-1191.

Kindström D, Kowalkowski C, Sandberg E, 2013. Enabling service innovation: a dynamic capabilities approach[J]. Journal of business research,66(8):1063-1073.

Kogut B, Zander U, 1993. Knowledge of the firm and the evolutionary theory of the multinational corporation[J]. Journal of international business studies,24(4):625-645.

Kogut B, Zander U, 1992. Knowledge of the firm, combinative capabilities, and the replication of technology[J]. Organization science,3(3):383-397.

Kohlbacher F, 2008. Knowledge-based new product development: fostering innovation through knowledge co-creation [J]. International journal of technology intelligence and planning,4(3):326-346.

Köhler C F, Rohm A J, de Ruyter K, et al. , 2011. Return on interactivity: the impact of online agents on newcomer adjustment[J]. Journal of marketing,75(2):93-108.

Lagrosen S, 2005. Customer involvement in new product development: arelationship marketing perspective [J]. European journal of innovation management,8(4):424-436.

Lahiri N, Narayanan S, 2013. Vertical integration, innovation, and alliance portfolio size: implications for firm performance[J]. Strategic management journal,34(9):1042-1064.

Lai Y L, Hsu M S, Lin F J, et al. , 2014. The effects of industry cluster knowledge management on innovation performance[J]. Journal of business research,67(5):734-739.

Lambe C J, Spekman R E, 1997. Alliances, external technology acquisition, and discontinuous technological change [J]. Journal of product innovation management,14(2):102-116.

Lau A K W,Yam R C M,Tang E P Y,2010. Supply chain integration and product modularity:an empirical study of product performance for selected Hong Kong manufacturing industries[J]. International journal of operations and production management,30(1):20-56.

Laursen K,Salter A,2006. Open for innovation: the role of openness in explaining innovation performance among UK manufacturing firms[J]. Strategic management journal,27(2):131-150.

Lavie D,Drori I,2012. Collaborating for knowledge creation and application:the case of nanotechnology research programs[J]. Organization science,23(3): 704-724.

Lengnick-Hall C A,1996. Customer contributions to quality:a different view of the customer-oriented firm[J]. Academy of management review,21(3):791-824.

Levinthal D A, March J G, 1993. The myopia of learning[J]. Strategic management journal,14(S2):95-112.

Levitt B, March J G, 1988. Organizational learning[J]. Annual review of sociology:319-340.

Li S C,2012. University industry cooperation and its impacts on the innovation performance of firms in China—based on the case study of the concept model and explain[J]. Science &technology progress and policy, 29 (5): 6-13.

Li W A,Qiu S L,2007. Characteristics of the network organizations and their effects on the boost of organizational learning [J]. Science research management,28(6):175-181.

Li Y, Su Z F, Liu Y, 2010. Can strategic flexibility help firms profit from product innovation? [J]. Technovation,30(5-6):300-309.

Li Y,Vanhaverbeke W,Schoenmakers W,2008. Exploration and exploitation in innovation: reframing the interpretation [J]. Creativity and innovation management,17(2):107-126.

Li T,Calantone R G,1998. The impact of market knowledge competence on new product advantage:conceptualization and empirical examination[J]. Journal of marketing,vol62:13-29.

Liang C J,Wang W H,2005. Integrative research into the financial services industry in Taiwan: relationship bonding tactics, relationship quality and behavioural loyalty[J]. Journal of financial services marketing, 10 (1): 65-83.

Liao S, Fei W C, Liu C T, 2008. Relationships between knowledge inertia, organizational learning and organization innovation[J]. Technovation, 28 (4):183-195.

Liao S, 2002. Problem solving and knowledge inertia[J]. Expert systems with applications, 22(1):21-31.

Libutti L, 2000. Building competitive skills in small and medium-sized enterprises through innovation management techniques: overview of an Italian experience [J]. Journal of information science, 26(6):413-419.

Lin B W, Wu C H, 2010. How does knowledge depth moderate the performance of internal and external knowledge sourcing strategies? [J]. Technovation, 30(11):582-589.

Lin Z, Yang H, Demirkan I, 2007. The performance consequences of ambidexterity in strategic alliance formations: empirical investigation and computational theorizing[J]. Management science, 53(10):1645-1658.

Liu H R, 2006. The influence of the government policy to enterprise cooperative innovation performance—based on the empirical analysis of Chongqing[J]. Reformation & strategy (3):129-132.

Liu X, Wang J, Ji D, 2011. Network characteristics, absorptive capacity and technological innovation performance[J]. International journal of technology, policy and management, 11(2):97-116.

Lloyd A E, 2003. The role of culture on customer participation in services[D]. The Hong Kong Polytechnic University:45-57.

Love J H, Mansury M A, 2007. External linkages, R&D and innovation performance in US business services[J]. Industry and innovation, 14 (5): 477-496.

Lovelock C H, Young R F, 1979. 100k to consumers to increase productivity [J]. Harvard business review, 57(May-June):168-178.

Lubatkin M H, Simsek Z, Ling Y, et al., 2006. Ambidexterity and performance in small-to medium-sized firms: the pivotal role of top management team behavioral integration[J]. Journal of management, 32(5):646-672.

Lundkvist A, Yakhlef A, 2004. Customer involvement in new service development: a conversational approach[J]. Managing service quality: an international journal, 14(2/3):249-257.

Lundvall B A, Intarakumnerd P, Vang J, 2006. Asia's innovation systems in transition: an introduction[J]. Asia's innovation system in transition:1-20.

Lusch R F, Nambisan S, 2015. Service innovation: a service-dominant logic perspective[J]. MIS quarterly, 39(1):155-171.

Lusch R F, Vargo S L, 2014. Service-dominant logic: premises, perspectives, possibilities[M]. Cambridge: Cambridge University Press.

Madhok A, Tallman S B, 1998. Resources, transactions and rents: managing value through interfirm collaborative relationships[J]. Organization science, 9(3):326-339.

Maglio P P, Spohrer J, 2008. Fundamentals of service science[J]. Journal of the academy of marketing science, 36(1):18-20.

Maglio P P, Vargo S L, Caswell N, et al., 2009. The service system is the basic abstraction of service science [J]. Information systems and e-business management, 7(4):395-406.

March J G, 1991. Exploration and exploitation in organizational learning[J]. Organization science, 2(1):71-87.

Martin X, Salomon R, 2003. Knowledge transfer capacity and its implications for the theory of the multinational corporation[J]. Journal of international business studies, 34(4):356-373.

Mathews J A, 2002. Competitive advantages of the latecomer firm: a resource-based account of industrial catch-up strategies[J]. Asia pacific journal of management, 19(4):467-488.

Matthing J, Sandén B, Edvardsson B, 2004. New service development: learning from and with customers [J]. International journal of service industry management, 15(5):479-498.

Mention A L, 2011. Co-operation and co-opetition as open innovation practices in the service sector: which influence on innovation novelty? [J]. Technovation, 31(1):44-53.

Mills P K, Morris J H, 1986. Clients as "partial" employees of service organizations: role development in client participation [J]. Academy of management review, 11(4):726-735.

Muller E, Zenker A, 2001. Business services as actors of knowledge transformation:the role of KIBS in regional and national innovation systems [J]. Research policy,30(9):1501-1516.

Nadkarni S,Narayanan V K,2007. Strategic schemas,strategic flexibility,and firm performance:the moderating role of industry clock speed[J]. Strategic management journal,28(3):243-270.

Nahapiet J,Ghoshal S,1997. Social capital,intellectual capital and the creation of value in firms[J]. Academy of management proceedings,1:35-39.

Nambisan S,2002. Designing virtual customer environments for new product development:toward a theory[J]. Academy of management review,27(3):92-413.

Narver J C,Slater S F,1990. The effect of a market orientation on business profitability[J]. The journal of marketing,54(4):20-35.

Nevis E C,DiBella A J,Gould J M,1997. Understanding organizations as learning systems[J]. Sloan management review,36(2):73-85.

Ngo L V, O' Cass A,2013. Innovation and business success:the mediating role of customer participation [J]. Journal of business research, 66 (8):1134-1142.

Nieto M J,Santamaría L, 2007. The importance of diverse collaborative networks for the novelty of product innovation[J]. Technovation,27(6):367-377.

Nijssen E J,Hillebrand B,Vermeulen P A M,et al. ,2006. Exploring product and service innovation similarities and differences[J]. International journal of research in marketing,23(3):241-251.

Nonaka I,Takeuchi H,1995. The knowledge-creating company:how Japanese companies create the dynamics of innovation [M]. Oxford: Oxford University Press.

Normann R, Ramirez R, 1992. From value chain to value constellation:designing interactive strategy[J]. Harvard business review,71(4):65-77.

O'Reilly C A,Tushman M L,2013. Organizational ambidexterity:past,present, and future[J]. The academy of management perspectives,27(4):324-338.

Ostrom A L,Bitner M J,Brown S W,et al. ,2010. Moving forward and making a difference:research priorities for the science of service[J]. Journal of service research,13(1):4-36.

Payne A F,Storbacka K,Frow P,2008. Managing the co-creation of value[J].

Journal of the academy of marketing science,36(1):83-96.

Petersen A H, Boer H, Gertsen F, 2004. Learning in different modes: the interaction between incremental and radical change[J]. Knowledge and process management,11(4):228-238.

Pfeffer J,Salancik G R,2003. The external control of organizations:a resource dependence perspective[M]. San Francisco:Stanford University Press.

Pfeffer J,Salancik G R,1978. The external control of organizations:a resource dependence approach[M]. New York:Harper and Row Publishers.

Podsakoff P M, Organ D W, 1986. Self-reports in organizational research: problems and prospects[J]. Journal of management,12(4):531-544.

Prahalad C K,Ramaswamy V,2004. Co-creation experiences:the next practice in value creation[J]. Journal of interactive marketing,18(3):5-14.

Prahalad C K, Ramaswamy V, 2000. Co-opting customer competence[J]. Harvard business review,78(1):79-90.

Qin C,Ramburuth P,Wang Y,2011. A conceptual model of cultural distance, MNC subsidiary roles,and knowledge transfer in China-based subsidiaries [J]. Organizations and markets in emerging economies,2(2):10-27.

Quinn J B,1992. Intelligent enterprise:a knowledge and service based paradigm for industry[M]. New York:Simon and Schuster.

Ramirez R,1992. From value chain to value constellation:designing interactive strategy[J]. Harvard business review,71(4):65-77.

Raisch S, Birkinshaw J, 2008. Organizational ambidexterity: antecedents, outcomes,and moderators[J]. Journal of management,34(3):375-409.

Ramani G, Kumar V,2008. Interaction orientation and firm performance[J]. Journal of marketing,72(1):27-45.

Ruekert R W,1992. Developing a market orientation:an organizational strategy perspective[J]. International journal of research in marketing, 9 (3): 225-245.

Russell R D,Russell C J,1992. An examination of the effects of organizational norms, organizational structure, and environmental uncertainty on entrepreneurial strategy[J]. Journal of management,18(4):639-656.

Salter A, Tether B S, 2006. Innovation in services[J]. Through the looking glass of innovation studies. London: Tanaka Business School, Imperial College.

Sammarra A, Biggiero L, 2008. Heterogeneity and specificity of inter-firm knowledge flows in innovation networks [J]. Journal of management studies,45(4):800-829.

Sanchez R,1997. Preparing for an uncertain future:managing organizations for strategic flexibility[J]. International studies of management & organization, 27(2):71-94.

Sanchez R, 1995. Strategic flexibility in product competition [J]. Strategic management journal,16(S1):135-159.

Sawhney M,Verona G,Prandelli E,2005. Collaborating to create:the Internet as a platform for customer engagement in product innovation[J]. Journal of interactive marketing,19(4):4-17.

Schumpeter J A, 1934. The theory of economic development [M]. Boston: Harvard University Press.

Scott W R,Davis G F,2015. Organizations and organizing:rational,natural and open systems perspectives[M]. London:Routledge.

Segelod E, Jordan G, 2004. The use and importance of external sources of knowledge in the software development process[J]. R&D management,34 (3):239-252.

Shaker A, Zahra, Gerard G, 2002. Absorptive capability capability:a review, reconceptualization,and extension[J]. Academy of management review,27 (2):185-203.

Sharma R,Yetton P,Crawford J,2009. Estimating the effect of common method variance: the method—method pair technique with an illustration from TAM research[J]. MIs quarterly:473-490.

Shaw B, 1985. The role of the interaction between the user and the manufacturer in medical equipment industry[J]. R&D management,15 (4): 283-292.

Sheth J N, 1976. Buyer-seller interaction:a conceptual framework[J]. ACR North American advances,3(1):382-386.

Shimizu K,Hitt M A,2004. Strategic flexibility:organizational preparedness to reverse ineffective strategic decisions [J]. The academy of management executive,18(4):44-59.

Siggelkow N, Rivkin J W, 2006. When exploration backfires: unintended consequences of multilevel organizational search [J]. Academy of management journal,49(4):779-795.

Silpakit P, Fisk R P, 1985. Participatizing the service encounter: a theoretical framework[C]//Services marketing in a changing environment. Chicago: American Marketing Association.

Simmie J, 2003. Innovation and urban regions as national and international nodes for the transfer and sharing of knowledge[J]. Regional studies, 37 (8):607-620.

Simsek Z, Veiga J F, Lubatkin M H, 2007. The impact of managerial environmental perceptions on corporate entrepreneurship: towards understanding discretionary slack's pivotal role[J]. Journal of management studies,44(8):1398-1424.

Skaggs B C, Youndt M, 2004. Strategic positioning, human capital, and performance in service organizations: a customer interaction approach[J]. Strategic management journal,25(1):85-99.

Slater S F, Narver J C,1995. Market orientation and the learning organization [J]. The journal of marketing:63-74.

Smallbone D, North D, Roper S, et al. , 2003. Innovation and the use of technology in manufacturing plants and SMEs: an interregional comparison [J]. Environment and planning c,21(1):37-52.

Song J, Chen J H, Sun Y L, 2014. The impacts of ambidextrous strategic orientation on cooperative innovation performance: a moderated effect of network embeddedness[J]. Science of science and management of S. & T. , 35(06):102-109.

Sørensen E, Torfing J,2016. Theories of democratic network governance[M]. New York:Springer.

Souitaris V, 2001. External communication determinants of innovation in the context of a newly industrialised country: a comparison of objective and perceptual results from Greece[J]. Technovation,21(1):25-34.

Spohrer J, Maglio P P, Bailey J, et al. ,2007. Steps toward a science of service systems[J]. Computer,40(1):71-77.

Stettner U, Lavie D, 2014. Ambidexterity under scrutiny: exploration and exploitation via internal organization, alliances, and acquisitions [J]. Strategic management journal,35(13):1903-1929.

Storey C, Kelly D, 2001. Measuring the performance of new service development activities[J]. Service industries journal,21(2):71-90.

Strambach S,2001. Innovation processes and the role of knowledge-intensive business services (KIBS)[J]. Innovation networks. Concepts and challenges in the European perspective. Heidelberg:Physica-Verlag,2001:53-68.

Sun B,Liu Y,2014. Paradox management and ambidextrous learning capacity in technological innovation alliances—a new theoretical framework[J]. Soft science,28(7):44-47.

Sun Y,Chen Y Y,Wang H,2012. Climate for innovation,creative efficacy and team innovation: the moderating role of team leadership [J]. Acta psychologicasinica,44(2):237-248.

Szulanski G,1996. Exploring internal stickiness:impediments to the transfer of best practice within the firm[J]. Strategic management journal,17(S2): 27-43.

Tan J,Peng M W,2003. Organizational slack and firm performance during economic transitions:two studies from an emerging economy[J]. Strategic management journal,24(13):1249-1263.

Tang C Y,Ye L N,Wang F,et al.,2015. A study on the impact of external knowledge searching and knowledge assimilation capacity on R&D employees' innovative performance[J]. Studies in science of science,33(4): 561-566.

Tanriverdi H,Venkatraman N,2005. Knowledge relatedness and the performance of multibusiness firms[J]. Strategic management journal,26 (2):97-119.

Tax S S,McCutcheon D,Wilkinson I F,2013. The service delivery network (SDN) a customer-centric perspective of the customer journey[J]. Journal of service research,16(4):454-470.

Teece D J,1977. Technology transfer by multinational firms:the resource cost of transferring technological know-how[J]. The economic journal,87(346): 242-261.

Tether B S, Tajar A,2008. Beyond industry-university links: sourcing knowledge for innovation from consultants,private research organisations and the public science-base[J]. Research policy,37(6):1079-1095.

Tether B S,2002. Who co-operates for innovation,and why:an empirical analysis[J]. Research policy,31(6):947-967.

Thakur R, Hale D, 2013. Service innovation: a comparative study of US and Indian service firms[J]. Journal of business research,66(8):1108-1123.

Thomke S,Von Hippel E,2002. Customers as innovators[J]. Harvard business review,4:51-74.

Thompson J D, 1967. Organizations in action: social science bases of administrative theory[M]. New York:Mcgraw-Hill.

Truffer B, Dürrenberger G, 1977. Outsider initiatives in the reconstruction of the car:the case of lightweight vehicle milieus in Switzerland[J]. Science, technology,&human values,22(2):207-234.

Tsai K H, Chou C, Kuo J H, 2008. The curvilinear relationships between responsive and proactive market orientations and new product performance: a contingent link[J]. Industrial marketing management,37(8):884-894.

Tsai K H,2009. Collaborative networks and product innovation performance: toward a contingency perspective[J]. Research policy,38(5):765-778.

Tsai W, 2001. Knowledge transfer in intraorganizational networks:effects of network position and absorptive capacity on business unit innovation and performance[J]. Academy of management journal,44(5):996-1004.

Vargo S L,Lusch R F,2004. Evolving to a new dominant logic for marketing [J]. Journal of marketing,68(1):1-17.

Vargo S L,Lusch R F,2010. From repeat patronage to value co-creation in service ecosystems: a transcending conceptualization of relationship[J]. Journal of business market management,4(4):169-179.

Vargo S L,Lusch R F,2016. Institutions and axioms:an extension and update of service-dominant logic[J]. Journal of the academy of marketing science, 44(1):5-23.

Vargo S L,Lusch R F,2008. Service-dominant logic:continuing the evolution [J]. Journal of the academy of marketing science,36(1):1-10.

Vavakova B, 1995. Building research-industry partnerships through European R&D programmes[J]. International journal of technology management,10 (4-6):567-586.

Vega-Jurado J, Gutiérrez-Gracia A, Fernández-de-Lucio I, et al. , 2008. The effect of external and internal factors on firms' product innovation[J]. Research policy,37(4):616-632.

Vivas C,Barge-Gil A,2015. Impact on firms of the use of knowledge external sources: a systematic review of the literature [J]. Journal of economic surveys,29(5):943-964.

Von Hippel E,1994. "Sticky information" and the locus of problem solving: implications for innovation[J]. Management science,40(4):429-439.

Voss C A,1992. Measurement of innovation and design performance in services [J]. Design management review,3(1):40-46.

Wang Y, Roijakkers N, Vanhaverbeke W, et al. , 2012. How Chinese firms employ open innovation to strengthen their innovative performance[J]. International journal of technology management,9(3/4):235-254.

Wei Y,Lu R Y,2012. Study on management of service innovation model with multi-participators—based oncaseanalysis of IBM[J]. Technoeconomics & management research,4:26-29.

Wei Z, Yi Y, Guo H, 2014. Organizational learning ambidexterity, strategic flexibility,and new product development[J]. Journal of product innovation management,31(4):832-847.

Weidenfeld A, Williams A M, Butler R W, 2010. Knowledge transfer and innovation among attractions [J]. Annals of tourism research, 37 (3): 604-626.

Wikström S,1996. Value creation by company-consumer interaction[J]. Journal of marketing management,12(5):359-374.

Williamson O E,2010. Transaction cost economics:the natural progression[J]. Journal of retailing,86(3):215-226.

Xie H M, Zhang Y, Cheng C, 2014. The impact of network embedding on technical innovative performance based on the perspective of learning capability[J]. Science research management,35(12):1-8.

Xu H, Li W, 2013. Empirical study on relationship between organizational learning and ambidextrous innovation in high-tech enterprises[J]. Journal of management science,26(4):35-45.

Yannopoulos P, Auh S, Menguc B, 2012. Achieving fit between learning and market orientation:implications for new product performance[J]. Journal of product innovation management,29(4):531-545.

Yeoh P L,2009. Realized and potential absorptive capacity:understanding their antecedents and performance in the sourcing context [J]. Journal of marketing theory and practice,17(1):21-36.

Yli-Renko H，Autio E，Sapienza H J，2001. Social capital，knowledge acquisition，and knowledge exploitation in young technology-based firms [J]. Strategic management journal,22(6-7):587-613.

Zahra S A，Das S R，1993. Innovation strategy and financial performance in manufacturing companies:an empirical study[J]. Production and operations management,2(1):15-37.

Zahra S A，George G，2002. Absorptive capacity:a review,reconceptualization, and extension[J]. Academy of management review,27(2):185-203.

Zeng S X，Xie X M，Tam C M，2010. Relationship between cooperation networks and innovation performance of SMEs[J]. Technovation,30(3): 181-194.

Zhang Q J，Liu Y，2013. The effects of vendors' knowledge acquisition on ITO project performance[J]. Science of science and management of S. & T. ,34 (007):74-82.

Zhou K Z，Wu F，2010. Technological capability, strategic flexibility, and product innovation[J]. Strategic management journal,31(5):547-561.

白鸥，魏江，斯碧霞,2015.关系还是契约:服务创新网络治理和知识获取困境 [J].科学学研究,33(9):1432-1440.

常静,杨建梅,2009.百度百科用户参与行为与参与动机关系的实证研究[J].科学学研究,27(8):1213-1219.

陈国权,王晓辉,2012.组织学习与组织绩效:环境动态性的调节作用[J].研究与发展管理,24(1):52-59.

陈劲,阳银娟,2014.外部知识获取与企业创新绩效关系研究综述[J].科技进步与对策,31(1):156-160.

陈晓红,蔡志章,2007.顾客互动、市场知识能力和商品成功化程度研究——基于中国台湾地区数字产业的实证[J].科研管理,28(5):94-102.

陈钰芬,陈劲,2008.开放度对企业技术创新绩效的影响[J].科学学研究,26(2):419-426.

陈志明,2016.外部知识源连接、开放式创新与企业创新绩效关系研究[J].科技进步与对策,33(10):59-65.

范钧,邱瑜,邓丰田,2013.顾客参与对知识密集型服务业新服务开发绩效的影响研究[J].科技进步与对策,30(16):71-78.

范钧,聂津君,2016.企业—顾客在线互动,知识共创与新产品开发绩效[J].科研管理,37(1):119-127.

范钧.2011.顾客参与对顾客满意和顾客公民行为的影响研究[J].商业经济与管理,1:68-75.

范秀成,张彤宇,2004.顾客参与对服务企业绩效的影响[J].当代财经,8:69-73.

范志刚,刘洋,吴晓波,2014.网络嵌入与组织学习协同对战略柔性影响研究[J].科研管理,12:014.

方凌云,2005.CRM 中顾客知识的获取及智能化实现过程研究[J].科技进步与对策,6:24-26.

奉小斌,陈丽琼,2014.组织跨界搜索与创新绩效间关系的元分析[J].技术经济,33(10):41-50.

高良谋,马文甲,2014.开放式创新:内涵,框架与中国情境[J].管理世界,6:157-169.

高孟立,2016.基于客户企业参与的新服务开发过程中知识转移机制研究[J].情报学报,35(2):146-158.

高孟立,2017a.合作创新中机会主义行为的相互性及治理机制研究[J].科学学研究,35(9):1422-1433.

高孟立,2017b.双元学习与服务创新绩效关系的实证研究——组织冗余与战略柔性的调节作用[J].科技管理研究,(14):202-212.

耿先锋,2008.顾客参与测量维度、驱动因素及其对顾客满意的影响机理研究——以杭州医疗服务业为例[D].浙江大学博士论文.

郭清,樊治平,郑苗,等,2004.ECCRM 中的顾客知识管理[J].东北大学学报(自然科学版),3:299-302.

侯建,陈恒,2017.外部知识源化,非研发创新与专利产出——以高技术产业为例[J].科学学研究,35(3):447-458.

黄毅德,万江平,2006.基于 SECI 的软件需求获取过程中知识转移模式研究[J].科学学与科学技术管理,(11):77-81.

贾鹤,王永贵,黄永春,2009.服务企业应该培训顾客吗?——顾客知识对创造型顾客参与行为和顾客满意的影响的探索性研究[J].科学决策,12:54-63.

金昕,陈松,2015.知识源战略、动态能力对探索式创新绩效的影响——基于知识密集型服务企业的实证[J].科研管理,36(2):32-40.

课程教材研究所,2010.普通高中课程标准试验教科书—物理必修 1(第 3 版)[M].北京:人民教育出版社.

李琛,2008.服务企业顾客参与的管理探析[J].商业时代,26:21-22.

李纲,刘益,2007.知识共享、知识获取与产品创新的关系模型[J].科学学与科学技术管理,7:103-107.

李剑力,2009.探索性创新,开发性创新与企业绩效关系研究——基于冗余资源调节效应的实证分析[J].科学学研究,9:1418-1427.

李靖华,林莉,闫威涛,2017.制造业服务化的价值共创机制:基于价值网络的探索性案例研究[J].科学学与科学技术管理,38(5):85-100.

李靖华,马鑫,2014.新服务开发引入阶段前后台知识转移机制[J].科研管理,35(3):43-50.

李清政,徐朝霞,2014.顾客共同生产对服务创新绩效的影响机制——基于知识密集型服务企业在 B2B 情境下的实证研究[J].中国软科学,8:120-130.

李世超,2012.产学合作关系对企业创新绩效的影响研究——基于案例研究的概念模型与解释[J].科技进步与对策,29(5):6-13.

李维安,邱昭良,2007.网络组织的学习特性辨析[J].科研管理,28(6):175-181.

李卫宁,亢永,吕源,2016.动态环境下 TMT 团队氛围,战略柔性与企业绩效关系研究[J].管理学报,13(2):195-202.

李文秀,陈晓霞,夏杰长,2012.服务企业绩效差异源泉的理论与实证分析[J].社会科学,2:59-64.

李翔,陈继祥,张春辉,2014.组织学习,动态能力与创新模式选择[J].科技管理研究,34(10):82-86.

林春培,余传鹏,吴东儒,2015.探索式学习与利用式学习对企业破坏性创新的影响研究[J].研究与发展管理,27(6):19-28.

林岩,2017.供应链下游企业是技术创"新"的知识源吗?[J].科学学研究,35(3):471-479.

蔺雷,吴贵生,2007.服务创新[M].北京:清华大学出版社.

刘汉蓉,2006.政府政策对企业合作创新绩效的影响——基于重庆市的实证分析[J].改革与战略,3:129-132.

刘寿先,2014.结构性社会资本如何影响技术创新——基于组织学习的视角[J].经济管理,4:018.

刘顺,2009.组织学习能力对新服务开发绩效的影响机制研究[J].科学学研究,27(03):411-416.

刘盈秀,马丽亚,李靖华,2013.服务外包知识转移的跨文化影响因素研究[J].科学学与科学技术管理,34(011):19-30.

卢俊义,王永贵,黄永春,2009.顾客参与服务创新与顾客知识转移的关系研究——基于社会资本视角的理论综述和模型构建[J].财贸经济,12:128-133.

卢俊义,王永贵,2011.顾客参与服务创新与创新绩效的关系研究——基于顾客知识转移视角的理论综述与模型构建[J].管理学报,8(10):1566-1574.

卢启程,2007.顾客知识管理研究评述[J].情报杂志,12:70-73.

卢新元,高沛然,周茜,2013.IT 外包中知识转移的情境因素分析——基于质与量结合的实证研究[J].情报学报,32(2):154-162.

卢艳秋,赵英鑫,崔月慧,等,2014.组织忘记与创新绩效:战略柔性的中介作用[J].科研管理,35(003):58-65.

毛茜敏,2010.战略导向,组织学习与企业绩效间关系的实证研究[D].浙江大学.

孟庆良,邹农基,2008.面向 CRM 的顾客知识吸收能力研究[J].江苏科技大学学报,8(4):38-43.

倪自银,季凤仙,2009.产品创新中的顾客知识管理研究[J].江苏商论,5:15-18.

牛丽娟,卢启程,2007.电子商务企业的顾客知识获取过程研究[J].情报杂志,6:18-20.

潘松挺,郑亚莉,2011.网络关系强度与企业技术创新绩效——基于探索式学习和利用式学习的实证研究[J].科学学研究,29(11):1736-1743.

彭家敏,肖悦,2009.旅行社顾客参与、顾客满意与顾客公民行为关系研究[J].旅游论坛,2(6):824-830.

彭艳君,2010.顾客参与量表的构建和研究[J].管理评论,3:78-85.

任爱莲,2013.知识储备、战略柔性和探索式创新关系研究[J].科技进步与对策,30(21):11-15.

阮爱君,卢立伟,方佳音,2014.知识网络嵌入性对企业创新能力的影响研究——基于组织学习的中介作用[J].财经论丛,3:77-84.

沈娜利,张旭梅,但斌,2007.复合渠道中价值导向的顾客知识获取研究[J].科学管理研究,25(6):59-62.

沈志渔,孙婧,2014.外部知识与企业技术创新:相对重要性与互补效应检验[J].经济管理,8:137-143.

石乘齐,2014.基于知识特性的技术创新网络组织权力形成研究[J].情报学报,33(7):676-688.

疏礼兵,贾生华,2008.知识转移过程模式的理论模型研究述评[J].科学学与科学技术管理,29(4):95-100.

宋晶,陈菊红,孙永磊,2014.双元战略导向对合作创新绩效的影响研究——网络嵌入性的调节作用[J].科学学与科学技术管理,35(06):102-109.

隋杨,陈云云,王辉,2012.创新氛围,创新效能感与团队创新,团队领导的调节作用[J].心理学报,44(2):237-248.

孙彪,刘益,2014.技术创新联盟的悖论管理与双元学习能力构建——一个新的理论框架[J].软科学,28(7):44-47.

孙颖,陈通,毛维,2009.物流信息服务企业服务创新过程的关键影响要素研究[J].科学学与科学技术管理,8:196-199.

汤超颖,叶琳娜,王菲,等,2015.知识获取与知识消化对创新绩效的影响研究[J].科学学研究,3(4):561-566.

万胜,2005.顾客知识共享的博弈分析[J].情报杂志,12:19-21.

汪涛,崔楠,杨奎,2009.顾客参与对顾客感知价值的影响:基于心理账户理论[J].商业经济与管理,11(217):81-89.

王晨,2014.市场导向、组织学习与服务创新绩效关系的实证研究[D].华南理工大学.

王春,2007.基于知识管理的新服务开发影响因素分析研究[D].重庆大学.

王凤彬,陈建勋,杨阳,2012.探索式与利用式技术创新及其平衡的效应分析[J].管理世界,3:96-112.

王立生,2007.社会资本、吸收能力对知识获取和创新绩效的影响研究[D].浙江大学博士学位论文.

王莉,罗瑾琏,2012.产品创新中顾客参与程度与满意度的关系——基于高复杂度产品的实证研究[J].科研管理,12(33):1-9.

王琳,魏江,2009.顾客互动对新服务开发绩效的影响——基于知识密集型服务企业的实证研究[J].重庆大学学报(社会科学版),15(1):35-41.

王琳,2012.KIBS企业—顾客互动对服务创新绩效的作用机制研究[D].浙江大学.

王小娟,万映红,2015.客户知识管理过程对服务产品开发绩效的作用——基于协同能力视角的案例研究[J].科学学研究,33(2):264-271.

王学东,赵文军,2008.基于知识转移的顾客知识网络管理研究[J].情报科学,26(10):1471-1476.

王永贵,姚山季,司方来,等,2011.组织顾客创新,供应商反应性与项目绩效的关系研究:基于组织服务市场的实证分析[J].南开管理评论,2011(2):4-13.

韦铁,鲁若愚,2012.多主体参与的服务创新模式管理研究——基于IBM案例的分析[J].技术经济与管理研究,4:26-29.

魏江,胡胜蓉,2007.知识密集型服务业创新范式[M].北京:科学出版社.

魏江,陶颜,王琳,2007.知识密集型服务业的概念与分类研究[J].中国软科学,1:33-41.

温忠麟,张雷,侯杰泰,等,2004.中介效应检验程序及其应用[J].心理学报,36

(5):614-620.

吴明雄,2005.从心智运作机制谈如何提升创造力[J].电子简讯,10:21-23.

吴晓波,陈小玲,李璟琰,2015.战略导向,创新模式对企业绩效的影响机制研究[J].科学学研究,33(1):118-127.

吴晓波,许冠南,杜健,2011.网络嵌入性:组织学习与创新[M].北京:科学出版社.

吴岩,2014.新创企业网络能力对创新能力的影响研究——基于知识管理能力的中介作用[J].科学学研究,32(8):1218-1226.

谢洪明,张颖,程聪,等,2014.网络嵌入对技术创新绩效的影响:学习能力的视角[J].科研管理,35(12):1-8.

辛枫冬,2010.知识密集型服务企业服务创新能力的模糊综合评价[J].西北农林科技大学学报(社会科学版),10(4):73-78.

许晖,李文,2013.高科技企业组织学习与双元创新关系实证研究[J].管理科学,26(4):35-45.

杨帆,2013.知识密集型服务企业网络能力影响企业绩效的路径研究[J].湖南社会科学,5:177-180.

杨志勇,王永贵,马双,2016.顾客互动类型对出口绩效的差异化影响机制——基于社会资本中介作用的实证剖析[J].经济管理,5:98-109.

杨卓尔,高山行,曾楠,2016.战略柔性对探索性创新与应用性创新的影响——环境不确定性的调节作用[J].科研管理,37(1):1-10.

姚山季,王永贵,2011.顾客参与新产品开发的绩效影响:产品创新类型的调节效应[J].商业经济与管理,5:89-96.

姚山季,王永贵,2012.顾客参与新产品开发及其绩效影响:关系嵌入的中介机制[J].管理工程学报,4:39-48.

叶江峰,任浩,郝斌,2015.企业内外部知识异质度对创新绩效的影响——战略柔性的调节作用[J].科学学研究,4:574-584.

叶乃沂,2002.信息经济时代的顾客知识模型[J].运筹与管理,11(4):121-127.

于海波,郑晓明,方俐洛,等,2008.中国企业开发式学习与利用式学习平衡的实证研究[J].科研管理,29(6):137-144.

余传鹏,张振刚,2015.异质知识源对中小微企业管理创新采纳与实施的影响研究[J].科学学与科学技术管理,36(2):92-100.

袁静,姚陆锋,郑春东,2005.知识惯性与组织学习[J].科学管理研究,23(1):81-84.

张方华,2005.知识型企业的社会资本与技术创新绩效研究[D].浙江大学博士学位论文.

张建林,胡剑,2005.顾客知识管理中的顾客知识获取研究[J].经济论坛,2:
　82-84.

张洁,安立仁,张宸璐,2015.开放式创新视角下双元与绩效关系研究脉络与未来
　展望[J].外国经济与管理,37(7):3-18.

张千军,刘益,2013.承接方知识获取机制对ITO项目绩效的影响[J].科学学与
　科学技术管理,34(007):74-82.

张若勇,刘新梅,张永胜,2007.顾客参与和服务创新关系研究:基于服务过程中
　知识转移的视角[J].科学学与科学技术管理,28(10):92-97.

张同建,王华,王邦兆,2014.个体层面知识转化、知识转移和知识共享辨析[J].
　情报理论与实践,9:44-47.

张祥,陈荣秋,2006.顾客参与链:让顾客和企业共同创造竞争优势[J].管理评
　论,1:51-56.

张欣,杨志勇,王永贵,2014.顾客互动前沿研究——内涵,维度,测量与理论演进
　脉络述评[J].国际商务:对外经济贸易大学学报,4:86-94.

张振刚,李云健,余传鹏,2014.利用式学习与探索式学习的平衡及互补效应研究
　[J].科学学与科学技术管理,35(08):162-171.

张振刚,余传鹏,2015.利用式与探索式学习对管理创新的影响研究[J].管理学,
　12(2):252-258.

赵丙艳,葛玉辉,刘喜怀,2016.TMT认知,断裂带对创新绩效的影响:战略柔性
　的调节作用[J].科学学与科学技术管理,37(06):112-122.

赵春霞,王永贵,2016.外部知识源对产品创新能力影响的实证研究——市场导
　向的调节作用[J].技术经济,35(9):1-8.

赵卫东,吴继红,王颖,2012.组织学习对员工—组织匹配的影响——知识惯性调
　节作用的实证研究[J].管理工程学报,26(3):7-14.

赵武,王珂,秦鸿鑫,2016.开放式服务创新动态演进及协同机制研究[J].科学学
　研究,34(8):1232-1243.

赵亚普,李立,2015.开放情境下组织冗余对企业创新的影响研究[J].科学学与
　科学技术管理,36(7):84-92.

赵亚普,张文红,陈斯蕾,2014.动态环境下组织冗余对企业探索的影响研究[J].
　科研管理,35(2):10-16.

钟竞,罗瑾琏,韩杨,2015.知识分享中介作用下的经验开放性与团队内聚力对员
　工创造力的影响[J].管理学报,12(5):679-686.

周冬梅,赵闻文,鲁若愚,2017.基于众筹平台社群参与的跨层次影响机理及其对

新创企业资源获取的影响[J]. 电子科技大学学报（社会科学版），19（3）：46-52.

周健明，陈明，刘云枫，2014. 知识惯性，知识整合与新产品开发绩效研究[J]. 科学学研究，32（10）：1531-1538.

周晓宁，李永健，2007. 基于知识管理的顾客知识获取研究[J]. 知识经济，（12）：87-89.

朱兵，王文平，王为东，等，2010. 企业文化、组织学习对创新绩效的影响[J]. 软科学，24（1）：65-71

朱朝晖，陈劲，2008. 探索性学习和挖掘性学习：对立或协同？[J]. 科学学研究，26（5）：1052-1060.

朱华桂，庄晨，2015. 自主研发、外部知识获取与企业绩效研究——基于上市公司数据[J]. 软科学，29（2）：46-50.

附录1　基于客户企业参与的新服务开发过程中知识转移机制研究①

摘要：　本文利用 183 家信息服务企业的样本数据，实证研究了客户企业参与影响新服务开发绩效过程中的知识转移机制。研究结果表明：(1)信息共享、责任行为和人际互动对新服务开发绩效均有显著正向影响。(2)知识转移内容和知识转移效率对新服务开发绩效均有显著正向影响。(3)知识转移内容和知识转移效率之间的平衡对新服务开发绩效具有显著负向影响。(4)知识转移内容和效率在信息共享和责任行为对新服务开发绩效的影响中起到部分中介作用，而在人际互动对新服务开发绩效的影响中起到完全中介作用。最后，本文对其中六家典型信息服务企业采取跨案例研究法进行验证性分析，以提高研究结果的实践指导意义。

关键词：　客户企业参与；知识转移内容；知识转移效率；新服务开发绩效跨案例研究

①　本文系浙江省科技计划软科学重点基金项目"浙江 KIBS 企业服务创新能力提升机理及对策研究：外部创新氛围视角"(项目编号：2016C25040)、国家社会科学基金项目"知识共创视角下的顾客在线参与新服务开发研究"(项目编号：14BGL197)和浙江省自然科学基金项目"顾客在线参与服务创新氛围及其对顾客创造力的影响研究"(项目编号：LY15G020004)研究成果之一，已发表于《情报学报》2016 年第 2 期，作者为高孟立。

Research on the Mechanism of Knowledge Transfer in New Service Development process Based on Customer Enterprise Participation

Abstract：With the survey on 183 information service enterprises, this paper empirically studies the mechanism of knowledge transfer in the process that customer enterprise participation influences the new service development performance. The result shows：(1) Information sharing, responsible behavior and interpersonal interaction all have significant positive effects on new service development performance. (2)Knowledge transfer content and knowledge transfer efficiency both have significant positive effects on new service development performance. (3) The interaction between knowledge transfer content and knowledge transfer efficiency negatively affects new service development performance. (4)Knowledge transfer content and knowledge transfer efficiency play partial meditation effects between information sharing, responsible behavior and new service development performance, but play complete meditation effects between interpersonal interaction and new service development performance. Finally, this paper takes the multi-case study method for confirmatory analysis based on six typical information service enterprises, in order to improve the practical guiding significance for the results.

Keywords：customer enterprise participation; knowledge transfer content; knowledge transfer efficiency; new service development performance; multi-case study

1　引言

当前随着服务业的快速发展,服务企业之间的竞争也日趋激烈,特别是新服务开发成为了服务企业创新、发展的重要驱动力量,而客户企业参与新服务开发过程被认为是一种改善和提高新服务开发绩效水平的重要方式(Chen et al.,2008)。正如 Auster 等(2010)指出,对于客户企业知识的持续获取与技术的不断创新已成为现代服务企业获得可持续竞争优势的关键因素,对于以客户为导向、知识为载体的知识密集型服务企业而言更是如此。新服务开发过程中嵌入客户企业参与,进而获取企业外部的知识资源,探索如何更好地消化、利用客户知识以更好地发现和满足客户的潜在需求,这受到越来越多创新研究者的关注。

众多研究表明客户企业参与新服务开发过程会积极影响服务产品的开发时间以及开发速度(Carbonell et al.,2009),能够有效降低成本,提高新服务的开发质量(Hausman et al. 2005),然而也会产生以下一系列问题:Ganesan 等(2005)认为客户需求信息往往是一种隐性知识,由于其复杂性和非结构化性,这种知识在转移给服务企业的过程中存在一定的困难;Dyer 等(2006)指出客户企业愿意分享知识对服务企业而言可能会面临将敏感性知识泄露给竞争对手的风险;Bonner(2010)的研究则发现对于更深层次的需求信息,有时候客户自身往往也并不是十分清楚。

通过梳理已有研究发现,学者们关于服务企业开发新服务过程中客户企业参与所能发挥的作用所得出的结论并不一致:有些学者认为客户企业参与能起到积极有效的作用,知识转移效果较为明显;而有些学者认为其所起的作用是有限的,知识转移效果并不显著。究其原因发现是客户企业与服务企业之间链接关系的缺乏(姚山季等,2012),也就是说客户企业参与是一个多维概念,必须对其参与形式进行细分,在此基础之上的知识转移机制研究才具针对性和有效性,才能更好地揭示不同客户企业参与形式与新服务开发绩效两者之间的作用关系。因此本文在已有研究基础上,结合 183 家信息服务企业的调研数据,从客户企业参与视角嵌入,探讨客户企业参与对新服务开发绩效的影响,并深入剖析知识转移在两者之间的作用机制,为信息服务企业提高新服务开发绩效提供有价值的参考。

2　概念界定与研究假设

2.1　基本概念界定

(1)客户企业参与
服务产品生产和消费的同步性特

征导致客户企业与服务企业双方不仅是合作伙伴关系,更是合作生产关系,客户企业适时参与企业的服务创新活动,可以降低服务企业的生产成本,提升服务产品的价值。近年来学者们就客户企业参与新服务开发进行了相关的研究,普遍认为在新服务开发过程中,服务企业与客户企业之间密切的联系是新服务开发成功的关键因素(Brown & Eicenhardt,1995),企业可以从客户企业那里获得相应的知识及技术(Lau et al. ,2010),吸收、整合客户企业的创意与想法,并以此来增加服务产品的价值,进一步提高自身的竞争优势。Nambisan(2002)指出客户企业参与指的是客户企业为新服务开发提供一些设计理念,与服务企业共同创造新服务,体验终极服务产品,最终影响投入新服务开发资源的水平。已有文献并未对顾客参与和客户企业参与进行明确细分,鉴于本研究对象是以信息服务企业为代表的知识密集型服务企业,其顾客往往是企业而并非一般意义上的消费者,因此采用客户企业参与这一概念。

关于客户企业参与维度的划分,通过文献梳理发现不同学者分别从客户企业投入、参与过程、参与程度以及双方互动等不同视角进行划分。本文根据研究对象,从客户企业与本企业之间互动视角进行维度的细分(Ennew & Binks,1999),将其划分为信息共享、责任行为和人际互动三个维度。信息共享指的是客户企业需要与服务企业分享信息来保证其可以开发出满足客户企业需要的服务产品。责任行为指的是客户企业与服务企业双方需要明确各自的责任,客户企业需要亲自参与完成服务开发中的部分内容并承担相应的责任。人际互动指的是客户企业与服务企业之间的交流、互动、信息反馈等行为,其有助于深入获取客户企业的需求信息,并增进双方之间的信任。

(2)知识转移

由于知识是有价值的、稀缺的,因此客户企业的知识这种异质性资源能够给企业带来一定的竞争优势,然而构筑企业竞争优势的并非知识本身,而是知识的获取、存储、分享和应用(Qin et al. ,2011;石乘齐,2014)。所以早在 1977 年 Teece 就提出了知识转移理论,将知识转移界定为一个动态学习的过程,是知识资本从一个知识主体向另一个知识主体的移动过程(Deece,1977),该理论指出知识转移可以促进知识扩散并为组织积累有价值的知识。知识转移通常被认为是知识接受者获得与知识源相同认识的一个认知过程,对其相关研究主要有企业内部、独立企业间、联盟与跨国公司内、国际并购活动以及网络中的知识转移等视角,本文主要是研究企业之间的知识转移,认为知识转移是指知识资本从客户企业向服务企业的移动过程。

由于知识转移是组织间跨越边界的知识共享行为(钟竞等,2015;张若勇等,2007;卢新元等,2013),因此不仅仅是从客户企业到服务企业的知识流动过程,更应该是服务企业对客户企业知识的吸收以及再利用过程,由此可见知识转移应该是一个多维的概念(卢俊义、王永贵,2011),包括知识转移的内容和效率。知识转移内容往往关注的是转移过程中被转移知识的完整性,不仅包括客户企业特征、需求等知识,而且还包括客户企业对于市场、企业以及产品等不同方面的知识(卢俊义、王永贵,2011);知识转移效率是指在一定的时期内,一定数量客户企业的知识发生转移,转移的内容、速度以及结果等方面使服务企业感到满意(张若勇等,2007)。

(3)新服务开发绩效

本研究所提到的新服务,是指信息服务企业根据客户企业的需求,为其开发和提供相对于本企业已有服务存在明显改进或提高的服务项目。这种新服务相对于本企业已有服务而言是新的,或者存在明显改进之处,甚至是本企业以往经营中没有涉足过的服务项目。Johne 和 Storey(1998)最早提出新服务开发的概念:"对于服务提供者来说开发一种新的服务产品。"蔺雷、吴贵生(2007)认为新服务开发指的是服务企业在整体战略、创新战略的引导下,根据顾客以及市场的需求,通过可行的开发阶段和过程向现有或潜在顾客提供包括从风格变化到全新服务产品等各种正式以及非正式服务的开发活动,是实现现有服务或新服务价值增值的重要途径。国内外学者对新服务开发绩效的评价主要基于企业绩效和服务创新绩效两个方面,采用市场占有率、相对于竞争对手成功率等指标较多。本研究借鉴大部分学者的观点,从财务、市场和顾客三个角度对新服务开发绩效进行测量。

2.2　假设提出

2.2.1　客户企业参与对新服务开发绩效影响

相对于制造企业,服务企业与客户企业的合作关系更为紧密,因此客户企业所拥有的需求信息、客户体验信息均可以被用来作为新服务开发的资源。Carbonell 等(2009)研究证实,与客户企业之间的交流深度、见面频率、参与合作的客户企业数量等因素会极大地影响新服务开发绩效。Lagrosen(2005)也认为客户企业的深度参与有利于企业价值的创造,其在强调客户价值重要性的同时,也增进了服务企业自身服务创新的程度。由此可见,通过鼓励客户企业参与服务企业新服务的开发、推广过程,促进双方的信息共享行为,明确参与过程中双方的责任,保障双方之间充分的人际互动关系,均有助于服务企业及时获取客户企业的信息,提高新服务开发的绩效水平。因此本研究提出如下假设:

H1a:信息共享显著正向影响新服务开发绩效。

H1b：责任行为显著正向影响新服务开发绩效。

H1c：人际互动显著正向影响新服务开发绩效。

2.2.2 客户企业参与对知识转移影响

(1)信息共享与知识转移

客户企业与服务企业的合作过程中，会表现出某些角色外的行为，诸如表现出与服务企业之间信息共享的意愿、行为，这些对服务企业获取客户企业的知识将会非常有利（张若勇等，2007）。客户企业会把自身的种种需求信息传递给服务企业，以保证自身需求更好地得到满足，而对于服务企业而言通过信息共享可以吸收客户企业信息，分析其详细需求（范钧等，2013）。双方的信息共享行为能够促进客户企业的创新思想、对服务产品的需求信息，甚至包括客户企业自身特征等信息及时有效地从客户企业转移给服务企业。由此可见，信息共享会促进知识转移的内容和效率。因此本研究提出如下假设：

H2a：信息共享显著正向影响知识转移内容。

H2b：信息共享显著正向影响知识转移效率。

(2)责任行为与知识转移

客户企业充当服务企业的内部员工，完成需求表达、意见反馈、问题诊断等一系列职责范围内的事情，扮演

着与服务企业合作开发的角色，这种责任行为对客户企业知识转移能力和意愿起到了积极的促进作用（卢俊义、王永贵，2011）。Den（2000）指出客户企业在知识密集型服务企业的新服务开发过程中扮演了合作生产角色，一起寻找解决问题的方案，共同接受挑战。责任行为让客户企业自觉完成服务开发的内容，使其更易于接受新开发的项目，且还可以建立双方企业间更加坚固的情感纽带，这些对于信息服务企业提高获取客户企业知识的数量、质量均有重要意义。因此本研究提出如下假设：

H2c：责任行为显著正向影响知识转移内容。

H2d：责任行为显著正向影响知识转移效率。

(3)人际互动与知识转移

服务企业的吸收能力、双方的协调能力以及关系能力均能促进企业的知识获取、共享和应用，进而提升企业的服务产品开发绩效（王小娟、万映红，2015），这三种能力实质上所反映的就是双方之间的人际互动关系。通过人际互动，服务企业不仅可以获取客户企业的背景资料等显性知识，更为关键的是能够捕获那些根植于客户企业内部，对新服务开发有重要作用的隐性知识（范钧等，2013）。这种人际互动能够帮助服务企业获得大量客户企业信息反馈的机会，进一步深入理解客户企业的需求，更易于发现客

户企业和市场的新创意、新机会,促进知识的有效转移。因此本研究提出如下假设:

H2e:人际互动显著正向影响知识转移内容。

H2f:人际互动显著正向影响知识转移效率。

2.2.3　知识转移对新服务开发绩效影响

开放式创新环境下,服务企业新服务开发更是一个复杂的过程,需要与客户企业的需求、创意和观点进行相互碰撞,因此需要通过多个企业或团队的共同行动来完成(张同建等,2014),这就是说双方都必须分享各自的知识,共同解决服务创新中的难题。He(2004)通过实证发现,在用户参与系统的开发过程中,用户的知识参与与团队绩效间存在着显著的相关关系,而知识互动(知识获取与知识开发)在两者间起到中介作用,这种知识获取和知识开发其实质所反映的就是知识转移内容和效率。客户企业参与能通过各种方式促进相互间知识的转移和分享,特别是通过参与极大地促进客户企业隐性知识的分享,从而有助于提升服务企业的新服务开发绩效(刘盈秀等,2013),可见知识转移能够促进新服务开发绩效的提升。因此本研究提出如下假设:

H3a:知识转移内容显著正向影响新服务开发绩效。

H3b:知识转移效率显著正向影响新服务开发绩效。

2.2.4　知识转移平衡对新服务开发绩效影响

March(1991)首次提出“双元”组织理论思想以来,越来越多的学者开始以该理论作为研究的重要思想,并应用于多个研究领域。比如关于知识源广度和深度之间的平衡对组织绩效的影响,已有研究发现由于组织资源的稀缺性和组织学习的自我增强机制,在知识广度和深度之间必然存在一定的张力(Raisch & Birkinshaw,2008),没有两者之间的有效平衡,企业很可能会落入自我增强和路径依赖的能力陷阱,最终影响企业的创新绩效(O'Reilly & Tushman,2013),所以服务企业在追求创新绩效的同时必须考虑两者之间的平衡效果。然而有些学者的研究得到了并不一致的结论:比如金昕等(2015)研究发现知识源广度和深度之间的平衡对企业创新绩效的影响并不显著,吴晓波等(2015)研究发现创新模式之间的平衡反而会阻碍企业创新绩效的提升。本研究基于大部分学者的观点探索性地提出如下假设:

H4:知识转移内容和效率的平衡显著正向影响新服务开发绩效。

基于以上分析,本文实证模型如图 1 所示:

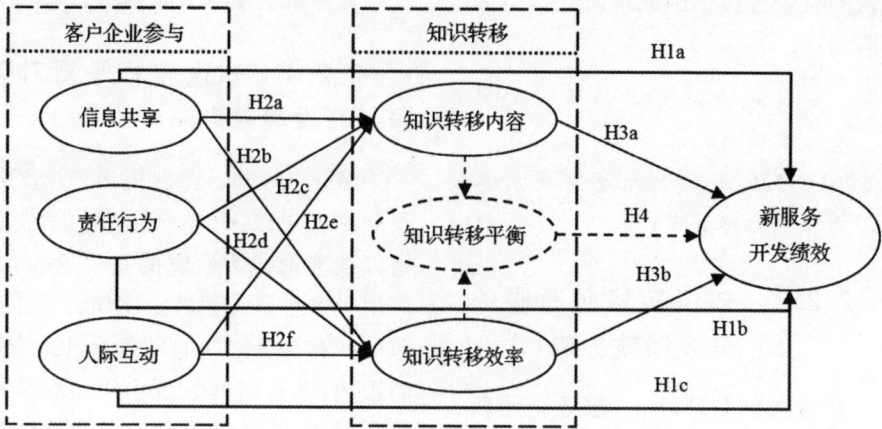

图 1　本文的实证模型

3　研究设计

3.1　数据收集

　　本文主要采用企业实地调研和问卷调查相结合的方式对长三角地区信息服务企业进行数据的收集,调查对象为了解本企业实际经营状况的高管、部门经理或项目负责人。在熟人朋友的协助下,采取提前电话预约,登门调研以及邮寄问卷相结合的办法,于 2014 年 9 月至 2015 年 5 月,发放问卷 528 份,回收问卷 246 份。处理回收的 246 份问卷时坚持两个原则:首先对于个别题项填写不完整的问卷,采取缺失值处理,如果漏填题项过多则直接作为无效问卷;其次检查被

访问者填写问卷的认真程度,大部分题项或者所有题项全部为同一分数的问卷认定为无效问卷。在剔除无效问卷后实际有效问卷为 183 份,有效回收率为 34.66%。问卷大致由四部分构成:第一部分为企业的基本情况;第二部分为客户企业参与测量量表;第三部分为知识转移测量量表;第四部分为新服务开发绩效测量量表。

3.2　变量测度

　　为保证测量工具的效度、信度,本次研究对变量的测量主要采用已经使用过的成熟量表,并根据本研究所调研的实际对象对相关问题项进行了适当修改以确保其更具有针对性(见表 1)。问卷采用通用的 Likert-5 级量表,其中"1"代表非常不同意,"2"代

表不同意,"3"代表一般,"4"代表同意,"5"代表非常同意。

(1)被解释变量:新服务开发绩效变量主要参考了 Jaw 等(2010)和范钧等(2011)的测量方法,共 5 个测量问项,主要涉及市场、顾客以及财务三个方面。

(2)解释变量:客户企业参与变量主要参考了 Claycomb 等(2001)、Fang(2008)的测量方法,包括信息共享、责任行为、人际互动三个方面,分别各有

4 个、4 个和 5 个测量问项。知识转移变量主要参考了 Dong-Gil 和 Kirsch(2005)的测量方法,具体从知识转移内容、知识转移效率两个维度进行,分别各有 4 个测量问项。

(3)控制变量:已有研究普遍表明企业的年龄、规模以及年销售收入等因素会影响新服务的开发绩效,因此本研究将企业的存续年限、企业规模(用员工数量来表示)、年销售额三个作为控制变量。

表 1   各变量探索性因子分析和信度检验结果

变量	测量问项	因子载荷	题项	α 系数
信息共享	客户会向企业清晰表述对服务的要求	0.844	4	0.872
	客户会与企业分享自己具备的专业知识	0.888		
	客户会在参与过程中提出合理化的建议	0.893		
	客户在参与过程中遇到问题时会及时告知企业工作人员	0.774		
责任行为	客户会付出额外资源(时间、金钱等)协助企业工作人员完成相关工作	0.926	4	0.889
	客户会主动搜寻与服务相关的信息	0.856		
	客户会向企业提供新服务开发所需要的资料	0.861		
	客户会配合企业工作人员完成相关的工作(调研等)	0.821		
人际互动	客户在参与过程中与企业工作人员进行良好的沟通	0.750	5	0.891
	客户信任并以友善的态度对待企业的工作人员	0.823		
	客户与企业建立了友好的合作关系	0.850		
	企业工作人员会以不同的形式定期回访客户	0.803		
	对服务存在的问题,客户会与企业工作人员共同讨论制定解决方案	0.766		

续表

变量	测量问项	因子载荷	题项	α 系数
知识转移内容	企业获得客户需求、特征、客户关系等基本信息知识	0.865	4	0.907
	企业获得客户具有的与服务产品相关的信息	0.902		
	企业获取客户消费使用的相关信息（评价、建议等）	0.790		
	企业获取客户自我知识（竞争对手信、服务理念信息等）	0.978		
知识转移效率	企业的技术发展水平有所提高	0.862	4	0.834
	企业新服务开发得益于客户的知识	0.776		
	企业的人力资源管理质量有所提高	0.826		
	企业的创新周期有所缩短	0.804		
新服务开发绩效	新服务达到预先目标的程度	0.865	5	0.879
	新服务相比竞争对手的创新性情况	0.834		
	新服务相比竞争对手的市场占有率情况	0.814		
	新服务的投入回报率情况	0.657		
	新服务的客户满意度	0.951		

3.3 共同方法偏差检验

问卷调查一般容易出现数据的共同方法偏差，为了解决数据的共同方法偏差问题，本次研究不仅在事前提高相应的预防措施，比如隐去问卷填写者的具体信息以及问卷选项重测法等措施，而且运用 Harman 单因子法进行数据共同方法偏差的检测，即将本次研究的 26 个测量问项放在一起进行因子分析，在没有旋转时所得到的第一个主成分所占有的载荷量是 28.116%，说明数据的共同方法偏差问题不严重。

3.4 信度和效度分析

本研究使用 SPSS 19.0 统计软件对数据进行信度分析，如表 1 所示各变量的 Cronbach's α 系数均大于 0.8，表明本研究所使用的量表均具有较好内部一致性。在 KMO 样本测度、Bartlett 球体检验均通过后，对数据进行验证性因子分析，结果如表 1 所示，每个变量下属的各测量问项均归于同一个因子,其因子载荷也均大于 0.5,而在其他变量下面的因子载荷均小于 0.4,这说明量表具有较好的收敛效度、区别效度。各变量间相关分析结果显示(见表 2)各个变量之间的 Pearson 系数为 0.329～0.645,这说明变量间的共同变异问题不是很严重。综合分析,本次研究所使用的量表和数据信度、效度较好,概念模型和研究假设具有一定的合理性。

4　实证结果分析

4.1　描述性统计与相关分析

表 2 显示了所有变量的均值、标准差、相互间的相关系数,各变量间的相关系数均低于 0.65,说明变量间不存在多重共线性问题。

表 2　各变量描述性统计与相关分析

变量	1	2	3	4	5	6	7	8	9
1. 存续年限	1								
2. 企业规模	0.372**	1							
3. 年销售额	0.308**	0.538**	1						
4. 信息共享	−0.168**	−0.098	−0.044	1					
5. 责任行为	−0.045	0.132*	0.119+	0.431**	1				
6. 人际互动	0.041	0.089	0.090	0.383**	0.473**	1			
7. 知识转移内容	0.044	0.092	0.153*	0.407**	0.555**	0.615**	1		
8. 知识转移效率	0.082	0.112	0.228**	0.329**	0.643**	0.640**	0.645**	1	
9. 新服务开发绩效	0.171**	0.211**	0.139*	0.513**	0.613**	0.486**	0.602**	0.581**	1
Mean	13.281	2.476	3.822	4.542	4.303	4.520	4.485	4.437	4.551
Std. deviation	11.322	1.467	1.305	0.590	0.675	0.519	0.622	0.542	0.540

注:$N=183$;+ 表示显著性水平 $P<0.10$,* 表示显著性水平 $P<0.05$,** 表示显著性水平 $P<0.01$(双尾检验)。

4.2 假设检验

4.2.1 客户企业参与和知识转移对新服务开发绩效的影响

从表 3 数据可知：(1)模型 2 显示，自变量客户企业参与的三个维度对新服务开发绩效均具有显著的正向影响，假设 H1a、H1b、H1c 得到了验证。通过自变量的回归系数比较发现，责任行为($\beta=0.409,P=0.000$)对新服务开发绩效的边际贡献最大，因此客户企业参与中的责任行为更有利于服务企业新服务开发绩效的提

升。(2)模型 3 和模型 4 显示，将知识转移内容和知识转移效率逐一加入回归模型，发现均显著，初步验证了假设 H3a 和 H3b。接下来将这两个变量一起放入回归模型，发现其对新服务开发绩效均显著，假设 H3a 和 H3b 均得到验证。从回归系数比较发现，知识转移内容($\beta=0.386,P=0.000$)和知识转移效率($\beta=0.320,P=0.000$)对新服务开发绩效的提升作用相差无几。(3)模型 6 在模型 5 的基础上，将知识转移内容和知识转移效率之间的平衡加入回归模型，结果显示知识转移平衡($\beta=-0.276,P=0.000$)对新服务开发绩效产生显著的负向影响，假设 H4 没有得到验证。

表 3　客户企业参与、知识转移对新服务开发绩效的影响

变量	新服务开发绩效							
	模型 1	模型 2	模型 3	模型 4	模型 5	模型 6	模型 7	模型 8
控制变量								
存续年限	0.132^+	0.148^+	0.126^+	0.119^+	0.121^+	0.128^+	0.117^+	0.138^+
企业规模	0.153	0.120	0.162^+	0.171^+	0.169^*	0.190^*	0.139	0.151^+
年销售额	0.038	0.027	-0.015	-0.049	-0.051	-0.056	-0.018	-0.059
自变量								
信息共享		0.264^{***}					0.232^{***}	0.212^{***}
责任行为		0.409^{***}					0.322^{***}	0.298^{***}
人际互动		0.191^{**}					0.068	0.083
中介变量								
知识转移内容			0.602^{***}		0.386^{***}	0.225^*	0.287^{***}	
知识转移效率				0.581^{***}	0.320^{***}	0.283^{**}		0.247^{**}
知识转移内容× 知识转移效率						-0.276^{***}		
模型统计量								

续表

变量	新服务开发绩效							
	模型 1	模型 2	模型 3	模型 4	模型 5	模型 6	模型 7	模型 8
R^2	0.078	0.479	0.362	0.337	0.418	0.459	0.481	0.449
调整后 R^2	0.059	0.470	0.359	0.334	0.412	0.450	0.473	0.440
F 值	4.887**	54.896***	102.903***	92.148***	64.731***	50.694***	55.408***	48.618***

注:$N=183$,系数为标准化回归系数;+ 表示显著性水平 $P<0.10$,* 表示显著性水平 $P<0.05$,** 表示显著性水平 $P<0.01$,*** 表示显著性水平 $P<0.001$(双尾检验)。

4.2.2　客户企业参与对知识转移的影响

从表 4 数据可知:(1)模型 2 显示,客户企业参与的信息共享、责任行为和人际互动三个维度对知识转移内容均产生正向显著影响,假设 H2a、H2c、H2e 得到验证。通过自变量的回归系数比较发现,人际互动($\beta=0.428$,$P=0.000$)对知识转移内容的边际贡献要大于责任行为($\beta=0.305$,$P=0.000$)。(2)模型 4 显示,客户企业参与的信息共享、责任行为和人际互动三个维度对知识转移效率均产生正向显著影响,假设 H2b、H2d、H2f 得到验证。通过自变量的回归系数比较发现,责任行为($\beta=0.449$,$P=0.000$)和人际互动($\beta=0.441$,$P=0.000$)对知识转移效率的促进作用同等重要。(3)表 4 中模型 2 和模型 4 的 R^2 明显增大,说明客户企业参与的三个维度对知识转移内容和知识转移效率具有较大的解释作用。

表4　客户企业参与对知识转移的影响

变量	知识转移内容		知识转移效率	
	模型 1	模型 2	模型 3	模型 4
控制变量				
存续年限	0.020	0.038	0.024	0.027
企业规模	−0.041	−0.092	−0.072	−0.098
年销售额	0.171+	0.162+	0.237**	0.240**
自变量				
信息共享		0.407***		0.329***
责任行为		0.305***		0.449***
人际互动		0.428***		0.441***

续表

变量	知识转移内容		知识转移效率	
	模型 1	模型 2	模型 3	模型 4
模型统计量				
R^2	0.031	0.478	0.054	0.559
调整后 R^2	0.007	0.469	0.022	0.552
F 值	1.184	54.626***	2.398*	75.748***

注:$N=183$,系数为标准化回归系数,[+]表示显著性水平 $P<0.10$,[*]表示显著性水平 $P<0.05$,[**]表示显著性水平 $P<0.01$,[***]表示显著性水平 $P<0.001$(双尾检验)。

4.2.3 知识转移中介作用分析

依据温忠麟等(2004)提出的中介变量检验方法,中介作用检验必须满足以下三个条件:(1)自变量对因变量回归必须显著;(2)自变量对中介变量回归必须显著;(3)使自变量和中介变量同时进入回归方程,如果中介变量的作用显著而自变量的作用还是显著,但是作用强度有所减弱,则为部分中介;如果中介变量的作用显著而自变量的作用变得不显著,则为完全中介作用。

表 3 中的模型 7 表示在中介检验程序前两步通过的情况下(表 3 中模型 2,表 4 中模型 2),将自变量信息共享、责任行为、人际互动和中介变量知识转移内容同时加入回归方程后,知识转移内容($\beta=0.287,P=0.000$)的回归系数为正并且显著,而信息共享的回归系数由 0.264($P=0.000$)降为 0.232($P=0.000$),回归系数有所减

小但还是显著,责任行为的回归系数由 0.409($P=0.000$)降为 0.322($P=0.000$),回归系数有所减小但还是显著,人际互动的作用由显著变成不显著,由此得出知识转移内容在信息共享、责任行为对新服务开发绩效影响中起到部分中介作用,在人际互动对新服务开发绩效影响中起到完全中介作用。

表 3 中的模型 8 表示在中介检验程序前两步通过的情况下(表 3 中模型 2,表 4 中模型 4),将自变量信息共享、责任行为、人际互动和中介变量知识转移效率同时加入回归方程后,知识转移效率($\beta=0.247,P=0.002$)的回归系数为正并且显著,而信息共享归回系数由 0.264($P=0.000$)变为 0.212($P=0.000$),回归系数有所减小但还是显著,责任行为归回系数由 0.409($P=0.000$)变为 0.298($P=0.000$),回归系数有所减小但还是显著,人际互动回归系数变得不显著,由此得出知识转移效率在信息共享、责

任行为对新服务开发绩效影响中起到部分中介作用,在人际互动对新服务开发绩效影响中起到完全中介作用。

5　案例验证性分析

5.1　案例选择

案例研究法主要解决"怎么样""为什么"之类的问题。尽管本文基于大样本调查数据,通过实证方法验证了所构建的概念模型,基本厘清了信息服务企业新服务开发过程中的知识转移机制,但是为了进一步检验相关假设,使研究结论更具可靠性、一致性以及实践指导性,本文综合运用相关理论,从 183 家调研企业中选取六家案例企业进行重点访谈,采用跨案例研究法对实证结论进行验证性分析。信息服务业包括三大类别,分别为信息资源服务业、信息技术服务业(软件业)和信息传输服务业,为保证案例研究结果的代表性和普遍性,六家案例企业由每一类别中的两家典型企业构成,地域分别为上海、宁波、杭州,之所以选择这三个地区,主要考虑到这三个地区的信息服务业相对比较发达,具有一定的代表性。表 5 归纳了六家案例企业的基本特征,为了保密起见,公司名称均以字母代号方式出现。

表 5　案例企业基本特征

特征	信息资源服务业		信息技术服务业		信息传输服务业	
公司名称	J 公司	T 公司	R 公司	S 公司	Y 公司	D 公司
公司属地	浙江宁波	浙江杭州	上海	上海	浙江宁波	浙江杭州
成立年份	2006 年	2012 年	1988 年	2003 年	1999 年	2000 年
员工规模	50 人	200 人	600 人	60 人	1000 人	2500 人
主营业务	运用网络综合平台和线下整合服务体系帮助企业精准对接,"最余姚""品味余姚"微信平台。	商业服务和优质资源共享平台,提供政府、园区跨域招商、投融资、技术、人才对接服务。	开发 ERP 管理软件、企业财务管理软件、人力资源管理软件、小型企业管理软件。	经济管理学科、金融学科等实验室教学软件研发、设计、销售和服务。	移动通信电话业务,移动数据和传真业务,移动通信终端设备设计、技术咨询和售后服务。	8/6 开头固定号码业务,电信宽带业务以及数据通信业务的经营、服务和运行维护工作。

续表

特征	信息资源服务业		信息技术服务业		信息传输服务业	
经营区域	浙江余姚、慈溪	全国	中国及亚太地区	全国各高校	浙江宁波	浙江杭州
案例来源	学生创建的公司	校企合作企业	教学软件提供商	教学软件提供商	同学担任经理	学生担任主管

5.2　资料收集

案例研究中追踪证据来源主要有档案记录、文献、实地访谈、现场观察以及实物佐证等,本次研究主要采取实地访谈、档案记录方式具体收集所需资料。依据预先设计好的访谈提纲,研究小组对来自六家信息服务企业的经理、主管或者项目研发部主要负责人进行深入访谈,并及时做好记录工作。同时通过查阅企业的网站、相关新闻报道、公司内部刊物以及公司所创建的客户交流论坛发言记录等,多渠道收集研究数据。

5.3　验证性分析讨论

5.3.1　案例企业客户企业参与活动与新服务开发绩效

客户企业参与新服务开发过程的研究,在市场营销研究领域已较为普遍,但是对不同形式的客户企业参与和新服务开发绩效之间关系的研究相对较为缺乏。本文通过对六家典型案例企业的实地访谈、深入剖析来进一步验证之前的实证结论,以使研究结果更加具有实践指导意义,具体汇总、整理结果如表 6 所示。

表 6　客户企业参与在新服务开发中的效果分析

参与形式	公司名称					
	J 公司	T 公司	R 公司	S 公司	Y 公司	D 公司
信息共享	＋＋＋.	＋＋＋	＋	＋＋	＋	＋
责任行为	＋＋	＋＋＋	＋＋	＋＋	＋＋＋	＋＋＋
人际互动	＋	＋	＋＋＋	＋＋＋	＋＋	＋＋

注:＋＋＋代表效果非常明显,访谈中出现该语意的次数为 7 次及以上;＋＋代表效果较明显,访谈中出现该语意的次数为 3～6 次;＋代表效果明显,访谈中出现该语意的次数为 1～2 次。

（1）信息共享行为与新服务开发绩效

信息服务企业许多服务或产品需要通过客户企业的亲自参与来完成，比如软件开发、广告投放等业务活动。J公司在推出"最余姚"微信平台之前，就跟许多当地的商家进行了深入交流，详细收集了这些商家对平台业务的需求，以及不同商家对广告投放时间点的要求等信息。该公司经理告诉我们平台一经推出就获得了很好的响应，这在很大程度上得益于前期对客户企业需求信息的深入了解。D公司负责人谈到该公司所开发的针对集团固话用户企业内部的4位数短号，其想法最初来源于集团用户对高昂电话费的抱怨，正是这个来自客户企业的抱怨让公司研发出新的服务项目。Y公司在实际市场运作中也遇到了与D公司类似的客户要求。由此可见，信息服务企业在新服务开发中，客户企业会把自身的需求信息转移给企业，帮助企业提高新服务的研发效率。

（2）责任行为与新服务开发绩效

六家案例企业研究结果都较高地支持了客户企业的责任行为在企业新服务开发过程中的重要性。J公司和T公司尽管成立时间不长，由于其属于信息服务业中的信息资源服务业，依靠所开发的网络资源平台来汇集客户企业，因此近几年发展较快。比如J公司经理就谈到："……没想到前期这个平台效果这么好，我们目前正在研发一个新的、需要与商家深入合作的"品味余姚"商业服务平台，在筹划这个平台的同时，我们正在与商家初步签订合作协议来明确双方各自的权利和义务，这在前一个平台的开发中是没有的。"R公司在与学校合作开发财务教学软件之初就与学校签订了合作协议，协议中明确规定学校作为最终产品的适用方，在软件开发过程中需要向公司提供软件开发所需素材，同时该公司还会就软件系统的部分界面设计要求学校自己来布局。S公司的访谈情况与R公司十分相似。由此可见，责任行为都被案例企业认为是必须的，也是最有助于新服务开发的要素。

（3）人际互动行为与新服务开发绩效

信息服务企业，特别是对于计算机程序和软件开发企业来说，仅仅依靠简单的信息共享和责任行为不一定能有效提升新服务开发绩效，其需要与客户企业进行深入交流、互动、反馈等活动，通过这种深度合作的方式促进客户企业的知识转移。R公司负责人谈到："我们给学校或企业开发软件时会初步了解客户对软件的基本要求，但是这还远远不够，想要研发出一套真正符合客户需求的软件，必须派我们的业务员和技术人员与企业进行多次深入的座谈，有时甚至还需要把客户企业中不同部门的负责人召集起来，听听大家的意见……最终交付给企业的软件还存在一个试用期，在试用期内企业会把软件的一些情况及时反馈给我们,我们再组织技术人员进行相应的修改和完善。"S 公司的负责人告诉我们:"尽管教学软件有很大的共性,但是不同地区、不同学校对同一门课程的教学软件又有自己的差异化需求,针对这种需求我们必须组织业务员和技术人员与企业进行反复沟通与商榷,所以说开发的软件是独一无二的产品。"由此可见,与客户企业及时的人际互动行为有助于企业开发出真正满足客户企业需求的服务产品,进而缩短新服务的开发周期,提高新服务的市场接受率。

5.3.2 知识转移在客户企业参与和新服务开发绩效之间的作用机制

尽管已有研究普遍认为客户企业参与能够促进企业新服务开发的绩效,也有研究发现客户企业参与和新服务开发绩效之间存在知识转移的中介作用机制,但是关于不同的客户企业参与形式和知识转移之间的路径关系尚未厘清,本文通过对六家案例企业的深度剖析,试图验证客户企业参与对知识转移的作用路径,解构知识转移在客户企业参与和新服务开发之间的作用机制。通过案例研究所得出的知识转移机制结果如表 7 所示,从表中可以看出:案例基本上都支持知识转移在客户企业参与三种形式与新服务开发之间存在中介作用机制,这种知识转移机制在人际互动行为中最为显著,责任行为中次之,信息共享行为中最弱,这些结论与本文的实证研究结论相一致。

表 7　客户企业参与对知识转移的作用路径

路径关系	知识转移内容		知识转移效率	
	引文例证	中介机制	引文例证	中介机制
信息共享→	T 公司:我们希望客户及时把所有需求信息告诉我们,这样便于我们提前安排与当地企业的对接工作 Y 公司:我们会定期实地或电话拜访一些客户,听听他们对公司目前服务产品的意见或想法,有时我们还会听到客户新的建议	部分中介	J 公司:之前答应把业务放在我们平台推广,可到了正式实施的时候临时撤单,但是为了长期生意我们又不好说什么 D 公司:有时客户打电话说通信出现故障,但是具体什么问题又说不清楚,假如能够明确表达具体什么问题,那我们维护的效率就会高很多	部分中介

续表

路径关系	知识转移内容		知识转移效率	
	引文例证	中介机制	引文例证	中介机制
责任行为→	R公司:我们所开发的教学实训软件需要客户提供很多材料,所以在协议中,我们一般会规定整个开发过程中客户需要与我们配合的内容……,客户一般都会支持的 J公司:"品味余姚"平台推广中,我们就比较关注合作客户的资质,公司会通过多渠道评价客户的信用、实力,提高合作客户的整体质量	部分中介	S公司:有一次,有客户就在我们论坛里发帖,直接指出我们产品在使用过程中所存在的缺点,公司立即组织技术人员进行解决,论坛还是比较有用的 T公司:我们在当地就有办事处,签下来的单子,公司会及时安排工作人员跟踪,减少逃单的概率。尽管协议上已经规定了对方的义务,但是实际中还是不可避免地会发生	部分中介
人际互动→	S公司:业务员将定期与各高校及新老客户保持紧密的联系,从客户使用的实际效果中不断总结经验。 T公司:我们创建交流论坛的目的就是让大家把好的或者不好的意见都反馈上来,这样我们能够全面地掌握客户的具体信息。 Y公司:我们在网上设计很多客户交流区,就是为了让客户把想法都说出来,从中公司再去甄别对企业开发新服务有益的建言。	完全中介	R公司:交流是非常多的,即使软件交付以后,业务员还需要定期地去帮客户维护和升级,及时解决客户碰到的问题。 D公司:针对一些比较大的集团客户,为了提高故障解决的有效性,我们还会派出专门的业务员长期驻点办公,以满足客户的及时性需求。 Y公司:只要客户一个电话,我们做到半小时之内上门检测、维修,以减少客户等待的焦虑感,提高满意度。这可是我们公司内部的制度。	完全中介

6 结论与展望

6.1 研究结论

本研究从客户企业参与的视角嵌入,基于 183 家信息服务企业实地调研数据和其中六家典型案例企业的实地访谈数据,采取实证研究与案例研究相结合的方法,深入剖析客户企业参与对新服务开发绩效的影响,解构信息共享、责任行为和人际互动与新服务开发之间的知识转移机制,结果发现:

(1)客户企业参与对新服务开发绩效具有直接的显著影响

无论是信息共享、责任行为还是人际互动对服务企业的新服务开发绩效都具有显著的正向影响,但是责任行为对服务企业新服务开发绩效的影响作用最大,其次为信息共享,人际互动的影响作用最小。因此对于服务企业特别是信息服务企业来说,为了积极提高新服务开发绩效,应该更加强调客户企业参与过程中与服务企业之间的责任行为,积极鼓励客户企业参与过程中双方的信息共享行为。比如以 Y 公司、D 公司为代表的信息传输服务企业比较看重客户企业的责任行为,而以 R 公司、S 公司为代表的信息技术服务企业,在软件开发过程中比较重视客户企业的人际互动行为。

(2)知识转移内容和知识转移效率对新服务开发绩效均具有显著的正向影响

这一点在以 J 公司、T 公司为代表的信息资源服务企业中表现得特别明显,主要原因在于这类信息服务企业本身知识的密集型程度不高,其所依靠的就是自身所构建的资源平台,集聚众多商家,以此来推广业务、获取利润。因此这类企业不仅要积极获取客户企业的需求信息、客户企业特征、客户企业关系以及客户企业对市场、企业服务产品的知识,更要鼓励客户企业参与过程中与服务企业之间跨越组织边界的知识共享行为,有效吸收、利用客户企业知识,使所开发的新服务更易于被市场、客户接受,缩短新服务在市场中的导入期和成长期,进而促进企业新服务开发绩效的提升。

(3)知识转移机制分析

知识转移在信息共享与新服务开发绩效之间起到部分中介作用,从回归系数变化可以看出这个中介作用效果不是非常显著,诸如信息技术服务企业和信息传输服务企业,同时 R 公司、S 公司、Y 公司、D 公司的访谈结果也充分验证了这种作用机制。可能的解释是:由于知识转移内容关注转移知识的完整性,知识转移效率关注转移知识的有效性,对于知识密集程度较高的企业来说,在新服务开发过程中,这种简单的双方信息共享行为不能完全达到完整性和有效性的要求,因此导致知识转移在这中间所起的作用非常有限。当然对于以构建资源平台为主要特征的 J 公司、T 公司而言,信息共享行为的作用机制非常显著。

责任行为与新服务开发绩效之间,知识转移内容和知识转移效率都起到部分中介作用,且这种中介效果比较明显,因此服务企业应加强并完善企业内部获取、吸收和利用客户企业知识的有效机制,明确客户企业参与合作开发过程中双方的责任明细。所调研的六家案例企业基本上都强调了责任行为对知识转移的重要性。人际互动与新服务开发绩效之间知识转移内容和知识转移效率都起到完全中介的作用。这种现象在软件企业 R 公司、S 公司中表现得特别明显,该两家公司的负责人指出他们的所有业务基本上都需要与客户企业进行充分、反复的沟通。可能的解释是:人际互动相对于信息共享是一种双方更为深入的知识共享过程,通过客户企业参与过程中双方的交流、互动以及信息反馈等一系列行为,充分保障传递给服务企业知识的完整性和有效性。因此人际互动行为必须通过知识转移的机制,才能将客户企业的知识,特别是一些对新服务开发有重要作用的隐性知识,完整、高效地传递给服务企业,进而促进服务企业新服务开发绩效的提升,这一结论与朱华桂等(2015)学者的观点相一致。

(4)知识转移内容与知识转移效率之间的平衡对新服务开发绩效具有显著负向影响

主要原因可能是:前者关注转移知识的完整性,后者关注转移知识的有效性,然而信息服务企业这种典型的知识密集型服务企业,其产品往往是与客户企业之间的一种服务项目,其产品具有独特性和唯一性,因此双方追求一种项目制为主的短期合作。这种合作性质导致双方都比较关注成果的产出,对转移知识完整性和有效性往往不能同时兼顾,这可能就是知识转移平衡反而阻碍新服务开发绩效提升的主要原因。就如 T 公司、S 公司的负责人抱怨说:"交流论坛虽说有一定的价值,但是上面真正对企业有用的信息并不多。"当然也有一种可能是知识转移内容和知识转移效率两者之间还有更为复杂的内在作用机理,有待进一步探究。

6.2　研究意义与展望

本研究揭示了客户企业参与、知识转移内容和效率对新服务开发绩效的内在影响机制,丰富了新服务开发绩效影响要素的理论研究,对信息服务企业新服务开发绩效的提升具有一定的实践指导意义。信息服务企业要提高新服务开发绩效,首先要从信息共享、责任行为和人际互动层面创造客户企业参与企业新服务开发的良好机制;在此基础上加强服务企业内部知识转移机制建设,提高企业对客户知识的获取、消化和利用能力,从而提高企业新服务开发的绩效,并由此促进服务企业创新绩效水平的提升。

但本文也存在一定的局限性,很多问题还有待进一步深入研究:第一,尽管以信息服务企业为样本研究新服务开发问题具有一定的代表性,但是本研究选取的样本是长三角地区 183 家信息服务企业,难以排除地区限制所带来的对结果的影响,且信息服务企业的样本结论能否推广到一般意义上的知识密集型服务企业,也是一个值得商榷的问题。第二,本研究利用双元组织思想,发现知识转移内容和效率之间的平衡对服务企业新服务开发绩效具有显著负向影响,研究发现这是一个值得关注的问题,但是未对其具体作用机制进行深入的实证分析,因此后续应该围绕这个问题深入展开研究。

参考文献

Chen H H, Lee A H I, Wang H Z, et al. , 2008. Operating NPD innovatively with different technologies under a variant social environment [J]. Technological forecasting & social change, 75 (3): 385-404.

Carayannopoulos S, Auster E R, 2010. External knowledge sourcing in biotechnology through acquisition versus alliance: a KBV approach[J]. Research policy, 39(2): 254-267.

Carbonell P, Rodriguez-Escudero A I, Pujari D, 2009. Customer involvement in new service development: an examination of antecedents and outcomes [J]. The journal of product innovation management, 26(5): 536-550.

Hausman A, Johnston W J, Oyedele A, 2005. Cooperative adoption of complex systems: a comprehensive model within and across networks [J]. Journal of business & industrial marketing, 20(4 / 5): 200-210.

Ganesan S, Malter A J, Rindfleisch A, 2005. Does distance still matter? Geographic proximity and new product development [J]. Journal of marketing, 69(4): 44-60.

Dyer J H, Hatch N W, 2006. Relation-specific capabilities and barriers to knowledge transfers: creating advantage through network relationships [J]. Strategic management journal, 27 (8): 701-719.

Bonner J M, 2010. Customer interactivity and new product performance: moderating effects of product newness and product embeddedness[J]. Industrial marketing management, 39(3): 485-492.

Brown S L, Eisenhardt K M, 1995. Product development: past research, present findings and future decisions[J]. The academy of management review, 20(2): 343-378.

Lau A K W, Yam R C M, Tang E P Y, 2010. Supply chain integration and product modularity: an empirical study of product performance for selected Hong Kong manufacturing industries [J]. International journal of operations and production management,30(1):20-56.

Nambisan S, 2002. Designing virtual customer environments for new product development: toward a theory [J]. Academy of management review,27(3): 92-413.

Ennew C T, Binks M R, 1999. Impact of participative service relationship on quality satisfaction and retention: an exploratory study[J]. Journal of business research,46(2):121-132.

Qin C, Ramburuth P, Wang Y, 2011. A conceptual model of cultural distance, MNC subsidiary roles, and knowledge transfer in China-based subsidiaries[J]. Organizations and markets in emerging economies,2(2):10-27.

Teece D J, 1977. Technology transfer by multinational firms: the resource cost of transferring technological know-how[J]. The economic journal, 87 (346): 242-261.

Johne A, Storey C, 1998. New service development: a review of the literature and annotated bibliography[J]. European journal of marketing,32(3):184-251.

Lagrosen S, 2005. Customer involvement in new product development: a relationship marketing perspective [J]. European journal of innovation management,8(4): 424-436.

Den H P, 2000. Knowledge-intensive business service as co-producers of innovation [J]. International journal of innovation management,4:491-528.

He J, 2004. Knowledge impacts of user participation: a cognitive perspective[C]

// Computer personnel research: careers, culture, and ethics in a networked environment. Tucson,USA:1-6.

March J G, 1991. Exploration and exploitation in organizational learning [J]. Organization science,2(1):71-87.

Raisch S,Birkinshaw J,2008. Organizational ambidexterity: antecedents, outcomes, and moderators [J]. Journal of management,34(3):375-409.

O'Reilly C A, Tushman M L, 2013. Organizational ambidexterity: past, present, and future [J]. Academy of management perspectives, 27 (4): 324-338.

Jaw C, Lo J Y, Lin Y H, 2010. The determinants of new service development: service characteristics, market orientation, and actualizing innovation effort[J]. Technovation, 30: 265-277.

Claycomb C,Lengnick-Hall C A,Inks L W, 2001. The Customer as a productive resource: a pilot study and strategic implications [J]. Journal of business strategies,18(1):46-68.

Fang E, 2008. Customer participation and the trade-off between new product innovativeness and speed to market[J]. Journal of marketing,72(4):90-104.

Dong-Gil K,Kirsch L J, 2005. Antecedents of knowledge transfer from consultants to clients in enterprise system implementation [J]. MIS quarterly, 29 (1):59-85.

温忠麟,张雷,侯杰泰,等,2004.中介效应检验程序及其应用[J].心理学报,36(5):

614-620.

朱华桂,庄晨,2015.自主研发、外部知识获取与企业绩效研究——基于上市公司数据[J].软科学,29(2):46-50.

范钧,2011.顾客参与对顾客满意和顾客公民行为的影响研究[J].商业经济与管理,1:68-75.

金昕,陈松,2015.知识源战略、动态能力对探索式创新绩效的影响——基于知识密集型服务企业的实证[J].科研管理,36(2):32-40.

吴晓波,陈小玲,李璟琰,2015.战略导向、创新模式对企业绩效的影响机制研究[J].科学学研究,33(1):118-127.

刘盈秀,马丽亚,李靖华,2013.服务外包知识转移的跨文化影响因素研究[J].科学学与科学技术管理,34(011):19-30.

王小娟,万映红,2015.客户知识管理过程对服务产品开发绩效的作用——基于协同能力视角的案例研究[J].科学学研究,33(2):264-271.

张同建,王华,王邦兆,2014.个体层面知识转化、知识转移和知识共享辨析[J].情报理论与实践,9:44-47.

范钧,邱瑜,邓丰田,2013.顾客参与对知识密集型服务业新服务开发绩效的影响研究[J].科技进步与对策,30(16):71-78.

蔺雷,吴贵生,2007.服务创新[M].北京:清华大学出版社.

钟竞,罗瑾琏,韩杨,2015.知识分享中介作用下的经验开放性与团队内聚力对员工创造力的影响[J].管理学报,12(5):679-686.

张若勇,刘新梅,张永胜,2007.顾客参与和服务创新关系研究:基于服务过程中的知识转移的视角[J].科学学与科学技术管理,10:92-97.

卢新元,高沛然,周茜,2013.IT外包中知识转移的情境因素分析——基于质与量结合的实证研究[J].情报学报,32(2):154-162.

卢俊义,王永贵,2011.顾客参与服务创新与创新绩效的关系研究——基于顾客知识转移视角的理论综述与模型构建[J].管理学报,8(10):1566-1574.

石乘齐,2014.基于知识特性的技术创新网络组织权力形成研究[J].情报学报,33(7):676-688.

姚山季,王永贵,2012.顾客参与新产品开发及其绩效影响:关系嵌入的中介机制[J].管理工程学报,4:39-48.

附录 2　外部创新氛围对服务创新绩效的影响机制研究①

摘要：外部创新氛围对服务创新绩效有重要的影响，但对其具体的作用机理现有文献还未进行深入剖析。在对国内外文献梳理的基础上，本文探索性地构建了以双元学习能力为中介变量的外部创新氛围对服务创新绩效影响的概念模型，并基于212家知识密集型服务企业的实证研究发现：（1）政策氛围、竞争氛围和合作氛围均能对服务创新绩效产生积极的正向影响；（2）知识获取和知识利用对服务创新绩效均具有积极的正向影响；（3）追求知识获取与知识利用间的平衡则会对服务创新绩效产生负向影响；（4）知识获取在政策氛围、竞争氛围与服务创新绩效之间起到完全中介作用，而合作氛围对服务创新绩效的影响需要通过知识获取和知识利用的完全中介作用。

关键词：外部创新氛围；知识获取；知识利用；服务创新绩效

①　本文系浙江省哲学社会科学规划课题"合作创新中互动对组织间关系的双刃效果及治理机制研究：价值共创与价值攫取"（项目编号：18NDJC275YB）、浙江省科技计划软科学重点基金项目"浙江 KIBS 企业服务创新能力提升机理及对策研究：外部创新氛围视角"（项目编号：2016C25040）和国家社会科学基金项目"知识共创视角下的顾客在线参与新服务开发研究"（项目编号：14BGL197）研究成果之一，已发表于《科研管理》2018 年第 12 期，作者为高孟立、范钧。

An Empirical Analysis on the Influence Mechanism of External Innovation Atmosphere on Service Innovation Performance

Abstract: External innovation atmosphere has an important impact on service innovation performance, but an in-depth exploration of its specific working mechanism is still lacked. Based on relevant literature review from domestic and overseas, this paper presents an integrated framework for analyzing external innovation atmosphere, ambidextrous learning capacity and service innovation performance. By conducting an empirical study of 212 sample KIBS enterprises, the results indicate that: (1) Policy atmosphere, competitive atmosphere and cooperative atmosphere all have significant positive effects on service innovation performance; (2) Knowledge acquisition and knowledge utilization both have significant positive effects on service innovation performance; (3) The interaction between knowledge acquisition and knowledge utilization negatively affects service innovation performance; (4) Knowledge acquisition plays a complete intermediary role between policy atmosphere, competitive atmosphere and service innovation performance, while the effect of cooperative atmosphere on service innovation performance requires the complete mediating effect of knowledge acquisition and knowledge utilization.

Keywords: external innovation atmosphere; knowledge acquisition; knowledge utilization; service innovation performance

1　引　言

进入 21 世纪以来,世界上主要发达国家服务业增加值占 GDP 的比重逐渐提高并占据主导地位,经济发展结构出现"服务型经济"趋势。当前中国服务业的比重已经超过一半,作为制造业转型升级助力器的知识密集型服务业(简称 KIBS)的发展速度更是惊人。推动 KIBS 良性发展,提升服务创新能力,发挥其在引领产业结构调整及促进制造业转型升级方面的功能,学术界已达成广泛的理论共识。然而当前处于开放式创新范式和互联网经济模式环境,KIBS 企业边界越来越模糊,信息、知识的更新越来越频繁,那么 KIBS 企业如何跳出创新过程中的产品化陷阱,如何解构这种高度复杂和不确定性环境中的变革,提升服务创新水平,构筑、维持企业自身竞争优势,这成为有待深入研究的一个问题。

理论界最早用服务创新四构面来表示 KIBS 企业服务创新活动内容,指导服务业的创新实践活动(Bilderbeek et al.,1998)。服务创新是指服务企业运用新思想、新技术,改善、更新现有服务流程或产品,提高服务质量和效率,为顾客创造新价值,最终获取竞争优势。服务创新绩效则是指服务企业通过开展创新活动为自己构筑竞争优势的能力和程度(白鸥等,

2015;Kindström et al.,2013)。随着对服务创新研究的不断深入,学术界开始将关注点从单纯的技术创新转向创新环境和氛围的建设(Coote et al.,2013)。外部创新氛围指的是存在于企业边界以外,对企业创新活动产生重要影响的外部环境因素集合。开放式环境下企业边界的开放性,使企业在创新过程中需要与外部环境进行有效互动,从外部创新氛围中寻找外在思想、知识、资源和网络等创新要素,其本质就是在外部创新氛围中对创新资源的获取和利用,进而对外部创新资源进行整合(Chesbrough,2006),而双元学习能力指的就是组织同时对外部知识进行获取和利用的能力。

目前国内外服务创新研究的主流范式,无论是基于资源基础观(Nahapiet & Ghoshal,1997),还是知识基础观,都将企业创新活动成功与否的关键归结于自身所拥有的及从外部环境所能获取的资源,而社会网络理论则将其归结为企业嵌入外部环境的广度和深度(Chandra sekaran et al.,2012),这些都是从企业逻辑出发强调如何从外部获取资源,而轻视了企业自身对所获知识的整合和利用能力。但是无论是 Teece(1977)的知识转移理论,还是 Nonaka 和 Takeuchi(1995)的知识创造理论,都侧重于将知识获取、知识利用分开进行独立研究,忽视了创新过程中企业自身与外部环境的交互作用。据

此,本研究认为从企业外部创新资源出发,结合企业的学习能力对服务创新活动展开研究可能更具有价值。

基于此,本文借鉴创新氛围理论,以双元学习能力为中介变量,综合运用资源基础观理论、组织学习理论、知识管理理论及服务创新理论,在开放式创新范式下,深入剖析在外部创新氛围中企业如何通过知识获取—知识利用这一双元学习能力获得创新资源,进而影响服务创新绩效。本次研究提出并拟解决以下几个问题:(1)不同类型的外部创新氛围要素对服务创新绩效具有怎样的影响?(2)双元学习能力是否在外部创新氛围与服务创新绩效中起到中介作用?(3)知识获取与知识利用间的平衡是否有助于提高服务创新绩效?

2 研究设计

2.1 理论基础与研究假设

2.1.1 外部创新氛围与服务创新绩效

开放式创新环境下服务创新活动更加受到外部多主体的影响(韦铁、鲁若愚,2012),企业通过外部创新氛围可以有效地获取外部创新资源以弥补内部资源尤其是创新知识的不足,搜寻、吸引创新资源流入企业,与内部已

有创新知识进行有效整合和利用(Chesbrough,2010),提升服务创新绩效。本文依据学者已有观点,将外部创新氛围分为政策氛围、竞争氛围和合作氛围三个维度。

(1)政策氛围与服务创新绩效

政策氛围指政府为鼓励企业参与创新而实施一系列的支持性政策(Bengsston,1998),构成了开放式创新环境下企业创新活动重要的外部创新氛围,使企业感知政策支持所带来的机会,正确引导创新活动,降低创新风险,发挥保障和推动作用。Libutti指出政府经费资助政策、税收优惠政策等均能在鼓励、培育企业创新过程中发挥重要作用(2000)。良好的政策氛围对促进中小企业创新,提升服务创新绩效具有重要作用(Zeng et al.,2010)。基于此,提出如下假设:

H1a:政策氛围对服务创新绩效存在显著的正向影响。

(2)竞争氛围与服务创新绩效

竞争氛围指某一特定市场中参与竞争的企业数量及企业参与竞争的总体投入和强度(Bengsston,1998)。Zahra和Das(1993)发现产业环境显著调节竞争导向与组织绩效间关系。客户需求变化、产业相关技术提升以及竞争者间战略关系都会给企业开展服务创新活动提供更大的空间(Russell & Russell,1992)。基于此,提出如下假设:

H1b：竞争氛围对服务创新绩效存在显著的正向影响。

（3）合作氛围与服务创新绩效

开放式环境中合作伙伴多元化能给企业服务创新活动带来更多的创新知识（Nieto & Santamaria，2007），良好的合作氛围能够快速实现创新知识的多样化。Cheng 和 Krumwiede（2012）指出面向市场的企业能够取得较好的创新绩效，与供应商、大学科研机构、客户间的合作氛围有助于企业获取创新所需的相关知识（Ngo & O'Cass，2013）。Gnyawali 和 Srivastava（2013）也支持同样的观点，将合作氛围视为重要的创新驱动要素。基于此，提出如下假设：

H1c：合作氛围对服务创新绩效存在显著的正向影响。

2.1.2　外部创新氛围与双元学习能力

知识获取能力聚焦于企业如何获取新知识，即从外部创新氛围中搜寻新知识而获得创新来源；知识利用则强调对所拥有知识的整合与开发，通过对已有知识或流程的调整以适应市场和技术变化的需要（许晖、李文，2013）。双元学习能力实质就是通过知识的获取和利用（李维安、邱昭良，2007；谢洪明等，2014），实现企业内部资源与外部创新氛围相适应和匹配，从而提高服务创新绩效。

（1）政策氛围与双元学习能力

Hewitt-Dundas（2006）认为政府可以通过鼓励性政策促进企业的基础性创新行为，同时政府也可以通过直接或间接的政策措施来鼓励企业承担产品或服务过程的创新（Smallbone，et al.，2003），可见政策氛围给企业开展创新活动提供保障的同时，还提高其创新的积极性，从而激发企业的学习活动。基于此，提出如下假设：

H2a：政策氛围对知识获取存在显著的正向影响。

H2b：政策氛围对知识利用存在显著的正向影响。

（2）竞争氛围与双元学习能力

Lai 等（2014）指出大部分企业面临创新知识缺乏的问题，需要通过跨组织学习来获取和利用有助于创新活动的资源（Casanueva et al.，2013）。较强的竞争氛围会激发企业竞争意识，使其更积极地开展对创新知识的获取和利用（汤超颖等，2015），这种外部竞争氛围所营造的压力感会驱动企业努力向外拓展创新知识的来源以提高创新能力，并将创新成果体现在服务产品设计或服务过程传递之中。基于此，提出如下假设：

H2c：竞争氛围对知识获取存在显著的正向影响。

H2d：竞争氛围对知识利用存在显著的正向影响。

(3)合作氛围与双元学习能力

Mention(2011)指出合作氛围是重要的创新驱动因素,创新知识可以通过双元学习能力从外部获取。Yli-Renko 等(2001)发现企业与供应商的网络关系能够促进知识的创造、获取和利用,Inkpen 和 Pien(2006)发现企业对竞争对手开放可以共享资源和知识,从而产生协同效应,且来自竞争对手的信息往往比其他外部信息更有利于创新。基于此,提出如下假设:

H2e:合作氛围对知识获取存在显著的正向影响。

H2f:合作氛围对知识利用存在显著的正向影响。

2.1.3 双元学习能力与服务创新绩效

开放式创新环境下企业更需要组织间相互学习和合作,然而从外部环境中所获取的知识必须经过消化吸收才能转化为竞争优势,而消化吸收正是学习能力的重要体现(谢洪明等,2014),这与本文提出的双元学习能力包括知识获取和知识利用的观点相一致。企业创新能力的形成总是循着知识创造、知识吸收的过程演进(Nonaka & Takeuchi,1995),知识获取与利用这种双元学习能力越来越重要。基于此,提出如下假设:

H3a:知识获取对服务创新绩效存在显著的正向影响。

H3b:知识利用对服务创新绩效存在显著的正向影响。

已有学者指出知识获取和利用这两种学习活动是相互冲突的,对资源的需求往往存在着一定的竞争性,使企业容易出现"成功陷阱"和"失败陷阱",从而不利于服务创新绩效的提升(吴晓波等,2015);但也有学者持不同的观点,认为两者间的平衡可以促进服务创新绩效(Jansen et al.,2005)。从中发现两者间的平衡是有利于服务创新还是不利于服务创新,学术界存在一定的争议,尚未得出统一的结论。鉴于大部分学者的观点,提出如下假设:

H4:知识获取与知识利用间的平衡对服务创新绩效具有显著的正向影响。

2.2 模型构建

基于上述理论分析,本文构建了外部创新氛围、双元学习能力与服务创新绩效关系的概念模型,如图 1 所示。

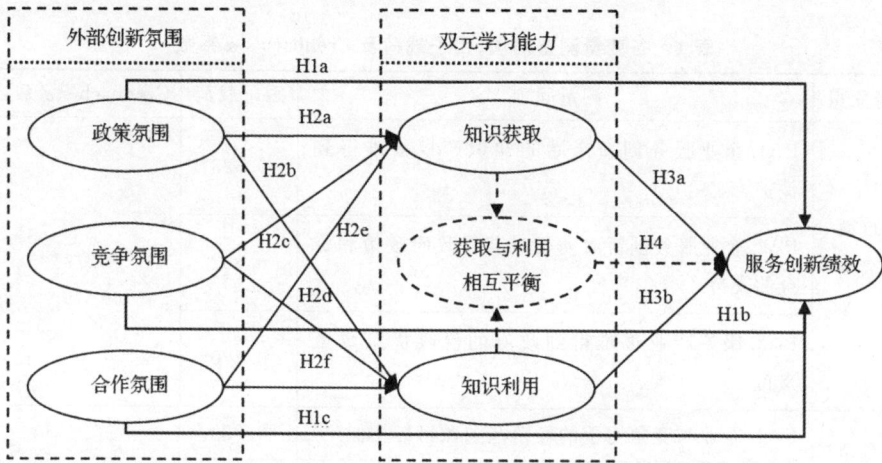

图 1　本文概念模型

2.3　数据收集

本次研究主要通过实地访谈、问卷调查相结合的方式进行数据收集，对长三角和珠三角地区四大类 KIBS 企业进行调查，总计发放问卷 550 份，回收 263 份，回收率为 47.82%，其中剔除无效问卷，有效问卷份数为 212，有效回收率为 38.55%。本次调查选择填写问卷的对象是企业中直接参与服务创新的项目负责人或企业服务创新活动的中高层管理人员，以确保问卷的可信性。样本企业所属地区分布为长三角地区 58.02%，珠三角地区 41.98%。所属行业类型分布为信息服务业 24.06%，金融服务业 35.85%，科技服务业 18.40%，商务服务业 21.70%。

2.4　变量测量

为确保量表的信效度，本文对变量的测量充分借鉴了国内外高水平学术文献已使用过的成熟量表，并结合本研究的视角对具体测量问项进行了适当修正。结合相关领域专家的咨询结果和企业小样本前测，最终形成测量量表（见表 1），量表采用 Likert-5 级量表。外部创新氛围主要参考 Mention(2011) 的测量方法，从政策氛围、竞争氛围和合作氛围三个维度测量，共有 10 个问项；双元学习能力主要参考 Lubatkin 等 (2006)、Hung 和 Chou(2013) 的测量方法，从知识获取和知识利用两个维度测量，共有 8 个问项；服务创新绩效主要参考了 Thakur 和 Hale(2013) 的测量方法，共有 3 个问项；控制变量主要有行业类型、成立时间、员工数量和年销售额。

表 1　各变量测量问项、因子载荷及 Cronbach's α 系数

潜变量	测量问项	因子载荷	Cronbach's α 系数
政策 氛围 (PA)	PA1.企业服务创新产品的知识产权很难得到保护	0.823	0.775
	PA2.企业服务创新活动很难获得政府政策和资金的支持	0.862	
	PA3.服务产业很难得到政府的税收优惠政策支持	0.770	
竞争 氛围 (CA)	CA1.企业与竞争对手的经营范围和目标相似	0.783	0.764
	CA2.企业与竞争对手间的竞争强度很激烈	0.554	
	CA3.企业与竞争对手间的关系敌对性很强	0.779	
合作 氛围 (CoA)	CoA1.企业与客户在联合开发项目方面有长时期的合作	0.791	0.798
	CoA2.企业与重要的供应商保持紧密的私人关系	0.810	
	CoA3.企业与大学或科研机构保持密切的合作关系	0.788	
	CoA4.企业与竞争者有合作关系	0.769	
知识 获取 (KA)	KA1.企业尽可能完整地收集外部信息	0.850	0.794
	KA2.企业经常从外部寻找满足客户需求的新知识	0.755	
	KA3.企业积极瞄准新的客户群体	0.810	
	KA4.企业有用于获取外部新知识的完善系统	0.726	
知识 利用 (KU)	KU1.企业能很快意识到新知识的有用性	0.852	0.855
	KU2.企业善于将新知识转化为新产品或服务	0.790	
	KU3.企业经常考虑如何更好地利用新知识	0.861	
	KU4.企业很容易将新知识应用于新产品	0.866	

续表

潜变量	测量问项	因子载荷	Cronbach's α 系数
服务创新绩效（SIP）	SIP1.企业的服务创新产品是盈利的	0.829	0.830
	SIP2.企业的服务创新活动对提升公司形象具有正面影响	0.741	
	SIP3.企业的服务创新结果优于同类竞争对手	0.806	

3　实证分析

3.1　数据同源偏差检验

所有问项全由一个被调查者填写的情况下，数据容易出现同源偏差问题（common method bias，CMR），也就是共同方法偏差。为了解决该问题，本次研究不仅在事前提高相应的预防措施，如隐去问卷填写者的具体信息、选项重测法等，而且问卷回收后运用 Harman 单因子法进行检测，结果为 24.85%，说明数据同源偏差问题不严重。

3.2　信度、效度检验

（1）本文采用 Cronbach's α 系数、CITC 来检验信度，CITC 结果为政策氛围 0.530～0.653，竞争氛围 0.360～0.638，合作氛围 0.452～0.665，知识获取 0.524～0.692，知识利用 0.638～0.741，服务创新绩效 0.603～0.718。

发现所有潜变量的 Cronbach's α 系数均大于 0.7，且 CITC 均超过 0.35，说明对变量的测量达到了较高的内部一致性，符合信度检验要求。

（2）本文选用国内外使用的成熟量表，同时结合企业实地访谈情况进行修正，并且通过与相关领域专家充分沟通、交流，最终形成调研问卷，因此认为此问卷内容效度较好。本文通过 AMOS7.0 分析收敛效度：外部创新氛围由三个维度构成，使用二阶三因素模型进行验证性因子分析，模型拟合指数分别为 $\chi^2/df = 2.180$，RMSEA = 0.068，CFI = 0.951，GFI = 0.921，AGFI = 0.917，TLI = 0.938，标准化因子载荷为 0.554～0.862，且在 $P < 0.05$ 水平下显著，CR 值处于 0.802～0.847，均大于 0.6 的标准，AVE 介于 0.581～0.619，均大于 0.5 的标准。双元学习能力由两个维度构成，使用二阶双因素模型进行验证性因子分析，模型拟合指数分别为 $\chi^2/df = 1.982$，RMSEA = 0.059，CFI = 0.947，GFI = 0.911，AGFI = 0.893，TLI = 0.927，标准化因子载荷处于 0.726～0.866，且在 $P < 0.05$ 水平下

显著,CR 值为 0.849、0.910,均大于 0.6 的标准,AVE 为 0.636、0.578,均大于 0.5 的标准。服务创新绩效使用单因子模型进行验证性因子分析,模型拟合指数分别为 $\chi^2/df=2.317$,RMSEA$=0.072$,CFI$=0.959$,GFI$=0.908$,AGFI$=0.891$,TLI$=0.954$,标准化因子载荷处于 $0.741\sim0.829$,且在 $P<0.05$ 水平下显著,CR 值为 0.885,大于 0.6 的标准,AVE 为 0.617,大于 0.5 的标准。说明三个测量模型具有较好的收敛效度。区分效度主要依据 AVE 的算术平方根大于潜变量之间相关系数的绝对值。外部创新氛围量表区分效度结果显示:政策氛围 AVE$=0.581$,竞争氛围 AVE$=0.619$,合作氛围 AVE$=0.596$,政策氛围与竞争氛围间相关系数 $r=0.378^{***}$,政策氛围与合作氛围间相关系数 $r=0.265^{***}$,竞争氛围与合作氛围间相关系数 $r=0.296^{***}$。双元学习能力量表的区分效度结果显示:知识获取 AVE$=0.636$,知识利用 AVE$=0.578$,知识获取和知识利用间相关系数 $r=0.564^{***}$。服务创新绩效属于单一变量已经得到了验证。说明三个量表具有较好的区分效度。

3.3 描述性统计分析

表 2 显示了所有变量均值、标准差和相互间的相关系数。发现外部创新氛围、双元学习能力与服务创新绩效之间具有显著相关关系,初步检验了本文所提出的假设,在此基础之上本文将采用多元回归分析对所提出的假设进行进一步验证。

表 2　变量描述性统计与相关分析

变量	1	2	3	4	5	6	7	8	9	10
1.行业类型	1									
2.成立时间	0.001	1								
3.员工数量	−0.074	0.350^{***}	1							
4.年销售额	$−0.149^{*}$	0.298^{***}	0.668^{***}	1						
5.政策氛围	0.084	$−0.179^{**}$	−0.104	−0.034	1					
6.竞争氛围	−0.072	−0.055	0.145^{*}	0.120^{+}	0.378^{***}	1				
7.合作氛围	$−0.114^{+}$	0.030	0.099	0.092	0.265^{***}	0.296^{***}	1			
8.知识获取	0.023	0.054	0.081	0.147^{*}	0.191^{**}	0.297^{***}	0.383^{***}	1		
9.知识利用	0.006	0.072	0.103	0.204^{**}	0.028	0.128^{+}	0.176^{*}	0.564^{***}	1	

变量	1	2	3	4	5	6	7	8	9	10
10. 服务创新绩效	0.150*	0.183**	0.198**	0.144*	0.080+	0.168*	0.116+	0.333***	0.374***	1
均值	2.377	15.219	2.189	3.406	3.046	3.690	3.449	3.942	3.724	3.579
标准差	1.075	13.117	1.284	1.629	0.873	0.710	0.637	0.637	0.747	0.648

注:$N=212$;+ 表示显著性水平 $P<0.10$,* 表示显著性水平 $P<0.05$,** 表示显著性水平 $P<0.01$,*** 表示显著性水平 $P<0.001$(双尾检验)。

3.4　假设检验

(1)外部创新氛围和双元学习能力对服务创新绩效的影响

从表 3 的模型 2 可以看出外部创新氛围的各维度对服务创新绩效有重要的正向影响,假设 H1a、H1b、H1c 得到支持。从模型 3 和模型 4 可以看出,知识获取和知识利用均对服务创新绩效有显著的正向影响,假设 H3a、H3b 得到支持。模型 5 将知识获取和知识利用一起加入回归模型中,结果还是显著性影响,进一步支持了假设 H3a 和 H3b,说明结果具有一定的稳定性。模型 6 在模型 5 的基础上加入了知识获取和知识利用的交互项,发现 R^2 值没有发生显著变化,同时交互项系数出现令人惊异的负值,且在 $P<0.05$ 水平下显著,说明知识获取和知识利用的交互项对促进服务创新绩效没有重要的解释作用,反而不利于服务创新绩效的提升,假设 H4 没有得到支持,但其反向却得到了支持。

表 3　外部创新氛围、双元学习能力对服务创新绩效的影响

变量	服务创新绩效							
	模型 1	模型 2	模型 3	模型 4	模型 5	模型 6	模型 7	模型 8
控制变量								
行业类型	0.166*	0.182**	0.151*	0.152*	0.148*	0.127*	0.156*	0.160*
成立时间	0.122+	0.140+	0.117+	0.114+	0.114+	0.125+	0.127+	0.132+
员工数量	0.143	0.115	0.155+	0.168+	0.167*	0.187*	0.141	0.149+
年销售额	0.037	0.028	−0.017	−0.052	−0.058	−0.058	−0.017	−0.055
自变量								

续表

变量	服务创新绩效							
	模型 1	模型 2	模型 3	模型 4	模型 5	模型 6	模型 7	模型 8
政策氛围		0.080$^+$					−0.009	0.017
竞争氛围		0.168*					0.089	0.116
合作氛围		0.117*					−0.020	0.022
中介变量								
知识获取			0.313***		0.170*	0.172*	0.296***	
知识利用				0.358***	0.263**	0.257**		0.340***
知识获取×知识利用						−0.144*		
模型统计量								
R^2	0.081	0.113	0.177	0.203	0.223	0.243	0.183	0.220
调整后 R^2	0.063	0.083	0.157	0.184	0.200	0.217	0.151	0.189
F 值	4.565**	3.727**	8.847***	10.513***	9.803***	9.333***	5.690***	7.145***

注：$N=212$，系数为标准化回归系数；$^+$ 表示显著性水平 $P<0.10$，* 表示显著性水平 $P<0.05$，** 表示显著性水平 $P<0.01$，*** 表示显著性水平 $P<0.001$（双尾检验）。

（2）外部创新氛围对双元学习能力的影响

从表 4 的模型 2 可以看出，外部创新氛围的各维度对知识获取均有显著的正向影响，假设 H2a、H2c、H2e 得到支持。从模型 4 可以看出外部创新氛围中的合作氛围对知识利用具有显著的正向影响，假设 H2f 得到支持，而政策氛围和竞争氛围对知识利用的影响均不显著，假设 H2b、H2d 均没有得到支持。

表 4　外部创新氛围对双元学习能力的影响

变量	知识获取		知识利用	
	模型 1	模型 2	模型 3	模型 4
控制变量				
行业类型	0.047	0.088	0.038	0.064
成立时间	0.016	0.046	0.021	0.024
员工数量	−0.038	−0.088	−0.068	−0.099

续表

变量	知识获取		知识利用	
	模型 1	模型 2	模型 3	模型 4
年销售额	0.174^{+}	0.153^{+}	0.249^{**}	0.246^{**}
自变量				
政策氛围		0.201^{**}		-0.051
竞争氛围		0.194^{**}		0.092
合作氛围		0.321^{***}		0.156^{*}
模型统计量				
R^2	0.024	0.206	0.046	0.080
调整后 R^2	0.006	0.179	0.027	0.048
F 值	1.294	7.563^{***}	2.476^{*}	2.534^{*}

注：$N=212$，系数为标准化回归系数；$+$ 表示显著性水平 $P<0.10$，$*$ 表示显著性水平 $P<0.05$，$**$ 表示显著性水平 $P<0.01$，$***$ 表示显著性水平 $P<0.001$（双尾检验）。

（3）双元学习能力的中介作用分析

表 3 中的模型 7 在模型 2 的基础上，加入了中介变量知识获取后，R^2 值有显著提高，知识获取的回归系数为正且显著，而外部创新氛围三个维度的回归系数均变得不显著，说明知识获取在政策氛围、竞争氛围和合作氛围与服务创新绩效之间起到完全中介作用。模型 8 在模型 2 的基础上，加入了中介变量知识利用后，R^2 值有显著提高，知识利用的回归系数为正且显著，而合作氛围的回归系数仍为正但变得不显著，说明知识利用在合作氛围与服务创新绩效之间起到完全中介作用。

4　主要研究结论及启示

4.1　主要研究结论

本文探讨了开放式创新环境下，外部创新氛围、双元学习能力与服务创新绩效的关系，对丰富、拓展创新氛围理论，剖析服务创新绩效提升机理具有重要意义。主要研究结论如下：

（1）企业外部创新氛围各维度均有助于促进服务创新绩效的提升，但程度有一定差异。竞争氛围对服务创新绩效的促进效果最明显，达到了 0.168，合作氛围则稍弱于竞争氛围，但也达到了 0.117。政策氛围对服务创新绩效的促进效果最弱,只有 0.080,其对企业的刺激作用远不及竞争氛围那么强烈,创新资源的提供范围也远不如合作氛围那么丰富。

(2)企业外部创新氛围各维度对服务创新绩效的促进作用是间接的,需要借助企业双元学习能力来实现。政策氛围和竞争氛围只能通过知识获取能力来促进服务创新绩效的提升。可能的解释是:其一,政策氛围往往会释放一些有助于企业创新的信息,如有利的创新扶持政策等,但需要企业凭借敏锐的洞察力及时去捕获和挖掘,但是并不是所有企业对这种信息都有相同的转化能力;其二,竞争氛围往往代表了企业所处行业的垄断、竞争水平以及企业参与竞争的投入程度,会激发企业强烈的竞争意识,在其支配下积极开展创新活动,而并非是从这种竞争环境中利用现成的创新资源。合作氛围对服务创新绩效的促进作用可以通过知识获取、知识利用能力来实现。

(3)企业双元学习能力能显著促进服务创新绩效的提升,但程度也存在差异性。知识利用能明显促进服务创新绩效的提升,达到了 0.263,说明企业为了开发新服务或设计新流程而对已拥有知识进行深度整合和利用的能力对企业创新的推动作用非常明显。知识获取对服务创新绩效的影响达到 0.170,说明企业突破组织边界,积极搜寻创新资源的能力对企业开展服务创新活动的促进作用

也较为明显。

(4)知识获取与知识利用相互平衡反而会阻碍服务创新绩效的提升。表 3 中的模型 6 出现了一个令人费解的结果,即将知识获取和知识利用两者间的交互项放入回归模型发现其系数为 -0.144,一个令人惊异的负值,这与大部分学者的观点相悖(Jansen et al. ,2005),但与吴晓波等(2015)学者的结论相一致。产生这种现象的原因:对于企业来说一方面需通过知识获取能力获得创新资源,改进现有服务的设计,为现有细分顾客提供更好的服务;另一方面必须通过知识利用能力整合、开发已拥有的知识,努力开发新服务,开辟更多的细分市场。两者在企业中共存会互相争夺企业有限的资源。

4.2 管理启示

本文的研究结论对 KIBS 企业服务创新实践活动具有重要启示:

(1)开放式环境下外部创新氛围能给企业提供更多的机会。竞争氛围让企业形成了强烈的危机感,从而营造出一种激发创新意识的氛围,进而激发其创新动力。KIBS 企业可以从客户企业、供应商、科研机构等一些企业的外在合作者那里获取创意或想法,并通过知识获取或知识利用能力进行重复利用或深度开发。政策氛围给企业的创新活动提供了一定的支持和保障,提高了企业开展创新活动的

信心。

（2）开放式环境下企业的服务创新活动越发依赖双元学习能力。双元学习能力能够帮助 KIBS 企业对外部创新氛围中的创新资源进行有效整合，进而采取适应环境变化的行动。特别是当外部环境不确定性较强时，重视双元学习能力的企业可以准确把握外部环境中的创新知识，及时跟踪、引进市场上最为先进的服务理念。

（3）企业知识获取能力和知识利用能力间存在一定的竞争性或冲突性。这种竞争性或冲突性主要表现为企业的知识获取能力和知识利用能力对外部创新资源的争夺存在一定的冲突。因此 KIBS 企业在实际经营过程中必须处理好知识获取和知识利用两种学习活动，有所取舍和侧重，合理发挥双元学习能力的作用，最大限度地促进服务创新绩效的提升。

本文尚存在一些不足之处。首先，由于样本主要来自长三角和珠三角沿海经济发达地区，难以排除区域所固有的特征对结论所造成的影响，进而影响研究结论的普适性，因此结论有待在更广区域范围内加以实证。其次，选取了四大类 KIBS 企业，但是不同类型企业间势必存在一定差异，本文未把这种差异因素考虑进来，可能对结论造成一定的影响，今后的研究有必要考虑不同类型企业间的差异。此外，今后还需进一步探索内部创新氛围对服务创新绩效的作用机制。

参考文献

Bilderbeek R,Hertog P,Marklund G,et al.,1998. Services in innovation：knowledge intensive business services（KIBS）as co-producers of innovation，SI4S synthesis paper[J]. Work package,5(6).

Bai Ou,Wei J,Si B,2015. Relational or contractual：the dilemma of service innovation network governance and knowledge acquisition[J]. Studies in science of science,33(9):1432-1440.

Kindström D,Kowalkowski C,Sandberg E,2013. Enabling service innovation：a dynamic capabilities approach[J]. Journal of business research,66(8):1063-1073.

Coote S,Hogan N,Franklin S,2013. Falls in people with multiple sclerosis who use a walking aid：prevalence,factors,and effect of strength and balance interventions[J]. Archives of physical medicine and rehabilitation,94(4):616-621.

Chesbrough H W,2006. The era of open innovation[J]. Managing innovation and change,127(3):34-41.

Chandrasekaran A,Linderman K,Schroeder R,2012. Antecedents to ambidexterity competency in high technology organizations[J]. Journal of operations management,30(1-2):134-151.

Nahapiet J,Ghoshal S,1997. Social capital, intellectual capital and the creation of value in firms[J]. Academy of management proceedings. Academy of Management,1997(1):35-39.

Teece D J,1977. Technology transfer by

multinational firms: the resource cost of transferring technological know-how[J]. The economic journal:242-261.

Nonaka I, Takeuchi H,1995. The knowledge-creating company: how Japanese companies create the dynamics of innovation [M]. Oxford:Oxford University Press.

Wei Y,Lu R Y,2012. Study on management of service innovation model with multi-participators—based oncase analysis of IBM[J]. Technoeconomics & management research,4:26-29.

Chesbrough H, 2010. Open services innovation: rethinking your business to grow and compete in a new era[M]. New York: John Wiley & Sons.

Bengsston M,1998. Climates of competition [M]. Amsterdam: Harwood Academic Publishers,1998.

Libutti L,2000. Building competitive skills in small and medium-sized enterprises through innovation management techniques: overview of an Italian experience[J]. Journal of information science,26(6):413-419.

Zeng S X, Xie X M, Tam C M, 2010. Relationship between cooperation networks and innovation performance of SMEs[J]. Technovation,30(3):181-194.

Zahra S A, Das S R, 1993. Innovation strategy and financial performance in manufacturing companies: an empirical study [J]. Production and operations management,2(1):15-37.

Russell R D, Russell C J, 1992. An examination of the effects of organizational norms, organizational structure, and environmental uncertainty on entrepreneurial

strategy[J]. Journal of management,18(4): 639-656.

Nieto M J, Santamaría L, 2007. The importance of diverse collaborative networks for the novelty of product innovation [J]. Technovation, 27 (6): 367-377.

Cheng C C,Krumwiede D,2012. The role of service innovation in the market orientation—new service performance linkage [J]. Technovation, 32 (7): 487-497.

Ngo L V, O'Cass A, 2013. Innovation and business success: the mediating role of customer participation [J]. Journal of business research,66(8):1134-1142.

Gnyawali D R, Srivastava M K, 2013. Complementary effects of clusters and networks on firm innovation: a conceptual model[J]. Journal of engineering and technology management,30(1):1-20.

Xu H, Li W, 2013. Empirical study on relationship between organizational learning and ambidextrous innovation in high-tech enterprises [J]. Journal of management science,26(4):35-45.

Li W A, Qiu S L, 2007. Characteristics of the network organizations and their effects on the boost of organizational learning [J]. Science research management,28(6):175-181.

Xie H M, Zhang Y, Cheng C, 2014. The impact of network embedding on technical innovative performance based on the perspective of learning capability [J]. Science research management, 35 (12):1-8.

Hewitt-Dundas N, 2006. Resource and capability constraints to innovation in small and large plants[J]. Small business economics,26(3):257-277.

Smallbone D, North D, Roper S, et al. ,2003. Innovation and the use of technology in manufacturing plants and SMEs: an interregional comparison [J]. Environment and planning,21(1):37-52.

Lai Y L,Hsu M S,Lin F J,et al. ,2014. The effects of industry cluster knowledge management on innovation performance [J]. Journal of business research,67(5): 734-739.

Casanueva C, Castro I, Galán J L, 2013. Informational networks and innovation in mature industrial clusters[J]. Journal of business research,66(5):603-613.

Tang C Y,Ye L N,Wang F,et al. ,2015. A study on the impact of external knowledge searching and knowledge assimilation capacity on R&D employees' innovative performance[J]. Studies in science of science,33(4):561-566.

Mention A L, 2011. Co-operation and co-opetition as open innovation practices in the service sector: which influence on innovation novelty? [J]. Technovation, 31(1):44-53.

Yli-Renko H, Autio E, Sapienza H J, 2001. Social capital, knowledge acquisition, and knowledge exploitation in young technology-based firms [J]. Strategic management journal,22(6-7):587-613.

Inkpen A C, Pien W, 2006. An examination of collaboration and knowledge transfer: China-Singapore Suzhou Industrial Park [J]. Journal of management studies, 43 (4):779-811.

Chen X B,Chen X L,Li J Y,2015. Research of the influencing mechanism of strategic orientation and innovation model on firm performance[J]. Studies in science of science,33(1):118-127.

Jansen J J, Van Den Bosch F A, Volberda H W, 2005. Managing potential and realized absorptive capacity: how do organizational antecedents matter? [J]. Academy of management journal,48(6):999-1015.

Lubatkin M H, Simsek Z, Ling Y, et al. , 2006. Ambidexterity and performance in small-to medium-sized firms: the pivotal role of top management team behavioral integration[J]. Journal of management, 32(5):646-672.

Hung K P, Chou C, 2013. The impact of open innovation on firm performance: the moderating effects of internal R&D and environmental turbulence [J]. Technovation,33(10):368-380.

Thakur R, Hale D, 2013. Service innovation: a comparative study of US and indian service firms [J]. Journal of business research,66(8):1108-1123.

吴晓波,陈小玲,李璟琰,2015.战略导向,创新模式对企业绩效的影响机制研究[J].科学学研究,33(1):118-127.

汤超颖,叶琳娜,王菲,等,2015.知识获取与知识消化对创新绩效的影响研究[J].科学学研究,33(4):561-566.

谢洪明,张颖,程聪,等,2014.网络嵌入对技术创新绩效的影响:学习能力的视角[J].科研管理,35(12):1-8.

李维安,邱昭良,2007.网络组织的学习特性辨析[J].科研管理,28(6):175-181.

许晖,李文,2013.高科技企业组织学习与双元创新关系实证研究[J].管理科学,26(4):35-45.

韦铁,鲁若愚,2012.多主体参与的服务创新模式管理研究——基于 IBM 案例的分析[J].技术经济与管理研究,4:26-29.

白鸥,魏江,斯碧霞,2015.关系还是契约:服务创新网络治理和知识获取困境[J].科学学研究,33(9):1432-1440.

附录3 知识惯性一定会阻碍服务企业绩效的提升吗?
——基于 KIBS 企业的实证[①]

摘要:基于知识管理和组织学习理论,针对知识惯性悖论,文章以组织学习为中介变量,构建知识惯性影响服务企业绩效的概念模型,并对长三角和珠三角地区 211 家 KIBS 企业进行实证研究。结果显示:(1)程序惯性和资讯惯性均会直接阻碍服务企业绩效的提升,程序惯性还会通过利用式学习和探索式学习这两种组织学习活动间接阻碍服务企业绩效的提升,资讯惯性则仅通过利用式学习间接阻碍服务企业绩效的提升;(2)经验惯性不仅不会阻碍服务企业绩效的提升,反而会通过利用式学习和探索式学习间接促进服务企业绩效的提升;(3)利用式学习和探索式学习均会对服务企业绩效产生显著的直接促进作用。

关键词:知识惯性;组织学习;服务企业绩效;KIBS

① 本文系浙江省科技计划软科学重点基金项目"浙江 KIBS 企业服务创新能力提升机理及对策研究:外部创新氛围视角"(项目编号:2016C25040)、国家社会科学基金项目"知识共创视角下的顾客在线参与新服务开发研究"(项目编号:14BGL197)、浙江省自然科学基金项目"顾客在线参与服务创新氛围及其对顾客创造力的影响研究"(项目编号:LY15G020004)和浙江省高校重大人文社会科学项目"生产性服务业集聚效应对制造业产业结构优化升级的影响研究"(项目编号:2013QN074)的研究成果之一,已发表于《商业经济与管理》2016 年第 4 期,作者为范钧、高孟立。

Will Knowledge Inertia Surely Hinder the Promotion of Service Enterprise Performance?
—Based on the Empirical Study of KIBS Enterprises

Abstract:Based on knowledge management and organizational learning theory, this paper proposes a conceptual model about the mediating effects of organizational learning on the relationship of knowledge inertia and service enterprise performance to solve the paradox about knowledge inertia. 211 KIBS enterprises are chosen as the research objects to implement this empirical study from Yangtze River Delta region and Pear River Delta region. The result shows: (1)Procedural inertia and informational inertia will hinder the promotion of service enterprise performance directly; the procedural inertia can also indirectly hinder the promotion of service enterprise performance through two kinds organizational learning activities of exploitative learning and exploratory learning, while the informational inertia can indirectly hinder the promotion of service enterprise performance only through exploitative learning. (2) Experiential inertia not only won't hinder the promotion of service enterprise performance, instead will indirectly promote the service enterprise performance through exploitative learning and exploratory learning. (3) In addition, the organizational learning including exploitative learning and exploratory learning both take directly positive effects on the promotion of service enterprise performance.

Keywords:knowledge inertia; organizational learning; service enterprise performance; knowledge-intensive business service

一、引　言

随着我国现代服务业的迅速发展,知识密集型服务业(KIBS)在推动国家和区域经济发展的过程中发挥着越来越重要的作用。然而由于中国对外开放程度的提高、进出口贸易限制的放宽,国际巨头纷纷开始抢占中国市场,这不仅直接加剧了国内终端企业激烈的竞争,而且还间接给 KIBS 企业带来巨大的市场压力。如何提高 KIBS 企业绩效,进而提升综合竞争实力,俨然已成为中国 KIBS 企业所需解决的迫切问题。

根据 Chesbrough(2003)提出的开放式创新理念,KIBS 企业探索如何提升企业绩效时,开始从传统意义的单边创新范式转向跨越组织边界的交互式创新范式,这其中组织学习受到了学术界的高度关注(Nevis et al., 1997;Elsenhardt & Martin,2000)。积极拓展组织边界,从而有力获取异质性的知识与资源,进而有效整合组织学习中所获得的各种创新思想,最终提高组织学习的效率,已成为提高 KIBS 企业绩效的关键之所在。然而袁静等(2005)指出组织一般会延用原有的知识,外来的新知识不足以破坏原有知识的话,组织就会保持原来的状态,即知识惯性。知识惯性在某些情况下会妨碍组织对新知识的学习,具有一定的危害性。由此可见,知识惯性可能会对组织学习产生负向影响作用,进而阻碍企业绩效的提升。因此,在探讨组织学习和企业绩效问题时,不能忽视知识惯性给组织所带来的破坏现象(Liao,2002)。

已有对企业绩效的研究大多运用资源依赖理论(Pfeffer & Salancik, 2003)、社会关系网络理论(范志刚等,2014;Lavie & Drori,2012;Lahiri & Narayanan,2013)、知识管理理论(Strawbach,2001;吴岩,2014)及组织学习理论(Chandy & Tellis,1998;Easterby-Smith & Prieto,2008)等,从正向因素入手来探讨其对企业绩效的影响作用,而较少以负向影响因素作为切入口进行研究,且研究对象大多为制造企业。已有知识惯性与企业绩效的关系研究,一般将知识惯性作为前因变量或调节变量,且同时存在正向影响和负向影响两种并不完全一致甚至是矛盾的研究结论。目前学术界这种并不一致的结论背后,很可能是忽略了知识惯性不同类型与组织学习方式之间的匹配问题。同时由于 KIBS 企业其产品往往具有独特性、不可复制性等特点,导致知识惯性对 KIBS 企业组织的负面影响很可能会更显著。

因此,本研究选取 KIBS 企业为研究对象,以组织学习为中介变量,分析知识惯性对服务企业绩效的影响机制。本研究探索性地将知识惯性划分为程序惯性、资讯惯性和经验惯性三种类型,以厘清不同知识惯性类型对服务企业绩效的作用路径关系,以期帮助服务企业合理利用或规避不同的知识惯性对绩效的影响,从而提高学习效率并提升企业绩效。

二、理论基础与研究假设

(一)概念界定

1.知识惯性

惯性最初源自物理学的概念:一切物体总保持匀速直线运动状态或静止状态,直到有外力迫使它改变这种状态为止。Kavcic 等(2000)指出人类认知也存在着惯性,这种行为会促使人类拒绝改变目前的状态。知识惯性(knowledge inertia)概念最初由 Liao(2002)提出,是指当人们在解决问题的时候,会顺其自然地使用过去惯有的问题解决程序、僵化的知识来源以及过去的经验,包括程序惯性、资讯惯性和经验惯性。程序惯性(procedural inertia)指的是组织解决问题时会使用过去惯行的问题解决程序,资讯惯性(informational inertia)指的是组织解决问题时会使用以往常用的知识源进行资讯搜索,经验惯性(experiential inertia)指的是组织处理问题时会使用过去的经验来解决当前的问题。本文采用 Liao 对知识惯性的定义,并将其分为程序惯性、资讯惯性和经验惯性三种类型。

2.组织学习

吴晓波等(2014)指出组织学习是指企业为了适应动态变化的环境,获得持续竞争优势,而对知识进行不断获取、储存、传递、整合、应用以及创新的组织行为。March(1991)提出了利用式学习和探索式学习两种组织学习模式。利用式学习(exploitative learning)是指那些具有"提炼、筛选、生产、选择、实施、执行"等特征的学习活动,往往是对现有知识的重复利用和深度开发(张振刚等,2015)。探索式学习(exploratory learning)是指那些具有"探索、变化、风险、试验、尝试、应变、发现、创新"等特征的学习活动,往往具有显著的冒险性和试验性导向。前者强调组织在适应环境的过程中,为使风险降低,往往选择一些已被证实为有效的知识,且通过重复性行动对现有知识加以改进,从而提升组织绩效(刘寿先,2014);而后者强调组织对新技术或商业机会进行尝试,产生的知识与组织现有知识库中的知识存在较大的差异(Katila & Ahuja,2002),旨在追求新的知识来帮助组织适应环境(张振刚等,2015),从而提升组织绩效。本文采用吴晓波等对组织学习所下的定义和 March 对组织学习的分类,从利用式学习和探索式学习两个维度来探讨组织学习在知识惯性影响服务企业绩效中的作用机制。

3.服务企业绩效

已有专门针对服务企业特别是 KIBS 企业绩效的研究相对较少。服务企业绩效指的是服务企业的各种产出以及投入产出效率，但已有服务企业绩效相关研究主要集中在企业的服务绩效方面，特别是服务创新的绩效（Kindstrom et al.，2013）。服务企业绩效与企业服务绩效是两个不同的概念，服务企业绩效除了其所提供的服务绩效之外，更应体现在服务企业的投入产出效率方面，即服务企业绩效更加强调服务企业在实际运行过程中能否形成有效的投入产出转化机制。对服务企业绩效的衡量，Kaplan & Norton（1992）认为应该采用平衡记分卡的概念。本文认为服务企业绩效（service enterprise performance）是指服务企业的各种产出以及投入产出效率。

（二）知识惯性与组织学习的关系

由于社会运动比生物运动更具复杂性，因此在组织学习中发生的知识惯性现象也更加严重（袁静等，2005）。Liao（2002）指出，组织在学习知识的过程中会受到知识惯性的作用，在解决问题时会使用过去的经验，排斥新知识，从而产生更高的惯性。周健明等（2014）的相关研究发现程序惯性以及资讯惯性会对组织

开发新产品的过程产生破坏作用，特别是产品创新时，惯性会对组织内外部知识学习产生负面作用。据此，本研究认为，当组织进行利用式学习和探索式学习活动时，由于受到知识惯性的影响，使得无论是对现有知识的深度加工还是对新知识的探索，都会受到知识惯性的影响从而对组织学习产生阻碍作用。基于上述理论分析，本文提出以下假设：

H1a：程序惯性对利用式学习有显著的负向影响。

H1b：程序惯性对探索式学习有显著的负向影响。

H1c：资讯惯性对利用式学习有显著的负向影响。

H1d：资讯惯性对探索式学习有显著的负向影响。

H1e：经验惯性对利用式学习有显著的负向影响。

H1f：经验惯性对探索式学习有显著的负向影响。

（三）组织学习与服务企业绩效的关系

组织学习的最终目的是实现组织知识更新与创新能力形成（阮爱君等，2014），也就是企业绩效的提升。随着与外部企业合作紧密性的增加，KIBS 企业通过组织学习，获取外部创新思维，更新已有知识，提高企业绩效（金昕、陈松，2015）。然而开放式创新环

境下,企业发展不仅需要对现有知识的深度挖掘,而且更需要通过探索式学习来创造变异能力(张振刚等,2014),所以从二元化的视角把组织学习活动分为利用式学习和探索式学习,更能体现组织的战略主动性,并且能够与企业的绩效密切相关(Jansen et al.,2006)。

1.利用式学习与服务企业绩效的关系

March 认为利用式学习是对既有知识和技术的改进与提高,可以在较短时间内带来回报,增加企业的当前收入(March,1991)。因此,企业往往更加注重短期的运营效率(吴晓波等,2015),倾向于深度开发已有知识。采用利用式学习的服务企业,完善了现有产品或服务的知识、流程以及工艺(Atuahene-Gima & Ko,2001),从而能够实现对企业现有服务能力、技术的提升和拓展,从而提高服务企业绩效。基于上述理论分析,本文提出以下假设:

H2a:利用式学习对服务企业绩效具有显著的正向影响。

2.探索式学习与服务企业绩效的关系

探索式学习是对新事物、新知识的发现和尝试(Jansen et al.,2005),通过这种学习活动,组织能够获取外部的新知识和新创意,使企业赢得新的发展机遇,从而增强自身可持续性竞争优势。尽管这种组织学习活动所产生的知识与企业现有知识体系之间所存在的差异会导致风险的增大(张振刚等,2015),但是企业只要制定长期周密的战略规划,加强对创新各环节的监控和调整,可以提升企业的绩效(刘寿先,2014)。探索式学习虽然有风险,但是能够显著提升企业的财务绩效水平(Jansen et al.,2005),而且还与企业的战略绩效密切相关,能够增强企业的长期竞争力、增加未来的收益(March,1991)。基于上述理论分析,本文提出以下假设:

H2b:探索式学习对服务企业绩效具有显著的正向影响。

3.知识惯性与服务企业绩效的关系

周健明等(2014)认为知识惯性会对知识在企业解决社会问题、开发新产品的过程中产生极大的负面影响作用。Liao(2002)也指出知识惯性深刻地影响员工知识的选择以及知识获取的途径,从而影响知识在解决实际问题时所发挥的作用。所以在一个快速变革的环境中,已有的组织实践和惯例可能会减少企业适应新变革的灵活性(Levitt & March,1988),因此知识惯性可能会阻碍企业获取新的知识来适应环境的动态变革,进而影响企业绩效的提升。基于上述理论分析,本文提出以下假设：

　　H3a：程序惯性对服务企业绩效具有显著的负向影响。

　　H3b：资讯惯性对服务企业绩效具有显著的负向影响。

　　H3c：经验惯性对服务企业绩效具有显著的负向影响。

　　根据上述推理，本文构建了如图 1 所示的概念模型。

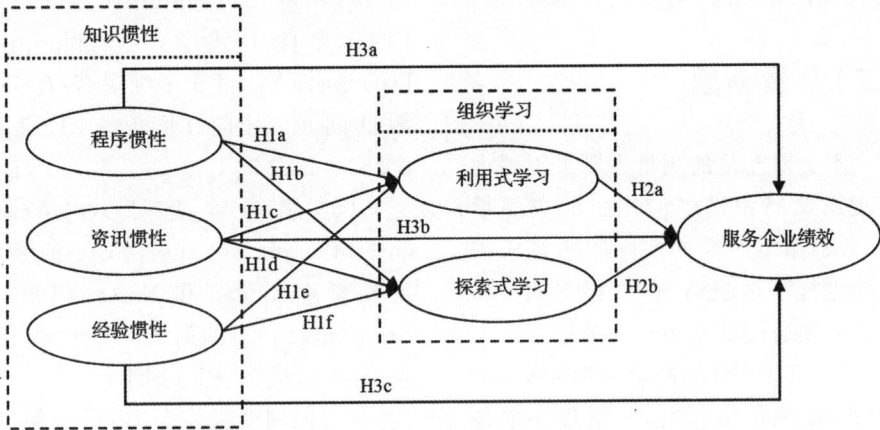

图 1　本文的概念模型

三、研究设计

(一)样本与数据收集

　　本文采用企业问卷调查的方法进行数据的搜集工作，调查区域为中国的长三角和珠三角地区，以信息服务业、金融服务业、科技服务业和商务服务业四大类 KIBS 企业为样本，受访对象仅限于了解服务企业经营状况的高管、部门经理或项目负责人。在当地相关协会负责人等协助下，采取电话预约、上门调研以及问卷邮寄相结合的办法，于 2014 年 10 月至 2015 年 5 月，发放问卷 600 份，回收问卷 280 份，其中剔除无效问卷 69 份，有效问卷共计 211 份，有效回收率为 35.17%。样本企业来源地区构成：长三角地区占 57.82%，珠三角地区占 42.18%；行业类型构成：信息服务业占 23.70%，金融服务业占 36.02%，科技服务业占 18.48%，商务服务业占 21.80%；存续年限构成：5 年以下企业占 17.06%，6～10 年企业占 29.86%，11～20 年企业占 34.12%，21 年以上企业占 18.96%；员工数量构成：50 人以下企业占 34.12%，51～

300 人企业占 30.33％,301～1000 人企业占 17.54％,1001 人以上企业占 18.01％;年销售额构成:100 万以下企业占 11.37％,101 万～500 万企业占 20.85％,501 万～1000 万企业占 14.69％,1001 万～1 亿元企业占 20.85％,1 亿元以上企业占 32.23％。

(二)变量测量

本文对变量的测量主要采用国内外现有文献中已经使用过的成熟量表,并根据本研究的实际问题对相关问项进行了适当修改(具体见表 1),问卷采用通用的 Likert-5 级量表:

(1)知识惯性的测量主要参考 Liao 等(2002,2008)的研究,包括程序惯性(procedural inertia,PI)、资讯惯性(informational inertia,II)和经验惯性(experiential inertia,EI)三个子维度,各有 5 个测量问项,对应 PI1～PI5、II1～II5 和 EI1～EI5。

(2)组织学习的测量主要参考 March(1991)、Atuahene-Gima 和 Murray(2007)等学者的研究,包括利用式学习(exploitative learning,EEL)和探索式学习(exploratory learning,EYL)两个子维度,各有 5 个测量问项,对应 EEL1～EEL5 和 EYL1～EYL5。

(3)服务企业绩效(service enterprise performance,SEP)的测量主要参考 Kaplan 和 Norton(1992)、Brentani(1989)的研究,共有 4 个测量问项,对应 SEP1～SEP4。

(4)控制变量主要有:行业类型、存续年限、员工数量以及年销售额。

表 1 各变量测量问项、因子载荷及 Cronbach's α 系数

潜变量	测量问项	因子载荷	Cronbach's α 系数
程序惯性(PI)	PI1:企业不会给员工机会去学习新的观念和方法	0.692	0.808
	PI2:企业不善于使用新的方法来解决新问题	0.838	
	PI3:企业不热衷于学习新观念来改变旧的思维和行为	0.835	
	PI4:企业严格的操作规程往往缺乏灵活性和创新性	0.751	
	PI5:企业会使用与过去同样的方法来解决实际问题	0.788	

潜变量	测量问项	因子载荷	Cronbach's α 系数
资讯惯性（II）	II1:企业习惯于从以往的知识源中寻求新知识	0.684	0.877
	II2:企业过去的知识源往往能够解决实际问题	0.713	
	II3:企业的规章制度往往限制了员工产生新的创意和想法	0.572	
	II4:企业不太主动去搜寻新知识的来源和渠道	0.759	
	II5:企业比较排斥出现的新知识和新创意	0.780	
经验惯性（EI）	EI1:企业在实际经营中会依赖于过去的知识或经验	0.649	0.795
	EI2:企业过去的知识和经验常常会阻碍对新知识的接受	0.703	
	EI3:企业经常从过去的经验中进行学习而获益	0.751	
	EI4:企业过去的知识和经验可以提高经营业绩	0.701	
	EI5:企业不太会根据客户的建议和要求来改变自身解决问题的方法	0.617	
利用式学习（EEL）	EEL1:企业重视搜寻并提炼项目合作中的共同方式和创意信息	0.723	0.863
	EEL2:企业重视搜寻能使企业更好运营的市场和服务产品信息	0.793	
	EEL3:企业重视搜寻常规性的以及得到有效验证的解决方案和方法	0.816	
	EEL4:企业重视利用能更好理解和更新现有服务和市场的信息获取方法	0.697	
	EEL5:企业重视与现有服务产品和市场经验相关的知识利用	0.725	

续表

潜变量	测量问项	因子载荷	Cronbach's α 系数
探索式学习（EYL）	EYL1：企业重视搜寻高风险的和有待试验的市场和服务产品信息	0.826	0.895
	EYL2：企业重视获取非常规性及不可识别的市场需求信息和问题解决方案	0.893	
	EYL3：企业重视获取能进入新市场和新服务领域的知识	0.816	
	EYL4：企业不断寻求新的市场和服务产品信息	0.778	
	EYL5：企业重视获取能使企业脱离和超越当前服务产品与市场的信息	0.647	
服务企业绩效（SEP）	SEP1：企业有较好的利润增长率	0.641	0.806
	SEP2：企业的服务有较高的顾客回头率	0.673	
	SEP3：企业的服务市场占有率和竞争力得到了提高	0.761	
	SEP4：企业的团队精神和员工学习热情得到了加强	0.590	

四、数据分析

本研究采用 SPSS 19.0 与 AMOS 7.0 统计软件进行数据处理。对数据进行同源偏差检验后，对潜变量进行信度和相关性分析，对测量模型进行验证性因子分析（CFA）。在此基础上，运用结构方程模型进行路径分析，对本研究所提出的假设进行验证。

（一）共同方法偏差分析

问卷调研时所有问项在均由同一个被调查者所填写的情况下，容易出现共同方法偏差（common method variance，简称 CMV），也就是同源方差问题（Sharma et al.，2009）。为了解决共同方法偏差问题，本研究首先通过程序控制方法（答题者匿名作答、设置多重问题等）尽量提高事前预防措施，其次运用 Harman 单因子方法进行检测。全部测量问项放在一起做因子分析，在未旋转时得到的第一个主成分所占有的载荷量是 24.02%，说明共同方法偏差并不严重。

(二)信度、效度分析

1.信度分析

本文采用 Cronbach's α 系数来检验变量的信度，经过计算各潜变量的 Cronbach's α 系数如下：程序惯性 0.808，资讯惯性 0.877，经验惯性 0.795，利用式学习 0.863，探索式学习 0.895，服务企业绩效 0.806，均大于 0.7，表明使用本量表所搜集到的数据是可靠的。变量间的描述性统计结果以及相关系数矩阵见表 2。

表 2　变量间的描述性统计与相关系数

变量	1	2	3	4	5	6	7	8	9	10
1.行业类型	1									
2.存续年限	0.001	1								
3.年销售额	-0.148^*	0.301^{***}	1							
4.员工数量	-0.072	0.355^{***}	0.666^{***}	1						
5.程序惯性	-0.099	-0.049	0.061	0.092	1					
6.资讯惯性	0.007	-0.057	0.001	0.061	0.549^{***}	1				
7.经验惯性	-0.091	0.001	0.078	0.042	0.491^{***}	0.566^{***}	1			
8.利用式学习	0.071	-0.047	0.118	0.133	-0.142^*	-0.139^*	0.208^{**}	1		
9.探索式学习	0.035	0.131	0.142^*	0.088	-0.216^{**}	-0.095	0.188^{**}	0.557^{***}	1	
10.服务企业绩效	0.095	0.179^{**}	0.244^{***}	0.210^{**}	-0.313^{***}	-0.180^{**}	0.121	0.447^{***}	0.447^{***}	1
均　值	2.38	15.24	4.74	2.92	2.483	2.838	3.147	3.800	3.605	3.696
标准差	1.077	13.143	1.927	1.877	0.704	0.629	0.541	0.626	0.617	0.565

注：* 表示显著性水平 $P<0.05$，** 表示显著性水平 $P<0.01$，*** 表示显著性水平 $P<0.001$（双尾检验）。

2.效度分析

三个量表的测量问项主要来自国内外学者已经开发并使用的成熟量表，可以认为具有较好的内容效度。本研究通过 AMOS7.0 对三个量表进行验证性因子分析，以此来分析收敛效度：知识惯性使用二阶三因素模型，其验证性因素分析结果如下：$\chi^2/df=1.427$，RMSEA＝0.058，GFI＝0.881，AGFI＝0.832，NFI＝0.901，CFI＝0.939，TLI＝0.928，IFI＝0.932，PNFI＝0.655，PGFI＝0.649。组织学习使用二阶双因素模型，其验证性因素分析结果如下：$\chi^2/df=1.342$，RMSEA＝0.049，GFI＝0.879，AGFI＝0.813，NFI＝0.921，CFI＝0.927，TLI＝0.920，IFI＝0.917，PNFI＝0.647，PGFI＝0.638。服务企业绩效使用单因素模型，其验证性因素分析结果如下：$\chi^2/df=1.681$，RMSEA＝0.044，GFI＝0.862，AGFI＝0.809，NFI＝0.890，CFI＝0.925，TLI＝0.911，IFI＝0.909，PNFI＝0.618，PGFI＝0.599。知识惯性标准化因子载荷处于 0.572～0.838，且在 $P<0.05$ 水平下显著，CR 值处于 0.825～0.897，均大于 0.6 的标准，AVE 介于 0.621～0.689，均大于 0.5 的标准。组织学习标准化因子载荷处于 0.647～0.893，且在 $P<0.05$ 水平下显著，CR 值为 0.879、0.920，均大于 0.6 的标准，AVE 为 0.640、0.718，均大于 0.5 的标准。服务企业绩效标准化因子载荷处于 0.590～0.761，且在 $P<0.05$ 水平下显著，CR 值为 0.880，大于 0.6 的标准，AVE 为 0.587，大于 0.5 的标准。因此三个测量模型具有较好的收敛效度。

区分效度主要依据 AVE 的算术平方根大于潜变量间相关系数的绝对值。知识惯性测量量表的区分效度结果为，程序惯性变量 AVE 的算术平方根为 0.662，资讯惯性变量 AVE 的算术平方根为 0.689，经验惯性变量 AVE 的算术平方根为 0.621，均大于三个变量间的相关系数，这说明知识惯性三个测量变量具有较好的区分效度。组织学习测量量表进行区分效度分析后发现，两个变量间的相关系数 r＝0.557，AVE 的算术平方根分别为 0.640 和 0.718，说明两个变量 AVE 的算术平方根均大于其相关系数绝对值，说明利用式学习和探索式学习对组织学习的测量具有较好的区分效度。

五、实证结果

（一）知识惯性与服务企业绩效的关系

首先运用 SPSS 19.0 软件，分别以程序惯性、资讯惯性和经验惯性为自变量，服务企业绩效为因变量，进行回归分析，结果如表 3 所示。程序惯性、资讯惯性和经验惯性与服务企业绩效之间的标准化回归系数分别为－0.319，－0.181 和 0.119，且都通过了显著性检验，说明程序惯性、资讯惯性和经验惯性三个自变量与服务企业绩效之间关系显著，H3a、H3b 得到了验证，H3c 尽管通过了显著性检验，但发现其系数为正，实证结果正好与原假设相反。

表 3　知识惯性与服务企业绩效的回归分析

变量	服务企业绩效		
	模型 1	模型 2	模型 3
控制变量			
行业类型	0.099	0.129*	0.121*
存续年限	0.072	0.086	0.100
年销售额	0.196*	0.187*	0.205*
员工数量	0.091	0.076	0.051
自变量			
程序惯性（PI）	−0.319***		
资讯惯性（II）		−0.181**	
经验惯性（EI）			0.119*
R^2	0.435	0.349	0.310
F	9.555***	5.692***	4.367**

注：* 表示显著性水平 $P<0.05$，** 表示显著性水平 $P<0.01$，*** 表示显著性水平 $P<0.001$（双尾检验）。

（二）整体理论模型检验

本研究探讨知识惯性、组织学习和服务企业绩效三者之间的关系，采用结构模型对三者间的路径系数进行了相应分析。本研究使用 AMOS7.0 对整体模型进行了检验，具体结果从以下三个方面进行分析：(1)基本适配度：本研究具体测量问项的因子载荷均处于 0.50～0.95，且均达到了显著性水平，误差项也均大于 0，达到基本的适配标准要求。(2)整体模型适配度：$\chi^2/df=1.435$，RMSEA＝0.045，GFI＝0.873，AGFI＝0.829，NFI＝0.925，CFI＝0.946，TLI＝0.932，IFI＝0.947，PNFI＝0.676，PGFI＝0.652，可以看出模型的检验指标基本上达到了理想的标准，尽管 GFI＝0.873＜0.9、AGFI＝0.829＜0.9，但都超过了 0.80 的标准，均达到了最低可接受的标准，模型具有良好的整体模型适配度。(3)内在结构适配度：本研究六个变量的 CR 值为 0.825～0.920，均大于 0.6 的标准，而因素解释量处于 0.65～0.82，均大于 0.5 的标准，达到了最低可接受的水平，模型具有良好的内在结构适配度。据此本文所构建的理论模型是合适的，可以用于对研究假设的检验。

(三)假设检验

基于本研究所构建的理论模型，使用 AMOS7.0 建立初始结构方程模型，尽管从相关评价指标看，拟合度良好，可以用来检验研究假设。然而在初步拟合结果中发现资讯惯性对探索式学习影响，经验惯性对服务企业绩效影响这两条路径不显著，故逐条删除 H1d 和 H3c 假设所对应的路径，

同时观察拟合指标的变化情况，逐步进行模型的修正，最终修正后的模型见图 2，修正后整体模型适配度指标如下：$\chi^2/df = 1.432$，RMSEA $= 0.044$，GFI $= 0.872$，AGFI $= 0.830$，NFI $= 0.925$，CFI $= 0.946$，TLI $= 0.933$，IFI $= 0.947$，PNFI $= 0.677$，PGFI$=0.652$，表明模型拟合效果较好。本研究修正后理论模型的路径系数和假设检验具体见表 4。

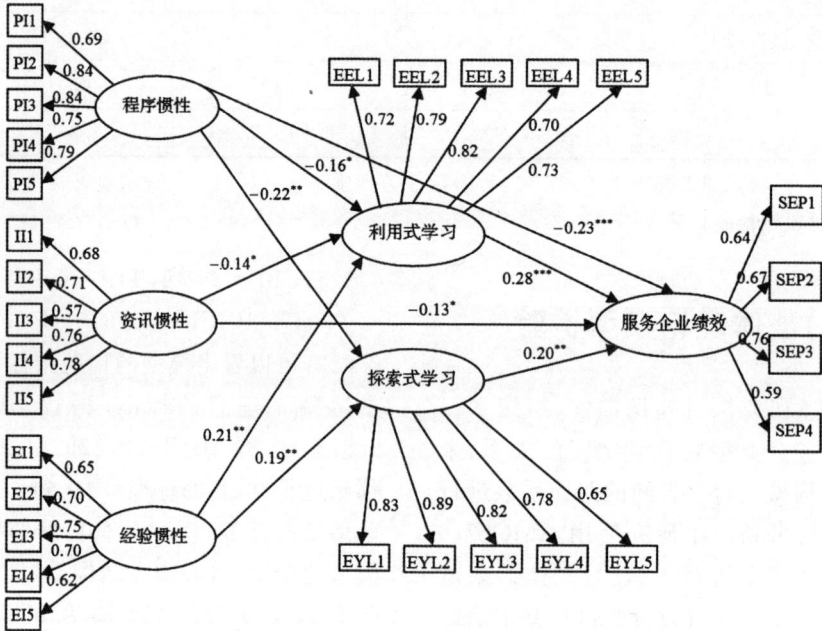

图 2　修正后的结构方程模型

注:1.各条路径旁依次列出了标准化路径系数值；

2. * 表示显著性水平 $P<0.05$，** 表示显著性水平 $P<0.01$，*** 表示显著性水平 $P<0.001$(双尾检验)。

表 4　修正后模型的路径系数与假设检验

变量间关系	标准化路径系数	T 值	P 值	显著性程度	对应假设	检验结果
程序惯性→利用式学习	−0.159	−2.322	0.021	*	H1a	支持
程序惯性→探索式学习	−0.216	−3.182	0.002	**	H1b	支持
资讯惯性→利用式学习	−0.144	−2.314	0.041	*	H1c	支持
资讯惯性→探索式学习	—	—	—	不显著	H1d	不支持
经验惯性→利用式学习	0.207	2.371	0.001	**	H1e	不支持
经验惯性→探索式学习	0.194	2.180	0.008	**	H1f	不支持
程序惯性→服务企业绩效	−0.232	−3.960	0.000	***	H3a	支持
资讯惯性→服务企业绩效	−0.130	−2.163	0.032	*	H3b	支持
经验惯性→服务企业绩效	—	—	—	不显著	H3c	不支持
利用式学习→服务企业绩效	0.275	3.943	0.000	***	H2a	支持
探索式学习→服务企业绩效	0.204	2.908	0.004	**	H2b	支持

注:* 表示显著性水平 $P<0.05$,** 表示显著性水平 $P<0.01$,*** 表示显著性水平 $P<0.001$(双尾检验)。

对理论模型的路径系数以及显著性水平分析,本研究的假设 H1a、H1b、H1c、H3a、H3b、H2a 和 H2b 获得了支持;而假设 H1d、H1e、H1f 和 H3c 则没有获得支持,尽管 H1e、H1f 和 H3c 路径显著,但是其标准化路径系数为正值,实证结果与已有假设不符。程序惯性对利用式学习具有显著的负向影响($P<0.05$);程序惯性对探索式学习具有显著的负向影响($P<0.01$)。资讯惯性对利用式学习具有显著的负向影响($P<0.05$);资讯惯性对探索式学习没有显著的负向影响($P>0.05$),说明原假设未获得支持。经验惯性对利用式学习具有显著的正向影响($P<0.01$),说明结论与原假设相反;经验惯性对探索式学习具有显著的正向影响($P<0.01$),说明结论与原假设相反。程序惯性对服务企业绩效具有显著的负向影响($P<0.001$);资讯惯性对服务企业绩效具有显著的负向影响($P<0.05$);经验惯性对服务企业绩效的影响不显著($P>0.05$),说明原假设未获得支持。利用式学习对服务企业绩效具有显著的正向影响($P<0.001$);探索式学习对服务企业绩效具有显著的正向影响($P<0.01$)。

(四)中介作用及影响效应分析

知识惯性三个变量对服务企业绩效的直接影响效应分别为程序惯性 -0.23,资讯惯性 -0.13,经验惯性 0;间接影响效应分别为程序惯性 -0.0888(利用式学习为 -0.0448、探索式学习为 -0.0440),资讯惯性 -0.0392(利用式学习为 -0.0392、探索式学习为 0),经验惯性 0.0968(利

用式学习为 0.0588、探索式学习为 0.0380);总效应分别为程序惯性 -0.32,资讯惯性 -0.17,经验惯性 0.10。由此可知,利用式学习在程序惯性和资讯惯性影响服务企业绩效中起到部分负向中介的作用,在经验惯性影响服务企业绩效中起到完全正向中介的作用;探索式学习在程序惯性影响服务企业绩效中起到部分负向中介的作用,在资讯惯性影响服务企业绩效中的中介作用不显著,在经验惯性影响服务企业绩效中起到完全正向中介的作用。

六、结论、启示与展望

(一)研究结论

虽然已有研究普遍认为知识惯性对企业绩效具有负向的影响作用,但是研究视角、变量选取角度的差异导致文献的结论并不完全一致。为了明确知识惯性与服务企业绩效之间的关系,探索知识惯性影响服务企业绩效的内在机理,本文通过详细梳理文献构建理论模型,并选取长三角和珠三角地区 211 家 KIBS 企业作为实证样本,探讨了知识惯性、组织学习与服务企业绩效之间的关系,结果发现:

首先,程序惯性不但会直接阻碍服务企业绩效的提升,还会通过利用式学习和探索式学习这两种组织学习

类型,间接阻碍服务企业绩效的提升。资讯惯性可以直接阻碍服务企业绩效的提升,也可以通过利用式学习这一中介变量间接阻碍服务企业绩效的提升,但是通过探索式学习这一中介变量间接阻碍服务企业绩效的提升作用并不显著。

其次,经验惯性对服务企业绩效没有直接的显著影响,但是会通过利用式学习和探索式学习对服务企业绩效产生正向影响,间接地促进服务企业绩效的提升。这一结论与以往的研究结论并不一致,但也进一步证实了周健明等(2014),Liao 等(2008)学者的研究结论。

最后,组织学习包括利用式学习和探索式学习,均能直接促进服务企业绩效的提升。这种提升效果利用式学习要比探索式学习更加明显,也就是说利用式学习对服务企业绩效的提升效果比探索式学习要强。利用式学习在程序惯性和资讯惯性阻碍服务企业绩效提升的过程中发挥了部分中介的作用,而探索式学习只在程序惯性阻碍服务企业绩效提升的过程中发挥了部分中介的作用;利用式学习和探索式学习在经验惯性促进服务企业绩效提升的过程中发挥了完全中介的作用。

(二)管理启示

第一,KIBS 企业在日常经营过程中往往比较重视对外在智力资本的

利用,或者存在过多地"借用"外部思想的不良现象,然而企业为了长远的发展必须充分发挥利用式学习、探索式学习这两种组织学习方式,着重培养自身的核心竞争力。我国 KIBS 企业在实际经营活动过程中比较注重利用类似于产学研合作、企业间联合开发等外部智力资本,由于这类外部智力资本往往能产生相对短期的运营绩效,所以企业往往会采用利用式学习方式对现有知识采取深度开发或重复使用,以此来完善现有产品知识、流程等,提升现有服务能力,拓展现有市场,进而提高服务企业绩效。当然这也从另外一个侧面说明中国 KIBS 企业在实际经营过程中,可能存在过多"复制"已有产品、"借用"外部思想或创意等不良现象。KIBS 企业不能忽视企业的探索式学习这种组织学习方式。探索式学习尽管是试验性的、冒险性的,具有一定的风险,但是这种学习方式只要与企业的战略绩效密切结合,使企业跨越组织边界,吸收更多的新知识或新创意,开拓更为宽阔的市场,赢取更多的发展空间,进而提升企业的长远竞争力,增加未来的企业收益。

第二,KIBS 企业在日常经营活动过程中,应极力避免诸如惯例处理问题的程序、条条框框的制度程序、一些潜在的办事规则和审批程序等程序惯性的破坏作用,同时在服务创新过程中,必须加强企业内外的团队协作,拓展知识的来源渠道,以及新知识的

获取途径,防止资讯惯性所产生的破坏作用。程序惯性对服务企业绩效的总影响效应值为 -0.32,由此可见程序惯性阻碍服务企业绩效提升的影响作用远远高于资讯惯性对服务企业绩效的阻碍作用,企业在组织创新、市场拓展、日常经营等过程中,必须首先打破陈规条框的束缚,建立一套紧密围绕市场动态变化的服务开发流程和管理机制。资讯惯性对服务企业绩效的总影响效应值为 -0.17,相比程序惯性对服务企业绩效的阻碍作用要小,而且不会通过探索式学习对服务企业绩效产生阻碍作用,只会通过利用式学习间接阻碍服务企业绩效,这种间接影响效应所占的比重为 23.53%,也不容忽视。主要因为探索式学习活动特征与资讯惯性之间具有一定程度的冲突性,因此资讯惯性并不能通过探索式学习来间接阻碍服务企业绩效的提升,实证所得出的这个结论与管理实践活动中所积累的经验是相一致的。

第三,KIBS 企业在经营过程中,以往成功业务的经验或具有丰富经验的项目负责人对 KIBS 企业绩效的提升能发挥关键性的作用。实证研究发现经验惯性不但不会阻碍服务企业绩效的提升,反而会通过利用式学习和探索式学习促进服务企业绩效的提升,这与原先假设正好相反。表明 KIBS 企业在经营过程和服务创新过程中,还是比较依赖以往的经验惯性。尽管严格来讲 KIBS 企业的产品或服务往往具有独特性、定制化的特点,但是其所属行业和客户企业的要求往往会呈现出一定的共性,这就导致 KIBS 企业为了节省研发费用,开始借用类似于制造业中批量化生产的思想,为某一大类客户企业提供相似的产品或服务,于是 KIBS 企业以往的成功经验就可以"复制"到新的市场和业务中去。随着成功实践经验的不断积累,KIBS 企业能够"复制"和使用的经验资本也就越来越丰富,最终促进了自身绩效的提升。

第四,KIBS 企业必须建立动态管理机制和学习机制,不仅要消除诸如条条框框、逐层审批等潜在程序惯性的束缚,同时还要积极培育研发人员和研发团队,或是积极引进高层次人才,努力拓展企业研发所需的资讯来源。KIBS 企业在组织学习的过程中,必须高度重视程序惯性和资讯惯性的破坏作用,建立相应的动态管理机制以应对企业内部所产生的这两类知识惯性,尽量减少程序惯性和资讯惯性给企业所带来的负面影响,切实保障企业自身绩效的稳步提升。与此同时,KIBS 企业还需要建立和完善内部的利用式学习和探索式学习机制,通过对组织机构的优化来制定适合这两种机制发挥作用的组织规则,正确处理是对现有技术和业务领域知识的获取、传播、整合和应用的学习,还是对新技术和未来业务领域知识的探索、试验、尝试和创新的学习。同时企业还要构建有效的新旧知识管理机制,明确是对现有知识的重复利用和深度开发,还是对新知识的积极尝试和勇敢试验,切实推进企业的组织学习活动,从而提升企业绩效。并且在此基础上,重视对企业经验惯性的保护和开发,通过企业内部的组织规则和知识管理机制,将企业在以往成功业务上所积累的经验惯性进行深度挖掘或勇敢试验,充分发挥其对服务企业绩效提升的促进作用。

(三)研究局限与展望

本研究也存在一些不足之处:一是本研究所选取的样本企业来自长三角和珠三角地区,导致调研所获得的数据可能存在一定的局限性,今后的研究如有可能应该尝试在更广的范围内进行调研,以进一步验证本研究所构建理论模型的合理性。二是本研究选取了信息服务业、金融服务业、科技服务业和商务服务业所组成的KIBS企业展开研究,尽管这四类服务业都属于KIBS范畴,但是互相之间势必存在着一定的差异,然而本文在研究过程中未把这种差异性因素考虑在内,在今后的研究中有必要进一步细化行业,分别以此四类服务业为研究对象考察本文所构建模型,剖析四大类KIBS之间是否存在差异性,以进一步验证本研究的外部效度。

参考文献

Chesbrough H W, 2003. Open innovation: the new imperative for creating and profiting from technology[M]. Boston: Harvard Business Press.

Nevis E C, Dibella A J, Gould J M, 1997. Understanding organizations as learning systems[J]. Sloan management review, 36(2):73-85.

Elsenhardt K M, Martin J A, 2000. Dynamic capabilities: what are they[J]. Strategic management journal, 21(1):1105-1121.

Liao S, 2002. Problem solving and knowledge inertia[J]. Expert systems with applications, 22(1):21-31.

Pfeffer J, Salancik G R, 2003. The external control of organizations: a resource dependence perspective [M]. San Francisco: Stanford University Press.

Lavie D, Drori I, 2012. Collaborating for knowledge creation and application: the case of nanotechnology research programs[J]. Organization science, 23(3):704-724.

Lahiri N, Narayanan S, 2013. Vertical integration, innovation, and alliance portfolio size: implications for firm performance[J]. Strategic management journal, 34(9):1042-1064.

Strambach S, 2001. Innovation processes and the role of knowledge-intensive business services (KIBS) [M]. Innovation Networks. Physica-Verlag HD.

Chandy R K, Tellis G J, 1998. Organizing for radical product innovation: the overlooked role of willingness to cannibalize [J]. Journal of marketing research, 35(4):474-487.

Easterby-Smith M, Prieto I M, 2008.

Dynamic capabilities and knowledge management: an integrative role for learning? [J]. British journal of management,19(3):235-249.

Kavcic V, Krar F J, Doty R W, 2000. Temporal cost of switching between kinds ofvisual stimuli in a memory task [J]. Cognitive brain research, 9 (2): 199-203.

March J G, 1991. Exploration and exploitation in organizational learning [J]. Organization science,2(1):71-87.

Katila R, Ahuja G, 2002. Something old, something new: a longitudinal study of search behavior and new product introduction [J]. Academy of management journal,45(6):1183-1194.

Kindström D, Kowalkowski C, Sandberg E, 2013. Enabling service innovation: a dynamic capabilities approach [J]. Journal of business research, 66 (8): 1063-1073.

Kaplan R, Norton D, 1992. The balance scorecard: measure that drive performance [J]. Harvard business review,12:71-79.

Jansen J J P, Van Den Bosch F A J, Volberda H W, 2006. Exploratory innovation, exploitative innovation, and performance: effects of organizational antecedents and environmental moderators[J]. Management science, 52 (11):1661-1674.

Atuahene-Gima K,Ko A,2001. An empirical investigation of the effect of market orientation and entrepreneurship orientation alignment on product

innovation[J]. Organization science, 12 (1):54-74.

Jansen J J P, Van Den Bosch F A J, Volberda H W,2005. Managing potential and realized absorptive capacity:how do organizational antecedents matter? [J]. Academy of management journal,48(6): 999-1015.

Levitt B, March J G, 1988. Organizational learning[J]. Annual review of sociology: 319-340.

Liao S, Fei W C, Liu C T, 2008. Relationships between knowledge inertia, organizational learning and organization innovation [J]. Technovation,28(4):183-195.

Atuahene-Gima K, Murray J Y, 2007. Exploratory and exploitative learning in new product development:a social capital perspective on new technology ventures in China [J]. Journal of international marketing,15(02):1-29.

Brentani U,1989. Success and failure in new industrial services[J]. Journal of product innovation management,6(4):239-258.

Sharma R, Yetton P, Crawford J, 2009. Estimating the effect of common method variance: the method—method pair technique with an illustration from TAM research[J]. MIs quarterly:473-490.

阮爱君,卢立伟,方佳音,2014. 知识网络嵌入性对企业创新能力的影响研究——基于组织学习的中介作用[J]. 财经论丛,(3):77-84.

金昕,陈松,2015. 知识源战略、动态能力对探索式创新绩效的影响——基于知识密集型服务企业的实证[J]. 科研管理,36

(2):32-40.

吴晓波,陈小玲,李璟琰,2015.战略导向,创新模式对企业绩效的影响机制研究[J].科学学研究,33(1):118-127.

周健明,陈明,刘云枫,2014.知识惯性,知识整合与新产品开发绩效研究[J].科学学研究,32(10):1531-1538.

张振刚,李云健,余传鹏,2014.利用式学习与探索式学习的平衡及互补效应研究[J].科学学与科学技术管理,35(08):162-171.

张振刚,陈志明,李云健,2015.开放式创新、吸收能力与创新绩效关系研究[J].科研管理,36(3):49-56.

刘寿先,2014.结构性社会资本如何影响技术创新——基于组织学习的视角[J].经济管理,4:148-159.

吴晓波,张超群,王莹,2014.社会网络、创业效能感与创业意向的关系研究[J].科研管理,35(2):104-110.

范志刚,刘洋,吴晓波,2014.网络嵌入与组织学习协同对战略柔性影响研究[J].科研管理,35(12):112-119.

袁静,姚陆锋,郑春东,2005.知识惯性与组织学习[J].科学管理研究,23(1):81-84.

吴岩,2014.新创企业网络能力对创新能力的影响研究——基于知识管理能力的中介作用[J].科学学研究,32(8):1218-1226.

附录4　双元学习与服务创新绩效关系的实证研究

——组织冗余与战略柔性的调节作用①

摘要:基于有机平衡观视角,本研究对我国长三角地区 185 家知识密集型服务企业进行问卷调查,探讨利用式学习、探索式学习及其双元平衡度对服务创新绩效的影响作用,并检验组织冗余、战略柔性对两者之间关系的调节作用。研究结果发现:(1)利用式学习对服务创新绩效具有正向线性影响作用,而探索式学习对服务创新绩效则具有正向二次曲线的影响作用;(2)利用式学习与探索式学习的双元平衡度对服务创新绩效具有正向线性影响作用;(3)组织冗余、战略柔性对利用式学习、探索式学习及其双元平衡度与服务创新绩效之间的关系均起到了正向调节作用。

关键词:利用式学习;探索式学习;双元平衡度;服务创新绩效;组织冗余;战略柔性

---

①　本文系浙江省科技计划软科学重点基金项目"浙江 KIBS 企业服务创新能力提升机理及对策研究:外部创新氛围视角"(项目编号:2016C25040)、国家社会科学基金项目"知识共创视角下的顾客在线参与新服务开发研究"(项目编号:14BGL197)、浙江省自然科学基金项目"顾客在线参与服务创新氛围及其对顾客创造力的影响研究"(项目编号:LY15G020004)和杭州市哲学社会科学规划课题"合作创新中互动对组织间关系的影响研究:价值共创与价值攫取视角"(项目编号:Z17JC075),研究成果之一,已发表于《科技管理研究》2017 年第 14 期,作者为高孟立。

Empirical Research on the Relationship between Ambidexterity Learning and Service Innovation Performance: The Moderating Effect of Organizational Slack and Strategic Flexibility

Abstract: Based on the organic balance perspective, the study collects data from 185 knowledge intensive service enterprises in Yangtze River Delta region, and discusses the effects of exploitative learning, exploratory learning and their ambidexterity balance on service innovation performance, and further examines the moderating effect of organizational slack and strategic flexibility on the relationship between both. Results indicate that exploitative learning has a positive linear effect on service innovation performance, but exploratory learning has a positive curvilinear effect on service innovation performance. The ambidexterity balance of exploitative and exploratory learning has a positive linear effect on service innovation performance. Organizational slack and strategic flexibility both play positive role for moderating the influence of exploitative learning, exploratory learning and their ambidexterity balance on service innovation performance.

Keywords: exploitative learning; exploratory learning; ambidexterity balance; service innovation performance; organizational slack; strategic flexibility

1 研究背景

阿里巴巴构建了一个多主体参与的创新平台，提供具有强大创新能力的电子交易市场，进而为顾客提供整套服务，实现服务创新；苹果则通过"App Store"模式来拓展已有服务，进一步延伸其商业价值；IBM 早在 2011 年就已经成立了服务创新实验室，专门研究企业内部服务创新问题（赵武等，2016）。由此可见，众多的企业管理实践已经尝试服务创新研究，开始向服务领域寻求更多的商业价值。然而，自 Schumpeter 于 1934 年首次提出广义的创新概念以来，创新研究主要聚焦于与产品密切相关的技术创新领域，较少关注服务创新领域，这也就直接导致服务创新相关理论的匮乏。

从服务业发展来看，全球范围内的服务业正逐渐呈现出向知识密集型服务业转型发展的趋势（Quinn，1992）。随着知识经济时代的到来，知识密集型服务业的服务创新更加离不开对知识的管理，而组织学习则是知识管理过程中非常重要的一个环节。March（1991）提出了利用式学习和探索式学习两种组织学习方式，这是知识存量改变视角下组织或企业基本的学习机制，自提出至今一直受到学术界和管理实践领域的广泛关注。然而一直以来，关于利用式学习与探索式学习双元平衡对创新绩效的实证研究相对较少，且所得出的结论也不尽相同。Faems 等（2005）、于海波等（2008）、潘松挺等（2011）、陈国权等（2012）学者研究发现，利用式学习与探索式学习及其双元对创新或绩效具有正向的线性关系，而 Siggelkow 等（2009）的研究则认为其对组织绩效具有负向的线性关系。林春培等（2015）、张振刚等（2014，2015）实证得出利用式学习与探索式学习及其双元对创新具有正向曲线关系。Katila 等（2002）研究发现知识搜寻深度（等同利用式学习）与产品创新存在倒 U 型的关系，而知识搜寻广度（等同探索式学习）与产品创新仅存在线性关系，不存在倒 U 型的关系。Atuahene-Gima 等（2007）的研究结果则表明利用式学习与新产品绩效呈现正 U 型关系，而探索式学习与新产品绩效存在正向曲线关系。

梳理文献发现，已有关于利用式学习与探索式学习及其双元对创新或绩效的影响既存在正向、负向关系，也存在线性或非线性关系的不同结论。那么，利用式学习与探索式学习及其双元对企业服务创新绩效的影响又会如何？正向或负向？线性或曲线？本研究借鉴以上学者的研究思路，同时采用 Gupta 等（2006）、王凤彬等（2012）、张振刚等（2014）的平衡观，着重探讨以下几个问题：（1）利用式学习与探索式学习如何影响服务创新绩效？（2）利用式学习与探索式学习之间的平衡是否能够促进服务创新绩效的有效提升？（3）利用式学习、探索式学习及其双元平衡影响服务创新绩效时又会受到何种因素的调节？

2　理论基础与研究假设

2.1　利用式学习、探索式学习与服务创新绩效的关系

March（1991）指出利用式学习是以"提炼、筛选、生产、效率、选择、实施、执行"等作为基本特征的组织学习行为，要求减少变异、提高效率，强调对组织已有知识进一步的使用与开发；探索式学习则是指以"搜寻、变异、冒险、试验、尝试、应变、发现、创新"等作为基本特征的组织学习行为，要求增加变异、承担风险，强调对新知识的追求。Atuahene-Gima（2005）认为利用式学习有利于促进渐进性创新但不利于突破性创新，而探索式学习则有利于突破性创新但不利于渐进性创新；从绩效来看，利用式学习有助于增加短期绩效水平，而探索式学习则有助于增加长期绩效水平，但是总的来看，两种组织学习方式都有助于企业的服务创新活动。Gupta 等（2006）认为利用式学习其实质是企业对自身所拥有知识的深度开发和

利用，一般涉及对现有技术、组织惯例、资源能力的再投资，或者对当前客户、渠道、产品的进一步优化和利用，可以提高企业对创新知识的识别能力，从而创造出一种新的方法来拓展现有的知识资产，推动服务创新活动的顺利开展。Katila 等（2002）指出探索式学习往往需要搜寻新的技术、新的商业机会，甚至试验新选择的方案，其通过向现有的知识库中引入新的、异质性的知识，提高企业整合搜索的能力来正向促进新产品的开发绩效。Yannopoulos 等（2012）认为探索式学习孕育着一些对行业有重大影响的创新，这些创新旨在帮助企业推出全新的产品、创造出全新的市场或重塑当前市场、满足客户潜在的需求。

组织学习可以驱动创新活动，是推动、维持企业创新的重要因素。那么，服务创新作为企业最常见的创新活动类型，其也必然与企业的组织学习密切相关，离不开企业在组织学习活动中利用式学习与探索式学习的支持。Petersen 等（2004）也指出利用式学习与探索式学习活动是企业进行持续创新的关键过程，必然推动企业去积累相关的经验，并通过"经验—学习"互相积极的反馈作用来实现自我的强化，进入学习曲线。张振刚等（2014）研究发现，不同组织学习水平下，每增加一个单位的学习投入对绩效水平的作用效果存在差异，即在较低组织学习水平时，利用式学习与探

索式学习对创新绩效的提升作用较弱,而随着组织学习能力的提高,组织则会拥有更多的知识存量和更强的学习能力,此时利用式学习与探索式学习的效率会不断增强,其促进创新绩效的边际效用会有所提高,存在边际效应递增的规律。Atuahene-Gima 等(2007)通过对 179 家新创高科技企业的实证研究发现,利用式学习与探索式学习对新创企业新产品的开发绩效就呈现正 U 型影响,证实了两种组织学习活动具有累积效应,即组织学习越深入,学习过程也就越有效率,新产品的开发绩效也就越好。

由此可见,随着时间的不断推移,企业通过利用式学习将会积累更多的经验,通过探索式学习不断扩充和丰富知识基础,这将会更加增强企业对市场环境变化的感知能力、适应能力,使其面临外部市场机会时表现出更强的敏锐性、判断力,帮助企业更快地去挖掘已有的知识资产,或在新一轮的创新知识搜寻中表现出更强的竞争实力和包容性。正是组织学习的这种自我强化效应或是累积效应帮助企业大大提高其服务创新活动的效率。

基于上述推理,本研究提出以下假设:

H1:利用式学习对服务创新绩效具有正向二次曲线影响。

H2:探索式学习对服务创新绩效具有正向二次曲线影响。

2.2 双元平衡度的内涵及其与服务创新绩效的关系

(1)双元平衡度内涵。双元组织学习的本质在于探讨企业如何管理、协调利用式学习与探索式学习之间既相互冲突又互相促进的问题,两者的共存成为了双元的核心(张洁等,2015;高孟立,2016)。尽管利用式学习与探索式学习对企业开展服务创新活动都很重要,然而资源的有限性致使企业必须慎重考虑两种学习模式之间的平衡问题。Benner 等(2003)提出的双元平衡理论认为,企业可以构建高度差异化同时又松散耦合的部门或单元所组成的双元型组织,使企业可以利用不同部门或单元展开利用式学习、探索式学习活动,以解决组织学习过程中利用与探索之间的冲突问题。

然而,双元平衡度问题的关键在于企业是将有限的资源要素同时投入利用式学习和探索式学习活动,还是将绝大部分资源要素投入其中的一种组织学习活动。王凤彬等(2012)提出了有机平衡观,即使用表达式 $1-|x-y|/(x+y)$ 来衡量平衡度更加准确,其中 x 代表利用式学习水平,y 代表探索式学习水平。当 $x=y$ 时,平衡度为 1,此时利用式学习与探索式学习处于绝对平衡状态;当 $x \neq y$ 时,平衡度小于 1,此时利

用式学习与探索式学习处于不平衡状态。本研究采用王凤彬等学者所提出的平衡度测量法,将利用式学习与探索式学习之间的平衡度命名为"双元平衡度",并用平衡度的值来表示双元平衡的大小。双元平衡度是指组织中利用式学习与探索式学习两种组织学习模式处于某种均衡、协调、匹配状态之下的学习模式,其实质就是两种组织学习之间的平衡度。

(2)双元平衡度与服务创新绩效的关系。尽管由于组织资源的有限性、稀缺性,利用式学习与探索式学习在组织内部会存在争夺资源的问题,但是资源互补理论提出并非所有的资源都是有限的,诸如知识、信息资源是无限的,双元学习活动可以产生互补的知识与资源,如果利用与探索之间维持平衡,就可以促进服务创新绩效的提升。Gupta 等(2006)认为在单一业务领域,双元学习可能会产生相互竞争,但是在多业务领域共存的组织内部,一个业务领域的高利用式学习与另一个业务领域的高探索式学习会共同促进绩效的提升。Li 等(2008)指出,通过在组织内不同部门之间采用不同的管理方法、运营结构,各自开展利用式学习与探索式学习,或者通过组织单元的分离来实现组织学习的双元平衡。He 等(2004)通过对新加坡和马来西亚样本企业的实证研究发现,利用式学习与探索式学习之间的平衡对于绩效具有正向促进作用,两者之间的不平衡对绩效具有负向

作用。

开放式创新情境下,企业甚至可以利用外部资源进行创新,在组织外部与内部分别安排利用式学习与探索式学习,利用跨组织界限的合作联盟、公司并购、网络化研发设计等组织形式来对双元学习活动进行安排,比如 Stettner 等(2014)分别使用内部探索、联盟探索以及并购探索指标来测量内部模式、联盟模式以及并购模式中的双元平衡度,以此来研究双元平衡与绩效之间的关系,其得出的结论认为双元平衡与绩效之间存在负相关关系;然而,也有一些学者指出组织学习的双元平衡与创新绩效之间存在着非线性的倒 U 型关系(Wei et al.,2014)。因此,双元平衡度与创新绩效之间的关系一直以来都存在着争议,两者关系仍然不够明晰(Junni et al.,2013;O'Reilly & Tushmam,2013)。

综合大部分学者的观点,本研究认为利用式学习与探索式学习在组织内部不是一种对立或竞争的关系,极有可能存在着一种正交的互补关系,基于先前知识基础而展开的双元学习,利用式与探索式学习间存在依赖性和互补性,即利用式学习可以推进探索式学习,而探索式学习反过来也可以促进利用式学习,只要在组织内部能够维持利用式与探索式学习间的相对平衡,就可以有效地推动企业服务创新绩效的提升。

基于上述推理,本研究提出以下假设:

H3：利用式学习与探索式学习的双元平衡度对服务创新绩效具有正向线性影响。

2.3　组织冗余的调节效应

利用式学习、探索式学习与创新绩效之间的关系存在不一致，有些甚至是矛盾的结论，说明这两种学习活动及其平衡度对服务创新绩效的影响可能还受到其他因素的影响。Junni 等（2013）就呼吁在双元组织学习与创新绩效之间关系的研究中还需进一步探讨调节机制。Gupta 等（2006）指出，企业的资源禀赋、资源的管理能力、吸收能力、组织规模与结构以及所处的行业环境等因素，都会对双元组织学习与创新绩效间的关系产生一定的影响。利用式学习与探索式学习间的冲突与替代的主要原因在于两者在组织内部共存会争夺资源，所以资源基础观认为，组织的规模、资源的可获得性、资源的宽裕程度等因素会影响双元组织学习与创新绩效之间的关系。组织冗余是指"组织所持有的资源与维持现状所需资源之间的差异"或"组织未被使用的资源"（Cyert & March，1963），其所反映的是企业所拥有资源的宽裕程度，具有缓冲环境变化的作用。赵亚普等（2014）学者研究发现，在动态环境下组织冗余对企业的探索活动具有积极的正向影响。赵亚普等（2015）研究得出组织冗余对产品创新绩效有着积极的影响，而企

业的跨界搜索能力会对组织冗余与产品创新绩效之间关系进行调节。Lin 等（2007）、Cao 等（2009）的研究用组织规模来代替组织资源禀赋和资源的可获得性，发现当组织规模越大、冗余资源越丰富的时候，有利于利用式学习与探索式学习的共存和互补，双元平衡度与创新绩效间所呈现的正相关关系也会更加显著。

当企业拥有较多的组织冗余资源时，在开展服务创新的过程中可以在组织内部形成相对宽松的创新环境，有助于减轻利用式学习与探索式学习相互争夺资源所带来的压力。探索式学习往往面临着对新知识、新技术、新思想的搜寻和试验，这会给企业带来很大的不确定性和较高的风险；然而较多的组织冗余则可以缓冲企业对动态环境下的不确定感，提高其对环境变化进行战略调整的应对能力。在企业服务创新活动中，无论是对现有知识、技术深度开发与利用的利用式学习，还是对新知识、新技术进行搜寻和尝试的探索式学习，都需要资源，而组织冗余作为一种未被占用的资源，能够给企业及时提供充裕的资源支持，提高企业做服务创新过程中对资源的驾驭能力。由此可见，较多的组织冗余给企业带来充裕的资源支持，提高了企业服务创新过程中的灵活性和适应性，为利用式学习与探索式学习以及两种学习间的双元平衡度创造了有利的条件。

基于上述推理，本研究提出以下

假设：

H4a：组织冗余正向调节利用式学习与服务创新绩效之间的关系，即组织冗余越大，利用式学习与服务创新绩效之间的正向关系越强；

H4b：组织冗余正向调节探索式学习与服务创新绩效之间的关系，即组织冗余越大，探索式学习与服务创新绩效之间的正向关系越强；

H4c：组织冗余正向调节双元平衡度与服务创新绩效之间的关系，即组织冗余越大，双元平衡度与服务创新绩效之间的正向关系越强。

2.4　战略柔性的调节效应

动态资源管理观认为，利用式学习与探索式学习及其双元平衡度与创新绩效之间的关系会受到组织对资源构建、组合与利用的动态资源管理能力的影响。所谓战略柔性，指的是当企业面对环境不确定性的时候，通过内部组织结构的调整与变革来进行应对，进而实现快速发展的一种特殊竞争能力（Nadkarhis & Narayanan，2007），分为资源柔性和协调柔性。资源柔性可以从资源有效应用范围、获取成本、转变用途所需的时间来描述，反映的是资源的内在所有权（Sanchez，1997）；协调柔性可以从识

别资源的缺口、确定与构建资源链、组织内部配置与运用资源来描述，反映的是企业配置资源过程中的协调能力（Matheus，2002）。

国内外学者（Sanchez，1997；Matheus，2002；卢艳秋等，2014；赵丙艳等，2016；李卫宁等，2016；杨卓尔等，2016）都实证得出战略柔性对企业的创新绩效具有积极的正向促进作用。Wei 等出战略柔性反映了一个组织对资源的一种动态管理能力，其中资源柔性越高，代表着资源的专属性就越低，组织可以在利用与探索之间进行资源的配置，资源柔性可以正向调节利用式学习与探索式学习及其交互效应与服务创新绩效之间的关系。Zhou 等（2016）认为协调柔性是一种动态能力，可以协调组织内部不同部门之间的资源，也可以协调组织内外部的资源，使得利用式学习与探索式学习更好地发挥互补效应，研究发现协调柔性会正向调节利用式学习与探索式学习间的双元平衡度与创新绩效之间的关系。Shimizu 等（2004）研究得出战略柔性会增强企业内外部资源的整合与利用，帮助企业在探索式学习中抓住外部创新机会，进而提升服务创新绩效。叶江峰等（2015）通过实证发现，不同的战略柔性对企业内、外部知识异质度与创新绩效之间的关系具有不同的调节作用。

当组织的战略柔性较大时，说明企业所拥有的资源专属性较低，因此在服务创新过程中对所需创新知识进

行利用式学习、探索式学习时也就拥有了相对的主动权,为了适应外部动态环境的变化,可以主动调整内部资源在利用式学习与探索式学习之间的配置,使其更加有利于服务创新活动的开展。双元平衡度的主要思想是企业构建松散耦合的差异化部门或组织单元,使其分别开展利用式学习或探索式学习,通过构建组织学习的双元平衡度,以实现利用式学习和探索式学习之间的共存与互补效应,进而促进服务创新绩效的提升;而高的协调柔性意味着企业在适应外部环境的变化过程中,可以积极有效地协调资源在企业内部不同部门之间的配置。因此,我们认为战略柔性可以在利用式学习与探索式学习及其双元平衡度和服务创新绩效之间的关系上起到积极的促进作用。

基于上述推理,本研究提出以下假设:

H5a:战略柔性正向调节利用式学习与服务创新绩效之间的关系,即战略柔性越大,利用式学习与服务创新绩效之间的正向关系越强;

H5b:战略柔性正向调节探索式学习与服务创新绩效之间的关系,即战略柔性越大,探索式学习与服务创新绩效之间的正向关系越强;

H5c:战略柔性正向调节双元平衡度与服务创新绩效之间的关系,即战略柔性越大,双元平衡度与服务创新绩效之间的正向关系越强。

依据上述推理,本文构建了如图1所示的实证模型。

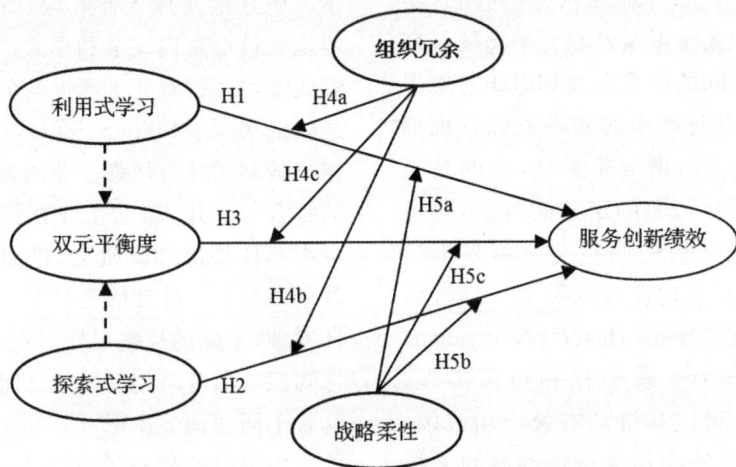

图1　本文的实证模型

3　研究设计

3.1　样本与数据收集

本次调研主要采用发放问卷的方式,以我国长三角地区的知识密集型服务企业(主要包括金融业、科技服务业、商务服务业以及信息与通信服务业四大类)为样本进行数据收集。调研对象主要是企业服务创新项目的负责人,或是对企业的实际经营状况比较熟悉的企业高管。在国家社会科学基金项目、省自然基金项目和省科技厅重点软科学项目的共同资助下,课题组从 2015 年 10 月到 2016 年 7 月,历时将近 10 个月,总计发放问卷 532 份,回收问卷 241 份。处理回收问卷时坚持两个原则:首先,有些题项填写不完整的问卷,若只存在个别题项数据遗漏,则用此题的均值来代替缺失的数据;若遗漏题项较多,则直接剔除。其次,检查问卷填写人的认真程度,大部分题项或者所有题项全部为一个相同分数的问卷也直接剔除。最终实际有效问卷为 185 份,有效回收率为 76.76%。问卷主要由 4 个部分组成:第一部分是企业与填写者的基本信息;第二部分是利用式学习、探索式学习的测量量表;第三部分是组织冗余、战略柔性的测量量表;第四部分是企业服务创新绩效的测量量表。

本次研究共计获得有效样本 185 份。从企业性质来看:国有企业占 5.95%,民营企业占 85.41%,中外合资企业占 3.24%,外商独资企业 1.62%,乡镇企业占 1.08%,其他占 2.70%。从企业所属行业来看:金融业占 15.68%,信息与通信服务业占 23.78%,科技服务业占 35.14%,商务服务业占 25.41%。从企业的在职员工数量来看:10 人以内的占 9.73%,11～20 人的占 18.92%,21～50 人的占 36.22%,51～100 人的占 25.95%,101 人及以上的占 9.19%。从企业成立年限来看:4 年以内的占 36.76%,5～9 年的占 38.92%,10～19 年的占 19.46%,20 年及以上的占 4.86%。

3.2　变量测量

为充分确保测量工具的信效度,本研究对利用式学习、探索式学习、组织冗余、战略柔性以及服务创新绩效 5 个变量的操作性定义及测量,主要依据国内外权威期刊上已经公开使用过的成熟量表,并根据实际研究对象对量表的个别条目进行了适当的修改,以确保量表的针对性。问卷采取通用的 Likert-5 量表,其中"1"代表非常不符合,"2"代表不符合,"3"代表一般,"4"代表符合,"5"代表非常符合。

(1)被解释变量:服务创新绩效变量主要参考了 Liu 等(2011)、王晨(2014)的研究,包括内部服务创新绩效和外部服务创新绩效 2 个维度，共有 9 个测量问项。

（2）解释变量：利用式学习、探索式学习变量主要参考了 Zhou 等（2010）的研究，各包括 5 个测量问项。双元平衡度变量主要采用王凤彬等的测量方法。

（3）调节变量：组织冗余变量主要参考了 Simsek 等（2007）、Tan 等（2003）、李剑力等（2009）的研究，包括未吸收冗余和已吸收冗余 2 个维度，共有 7 个测量问项。战略柔性变量主要参考了 Sanchez（1995）、Li 等（2010）的研究，包括资源柔性和协调柔性 2 个维度，共有 7 个测量问项。

（4）控制变量：为了控制其他变量对本次研究的影响，在综合以往文献的基础上，选择了 4 个控制变量，分别为企业的性质、所属行业类别、用员工数量表示的企业规模以及企业成立至今的时间。

变量的探索性因子分析与 Cronbach's α 系数如表 1 所示。

表 1 变量的探索性因子分析与 Cronbach's α 系数

变量	测量问项	因子载荷	题项	α 系数
利用式学习	我们很注意对现有服务进行升级	0.823	5	0.803
	我们很注意强化已有知识和技能来提高创新活动的效率	0.787		
	我们很注意使用成熟的技术来提高现有的服务能力	0.762		
	我们很注意使用已有的成功经验来进行服务开发	0.656		
	我们很注意使用已有的成功经验来解决顾客的问题	0.714		
探索式学习	我们很注意学习对公司来说是全新的技术和技能	0.748	5	0.864
	我们很注意学习对整个行业来说是全新的服务开发技巧	0.817		
	我们很注意学习那些能够促进创新的全新管理技巧	0.834		
	我们很注意从多种不同的渠道学习创新技巧	0.837		
	我们很注意在先前没有经验的领域加强创新	0.794		

变量	测量问项	因子载荷	题项	α系数
组织冗余	企业内部有足够的财务资源可以用于自由支配	0.696	7	0.844
	企业的留存收益（如未分配利润）足以支持市场扩张	0.749		
	企业拥有较多的潜在关系资源可以利用	0.699		
	企业能够在需要时获得银行贷款或其他金融机构的资助	0.761		
	企业采用的工艺设备或技术比较先进,但没有被充分利用	0.727		
	企业拥有专门的人才相对比较多,还有一定的发掘潜力	0.754		
	企业目前的生产运营状况低于设计能力（或预定目标）	0.697		
战略柔性	企业同一种资源生产不同产品或服务的范围很广	0.831	7	0.892
	企业同一种资源生产不同产品或服务的转换成本较低、难度较小	0.772		
	企业同一种资源生产不同产品或服务的转换时间较短	0.742		
	企业能够发现未来机会,比现有及潜在竞争对手更快做出反应	0.788		
	企业能够比现有及潜在竞争对手更快寻找到新资源或其组合方式	0.780		
	企业能够比现有及潜在竞争对手更快地开拓新市场	0.786		
	企业能够在动态环境下有效处理资源使用问题	0.756		

续表

变量	测量问项	因子载荷	题项	α系数
服务创新绩效	我们进行的服务创新使企业的销售额有了大幅上升	0.745	9	0.915
	我们进行的服务创新使企业的利润增加了许多	0.781		
	我们进行的服务创新使投资回报率得到了提高	0.776		
	我们进行的服务创新有利于企业内部流程的优化	0.815		
	我们进行的服务创新提升了企业的发展潜力	0.793		
	我们进行的服务创新与自身的长期战略相符合	0.775		
	我们进行的服务创新提升了产品的市场占有率	0.775		
	我们进行的服务创新提升了公司产品的客户满意度	0.752		
	我们进行的服务创新能引起积极的市场反馈	0.747		

4 数据分析

4.1 数据同源性偏差检验

如果问卷的所有问项均是同一个人所填写的话,容易出现变量之间的人为性共变,因此本研究采用 Harman 单因子检测法来检验所获数据的同源性偏差情况。将利用式学习、探索式学习、组织冗余、战略柔性、服务创新绩效 5 个变量的 33 个测量问项在没有旋转的情况下一起进行探索性分析,共析出了 5 个特征值大于 1 的因子,其中第一个因子的特征值为 11.91,解释了 36.09%的变量总方差。探索性因子分析结果表明,本次调研所获得的数据不存在可以解释绝大部分变异的单一因子,数据同源性偏差问题不是很严重。

4.2 信度、效度检验

各测量问项的因子载荷均处于 0.656~0.837,且区分效度较好。 KMO 值均大于 0.7,Bartlett 球形检验值也均通过了显著性检验。 Cronbach's α 系数分别为利用式学习

0.803、探索式学习 0.864、组织冗余 0.844、战略柔性 0.892、服务创新绩效 0.915，且没有删除某一测量问项后 Cronbach's α 值会大幅度变大的情况，CITC 也均大于 0.35。同时为了避免多重共线性问题的影响，本研究在进行多元回归分析前对变量进行了去中性化处理。由此可见，本研究所使用的测量量表具有良好的信度和效度。

4.3　描述性统计及相关性分析

各变量的均值、标准差、Pearson 相关系数以及显著性情况如表 2 所示。相关分析表明，利用式学习、探索式学习、双元平衡度、组织冗余、战略柔性与服务创新绩效之间呈显著正相关，适合进行接下来的回归模型检验。

表 2　变量的描述性统计分析及其 Pearson 相关系数

变量	1	2	3	4	5	6	7	8	9	10
1.企业性质	1									
2.所属行业	0.077	1								
3.员工数量	0.021	−0.062	1							
4.成立年限	0.046	0.146*	0.096	1						
5.利用式学习	0.095	0.052	0.038	0.006	1					
6.探索式学习	0.087	0.035	0.077	−0.003	0.780**	1				
7.双元平衡度	0.085	−0.067	0.075	−0.032	0.278**	0.685**	1			
8.组织冗余	0.057	0.000	0.022	0.027	0.664**	0.677**	0.427**	1		
9.战略柔性	0.070	−0.070	0.021	−0.022	0.653**	0.699**	0.449**	0.791**	1	
10.服务创新绩效	0.016	0.014	0.057	−0.010	0.670**	0.682**	0.402**	0.732**	0.819**	1
均值	2.146	2.708	3.059	1.924	4.229	3.988	0.950	4.024	3.961	4.028
标准差	0.818	1.022	1.099	0.869	0.587	0.724	0.052	0.579	0.611	0.598

注：1. $N=185$；2. *、** 分别表示显著性水平 $P<0.05$、$P<0.01$（双尾检验）。下同

4.4 回归分析与假设检验

（1）主效应分析

在相关分析已经得到初步验证的基础之上，本研究采用多元层次回归分析法来探讨研究模型中所提出的假设。第一层次将企业性质、所属行业、员工数量、成立年限 4 个控制变量放入模型进行回归分析；第二层次再将每一个假设中的变量逐一放入回归模型进行分析。所有变量均进行了去中心化处理，同时每一个回归模型的 VIF 处于 1～3，说明多重共线性问题不会影响分析的结果。具体结果如表 3 所示。

表 3 变量的主效应回归分析结果

变量	服务创新绩效						
	模型 1	模型 2	模型 3	模型 4	模型 5	模型 6	模型 7
控制变量							
企业性质	0.014	−0.047	−0.043	−0.052	−0.022	−0.050	−0.062
所属行业	0.019	−0.014	−0.006	−0.013	0.045	−0.010	−0.013
员工数量	0.060	0.033	0.005	0.013	0.030	0.032	0.005
成立年限	−0.019	−0.013	−0.005	−0.008	−0.005	−0.014	−0.025
解释变量							
利用式学习	—	0.674^{***}	—	0.356^{***}	—	0.684^{***}	—
探索式学习	—	—	0.686^{***}	0.408^{***}	—	—	0.769^{***}
双元平衡度	—	—	—	—	0.405^{***}	—	—
利用式学习二次方	—	—	—	—	—	0.041	—
探索式学习二次方	—	—	—	—	—	—	0.217^{***}
R^2	0.004	0.452	0.468	0.517	0.165	0.454	0.507
调整后 R^2	−0.018	0.437	0.453	0.501	0.142	0.436	0.491
ΔR^2		0.448	0.464	0.513	0.161	0.450	0.503
F 值	0.185	29.575^{***}	31.450^{***}	31.768^{***}	7.074^{***}	24.659^{***}	30.554^{***}

注：*** 表示显著性水平 $P < 0.001$（双尾检验）

利用式学习对服务创新绩效的影响见表 3 中的模型 6。模型 6 通过了 F 检验，并且方差解释率达到了 45.40%，表明模型的拟合效果较好。利用式学习的一次方对服务创新绩效的影响达到了显著性水平（$\beta = 0.684, P < 0.001$），而利用式学习的二次方对服务创新绩效的影响不显著（$\beta = 0.041, P > 0.1$），说明利用式学习与服务创新绩效的正向关系得到了验证，而二次曲线关系未得到验证，因此，假设 H1 未获得数据的完全支持。

探索式学习对服务创新绩效的影响见表 3 中的模型 7。模型 7 通过了 F 检验，并且方差解释率达到了 50.70%，表明模型的拟合效果较好。探索式学习的一次方对服务创新绩效的影响达到了显著性水平（$\beta = 0.769, P < 0.001$），而探索式学习的二次方对服务创新绩效的影响也达到了显著性水平（$\beta = 0.217, P < 0.001$），说明探索式学习与服务创新绩效的正向关系得到了验证，而二次曲线关系也得到了验证，因此，假设 H2 获得了数据的支持。

双元平衡度对服务创新绩效的影响见表 3 中的模型 5。模型 5 通过了 F 检验，并且方差解释率达到了 16.50%，表明模型的拟合效果较好。双元平衡度对服务创新绩效的影响达到了显著性水平（$\beta = 0.405, P < 0.001$），说明双元平衡度与服务创新绩效的正向线性关系得到了验证，因此，假设 H3 获得了数据的支持。

（2）调节效应分析

为了验证组织冗余、战略柔性对利用式学习、探索式学习及其双元平衡度与服务创新绩效之间的调节效应，本研究以服务创新绩效为被解释变量，以利用式学习、探索式学习、双元平衡度及其与组织冗余、战略柔性的乘积项作为解释变量，并控制企业性质、所属行业、员工数量、成立年限等变量的影响，逐一建立回归模型。具体结果如表 4 所示。

表 4　组织冗余、战略柔性的调节效应回归分析结果

变量	服务创新绩效							
	模型 1	模型 2	模型 3	模型 4	模型 5	模型 6	模型 7	模型 8
控制变量								
企业性质	0.014	−0.048	−0.061	−0.064	−0.035	−0.056	−0.055	−0.052
所属行业	0.019	0.068	−0.015	−0.024	0.028	−0.006	−0.012	0.076
员工数量	0.060	0.045	0.042	0.015	0.037	0.021	0.000	0.041
成立年限	−0.019	−0.013	−0.031	−0.031	−0.032	−0.024	−0.016	−0.004

续表

变量	服务创新绩效							
	模型 1	模型 2	模型 3	模型 4	模型 5	模型 6	模型 7	模型 8
解释变量								
组织冗余	—	0.215**	—	—	—	—	—	—
战略柔性	—	0.656***	—	—	—	—	—	—
利用式学习	—	—	0.684***	—	—	0.682***	—	—
探索式学习	—	—	—	0.725***	—	—	0.708***	—
双元平衡度	—	—	—	—	0.134*	—	—	0.077+
利用式学习×组织冗余	—	—	0.138*	—	—	—	—	—
探索式学习×组织冗余	—	—	—	0.248***	—	—	—	—
双元平衡度×组织冗余	—	—	—	—	0.686***	—	—	—
利用式学习×战略柔性	—	—	—	—	—	0.167**	—	—
探索式学习×战略柔性	—	—	—	—	—	—	0.269***	—
双元平衡度×战略柔性	—	—	—	—	—	—	—	0.799***
R^2	0.004	0.697	0.471	0.526	0.561	0.480	0.539	0.691
调整后 R^2	−0.018	0.687	0.453	0.510	0.547	0.462	0.523	0.680
ΔR^2	—	0.693	0.467	0.522	0.557	0.476	0.535	0.687
F 值	0.185	68.372***	26.401***	32.915***	37.971***	27.344***	34.681***	66.286***

注:1. $N=185$,系数为标准化回归系数;2. + 表示显著性水平 $P<0.1$。

组织冗余对利用式学习、探索式学习、双元平衡度与服务创新绩效的调节效应分别见表 4 中模型 3、模型 4 和模型 5。模型 3 通过了 F 检验,并且方差解释率达到了 47.10%,表明模型的拟合效果较好。其中利用式学习对服务创新绩效的正向回归效应显著($\beta=0.684,P<0.001$),同时利用式学习与组织冗余的乘积项的回归系数也是正向显著($\beta=0.138,P<0.05$),

因此,组织冗余正向调节利用式学习与服务创新绩效之间的关系得到了验证,即组织冗余越大,利用式学习与服务创新绩效之间的正向关系越强,假设 H4a 得到了数据的支持。同理,模型 4 中探索式学习对服务创新绩效的正向回归效应显著($\beta=0.725,P<0.001$),同时探索式学习与组织冗余的乘积项的回归系数也正向显著($\beta=0.248,P<0.001$),因此,组织冗余正向调节探索式学习与服务创新绩效之间的关系得到了验证,即组织冗余越大,探索式学习与服务创新绩效之间的正向关系越强,假设 H4b 得到了数据的支持。模型 5 中双元平衡度对服务创新绩效的正向回归效应显著($\beta=0.134,P<0.05$),同时双元平衡度与组织冗余的乘积项的回归系数也正向显著($\beta=0.686,P<0.001$),因此,组织冗余正向调节双元平衡度与服务创新绩效之间的关系得到了验证,即组织冗余越大,双元平衡度与服务创新绩效之间的正向关系越强,假设 H4c 得到了数据的支持。

战略柔性对利用式学习、探索式学习、双元平衡度与服务创新绩效的调节效应分别见表 4 中模型 6、模型 7、模型 8。模型 6 通过了 F 检验,并且方差解释率达到了 48.00%,表明模型的拟合效果较好。其中,利用式学习对服务创新绩效的正向回归效应显著($\beta=0.682,P<0.001$),同时利用式学习与战略柔性的乘积项的回归系数也是正向显著($\beta=0.167,P<$

0.01),因此,战略柔性正向调节利用式学习与服务创新绩效之间的关系得到了验证,即战略柔性越大,利用式学习与服务创新绩效之间的正向关系越强,假设 H5a 得到了数据的支持。同理,模型 7 中探索式学习对服务创新绩效的正向回归效应显著($\beta=0.708,P<0.001$),同时探索式学习与战略柔性的乘积项的回归系数也正向显著($\beta=0.269,P<0.001$),因此,战略柔性正向调节探索式学习与服务创新绩效之间的关系得到了验证,即战略柔性越大,探索式学习与服务创新绩效之间的正向关系越强,假设 H5b 得到了数据的支持。模型 8 中双元平衡度对服务创新绩效的正向回归效应显著($\beta=0.077,P<0.1$),同时双元平衡度与战略柔性的乘积项的回归系数也正向显著($\beta=0.799,P<0.001$),因此,战略柔性正向调节双元平衡度与服务创新绩效之间的关系得到了验证,即战略柔性越大,双元平衡度与服务创新绩效之间的正向关系越强,假设 H5c 得到了数据的支持。

5　结论与启示

5.1　研究结论

鉴于目前学术界对利用式学习、探索式学习及其双元与企业服务创新绩效的关系研究得出众多不一致结论的现状,本研究在相应的理论假设基础之上,以我国长三角地区 185 家知识密集型服务企业为实证研究对象,探讨了利用式学习、探索式学习及其双元平衡度对企业服务创新绩效的影响以及组织冗余、战略柔性对两者间关系的调节作用,得出如下结论:(1)利用式学习与企业服务创新绩效之间存在正向线性关系,而探索式学习与企业服务创新绩效之间存在正向二次曲线关系;(2)双元平衡度与企业服务创新绩效之间存在正向线性关系;(3)组织冗余在利用式学习、探索式学习及其双元平衡度与企业服务创新绩效的关系中均起到了正向的调节作用;(4)战略柔性在利用式学习、探索式学习及其双元平衡度与企业服务创新绩效的关系中也均起到了正向的调节作用。

本次研究假设 H1 中利用式学习对企业服务创新绩效具有正向线性影响作用得到了数据的支持,而其二次曲线影响作用并没有得到数据的支持,这一结论与张振刚等(2015)的研究结论相一致。原因可能在于利用式学习是一种渐进性的服务创新活动,追求于满足现有市场顾客的需求,对现有知识和技术的扩张以及对现有产品或服务的扩张,其强调的是对知识的深度使用与开发,这种组织学习活动往往带有一种重复性的特征,奉行的是一种"拿来式"的创新模式,因此随着利用式学习活动的推进,所获得经验的累积效应并没有那么凸显,甚

至可能不存在,所以其对服务创新绩效的促进作用仅仅是线性累加,不存在加速的二次曲线效应。

5.2 研究启示

本研究结论的重要理论意义在于:

(1)进一步充实了利用式学习、探索式学习与创新绩效的相关研究,实证检验了利用式学习对服务创新绩效影响的正向线性作用和探索式学习对服务创新绩效影响的正向二次曲线作用。

(2)针对目前学术界关于利用式学习和探索式学习双元与创新绩效间关系复杂、不一致的研究结论,本研究基于有机平衡观视角,引入"双元平衡度"概念,探讨了双元平衡度对服务创新绩效的影响作用,实证结果得出双元平衡度对服务创新绩效具有正向线性作用。本研究有效地回答了组织学习过程中利用式学习与探索式学习如何在组织内部互补与共存的问题,这与 Gupta 等(2006)、Junni 等(2013)的研究相呼应。

(3)尽管已有学者提出,利用式学习、探索式学习及其双元平衡与服务创新绩效之间关系的研究结论之所以众说纷纭,主要是因为在其实现过程中缺乏对调节机制的探讨,然而对其关系调节效应的研究目前还基本上仅仅停留在理论剖析层面,缺乏实证研究。本研究基于资源依赖理论创造性

地引入了组织冗余变量,基于动态资源管理理论引入了战略柔性变量,对利用式学习、探索式学习及其双元平衡度与服务创新绩效间关系的调节机制进行实证研究,实证检验了组织冗余、战略柔性对两者间关系的正向调节效应,此举进一步佐证了 Gupta 等(2006)提倡的应对资源管理能力进行情境化研究的推理。

本研究的重要管理实践意义在于:

(1)相对于技术创新领域,服务创新领域中利用式学习与探索式学习争夺企业稀缺资源的情况并不是很严重,在服务企业内部,两者可以共存和互补,二者间的竞争更多地体现在理念、创意上。利用式学习范式下,企业进行服务创新活动时更倾向于对现有知识、资源的整合和深度利用,或者是复制已有成功的创新模式,这是对现有创新模式的延续和强化,属于渐进式服务创新模式;探索式学习范式下,企业在进行服务创新活动时,则会打破已有的思维惯性,会主动对新知识、新创意进行尝试,敢于冒风险,这是一种突破式的服务创新模式。当企业面临服务创新问题时,是借鉴已有成功的服务创新实践,还是针对特殊情境采用完全个性化的创新方案,这是企业面临的利用式学习与探索式学习平衡度的问题,而这种平衡更多涉及的是企业理念、创意的问题,并不涉及太多资源的权衡问题。

(2)在资源限制、时间成本等外在约束条件下,企业采用利用式学习与探索式学习进行服务创新活动过程中,两者对服务创新的促进作用存在一定的差异。企业在资源有限的情况下,可以通过利用式学习,将资源投入到已有的业务领域,以强化已有知识、流程、技能,这可以为现有业务带来高效的产出,因此对于现有市场而言,利用式学习可以降低成本、提高服务创新的效率,对服务创新绩效具有时间、空间上的可接近性。但是,利用式学习只能线性促进服务创新,探索式学习对服务创新才具有累积效应,所以,企业在可承受的运营成本范围之内,应该进行探索式学习活动,以促进发散性思考,获得全新的知识、流程、技能,抓住新的机遇、开辟新的市场,形成完全个性化的服务创新方案,以更好地迎接技术变革和提升市场适应能力。

(3)当企业拥有较多的冗余资源时,有利于利用式学习、探索式学习及其双元组织学习活动,使利用式学习与探索式学习产生协同效应,更有助于服务创新绩效的提升。利用式学习表现为对企业现有知识、资源的驾驭,而探索式学习更加侧重于对外部环境变化的主动适应性,无论哪一种组织学习活动,都涉及对组织资源的消耗。企业中的组织冗余也是一种资源,是一种未被占用的资源,如果企业拥有较多的组织冗余,或者企业能够充分发现、挖掘、利用这些冗余资源,这就会在一定程度上解决利用式学习、探索式学习活动的资源消耗问题,甚至更有利于协调利用式学习与探索式学习在资源消耗上的平衡问题。组织冗余能够在组织内部为服务创新活动的开展营造出一种相对宽松的资源使用环境,同时为企业缓解从组织外部获取所需资源的压力,给企业创造出一个相对自由的创新空间,进而能够促进利用式学习、探索式学习及其双元组织学习的效率,提升服务创新绩效水平。

(4)当企业拥有较大的战略柔性时,有助于利用式学习、探索式学习及其双元组织学习活动,使利用式学习与探索式学习产生协同效应,更有助于服务创新绩效的提升。资源柔性由企业资源的内在属性所决定,强调资源的潜在用途,企业拥有较大的资源柔性意味着资源的专属性较低,企业在开展服务创新过程中对资源配置也就拥有了较大的主动权,可以灵活、机动地配置利用式学习与探索式学习之间的资源需求问题,更加有利于服务创新绩效的提升。企业拥有较大的协调柔性,意味着在战略适应外部环境变化的过程中可以在组织内部松散耦合的差异化组织单元之间协调资源的配置,有利于促进利用式学习、探索式学习及其双元组织学习活动在组织内部的共存和互补效应,最终促进服务创新绩效水平的提升。因此,在服务创新过程中,作为企业的高层管理者,可以通过有效发挥战略柔性的积极作用,进一步来提升利用式学习、探索式学习及其双元组织学习对服务创新绩效的提升作用。

5.3　不足与展望

本研究仍然存在一定的局限性。首先,本研究的对象局限于我国长三角地区的知识密集型服务企业,这可能在一定程度上影响了研究结论的普适性。其次,本研究中将组织冗余、战略柔性都作为单一调节变量,而组织冗余可以进一步细分为已吸收冗余和未吸收冗余,战略柔性可以进一步细分为资源柔性与协调柔性,这可能会对利用式学习、探索式学习及其双元平衡度与服务创新绩效之间的关系产生不同的调节效应,本研究没有加以区分,这也是后续研究可以进一步加以深化的方向。最后,本研究采用的是通过问卷调查法获取的截面数据,然而服务创新活动是一个长周期的过程,因此选取若干个服务创新项目的案例进行纵向持续的跟踪分析也将是后续研究努力的方向。

参考文献

Schumpeter J A, 1934. The theory of economic development [M]. Boston: Harvard University Press.

Quinn J B, 1992. Intelligent enterprise: a knowledge and service based paradigm for industry[M]. New York: Simon and Schuster.

March J G, 1991. Exploration and

exploitation in organizational learning [J]. Organization science,2(1):71-87.

Faems D, Van Looy B, Debackere K, 2005. Interorganizational collaboration and innovation: toward a portfolio approach [J]. Journal of product innovation management,22(3):238-250.

Siggelkow N, Rivkin J W, 2006. When exploration backfires: unintended consequences of multilevel organizational search [J]. Academy of management journal,49(4):779-795.

Katila R, Ahuja G, 2002. Something old, something new: a longitudinal study of search behavior and new product introduction [J]. Academy of management journal,45(6):1183-1194.

Atuahene-Gima K, Murray J Y, 2007. Exploratory and exploitative learning in new product development: a social capital perspective on new technology ventures in China [J]. Journal of international marketing,15(02):1-29.

Gupta A K, Smith K G, Shalley C E, 2006. The interplay between exploration and exploitation[J]. Academy of management journal,49(4):693-706.

Atuahene-Gima K, 2005. Resolving the capability: rigidity paradox in the product innovation[J]. Journal of marketing, 69 (4):61-83.

Yannopoulos P, Auh S, Menguc B, 2012. Achieving fit between learning and market orientation: Implications for new product performance [J]. Journal of product innovation management,29(4): 531-545.

Petersen A H, Boer H, Gertsen F, 2004. Learning in different modes: the interaction between incremental and radical change [J]. Knowledge and process management,11(4):228-238.

Benner M J, Tushman M L, 2003. Exploitation, exploration, and process management: the productivity dilemma revisited[J]. Academy of management review,28(2):238-256.

Li Y, Vanhaverbeke W, Schoenmakers W, 2008. Exploration and exploitation in innovation: reframing the interpretation [J]. Creativity and innovation management,17(2):107-126.

He Z L, Wong P K, 2004. Exploration vs. exploitation: an empirical test of the ambidexterity hypothesis [J]. Organization science,15(4):481-494.

Stettner U, Lavie D, 2014. Ambidexterity under scrutiny: exploration and exploitation via internal organization, alliances, and acquisitions[J]. Strategic management journal,35(13):1903-1929.

Wei Z, Yi Y, Guo H, 2014. Organizational learning ambidexterity, strategic flexibility,and new product development [J]. Journal of product innovation management,31(4):832-847.

Junni P, Sarala R M, Taras V, et al., 2013. Organizational ambidexterity and performance: a meta-analysis [J]. The academy of management perspectives,27 (4):299-312.

O'reilly C A, Tushman M L, 2013. Organizational ambidexterity: past, present,and future[J]. The academy of management perspectives, 27 （4）: 324-338.

Cyert R M, March J G, 1963. A behavioral theory of the firm ［M］. Englewood Cliffs: Prentice-Hall.

Lin Z, Yang H, Demirkan I, 2007. The performance consequences of ambidexterity in strategic alliance formations: empirical investigation and computational theorizing ［J］. Management science, 53 （10）: 1645-1658.

Cao Q, Gedajlovic E, Zhang H, 2009. Unpacking organizational ambidexterity: dimensions, contingencies, and synergistic effects ［J］. Organization science, 20(4): 781-796.

Nadkarni S, Narayanan V K, 2007. Strategic schemas, strategic flexibility, and firm performance: the moderating role of industry clock speed ［J］. Strategic management journal, 28(3): 243-270.

Sanchez R, 1997. Preparing for an uncertain future: managing organizations for strategic flexibility ［J］. International studies of management & organization, 27(2): 71-94.

Mathews J A, 2002. Competitive advantages of the latecomer firm: a resource-based account of industrial catch-up strategies ［J］. Asia pacific journal of management, 19(4): 467-488.

Zhou K Z, Wu F, 2010. Technological capability, strategic flexibility, and product innovation ［J］. Strategic management journal, 31(5): 547-561.

Shimizu K, Hitt M A, 2004. Strategic flexibility: organizational preparedness to reverse ineffective strategic decisions ［J］. The academy of management executive, 18(4): 44-59.

Liu X, Wang J, Ji D, 2011. Network characteristics, absorptive capacity and technological innovation performance ［J］. International journal of technology, policy and management, 11(2): 97-116.

Simsek Z, Veiga J F, Lubatkin M H, 2007. The impact of managerial environmental perceptions on corporate entrepreneurship: towards understanding discretionary slack's pivotal role ［J］. Journal of management studies, 44(8): 1398-1424.

Tan J, Peng M W, 2003. Organizational slack and firm performance during economic transitions: two studies from an emerging economy ［J］. Strategic management journal, 24(13): 1249-1263.

Sanchez R, 1995. Strategic flexibility in product competition ［J］. Strategic management journal, 16(S1): 135-159.

Li Y, Su Z F, Liu Y, 2010. Can strategic flexibility help firms profit from product innovation? ［J］. Technovation, 30(5-6): 300-309.

李剑力. 2009. 探索性创新, 开发性创新与企业绩效关系研究: 基于冗余资源调节效应的实证分析［J］. 科学学研究, 9: 1418-1427.

王晨, 2014. 市场导向, 组织学习与服务创新绩效关系的实证研究［D］. 华南理工大学.

叶江峰, 任浩, 郝斌, 2015. 企业内外部知识异质度对创新绩效的影响: 战略柔性的调节作用[J].科学学研究,4:574-584.

卢艳秋,赵英鑫,崔月慧,等,2014.组织忘记与创新绩效:战略柔性的中介作用[J].科研管理,35(3):58-65.

赵丙艳,葛玉辉,刘喜怀,2016.TMT 认知,断裂带对创新绩效的影响:战略柔性的调节作用[J].科学学与科学技术管理,37(6):112-122.

李卫宁,亢永,吕源,2016.动态环境 TMT 团队氛围,战略柔性与企业绩效关系研究[J].管理学报,13(2):195-202.

杨卓尔,高山行,曾楠,2016.战略柔性对探索性创新与应用性创新的影响:环境不确定性的调节作用[J].科研管理,37(1):1-10.

赵亚普,张文红,陈斯蕾,2014.动态环境下组织冗余对企业探索的影响研究[J].科研管理,35(2):10-16.

赵亚普,李立,2015.开放情境下组织冗余对企业创新的影响研究[J].科学学与科学技术管理,36(7):84-92.

张洁,安立仁,张宸璐,2015.开放式创新视角下双元与绩效关系研究脉络与未来展望[J].外国经济与管理,37(7):3-18.

高孟立,2016.基于客户企业参与的新服务开发过程中知识转移机制研究[J].情报学报,35(2):146-158.

王凤彬,陈建勋,杨阳,2012.探索式与利用式技术创新及其平衡的效应分析[J].管理世界,3:96-112.

林春培,余传鹏,吴东儒,2015.探索式学习与利用式学习对企业破坏性创新的影响研究[J].研究与发展管理,27(6):19-28.

张振刚,李云健,余传鹏,2014.利用式学习与探索式学习的平衡及互补效应研究[J].科学学与科学技术管理,35(8):162-171

张振刚,余传鹏,2015.利用式与探索式学习对管理创新的影响研究[J].管理学报,12(2):252-258.

于海波,郑晓明,方俐洛,等,2008.中国企业开发式学习与利用式学习平衡的实证研究[J].科研管理,29(6):137-144.

潘松挺,郑亚莉,2011.网络关系强度与企业技术创新绩效:基于探索式学习和利用式学习的实证研究[J].科学学研究,29(11):1736-1743.

陈国权,王晓辉,2012.组织学习与组织绩效:环境动态性的调节作用[J].研究与发展管理,24(1):52-59

赵武,王珂,秦鸿鑫,2016.开放式服务创新动态演进及协同机制研究[J].科学学研究,34(8):1232-1243.

附录5 合作创新中外部知识源对企业服务创新能力影响的实证研究

——知识转移中介和企业—顾客互动调节①

摘要：企业与外部知识主体合作进行价值共创成为知识经济的价值创造范式，是企业有效利用外部知识成功开展服务创新的关键来源。本研究以 KIBS 企业的合作创新为情境，利用实地调研所获得的数据，实证分析了外部知识源（供应链知识源与科学性知识源）对企业服务创新能力的影响及其具体作用机制，并探讨了企业—顾客互动在两者之间的调节作用。研究发现：外部知识源对企业服务创新能力具有明显的促进作用，但科学性知识源的促进效应要优于供应链知识源；外部知识源通过作用于组织间知识转移进而促进企业服务创新能力的提升，但组织间知识转移在不同的外部知识源与企业服务创新能力之间所起的中介机制有所差异；合作创新过程中企业—顾客互动导向仅仅能够正向调节科学性知识源对组织间知识转移的影响作用。

关键词：外部知识源；服务创新能力；组织间知识转移；企业—顾客互动

---

① 本文系教育部人文社会科学研究青年基金项目（项目编号：19YJC630038）研究成果之一，已发表于《浙江树人大学学报》2020 年第 1 期，作者为高孟立。

The Moderation of Enterprise-Client Interaction: How Does External Knowledge Source Stimulate Service Innovation in Collaborative Innovation?

Abstract：Cooperation between enterprises and external knowledge subjects for value creation has become the paradigm of value creation in knowledge economy; it is also the key source for enterprises to effectively utilize external knowledge and successfully carry out service innovation. Taking the cooperation innovation of KIBS enterprises as the background, utilizing the data obtained from field surveys, the effect of external knowledge source (supply chain knowledge source and scientific knowledge source) on enterprise service innovation capability and its specific mechanism is empirically analyzed, and the regulatory role of enterprise-client interaction between the two is discussed. It is found that external knowledge source plays a significant role in promoting the service innovation capability of enterprises, but the promotion effect of scientific knowledge source is stronger than that of supply chain knowledge; the external knowledge source promotes the service innovation ability of enterprises through the inter-organizational knowledge transfer, but the intermediary mechanism of inter-organizational knowledge transfer between different external knowledge sources and enterprise service innovation capability is different; in the process of cooperative innovation, enterprise-client interaction orientation can only positively adjusts the influence of scientific knowledge source on inter-organizational knowledge transfer.

Keywords：external knowledge source; service innovation capability; inter-organizational knowledge transfer; enterprise-client interaction

开放式创新理念认为，企业应具有依据市场配置资源的能力，将外部有价值的资源通过外向型的开放式创新转移到企业内部以实现创新。与此同时，伴随着技术外溢加速，创新周期缩短，知识成果扩散，以往纯粹借助企业内部创新资源而进行研发活动的风险日趋增加（侯建、陈恒，2017），尤其是对 KIBS 企业（knowledge-intensive business service，简称 KIBS）而言，开展服务创新所需的创新资源变得日趋分散。因此，越来越多的 KIBS 企业开始跨越组织边界，拓展、利用企业的外部知识资源进而实现服务创新（Laursen & Salter，2006），传统的服务创新模式也逐渐演变为"开放式创新范式"，即强调通过寻求与企业外部资源的合作来开展服务创新的合作创新价值共创范式，而客户、供应商、大学和科研机构等外部主体正是 KIBS 企业成功开展服务创新所寻求的重要外部知识源（Di Minin et al.，2010；高良谋、马文甲，2014）。KIBS 企业通过与外部知识源的合作，实现创新知识的获取与积累，进而提升自身的服务创新能力。

目前，外部知识源与创新之间关系的研究主要聚焦于以下三方面：一是外部知识源对创新绩效的直接影响（Berchicci，2011）；二是外部知识源帮助企业重构内部组织结构（Arora et al.，2014）；三是外部知识源多样性与宽度对创新的影响（高孟立，2017）。由此可见，学术界关于外部知识源对

创新作用的重要性基本上达成共识。然而，梳理文献发现，仍然存在以下四个问题：第一，已有研究主要侧重于企业创新活动中如何权衡内部自主研发和外部知识源选择，而忽视了不同外部知识源对创新的具体影响作用（胡玮玮、温珺，2018）；第二，已有研究往往将供应链知识源、科学性知识源笼统地归纳为外部知识源，或研究其对企业技术创新、管理创新、创新绩效等方面的影响且所得结论也莫衷一是，并未对服务创新能力的影响展开研究（赵春霞、王永贵，2016；Grigoriou & Rothaermel，2017）；第三，现有研究缺乏关于外部知识源对服务创新能力具体作用机制问题的探讨（Vivas & Barge-Gil，2015；陈志明，2016）；第四，已有关于外部知识源的研究领域主要对象在制造业，而针对服务业的研究相对较少（Tether & Tajar，2008；Kang & Kang，2014）。然而，KIBS 企业的服务创新显然有别于制造企业与一般的服务企业。Vivas 和 Barge-Gil（2015）认为，创新领域关于外部知识源的研究应更多地关注服务业，且供应链知识源、科学性知识源两种外部知识源给企业所提供的创新知识也有显著的差异。

鉴于以上分析，本研究主要基于开放式创新理论，以 KIBS 企业的服务创新为研究情境，提升企业服务创新能力为研究目标，重点探讨以下三个问题：第一，KIBS 企业与外部知识源合作创新过程中，不同的外部知识

源对企业服务创新能力的影响有何差异？第二，合作创新过程中外部知识源对企业服务创新能力的具体作用机制如何？第三，企业—顾客互动类型如何影响外部知识源对服务创新能力的作用过程？

一、理论基础与研究假设

(一)外部知识源对服务创新能力的影响

学术界普遍认为，顾客、供应商、大学和科研机构等外部利益相关者是 KIBS 企业在开展服务创新过程中非常重要的创新知识来源渠道(高孟立、范钧，2018)，来自企业外部供应链的知识和外部科学性知识对企业的服务创新活动的影响差异较大。本研究将 KIBS 企业的外部知识源分为供应链知识源和科学性知识源：供应链知识源主要包括顾客企业、供应商企业；科学性知识源主要包括大学、科研机构。

1.供应链知识源与服务创新能力

供应链知识源主要包括 KIBS 企业在开展服务创新过程中与其开展密切合作创新的顾客企业、供应商企业方面的知识，这些知识属于市场或行业领域的知识。Yeoh(2009)认为，企业在合作研发过程中可以吸收多种类型的创新知识，且通过与外部知识源间的互动更多地获取、学习到市场、技术等方面的知识，进而有助于提升企业自身的服务创新能力水平。KIBS 企业在新服务开发过程中与外部顾客企业、供应商企业之间的联系是企业新服务开发成功的关键，企业可以从顾客企业、供应商企业等外部渠道获取服务创新所需的知识与技术(Lau et al.，2010)，进一步吸收、整合外部供应链知识源中的创意、想法，进而提升所研发新服务的价值，构筑企业自身竞争优势。来自顾客企业方面的供应链知识源对 KIBS 企业服务创新活动的重要性体现在其特殊的需求偏好，这是 KIBS 企业开展服务创新重要的驱动因素(高孟立，2017)。作为 KIBS 企业价值链中的重要成员之一，供应商企业与 KIBS 企业合作开展服务创新活动可以提供更加专业的技术知识，有效地帮助企业识别潜在的服务创新技术问题，也可提高新服务项目的研发速度，降低研发过程中的风险与成本，提高新服务创新项目的研发质量(Chung & Kim，2003)。由此可见，来自顾客企业、供应商企业的供应链知识源对提升 KIBS 企业服务创新能力具有明显的促进效果。综合上述推理，提出如下假设：

H1a：供应链知识源对 KIBS 企业服务创新能力具有显著的促进作用

2. 科学性知识源与服务创新能力

KIBS 企业越来越意识到服务创新往往需要跨越多个技术领域或组织，展开跨组织界限的合作活动，需要组合多种来源的知识进而实现快速、准确、持续地研发，通过获取企业外部多种创新知识资源以促进服务创新项目的相关研发活动。KIBS 企业服务创新活动中科学性知识源主要是指大学与科研机构，其为企业提供全新的科学知识以及应用技术知识（Tsai，2009）。KIBS 企业服务创新活动中与外部的大学、科研机构保持正式或非正式的互动，这有助于KIBS 企业获取科学性知识，有助于其发现新的研发技术、新的市场，从而促进服务创新项目的研发活动。Tether（2002）认为，这种外部的科学性知识源对于具有知识密集型特征的 KIBS 企业来说就显得尤为重要，其与大学、科研机构的密切合作往往有助于打开新的市场。Vega-Jurado 等（2008）认为，科学性知识源更关注新技术本身而不是商业利益的实现，因此，基于科学性知识源的新技术具有较强的普适性，往往具有提供发展新技术、探索新市场的潜力，更能激发KIBS 企业的服务创新意识。由此可见，来自大学、科研机构的科学性知识源更有助于提升 KIBS 企业的服务创新能力。综合上述推理，提出如下假设：

H1b：科学性知识源对 KIBS企业服务创新能力具有显著的促进作用。

（二）外部知识源对组织间知识转移的影响

Szulanski（1996）认为，外部知识源对组织间知识转移具有重要的影响作用。Martin 等（2003）提出了外部知识源的知识转移能力概念，认为知识转移能力是指企业可以准确地表述其如何运用企业自身知识，评估知识接受方的需求和能力，进而将知识顺利传递、运用到其他地方的能力。KIBS 企业在服务创新过程中作为主动向顾客企业、供应商企业、大学和科研机构等外部知识源主体寻求合作的知识接受方，在组织间知识转移中往往表现出较明显的主动性和积极性，无论是其接受知识的动机、意愿，还是其理解沟通能力等都将会表现得相对比较积极。顾客企业、供应商企业、大学、科研机构与 KIBS 企业在合作创新过程中的业务从属于同一服务产品价值链的不同环节，合作双方无论是知识的关联性，还是知识的互补性都比较强，这有利于组织间知识转移的实现。供应链知识源和科学性知识源较强的知识转移能力、强烈的知识转移意愿，以及作为知识接受方KIBS 企业的知识吸收能力与意愿，均会极大地提升组织间知识转移的效果。新的知识总是在双方不断的知识互动、知识碰撞以及知识整合的过程中产生,KIBS 企业想要创造出新的知识,进行知识创新,只有与顾客企业、供应商企业、大学和科研机构等外部知识源主体展开积极的互动,才能得以实现。由此可见,作为 KIBS 企业新服务研发过程中重要外部知识来源的供应链知识源和科学性知识源,其知识转移的动机越大,组织间知识转移的可能性也就越大;其表达、解释知识的能力越强,组织间知识转移的效果也就越好。综合上述推理,提出如下假设:

H2a:供应链知识源对组织间知识转移具有显著的促进作用。

H2b:科学性知识源对组织间知识转移具有显著的促进作用。

(三)组织间知识转移对服务创新能力的影响

开放式创新情境下,良好的组织间知识转移可以有效地促进知识接受方服务创新能力的提升,KIBS 企业对外部知识源中创新知识、技术的吸收与利用,可以显著地提升企业的技术水平,强化新服务的研发能力,同时从外部知识源处有效的知识引进有利于 KIBS 企业构筑自身的核心竞争优势,使企业能够获取更多的顾客企业、供应商企业等众多利益相关者的信息,进而更加有针对性地提升

服务创新项目在市场上的接受度(张同建等,2014)。Tsai(2001)认为,组织间的知识转移有利于合作创新双方之间知识的分享与沟通,增加服务创新的知识面,为服务创新活动提供扎实的知识基础,这种组织间相互的交流与知识分享为双方提供了相互学习、合作的机会,不仅有利于组织间知识的交流、转移,而且还进一步激发知识的创造,进而提高服务创新的能力。顾客企业、供应链企业、大学和科研机构等外部知识源通过各种不同的方式与 KIBS 企业展开合作创新活动,促进了双方之间创新知识的转移与分享,特别是隐性知识的转移与分享,进而极大地提升了 KIBS 企业的服务创新能力。由此可见,KIBS 企业服务创新过程中来自外部知识源的知识转移有助于提升其服务创新能力。综合上述推理,提出如下假设:

H3:组织间知识转移对 KIBS 企业服务创新能力具有显著的促进作用。

(四)企业—顾客互动的调节作用

本研究将企业—顾客互动界定为价值共创导向下,KIBS 企业与顾客企业为完成复杂的创新任务,而跨越组织边界所形成的一个集体行动系统,不仅包括实际动态活动,也包括一定的结构形态。KIBS 企业与外部

知识源合作创新过程中企业—顾客互动类型划分为交易型互动和关系型互动（Gruner，2000；Lundkvist & Yakhlet，2004）。

1.交易型互动对外部知识源与组织间知识转移关系的调节作用

交易型互动是指以短期利益的达成为目标的企业与顾客间互动合作行为，实质就是合作过程中企业将关注重点放在自身利益的实现上，而忽视与顾客间的价值共创。尽管顾客企业、供应商企业具有需求相关的知识，大学、科研机构具有与现有知识领域异质化的创新知识，然而由于交易型互动导向比较关注企业自身利益的本质属性，使 KIBS 企业在与外部知识源合作创新过程中，为了快速、充分了解顾客企业的需求信息，会将主要精力放在优先利用自身现有的知识、经验和资源方面（Atuahene-Gima et al.，2005），或者更加积极地利用与现有知识领域、技术领域相近的外部知识源（Tsai et al.，2008），这在一定程度上减少了从外部知识源获取新的创新知识的动力。合作创新过程中奉行交易型互动为主导的 KIBS 企业，相对而言，较多关注的是企业自身的利益，这会让顾客企业怀疑双方合作创新的目的，是否会为了追求自身的利益而采取机会主义行为，一旦顾客企业感到 KIBS 企业可能会采取机会主义行为时，就会实施同样的机会主

义行为加以还击，致使双方的合作创新进入误区，从而不利于外部知识源的创新知识在组织间的知识转移活动（高孟立，2017）。综合上述推理，提出如下假设：

H4a：交易型互动会弱化供应链知识源对组织间知识转移的促进作用

H4b：交易型互动会弱化科学性知识源对组织间知识转移的促进作用。

2.关系型互动对外部知识源与组织间知识转移关系的调节作用

关系型互动是指以长期利益的达成为目标的企业与顾客间互动合作行为，实质就是合作过程中企业将关注重点放在双方利益的实现上，提高顾客对企业的信任与忠诚，谋求与顾客间的价值共创。合作创新中关系型互动导向使 KIBS 企业更加关注企业、顾客间未来长期的合作利益，倾向于富于变化、冒险的探索性合作活动（Tsai et al.，2008），促使企业更积极地从顾客企业、供应商企业、大学和科研机构等外部合作主体处搜寻全新的、多样的和异质的创新知识和技术。关系型互动导向下，KIBS 企业往往比较关注与顾客企业间的价值创造，注重与追求双方长期的合作价值，企业一般不会拘囿于已有的服务产品结构、服务技术，而是试图掌握新的服务知识与技能，希望引领未来发展的消

费潮流(赵春霞、王永贵,2011),而这些最新、最前端的创新需求、创新知识,只能通过 KIBS 企业扎根于外部知识源才能获取。综合上述推理,提出如下假设:

H5a:关系型互动会强化供应链知识源对组织间知识转移的

促进作用。

H5b:关系型互动会强化科学性知识源对组织间知识转移的促进作用。

综上,本文提出如图1所示的概念模型。

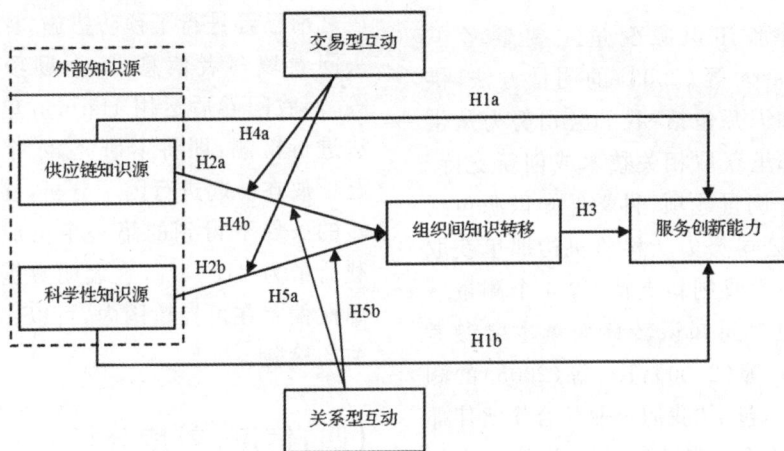

图1 本文概念模型

二、研究设计

(一)数据收集

本文采取针对 KIBS 企业(金融业、信息与通信服务业、科技服务业、商务服务业四类)实地调研、问卷调查相结合的方式对长三角地区的相关企业进行数据收集,共发放问卷 416 份,回收 261 份,剔除因选项漏填较多、多个问题答案雷同等因素所造成的无效问卷,最终得到实际有效问卷 190 份,有效回收率为 45.67%。

(二)变量测量

为保证测量工具的效度与信度,本研究对所涉及的变量均采用国内外文献中已经被成熟使用过的量表,并对题项的相关措辞进行了适当修改,以充分保证问题的针对性,问卷采用 Likert-5 量表。

1.被解释变量

服务创新能力变量主要参考蔺雷等(2007)的测量方法,包括"我们公司经常开发出深受市场欢迎的新服务"等6个测量题项。

2.解释变量

外部知识源变量主要参考了Sammarra等(2008)的测量方法,供应链知识源包括"我们公司努力从供应商那里获取相关技术或创新支持"等4个测量题项,科学性知识源包括"我们公司努力从科研机构那里获取相关技术或创新支持"等4个测量题项。组织间知识转移变量主要参考Argote等(2000)、Ko等(2005)的测量方法,包括"我们企业从合作伙伴那里学到了很多关键的创新技术和知识"等4个测量题项。企业—顾客互动类型变量主要参考Coviello等(2002)的测量方法,交易型互动类型包括"我们与顾客企业互动的目的是获得利润"等8个测量题项,关系型互动类型包括"我们与顾客企业互动的目的是交流信息,建立长期且强有力的关系"等8个测量题项。

3.控制变量

已有研究普遍认为,企业的年销售额、企业规模(用员工数量表示)等因素会影响 KIBS 企业的服务创新能力,因此,将企业的年销售额、企业规模两个因素作为控制变量纳入研究模型中。

(三)数据同源性检验

问卷调查一般容易出现数据的同源性问题,即共同方法偏差问题。为了解决这一问题,本研究在问卷发放之前已经进行了预防措施,比如隐去问卷填写者信息、问卷题项重测等,回收问卷后运用 Harman 单因子法进行检测,即将本研究 34 个测量题项放在一起进行因子分析,在未旋转的条件下得到的第一个主成分的载荷量为 21.51%,这表明数据的同源性偏差在可控范围内,可以用于相关的检验。

(四)信度、效度分析

本研究使用 SPSS19.0 统计软件对调研所获得的有效数据进行信度分析,各变量的 Cronbach's α 系数分别为:供应链知识源 0.745,科学性知识源 0.764,组织间知识转移 0.833,交易型互动 0.745,关系型互动 0.807,服务创新能力 0.880。尽管有 3 个处于 0.7~0.8,但是由于此次调研问卷是组织问卷,所以 Cronbach's α 系数在 0.7 以上基本上可以接受,数据显示所使用的量表内部一致性均较好。KMO 值均大于 0.7,Bartlett 球体检验也通过了显著性检验,之后对数据进行探索性因子分析,发现各变量下属的每一个测量题项均归于同一个因子,因子载荷也均大于 0.5,而在其他变量下面的因子载荷均小于 0.4,这表明各变量的测量量表具有较好的收敛效度、区别效度。由此可见,本研究所使用的测量量表与数据信度、效度均较好,初步显示所构建的概念模型和提出的研究假设具有一定的合理性。

三、实证结果与分析

(一)描述性统计分析与相关分析

各变量的均值、标准差、相关系数如表 1 所示。

表 1　各变量描述性统计与相关分析

变量	1	2	3	4	5	6	7	8
1. 年销售额	1							
2. 企业规模	0.603**	1						
3. 供应链知识源	-0.172*	-0.358**	1					
4. 科学性知识源	0.214**	-0.112	0.412**	1				
5. 组织间知识转移	-0.130	-0.380**	0.636**	0.318**	1			
6. 交易型互动	-0.010	-0.035	0.043	0.053	-0.038	1		
7. 关系型互动	0.019	0.047	0.009	-0.017	-0.065	0.432**	1	
8. 服务创新能力	0.150*	0.159*	0.498**	0.510**	0.585**	-0.082	-0.062	1
Mean	4.184	2.384	3.690	3.340	3.742	3.743	3.952	3.580
Std. deviation	2.032	1.612	0.689	0.927	0.788	0.586	0.568	0.876

注:1. $N=190$;2. $^+$ 表示 $P<0.10$,* 表示 $P<0.05$,** 表示 $P<0.01$(双尾检验)。

(二)外部知识源直接效应检验

将年销售额、企业规模 2 个控制变量放入模型进行回归分析(表 2 中模型 1),再将每一个假设中的变量逐一放入回归模型进行统计分析(表 2 中模型 2 至模型 5)。所有变量均作了去中心化处理,发现每个回归模型的 VIF 均处于 1~3,说明多重共线性问题不是很严重,不会对研究结果造成影响。具体统计结果如表 2 所示。

表 2 外部知识源、组织间知识转移对服务创新能力的影响

变量	服务创新能力						
	模型 1	模型 2	模型 3	模型 4	模型 5	模型 6	模型 7
控制变量							
年销售额	0.085	0.049	-0.174^*	-0.136^+	-0.034	-0.034	-0.198^{**}
企业规模	0.107	0.315^{***}	0.329^{***}	0.412^{***}	0.467^{***}	0.467^{***}	0.569^{***}
自变量							
供应链知识源		0.519^{***}		0.338^{***}		0.003	
科学性知识源			0.584^{***}	0.446^{***}			0.411^{***}
中介变量							
组织间知识转移					0.758^{***}	0.756^{***}	0.645^{***}
模型统计量							
R^2	0.030	0.264	0.324	0.407	0.513	0.513	0.648
调整后 R^2	0.019	0.252	0.314	0.394	0.505	0.502	0.640
ΔR^2	—	0.234	0.294	0.377	0.483	0.249	0.324
F 值	2.866^+	22.196^{***}	29.775^{***}	31.762^{***}	65.253^{***}	48.677^{***}	85.076^{***}

注:1. $N=190$,系数为标准化回归系数;2. $^+$ 表示 $P<0.10$, * 表示 $P<0.05$, ** 表示 $P<0.01$, *** 表示 $P<0.001$(双尾检验)。

供应链知识源对服务创新能力的影响如表 2 中的模型 2 所示,模型 2 通过了 F 检验,方差解释率达 26.4%,这表明模型的拟合效果较好。供应链知识源对服务创新能力的影响达到了显著性水平($\beta=0.519$, $p<0.001$),结果表明供应链知识源对 KIBS 企业服务创新能力的正向促进作用得到了验证。因此,假设 H1a 得到了数据的完全支持。科学性知识源对服务创新能力的影响如表 2 中的模型 3 所示,模型 3 通过了 F 检验,方差解释率达 32.4%,这表明模型的拟合效果较好。科学性知识源对服务创新能力的影响达到了显著性水平($\beta=0.584$, $p<0.001$),结果表明科学性知识源对 KIBS 企业服务创新能力的正向促进作用得到了验证。因此,假设 H1b 得到了数据的完全支持。模型 4 将供应链知识源与科学性知识源同时放入回归模型,发现模型通过了 F 检验,同时供应链知识源对服务创新能力的影响显著($\beta=0.338$, $p<0.001$),科学性知识源对

服务创新能力的影响也显著（$\beta=0.446,p<0.001$），进一步支持了研究假设 H1a、H1b。由上述分析可见，外部知识源对 KIBS 企业的服务创新能力具有明显的促进作用，但是这种作用效果在供应链知识源和科学性知识源之间有所差异，科学性知识源对 KIBS 企业服务创新能力的促进作用要强于供应链知识源。

组织间知识转移对服务创新能力的影响如表2中的模型5所示，模型5通过了 F 检验，方差解释率达 51.3%，这表明模型的拟合效果较好。组织间知识转移对服务创新能力的影响达到了显著性水平（$\beta=0.758,p<0.001$），结果表明组织间知识转移对 KIBS 企业服务创新能力的正向促进作用得到了验证。因此，假设 H3 得到了数据的完全支持。

（三）组织间知识转移中介效应检验

表3中的模型2显示，外部知识源中的供应链知识源对组织间知识转移具有显著的正向促进作用（$\beta=0.682,p<0.001$），假设 H2a 得到了数据的支持。模型3显示，外部知识源中的科学性知识源对组织间知识转移具有显著的正向促进作用（$\beta=0.269,p<0.001$），假设 H2b 得到了数据的支持。通过比较自变量的回归系数可知，外部知识源尽管都会有效促进组织间知识转移，然而这种正向促进效果在不同外部知识源之间会显现出一定的差异性，供应链知识源对组织间知识转移的正向促进效应要明显强于科学性知识源。

表3　外部知识源对组织间知识转移的影响

变量	组织间知识转移		
	模型1	模型2	模型3
控制变量			
年销售额	0.157^+	0.109^+	0.038
企业规模	-0.474^{***}	-0.201^{**}	-0.373^{***}
自变量			
供应链知识源		0.682^{***}	
科学性知识源			0.269^{***}
模型统计量			

续表

变量	组织间知识转移		
	模型 1	模型 2	模型 3
R^2	0.160	0.564	0.222
调整后 R^2	0.151	0.557	0.210
ΔR^2	—	0.404	0.062
F 值	17.792***	80.301***	17.709***

注:1. $N=190$,系数为标准化回归系数;2. + 表示 $P<0.10$,* 表示 $P<0.05$,** 表示 $P<0.01$,*** 表示 $P<0.001$(双尾检验)。

在中介检验前两步都通过的条件下(表 2 中模型 2,表 3 中模型 2),表 2 中模型 6 表示把自变量供应链知识源、中介变量组织间知识转移一起放入回归方程后,组织间知识转移的回归系数显著为正($\beta=0.756$, $p<0.001$),而供应链知识源的回归系数变得不显著($\beta=0.003$, $p>0.1$),由此可知,组织间知识转移在供应链知识源对 KIBS 企业服务创新能力的影响中起到了完全中介的作用。

在中介检验前两步都通过的条件下(表 2 中模型 3,表 3 中模型 3),表 2 中模型 7 表示把自变量科学性知识源、中介变量组织间知识转移一起放入回归方程后,组织间知识转移的回归系数显著为正($\beta=0.645$, $p<0.001$),而科学性知识源的回归系数由 0.584($p<0.001$)降为 0.411($p<$

0.001),回归系数有所降低但还是显著,由此可知,组织间知识转移在科学性知识源对 KIBS 企业服务创新能力的影响中起到了部分中介的作用。

(四)企业—顾客互动调节效应检验

为了验证企业—顾客互动(交易型互动、关系型互动)在外部知识源(供应链知识源、科学性知识源)对组织间知识转移影响作用中的调节效应,以组织间知识转移为被解释变量,以供应链知识源、科学性知识源及其与交易型互动、关系型互动的乘积项作为解释变量,并以年销售额、企业规模为控制变量,逐一建立回归方程模型(见表 4)。

表 4　企业—顾客互动类型的调节效应分析

变量	组织间知识转移						
	模型 1	模型 2	模型 3	模型 4	模型 5	模型 6	模型 7
控制变量							
年销售额	0.157^+	0.114^+	0.157^+	0.103^+	0.033	0.103^+	0.033
企业规模	-0.474^{***}	-0.204^{**}	-0.475^{***}	-0.193^{**}	-0.377^{***}	-0.202^{**}	-0.368^{***}
解释变量							
供应链知识源		0.682^{***}		0.682^{***}		0.675^{***}	
科学性知识源		0.269^{***}			0.257^{***}		0.260^{***}
交易型互动			-0.041				
关系型互动			-0.029				
供应链知识源×交易型互动				0.071			
科学性知识源×交易型互动					0.110^+		
供应链知识源×关系型互动						0.057	
科学性知识源×关系型互动							0.125^*
模型统计量							
R^2	0.160	0.564	0.163	0.569	0.234	0.567	0.238
调整后 R^2	0.151	0.555	0.145	0.560	0.218	0.558	0.221
ΔR^2	—	0.404	0.003	0.005	0.012	0.003	0.016
F 值	17.792^{***}	59.927^{***}	9.031^{***}	61.147^{***}	14.136^{***}	60.678^{***}	14.427^{***}

注:1. $N=190$,系数为标准化回归系数;2. $^+$ 表示 $P<0.1$,* 表示 $P<0.05$,** 表示 $P<0.01$,*** 表示 $P<0.001$(双尾检验)。

1. 交 易 型 互 动 的 调 节 效 应 分析

交易型互动在供应链知识源对组织间知识转移影响作用中的调节效应见表 4 中模型 4。模型 4 尽管通过了 F 检验,且方差解释率也达到了 56.9%,说明模型的拟合效果较好,但是该模型的 ΔR^2 只有 0.005。其中供应链知识源对组织间知识转移的正向促进效应显著($\beta = 0.682, P < 0.001$),但是供应链知识源与交易型互动的乘积项回归系数不显著($\beta = 0.071, P > 0.1$),因此,说明交易型互动在供应链知识源对组织间知识转移影响作用中的调节效应不显著,即假设 H4a 没有得到数据的支持。

交易型互动在科学性知识源对组织间知识转移影响作用中的调节效应见表 4 中模型 5。模型 5 中科学性知识源对组织间知识转移的正向促进效应显著($\beta = 0.257, P < 0.001$),同时科学性知识源与交易型互动的乘积项回归系数正向显著($\beta = 0.110, P < 0.1$),由此可知,原假设 H4b 没有得到数据支持,但是惊奇地发现该假设反面却得到了支持。即 KIBS 企业在合作创新过程中交易型互动导向越明显,越有利于科学性知识源对组织间知识转移的促进作用,假设 H4b 的反面得到了数据的支持。可能的解释是:交易型互动尽管以短期利益的达成为主要目的,而且主要关注的是企业自身的利益,在一定程度上会忽视

顾客的价值,从而弱化合作创新过程中与顾客企业之间的价值共创,但是企业还是非常重视、需要对来自大学、科研机构等外部科学性知识源的创新知识,换言之,交易型互动导向的企业也是非常需要科学性知识源处的异质化创新知识,以帮助企业自身提升服务创新的能力和水平。

2. 关 系 型 互 动 的 调 节 效 应 分析

关系型互动在供应链知识源对组织间知识转移影响作用中的调节效应见表 4 中模型 6。模型 6 尽管通过了 F 检验,且方差解释率也达到了 56.7%,说明模型的拟合效果较好,但是该模型的 ΔR^2 只有 0.003。其中供应链知识源对组织间知识转移的正向促进效应显著($\beta = 0.675, P < 0.001$),但是供应链知识源与关系型互动的乘积项回归系数不显著($\beta = 0.057, P > 0.1$),因此说明关系型互动在供应链知识源对组织间知识转移影响作用中的调节效应不显著,即假设 H5a 没有得到数据的支持。

关系型互动在科学性知识源对组织间知识转移影响作用中的调节效应见表 4 中模型 7。模型 7 中科学性知识源对组织间知识转移的正向促进效应显著($\beta = 0.260, P < 0.001$),同时科学性知识源与关系型互动的乘积项回归系数也显著($\beta = 0.125, P < 0.05$),因此说明关系型互动在科学性知识源对组织间知识转移影响作用中

具有显著的调节效应,即假设 H5b 得到了数据的支持,KIBS 企业在合作创新过程中关系型互动导向越明显,越有利于科学性知识源对组织间知识转移的促进作用。

四、结论与启示

(一)研究结论

本研究以 190 家 KIBS 企业与外部主体合作开展的服务创新项目为研究样本,以合作创新过程中外部知识源对企业服务创新能力的具体作用机制为研究对象,以提升 KIBS 企业服务创新能力为研究目标,分析了外部知识源对 KIBS 企业服务创新能力的直接影响作用,明确了外部知识源与 KIBS 企业服务创新能力之间的组织间知识转移机制,探讨了企业—顾客互动在外部知识源与组织间知识转移之间的调节效应。得到以下四个结论。

1.外部知识源对 KIBS 企业服务创新能力具有明显的促进作用,但这种促进效应在供应链知识源与科学性知识源之间有所差异。本研究以 KIBS 企业的服务创新为背景,从与其合作创新的外部知识源主体视角出发,具体探讨了外部知识源对 KIBS 企业服务创新能力的直接影响。研究发现,合作创新过程中外部知识源会显著促进 KIBS 企业的服务创新能力的提升,但是科学性知识源的促进效应强于供应链知识源。

2.外部知识源通过作用于组织间知识转移进而促进 KIBS 企业服务创新能力的提升,组织间知识转移在两者之间发挥了桥梁作用。为深入了解外部知识源对 KIBS 企业服务创新的影响本质,本研究引入组织间知识转移这一中介变量,揭示了 KIBS 企业与外部主体在合作创新过程中外部知识源促进企业服务创新能力提升的具体内在作用机制,即外部知识源通过作用于合作创新双方组织间知识转移进而促进企业服务创新能力的提升。

3.组织间知识转移在不同的外部知识源与 KIBS 企业服务创新能力之间所起的中介机制有所不同。在合作创新过程中,尽管组织间知识转移在外部知识源与 KIBS 企业服务创新能力之间发挥了中介桥梁作用,但是这种中介作用在不同的外部知识源之间有所差异。在供应链知识源对 KIBS 企业服务创新能力的影响过程中,组织间知识转移起到了完全中介的作用,而在科学性知识源对 KIBS 企业服务创新能力的影响过程中,组织间知识转移则起到了部分中介的作用。

4.企业—顾客互动导向越明显的 KIBS 企业,其外部科学性知识源对企业服务创新能力的促进作用越明显。本研究引入交易型互动与关系型互动两类企业—顾客互动方式作为调节变量,剖析外部知识源对组织间知识转移的具体影响过程。研究发现,KIBS 企业的服务创新活动,两类企业—顾客互动方式在供应链知识源对组织间知识转移的影响过程中几乎都不存在调节效应,而在科学性知识源对组织间知识转移的影响过程中均起到了明显的正向调节作用。

为了更加直观地揭示交易型互动、关系型互动在科学性知识源对组织间知识转移影响中的调节效应,笔者绘制了调节效应图,可以发现:(1)交易型互动在科学性知识源对组织间知识转移的影响过程中起到了明显的促进作用,而且交易型互动越强,这种促进效应就越明显(见图 2)。(2)关系型互动在科学性知识源对组织间知识转移的影响过程中起到了明显的促进作用,而且关系型互动越强,这种促进效应就越明显(见图 3)。(3)结合图 2 与图 3 可以发现,在科学性知识源对组织间知识转移的影响过程中关系型互动的促进效应要明显强于交易型互动的促进效应。

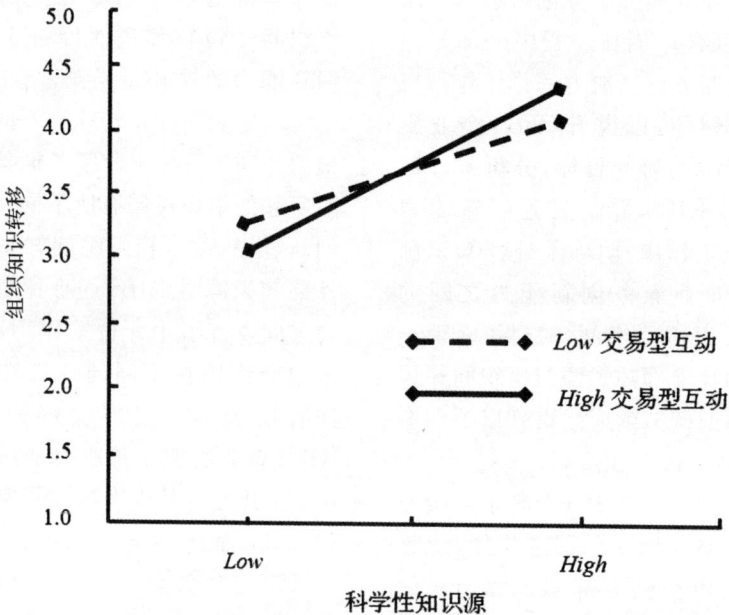

图 2 交易型互动与科学性知识源的交互作用

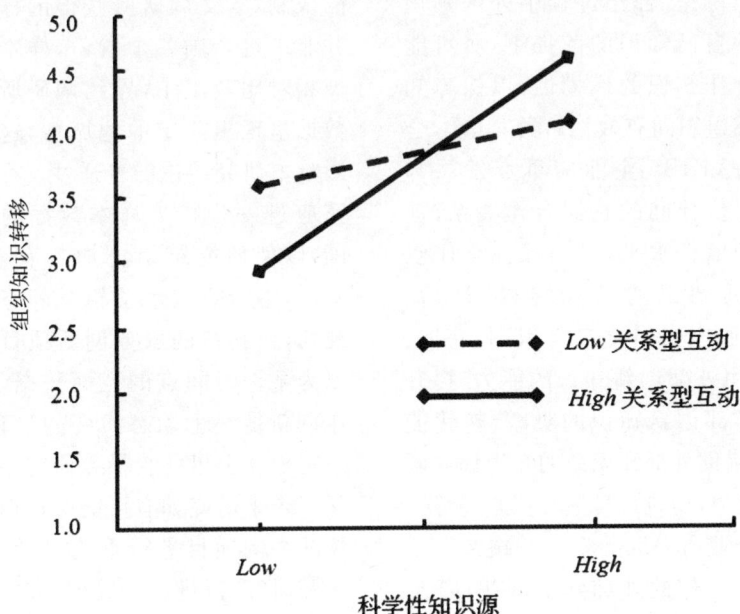

图 3　关系型互动与科学性知识源的交互作用

(二)启示

1.合作创新中充分利用外部知识源可以有效地提升企业的服务创新能力,科学性知识源对服务创新能力的促进效应要优于供应链知识源。这其中可能的原因是:当前,我国 KIBS 企业的服务创新能力整体水平不高,特别是自主创新能力水平还较低,大部分新服务项目的开发延续的是以顾客企业模块化创新为主的项目,所提供的独创性服务创新知识相对不多,创新空间尚有待拓展。因此,KIBS 企业需要积极地从大学、科研机构等外部科学性知识源处获取服务创新所需的知识,特别是独创性知识,同时加大

对与外部科学性知识源主体合作创新成果的应用性转化,这对提升 KIBS 企业服务创新能力、赢得市场竞争优势具有明显的促进作用。

2.减少或降低影响组织间知识转移的障碍因素,有效地促进外部知识源对企业服务创新能力的提升作用。在 KIBS 企业服务创新过程中,外部知识源通过作用于组织间知识转移进而影响企业的服务创新能力,意味着组织间知识转移在两者之间发挥了中介桥梁的作用。这就提示企业,组织间知识转移顺畅与否,将会直接关乎到企业服务创新成果的绩效水平,所以 KIBS 企业与外部知识主体合作过程中应减少、降低影响组织间知识转移的因素,保证组织间知识转移的顺

利进行。首先,合作过程中外部知识源在保护自己知识的前提下,尽可能地降低合作知识的模糊性,以保障知识能够在组织间有效地转移;其次,合作过程中,KIBS 企业应重点发展与外部合作伙伴间的长期合作关系,提升双方的信任水平,进而保证合作双方组织间知识的顺利转移;最后,KIBS 企业应当强化自身识别、获取、整合、利用外部创新知识的能力,提升自身对外部创新知识的吸收、转化能力,通过借助外部知识源的知识提升服务创新能力,构筑自身核心竞争优势。

3.企业所采取的企业—顾客互动导向要与合作的外部知识源相匹配。企业—顾客互动导向越是明显的企业,科学性知识源对组织间知识转移的效果越发显著,这其中关系型互动的促进作用要明显强于交易型互动。合作过程中奉行企业—顾客互动导向的 KIBS 企业,无论是侧重交易型互动的企业,还是侧重关系型互动的企业,都应该与大学、科研机构等外部知识源展开密切合作,加强从外部科学性知识源处对服务创新知识的获取、利用,这更有利于快速提升 KIBS 企业自身的服务创新能力,以帮助企业开发出更加迎合市场、满足顾客企业需求的服务创新产品。

(四)不足与展望

本研究仍存在以下不足以及需要改进之处:首先,由于研究时间等方面

的限制,本文调研所获得的样本数据并非来自全国各个省份,样本来源区域相对比较集中,导致调研所获取的数据呈现出一定的地域性,这可能会影响本研究结论的普适性。今后的研究应进一步扩大样本数据的来源范围,以使研究结果更加具有普遍性。其次,本研究秉承了相对静态的研究视角,所获得的服务创新项目样本数据为某一时间点的截面数据,然而合作创新是一个动态演变的过程,这在一定程度上可能会导致研究结论的失真。未来研究如有可能应选取若干典型的案例项目进行重点、持续的动态跟踪研究,以进一步验证、夯实本研究所得的结论。最后,本研究将具体研究对象限定在了 KIBS 企业,其研究结论是否适用于其他一般的服务企业以及制造业尚有待进一步的验证与明确,今后可以考虑在其他行业的企业中展开类似的研究。

参考文献

Laursen K, Salter A, 2006. Open for innovation: the role of openness in explaining innovation performance among UK manufacturing firms [J]. Strategic management journal,2:131-150.

Di Minin A, Frattini F, Piccaluga A, 2010. Open innovation in a downturn (1993—2003) [J]. California management review,3:132-159.

Berchicci L, 2013. Towards an open R&D system:internal R&D investment,external knowledge acquisition and innovative

performance［J］. Research policy, 1：
117-127.

Arora A, Belenzon S, Rios L A, 2014. Make，
buy, organize：the interplay between
research, external knowledge, and firm
structure ［J］. Strategic management
journal, 3：317-337.

Grigoriou K, Rothaermel F T, 2017.
Organizing for knowledge generation：
internal knowledge networks and the
contingent effect of external knowledge
sourcing ［J］. Strategic management
journal, 2：395-414.

Vivas C, Barge-Gil A, 2015. Impact on firms
of the use of knowledge external sources：a
systematic review of the literature［J］.
Journal of economic surveys, 5：943-964.

Tether B S, Tajar A, 2008. Beyond industry-
university links：sourcing knowledge for
innovation from consultants, private
research organizations and the public
science-base ［J］. Research policy, 6：
1079-1095.

Kang K H, Kang J, 2014. Do external
knowledge sourcing modes matter for
service innovation? Empirical evidence
from South Korean service firms［J］.
Journal of product innovation management,
1：176-191.

Yeoh P L, 2009. Realized and potential
absorptive capacity：understanding their
antecedents and performance in the
sourcing context［J］. Journal of marketing
theory and practice, 1：21-36.

Lau A K W, Yam R C M, Tang E P Y,
2010. Supply chain integration and
product modularity：an empirical study of

product performance for selected Hong
Kong manufacturing industries ［J］.
International journal of operations &
production management, 1：20-56.

Chung S A, Kim G M, 2003. Performance
effects of partnership between manufacturers
and suppliers for new product development：
the supplier's standpoint ［J］. Research
policy, 4：587-603.

Tsai K H, 2009. Collaborative networks and
product innovation performance：toward
a contingency perspective［J］. Research
policy, 5：765-778.

Tether B S, 2002. Who co-operates for
innovation, and why：an empirical
analysis, research policy, 6：947-967.

Vega-Jurado J, Gutiérrez-Gracia A, Fernández-
de-Lucio I, et al, 2008. The effect of
external and internal factors on firms'
product innovation［J］. Research policy,
4：616-632.

Szulanski G, 1996. Exploring internal
stickiness：impediments to the transfer of
best practice within the firm ［J］.
Strategic management journal, S2：27-43.

Martin X, Salomon R, 2003. Knowledge
transfer capacity and its implications for the
theory of the multinational corporation［J］.
Journal of international business studies,
4：356-373.

Tsai W, 2001. Knowledge transfer in intra-
organizational networks：effects of
network position and absorptive capacity on
business unit innovation and performance
［J］. Academy of management journal, 5：
996-1004.

Gruner K E, Homburg C, 2000. Does

customer interaction enhance new product
success? [J]. Journal of business research,
1:1-14.

Lundkvist A, Yakhlef A, 2004. Customer
involvement in new service development:
a conversational approach[J]. Managing
service quality: an international journal,
14:249-257.

Atuahene-Gima K, Slater S F, Olson E M,
2005. The contingent value of responsive
and proactive market orientations for
new product program performance[J].
Journal of product innovation management,
6:464-482.

Tsai K H, Chou C, Kuo J H, 2008. The
curvilinear relationships between responsive
and Proactive market orientations and new
product performance: a contingent link[J].
Industrial marketing management, 8:
884-894.

Sammarra A, Biggiero L, 2008. Heterogeneity
and specificity of Inter-firm knowledge
flows in innovation networks[J]. Journal
of management studies,4:800-829.

Argote L, Ingram P, 2000. Knowledge
transfer: a basis for competitive advantage
in firms[J]. Organizational behavior and
human decision processes,1:150-169.

Ko D G, Kirsch L J, King W R, 2005.
Antecedents of knowledge transfer from
consultants to clients in enterprise
system implementations [J]. MIS
quarterly,1:59-85.

Coviello N E, Brodie R J, Danaher P J, et
al. , 2002. How firms relate to their

markets: an empirical examination of
contemporary marketing practices[J].
Journal of marketing,3:33-46.

侯建,陈恒,2017. 外部知识源化,非研发创
新与专利产出——以高技术产业为例
[J]. 科学学研究,3:447-458.

赵春霞,王永贵,2006. 外部知识源对产品创
新能力影响的实证研究——市场导向的
调节作用[J]. 技术经济,9:1-8.

蔺雷,吴贵生,2007. 服务创新[M]. 清华大
学出版社.

高孟立,2017. 合作创新中机会主义行为的
相互性及治理机制研究[J]. 科学学研
究,9:1422-1433.

张同建,王华,王邦兆,2014. 个体层面知识
转化、知识转移和知识共享辨析[J]. 情
报理论与实践,9:44-47.

高孟立,范钧,2018. 外部创新氛围对服务创
新绩效的影响机制研究[J]. 科研管理,
12:103-112.

陈志明,2016. 外部知识源连接,开放式创新
与企业创新绩效关系研究[J]. 科技进步
与对策,10:59-65.

高孟立,2017. 双元学习与服务创新绩效关
系的实证研究——组织冗余与战略柔性
的调节作用[J]. 科技管理研究,14:
202-212.

胡玮炜,温馨,2018. 知识转移能力体系的构
建及其验证[J]. 商业经济与管理,4:
49-57.

赵春霞,王永贵,2016. 外部知识源对产品创
新能力影响的实证研究——市场导向的
调节作用[J]. 技术经济,9:1-8.

高良谋,马文甲,2014. 开放式创新:内涵、框
架与中国情境[J]. 管理世界,6:157-169.